创造力、教育和社会发展译丛
丛书主编◎戴 耘 申继亮

超常能力的本质和培养
超常教育理论的前沿探索

The Nature and Nurture of Giftedness

（美）戴耘◎著   刘倩◎译

华东师范大学出版社

The Nature and Nurture of Giftedness

By David Yun Dai

Copyright © 2010 by Teacher College, Columbia University

First published by Teachers College Press, Teachers College, Columbia University, New York, New York USA.

ALL RIGHTS RESERVED.

上海市版权局著作权合同登记 图字:09-2011-692号

纪念我的导师和朋友：

John F. Feldhusen
(1926—2009)

创造力、教育和社会发展译丛

丛书主编

　　戴耘,纽约州立大学—奥尔伯尼,华东师范大学

　　申继亮,北京师范大学

丛书顾问委员会

　　James Kaufman,加利福尼亚州立大学,美国

　　Xiaodong Lin, Columbia University,哥伦比亚大学,美国

　　Jonathan Plucker,印第安纳大学,美国

　　Mark Runco,乔治亚大学,美国

　　Dean Keith Simonton,加利福尼亚大学—戴维斯,美国

　　Keith Sawyer,华盛顿大学—圣路易斯,美国

　　Larisa Shavinina,魁北克大学,加拿大

　　Heidrun Stoeger,瑞钦斯堡大学(Regensburg),德国

　　Ai Girl Tan,国立教育学院,新加坡

　　Wilma Vialle,沃龙岗大学(Wolongong),澳大利亚

　　Yong Zhao,俄勒冈大学,美国

　　Albert Ziegler,厄尔姆大学(Ulm),德国

　　丁钢,华东师范大学,中国

　　董奇,北京师范大学,中国

　　方平,首都师范大学,中国

　　胡卫平,陕西师范大学,中国

　　林崇德,北京师范大学,中国

　　彭凯平,清华大学,中国;加州大学伯克莱分校,美国

　　任友群,华东师范大学,中国

　　施建农,中科院心理所,中国

　　周永迪,华东师范大学,中国

　　张文新,山东师范大学,中国

总序

戴 耘

引言

　　创造力是一个世界性话题,各个国家已经意识到,国家竞争力的本质是创造力的竞争,缺乏创造力的国家,只能花钱消费别人的创造,只能处于生产链的最低端,只能靠廉价劳动力、廉价产品和巨大环境成本和能源消耗去赢得竞争力。创造力成为显学,还因为当今的经济已经从过去的规模生产经济转型为智力资本,更直接地转化为市场价值的知识经济。就中国而言,过去 30 多年改革开放在经济、技术、文化上取得了巨大的成就,但是如何提高经济发展中创造力贡献的比重(比如科研成果、核心技术、文化产品、品牌、专利、知识产权在 GDP 中的份额)是中国后 30 年的巨大挑战。在当今世界,创造力是国家的核心竞争力,也是国家软实力的核心所在。一个国家是否有活力,是在上升,还是在衰退,创造力的勃兴或衰退是关键,无论是对中国历史的纵向考察,还是对中国和其他国家的横向比较,都可以得出同样的结论。缺乏核心技术(如尖端发动机技术)和与之相关的研发能力,乃至某种民族的社会和文化自我更新的想象力,已经成为中国可持续发展的瓶颈。从当年的"现代科学为什么没有在中国出现"这个"李约瑟问题"到近年流行的中国为什么鲜有科学大家出现的"钱学森之问",都体现了某种对体制和文化短板的焦虑和忧患。中国的社会和经济发展越来越有赖于社会各个领域的创新人才,用头脑创造财富,这是一个共识,但是如何提高一个社会的创造能力,尤其是如何在基础教育和高等教育中有意识地从课程到教学,从学校建制到社会环境,营造有利于创造力的培养、发挥,以及创造人才的成长的教育和社会环境是本丛书的着眼点。

　　译介"创造力、教育和社会发展译丛",目的是为中国的教育研究者、工作者提供一个切入途径和参照系。面对创造力这一极其复杂的课题,许多中国的研究者面临理论和方法的困惑。应系统地认识创造力的本质和社会、教育的关系,以及个体在创造力发展和发挥上的作用。如何在教育这一环节对年轻一代的创造潜能进行有意识的培养,是各个国家提高国家核心竞争力的着眼点。但是,理解人的创造力,必须建立在发展心理学、社会心理学、人格心理学、认知心理学、教育心理学、智力理论、人才理论、成就动机理论等坚实的心理科学基础之上。国外在这方面已经积累了大量成果。系统地介绍这方面的研究著述,有助于中国的研究工作在更高的台阶上起步。其次,国外在创造力培养教育方面已经积累了一定经验,这些经验对中国教育有直接和间接的借鉴意义。

把促进创造力的教育纳入社会的大背景来考量有现实意义。今天的学校教育体系是工业革命的产物,这种体制满足了当时大量未成年人对获得阅读写作等基本知识技能的需求。虽然今天的学校仍然担负着这样的责任,但它能否满足当今世界的经济和社会发展对教育的要求,这已经成为社会极其关注的问题。比如以美国的龙头企业和全国教育协会为核心的"21世纪技能合作组织"(2008)明确把批判思维和创造性思维能力作为教育的目标。传统的教育理念和教育体制,在新的社会需求面前,变得越来越力不从心。同时,随着网络技术和电脑为主体的教育技术(如课程软件)的蓬勃发展,知识和技能的学习不再局限于学校,符合个人特长、兴趣和意图的个性化学习已经逐渐成为世界主流(Collins & Halverson, 2009)。个体创造潜能的发展恰恰在这种教育格局的变化中获得了前所未有的机会(Craft, 2010;见本译丛之《创造力与教育的未来》)。在世界范围内,延续了一百多年的传统学校模式,包括课程设置、课时结构、教学方式、评价模式都在面临转型(见世界经合组织"教育研究和创新中心"的报告; CERI/OECD, 2008)。积极探索新的、更加灵活多样的办学模式,是更能发挥人的创造潜能的培养学生的方式,得到了像比尔盖茨基金会、卡耐基基金会这样的具有风向标作用的机构的支持。教育与创造力关系的研究在这样的大背景下,就显得极其重要。中国的教育体制是否面临转型的挑战,国外在这方面有哪些探索,有必要深入地了解。

从社会的角度观察教育和创造力对中国还有另一层意义。在谈到培养创造力时,从教育决策层到基层教师,常常把它看成是一个技术问题,如课程、教学如何改进,如何选拔"拔尖创新人才"。但是,如果不从价值观上认同人的个性自由、独立思考,认可对权威的怀疑和挑战,尊重包容"离经叛道"的思想,允许尝试和"犯错误",那么,培养创造力就无从谈起。因此,创造力的解放首先是精神的自由和解放。教育原本应该引领社会(Dewey, 1930),现在中国的教育更多的是受制于社会本身的诸多问题(钟启泉,吴国平,2007)。同样,欧美发达国家也正在更高的社会和国家战略层面上反思教育(CERI/OECD, 2008; Estrin, 2009)。我们希望在丛书中能够找到对教育在社会中定位的启示。中国的政治、经济社会的后30年怎么走,是一个战略问题。如果"创新"是中国的唯一出路,那么,大量的政策资讯、咨询需要以社会与创造力的关系研究为基础。本丛书希望介绍这方面的最新信息。

本丛书选择在国外有影响但尚未介绍到中国的有关创造力的研究著作。这些著述在微观或宏观上揭示教育、创造力和社会发展的各种关系,对创造力在中国教育和社会发展中的地位、作用的认识,和对中国的有关研究,都有启发意义。这些著述的重点包括:(A)创造力的本源与个体发展;(B)儿童青少年的教育培养与创造力形成的关系;(C)创造力形成的社会和个体机制;(D)个体创造活动和社会发展、社会活力的关系,及创新社会与个体价值实现的关系;(E)信息知识社会的人才构成和创新机制;(F)创造的经济学与社会价值;等等。

为了让读者对这个课题有一个总体上的了解。本文在下面几个方面作一个简要描述:(1)创造力研究的历史:现状和走向;(2)教育如何促进创造力的发展;(3)创造力与社会的关系;(4)创造力研究在政策和实践指导方面的初步展望。希望通过这一概述,对读者有一定的"导读"作用,使读者在阅读具体章节或接触具体理论观点时能有一个参照框架。

创造力的心理学研究的历史、现状与走向

虽然创造力已经是家喻户晓的日常词语,而且我们很容易在生活中辨别有创意和没创意的理念、产品、表现,但是对创造力的研究,从定义、理论到方法依然存在很大的不确定性。我们能够为具有创造性的产品和成果作一个相对明晰的定义,如新颖性和有用性(价值),但是如何解释产生这些成果的过程,并将理论成果应用于教育实践,是研究的难点。其一,创造性产品可能有偶然发现的机遇作用(serendipity)。研究人的专长心理学家艾里克森(Ericsson, 2006)把在实验室环境中的"可复制性"(reproducibility)作为判断一个人的卓越表现的可靠依据。创造力如果具有偶然性,就难以在可控条件下重复。其二,是创造力的多样性。科学的创造力和艺术的创造力性质不同,科学的发现过程与技术的发明也有明显的差异。甚至同一领域,多样性也是显见的,比如古

典音乐的严整形式与爵士乐的即兴随意,实地作业的生物学家与实验室里的分子生物学家考虑的是不同层次的问题。这种复杂性和多样性,是创造力研究面临领域具体性和领域一般性的问题(Sternberg, Grigorenko, & Singer, 2004)。其三,是创造力评价的主观性。什么是"新颖的",争议较小,但什么是"有价值的",可能见仁见智,而且对创造力表现和产品的认可,本身是一个社会过程,往往经历从拒绝到逐渐接受乃至大受欢迎的过程。科学技术创造的"有用性"还是有客观标准可循,艺术的创造则和受众趣味的变化有关。这种"以成败论英雄"的评价尺度,也使创造力研究缺少某种客观依据。

上述的困难都和创造力研究本身缺乏清晰的概念分辨有关。西方创造力研究关注的是三个P(person, process, product;人,过程,产品)。而研究的思路是从产品的重要性和影响力,来推导创造过程的独特性和创造者的独特性。比如大家公认爱因斯坦相对论是20世纪最伟大的发现(产品),从而推论追寻爱因斯坦的思路一定能发现创造过程的某种秘诀(过程),或者爱因斯坦一定有超凡的头脑(人),乃至他的大脑构造与众不同(Diamond, Scheibel, Murphy, & Harvey, 1985)。在爱因斯坦这个案例上,这个推论可能是有效的。但在很多其他案例中,从结果的重要性推导出过程的独特性,乃至人的超凡绝俗,会产生许多谬误,因为三者之间关系成正比的预设可能是错误的。契克斯米哈依(Csikszentmihalyi, 1996)把对某个领域具有重大创造性贡献的成果称为大写的创造力(Creativity),而日常生活中的创造力则是小写的创造力(cretivity)。这同样是以结果的影响力论创造力。如果用过程来定义创造力,那么很难说一个中学生对某个问题的独特直觉所展示的创意,就一定比一个成熟的专家对这个问题的新学说所表现的创意小。同理,过程与人本身的特质也未必是对应的关系。期待一个有创造特质的人能源源不断地产生新的创造性思考,也必然高估了创造力的持久性。更有可能的是,创造力的发展呈现出起伏性,而且和任务性质和任务环境密不可分,与天时地利人和有关(Renzulli, 1986)。从这样的观点看,把创造力看成是完全内源性生成(endogenous)的3P观点反映了历史上的理论偏颇。这一点在本丛书中索耶(Sawyer, 2012;《创造性:人类创新的科学》)的书中有详细论述。尽管在研究中只看3P中的一项都有缺陷,但研究需要一个逻辑起点。历史上,这个出发点可以追溯到基尔福德(Guilford, 1950)。

创造力的心理测量和人格研究传统

美国的20世纪史延续着一条技术主义的脉络,心理测量传统是这一脉络在心理学领域的分支。从斯坦福大学教授推孟(Lewis Terman)20世纪初将法国人比奈和赛蒙的智商测试引进美国后,对人类能力结构的揣摩和测量的努力一直没有停止过。选拔人才的实用需要(如二次大战期间飞行员的选拔)推动了这一发展。基尔福德在1950年作为美国心理学会主席第一次将创造力研究提到议事日程,并且根据他的智力结构理论把发散思维作为创造思维的最重要特征,标志了一个新时期:把创造力视为与智商同样重要的个体差异的重要维度。在这一心理测量传统中,托伦斯创造思维测试(Torrance Test of Creative Thinking,TTCT;Torrance,1966)应用最为广泛,而且延续至今。这类测量工具主要用某些日常用具或图案作为刺激物,看儿童能否枚举尽可能多的、不同种类的或有新意的可能用途,所以理论上测试的是发散思维的能力。虽然创造力的心理测量传统把发散思维等同于创造力并视其为个人稳定的资质,但当时并非所有人都信服这一诠释。加州大学柏克莱校区的麦基能教授开辟了另一研究创造力的途径。他认为要研究创造力,就必须研究已经具有创造性贡献的成人,而不是未经证明的孩子。他的主要方法是访谈,以及大量的生平资料的收集。他对创造性人才的特征的许多描述后来被不断证实,如对经验的开放性,不抑制自己的想象和冲动,偏好复杂和含混的事物和现象等等(MacKinnon,1962)。

虽然心理测量运用的是通则性方法(nomothetic),而访谈和传记方法用的是个别性方法(idiographic,见丛书之一的拙著,Dai,2010),两者都从认知和人格的个体差异和特质(trait)的角度理解创造力。这一传统为我们提供了大量关于怎样的人更具有创造力素质,以及创造力的来源的线索,比如创造性人格更加坚持自我,更愿意独辟蹊径,更富有游戏感(playfulness),更喜欢冒险(Ciskszentmihalyi,1996),等等。这些品质显然使他们比常人更愿意尝试新的理念、方法、手段。但是人格特质描述法停留于静态特征描述,不足以解释创造力,作为预测变量也缺乏准确性(测量误差)。其次,这一方法带有还原论色彩,把创造力这样的复杂现象还原为简单因素,理论上相对粗糙,确认了创造力的某些内源因素,但这些内源因素如何与外源环境因素互动而产生创造力,缺乏完整的解释。另外,心理测量方法还隐含了创造力存在于少数人身上的预设。现在学界的观点是创造是人的基本共性,每个人都或多或少具备创造能力(见Richards,2009)。从对"创造者"的研究转向对"创造过程"的研究,主要是从认知革命开始的。

创造力研究的认知传统

对创造力的认知过程研究应该追溯到格式塔心理学对解决问题中的"顿悟"

(insight;见 Köhler,1947)以及学习迁移(transfer)和生产性思维(productive thinking)的研究(Wertheimer,1982)。另外,英国早期社会学家、心理学家华莱士的《思维的艺术》(Wallas,1926)一书提出的创造四阶段理论影响深远,在以后的问题解决理论中依然能看到它的影子。皮亚杰的认知发展理论,试图从发展心理学角度解决康德的知识如何可能的问题,他的知识发生的建构主义理论,本质上是一种创造发生学理论。在美国,早期的杜威对思维活动的论述,如《我们如何思考》(Dewey,1910)对思维活动如何摆脱日常惯性和心理陋习而深入事物本质提出了许多独到见解。20世纪中叶的信息论、控制论、系统论,以及电脑的研发,对人的记忆功能的研究,开启了认知革命,正式告别了行为主义时代。心理学的认知革命推动了从70年代到90年代对创造力的认知过程和动机过程的研究。其中,有以实验方法为主,对一般创造认知(creative cognition)过程的研究(如 Finke, Ward, & Smith, 1992),和对环境与动机对创造表现的影响的研究(Amabile,1983)。也有以案例研究为主,着重探讨杰出的科学发现或艺术表现的认知过程(如 Weisberg, 1999, 2006),或实地研究艺术学院学生,艺术家的创作过程(Getzel & Csikszentmihalyi, 1976)。

创造力研究的认知传统今天依然是创造心理学最富有成果的力量。其成果表现在它对创造力的过程及其内源和外源影响的洞悉,如认知的变异与选择(variation and selection; Simonton, 1999),视觉空间思维(Miller, 1996),隐喻和类比思维(Holyoak & Thagard, 1995),问题发现和解决(Klahr & Simon, 1999),优化挑战和内在动机(Csikszentmihalyi, 1990),社会条件对创造意念的激发或抑制作用(Amabile, 1983),框范效应,思维定势和认知重构(Ohlsson, 2011),等等。和认知革命的初衷相吻合,创造力的研究也试图打开大脑的"黑匣子",了解创造的心理过程,这一研究的本质是创造过程的非神秘化。由于创造过程的研究注重一般过程,对创造主体人的作用相对忽视,也使许多心理学者,从早先的诺贝尔经济奖得主赛蒙(Simon, 1989)到后来的韦斯特(Weisberg, 2006),得出了创造力就是日常的解决问题的能力的结论。也就是说,创造者依靠知识的积累,依靠前人的工作,依靠解决日常问题相似的方法,所以"创造力并无神奇之处"。

这个结论把我们带回先前对创造产品和创造过程是否等价和对应的问题。赛蒙还与同事研制出计算机模拟程序能复制和演绎出历史上重大科学发现,用以说明科学发现有据可循,并不神秘(Langley, Simon, Bradshaw, & Zytkow, 1987)。这一观点遭到诸如契克斯米哈依(Csikszentmihalyi, 1996)和塞孟顿(Simonton, 1999)等一些学者的反对,认为计算机依靠给定的数据和规则演绎的科学"发现"与人通过问题发现、界定和归纳推理得出的发现有质的不同。撇开这些具体争议,认知科学具有明显的机械论色彩,注重创造的内源性、可计算性、技术化,这一倾向受到创造力系统理论的批判。按照创造力的系统理论(Csikszentmihalyi, 1999),个体不仅与文化领域(domain)互动,而且和代表特定文化领域的社会组织建构互动,由此产生感知和思维的新质,并最终通过产品为社会接受,在这个过程中,"生产者与接受者的互动"(Csikszentmihalyi, 1999)是创造的不可或缺的环节。而把创造性现象视为具有自足性的内部过程,完全忽略了这个社会文化过程。

创造力的社会生成:创造力研究的新动向

创造力研究的最新动向是跳出3P的内源取向,而关注创造过程的另两个长期被忽视的维度——内容和背景(2C, content and context),这一取向与整个心理学界转向情境认知(situated cognition)和分布智力(distributed intelligence)的理论有关,强调思维新质的社会情境生成或突现性(emergence),例如通过实践活动中思想碰撞产生的新质(Sawyer, 2012;本丛书之一)。量子力学科学家海森堡关于"科学从根本上植根于对话之中",印证了思维内容及其社会背景的重要性。从这个角度,科学不是孤立的实验室劳作,而是一种存在于一个特殊人群之间的独特的话语形态,表征对某类现象的独特思维方式,科学发现源于这种对话。也因为这种信念,研究者不再满足于从事可控实验,提取重要变量,而是投身于实地考察,利用民族志(ethnography)或"活体"研究方法,对科学团队的研究活动或艺术工作室进行实地跟踪(Dunbar, 1997),并用"话语分析"(Sawyer, 2006)理解一个创意从萌芽到成熟的真实过程。其中索耶的观点尤其值得关注。索耶在芝加哥大学读博时师从契克斯米哈依,所以他沿袭了系统论观点不足为奇。但索耶更进一步提出,创造的源头不是意念,而是行动,即人的实践活动是产生创造力的源泉。这个观点和过去注重创造意念如何发生的着眼点完全不同。杜威在论述思维活动的动力特征时也强调实践驱动的意义(Dewey, 1910/1997),但索耶的创造力理论和研究(如他对爵士乐创作,对硅谷科学家的科学技术发明的研究),对过去的研究具有明显的突破。同类的研究还有佩奇(Page, 2007)对人群的认知多样性与创造力关系的研究,都突出了创造力的群体动力学(group dynamic)特征。

创造力的个体生成：一种整合的发展观

强调创造力的社会生成突出了个体间差异性、多样性和冲突、合作、竞争所带来的动力，但另一方面客观上对内源性因素，如上面分别论述的认知和动机过程，或创造者个体的特质，有所忽略。社会层次的研究结论不能否定个体层次的研究结论。在一个领域中，还是能很清晰地发现创造性贡献的大小，而且任何领域，小部分人作出大部分贡献不是例外，而是基本规律（Simonton，2008）。即使是在集体创造力的研究中，也不难发现个体贡献的差异，以及个体的个人特质对集体的具体贡献。因此，研究内源性创造力依然是不可回避的任务。如何让内源性研究和外源性影响有机地结合呢？笔者认为只有从个体的发生发展史中才能求得所需的整合。

和研究静态特质不同，个体发展观注重的是个体与环境的互动特征，如兴趣的发展，知识的个人化构建，个体对某些问题的执著思考，等等。和简单研究认知和动机过程不同，发展观强调认知和动机的情境性、发展性。这样，创造力的解释便不再局限于某些静态的个人特质或者某种特殊的心理过程，而是着眼于发展中的个体的认知、情感、价值和性向的整合所产生的思维新质（Perkins，1995；Shavinina，2009）。在这方面，费尔德曼（Feldman，1994）提出的"非普遍性发展"（non-universal development）极富启发性，即人不仅像皮亚杰所论述的那样，建构人类共通的认知结构；人还通过自身的个体和文化经验建构独特的知识结构和世界观，创造性即是从这种差异发展中产生的新质。笔者受这一思想影响，对这一过程有具体探讨（Dai，2010；丛书之一；Dai & Renzulli，2008）。

现状和走向

21世纪以来，创造力研究呈现更大细分化倾向，包括对创造力的不同程度（Sternberg，1999）、不同类别（Kaufman & Beghetto，2009）、不同领域（Sternberg et al.，2004；Meheus & Nickles，2009；Turner，2006）进行更深入的研究。随着核磁共振等脑科学研究技术的日益普及，对创造力的脑机制研究也方兴未艾（Heilman，2005）。细分化也造成零散化的弊端，所以也有创造力学者化繁入简，追求更朴素、更本质的创造力理论。Runco（2010；见丛书之一《培养学生的创造力》有关章节）的观点，就是在3P（人，过程，产品）的框架中，从注重社会文化和认知过程的创造力理论，回归到注重人的创造力概念。Sternberg也应和这种呼唤，他把创造归结为个体的决定，突出了求异倾向和冒险精神的作用（Sternberg，2012）。Root-Bernstein则将创造力归结为人对13种体验、观察、思维工具的掌握和运用(Root-Berntein & Root-Bernstein, 1999),同样是一种返璞归真的追求。与这一追求创造力共性的趋势相应的是摒弃对"大写"的创造力(具有重大影响的产品和结果)的一味膜拜,而把更多注意力投向"小写"的日常创造力(注重个体的能动性;Richards, 2009)。因为对人类的杰出贡献始于个人化知识和个人创造力(Polanyi, 1958)。总之,创造力研究的走向,一方面呈现多元态势、不同理论共存的格局,另一方面表现为追求共性的努力。显然,注重人的创造潜力的发展,而不是期待重大发明发现,是基础教育更为根本的任务。如何针对青少年成长特点,如何在学习中启发创意思维,培养创新倾向,是教育的基本着眼点(Dai & Shen, 2008)。

培养创造力的教育探索:策略和问题

如何在教育中培育乃至训练创造思维、创造倾向,无论在欧美发达国家,还是在像中国、印度这样的走向发达的国家,都有不少的理论和实践探索(见 Dai & Shen, 2008)。总结起来,心理学研究至少提供了三种思路:

第一种培养创造潜力的思路是在教学中注重一些与创造力相关的思维方式和行为倾向。从发散思维到批判思维,从思想实验到实地考察,培养的是一些好的思维习惯。所以这种思路重视的是"思维课程",培养的是思维品质和思维习惯,其中包括"非智力"因素,如批判意识,冒险精神等。倡导这一思路的代表人物有托伦斯(Torrance, 1963),斯腾伯格(Sternberg, 2012),润克(Runco, 2010)等,我们可以把它称为"托伦斯模式"。

第二种思路是在课程设置和教学上为学生创造空间,鼓励他们根据自己的特长和兴趣对现实、知识和意义进行独特的建构。其最终目的是希望从个体知识结构兴趣点的发展独特性中产生思维内容的新质。这种通过差异化发展增强创造潜力的思路的代表人物有费尔德曼(Feldman, 1994),谢维尼纳(Shavinina, 2009),帕金斯(Perkins, 1995)等,我们可以称之为"费尔德曼模式"。

第三种思路是通过参与特定领域(艺术,科学,商业,技术等)共同体的创造实践活动,培养与之相关的习惯、性向、知识,从而形成专长,并跃升到创造新的理念、方法和产品的新水平。这一思路更注重真实情境和实际作业对创造力培养的重要性,并且更强调创造力的领域具体性,也就是说创造力受制于具体领域的实践模式和思维模式,不能指望人的创造力能迁移到不同领域。这一思路的代表人物是索耶(Sawyer, 2012),基依(Gee, 2007),魏斯伯格(Weisberg, 2006),所以我们可以把它称为"索耶模式"。把这些模式放到教育背景中,我们就能看到在哪些层面上教育需要适应这样一些创造力发展模式。

除了心理学研究和理论的支持,在教育背景下大致可以分为三个相关联的基本问题:教育理念、教育体制、教学方法。教育理念是文化和教育目标问题,教育体制是社会建制包括学校建制(如课程)问题,教学方法则是如何组织、支持学生的学习,教师如何与学生互动的问题。本节介绍在西方尤其是美国的几种主要教育策略,并讨论这些策略如何应和上述三种模式,以及它们在贯彻实践中可能遇到的教育体制和教学方法的问题。

教育理念的理想与现实

托伦斯在他 1963 年出版的《教育与创造潜能》一书中比较了两种学习模式,一种他称为"创造性的学习和思考",另一种是"依赖权威的学习":

> 当一个孩子在提问,在寻找,在操纵,在实验,甚至在毫无目的的把玩,我们说这孩子在创造性地学习;简言之,孩子在试图弄清真相。创造性学习和思考发生在感知到困难、问题、信息的缺口的过程中,发生在对这个缺失作出猜想或设想出假说的过程中,发生在测试这些猜想和可能修改和在测试这些猜想并最后传达测试结果的过程中……当我们被告知我们该学什么,当我们因为话出自权威之口而言听计从时,我们是依赖权威进行学习。(Torrance, 1963, p. 47)

托伦斯的这番言论,上承杜威的思想,下有整个建构主义理论思潮的依托,体现了一脉相承的西方教育思想。在相当程度上,创造性学习和研究式学习、研究性学习、项目式学习具有直接文化血缘关系(Aulls & Shore, 2008)。但是,即使在美国,类似中国的双基(基础知识,基础技能)的教育目标,依然是教育重点。当今学校教育模式源于流水线加工模式,和工厂一样以"绩效"为衡量学校业绩的标准。布什执政期间"不让一个孩子掉队"的法案强化了学校的这一功能,同时对托伦斯所倡导的创造性学习是沉重打击,因为托伦斯(Torrance, 1972)强调根据创造性学习的理念,学校教育应该超越教科书、课堂、课程的限制,让学习更开发,摆脱学校设置的"条条框框"(各种划一的标准),与个人、与现实有更密切联系,而布什的法案,以3—8年级每年的全员统测,把学生重新放到"条条框框"里去了。作为结果,教师也更多用托伦斯所称的"依赖权威的学习方式",更多采用学生被动吸纳知识的方式,以达到更好的"绩效"——学生的考试成绩。其隐患则是对知识兴趣的降低,学习迁移的缺失,解决问题的实际能力的缺失,以及学生本身的理解力、批判力、想象力、创造力没有得到充分的施展和开发。可以说,各种培养创造力的探索,正是在学校的传统架构和现实语境下进行的。

多种着眼于创造力培养的教育策略

面对传统的教育体制,尤其是越来越多的自上而下的绩效、问责、标准化的趋势,北美教育工作者和研究者至少在探讨五种策略:(1)建立知识建构创造的学习共同体;(2)围绕解决真实问题的学习;(3)学科知识的拓展和专业化;(4)在互联网环境下学习方式的根本改变;(5)英才教育对少部分特别优秀学生的重点培养。这五种策略多少都回应了上述培养创造力的三种模式。每一种策略都体现特定的教育理念、教学方法的相应变化,以及对现行教育体制和资源限制的突破。

1. 建立知识建构创造的学习共同体。这一策略的目标是通过课堂不断深入的讨论,探究获得对具体知识理念的深入理解。其理论预设可以用布鲁纳的思想来概括,即我们学习的知识都是一些前人创造的理解世界的假想模型(Bruner, 1986);学习本身实质是"再创造"、"再建构"的过程。如果是这样,教师的职能就从教授知识转为启发思维方式。最著名的教学模式有布朗的"促进学习共同体"(Fostering Communities of Learning; Brown, 1997),以及斯卡德梅利亚和布莱特的"知识建构"(Knowledge Building)和"创造性知识工作"(creative knowledge work)的教学模式(Scardamalia & Bereiter, 2006; Zhang, 2012)。这些模式都注重学生互动,以及把学生的知识和思维的外显表征(representations)作为深入探讨的契机。其中,后者更注重技术平台的支持,如利用叫做"知识论坛"(Knowledge Forum)的技术平台,为学生勾勒建构知识和提升理解的轨迹,促进学生对自己学习的元认知意识(Zhang, 2012)。学习共同体的平台可以是课堂,也可以是研讨会,如美国科技高中联盟学生的研究年会,甚至网络讨论会(webinar)。学习共同体的建设,本质上是对学习模式的建立,也就是托伦斯模式所倡导的,学习是主动思考、探索、解惑的过程,而不是被动吸纳的过程。在这样的过程中,学习活动成为"再创造"、"再探讨"的思维过程,得到磨练和开拓的,是如何思考,如何举一反三,如何拓展新思路的能力。

2. 围绕解决真实问题的学习。 与第一类以"话语方式"为主的学习不同,第二类学习以解决问题的"行动"为主要学习方式(Dai, 2012)。这一策略的目标是在解决问题的实践应用中建构知识,提高技能,培养创造能力和倾向。其理论预设是只有在应用的经验中知识的目的、用途、方法才能被掌握,从而增强了在今后继续拓展知识,灵活地应用知识的倾向(即学习的迁移)。比较著名的课程模式有"头脑历险"(Odyssey of the Mind),"全校范围丰富课程"(Reznulli & Reis, 1997)和"未来问题解决"大赛(Future Problem Solving; http://www.fpspi.org),适用于从小学到高中的所有年龄学生。在高中阶段,这一模式则集中体现在基于项目的学习(project-based learning; Krajcik & Blumenfeld, 2006),其特点是强调研究课题、探究方法和结果的真实性(比如向社区利益相关者汇报结果),这种真实性要求使得大部分项目呈现跨学科特点,而且许多学习内容可能超出标准课程范围,如"未来问题解决"大赛2012—2013年度的课题是"名人文化"、"机器人时代"、"超级城市"、"海洋粥"。有些项目学习作为课程之外的课程存在,有些则是用校际比赛、课余活动和兴趣俱乐部(clubs)的方式。这类活动更符合"索耶模式",虽然也强调思维技能,思维习惯的培养,但更重视真实情境和知识的实践性、工具性意义,即知识的用途,更强调货真价实的知识,是能够被转化为能力的知识。它是对传统课程"去情境化"的一种反驳。

3. 对学科知识的拓展和专业化。 这一学习方式主要在高中阶段,使部分高中生有机会对知识进行拓展和深入,使部分学生有机会走向知识的前沿,以便尽早进入知识开拓者的行列。具体做法有选修高级课程(如先修课程,AP classes),自选课题独立研究,跟随大学教授进行研究工作,撰写研究论文,从事影视创作,创办公司,等等。比较著名的计划有全美科技高中联盟的学生研究项目,英特尔科学人才搜索计划(Intel Science Talent Search),各种主要为高中生设置的"青少年学者"项目(Young Scholars Program)等(具体参见戴和蔡,2013)。一般而言,没有大学、企业、社区、基金会资源的支持,这类活动很难展开。所以像拥有上百所学校的"全美科技高中联盟"(NCSSSMST)单单加盟的大学就有50多所(其中包括许多一流大学)。这类活动虽然也强调真实情境,但属于更具有专业性,更符合个人特长和兴趣的知识和技能拓展,所以更符合"费尔德曼模式"。这类活动大大弥补了刻板划一的学校课程,使有特长的学生能够开阔眼界,了解知识技术的前沿,并且发现自己,坚定志向,使人才能够脱颖而出。

4. 灵活多样的英才教育体系。 上述第三类学习实质上可以归为英才教育(gifted education),但英才教育并不局限于某一种课程设置或教学方法,而在于是否对少数特别优秀的学生有特殊的教学支持。英才教育的主要动力是一个国家的繁荣富强,很大程度取决于人口中最优秀的少数(大致是 5% 的人口;见 Rindermann, Sailer, & Thompson;2009)。研究还发现,在任何一个领域,大部分的贡献都是少部分人作出的(Simonton, 1999)。美国英才教育主要是通过灵活的课程和教学区分化手段,因材施教地让才学卓著的学生能够按照自己的进度、方式接触更广、更深、更前沿的内容,以便更容易成为高端创造型人才(即中国习惯的用语:拔尖创新人才)。英才教育可以是集中的,如"人才搜索计划"、英才学校、少年班,也可以是分散的,根据个人情况安排的。英才教育对教育政策、学校体制、课程资源都提出了新要求。从美国的经验看,学制上的灵活,课程的丰富,大学的联手,社会支持体系是必不可少的(戴和蔡,2013)。从一个社会为创造力的勃兴提供有利的人才保障的角度来看,英才教育是一条符合"费尔德曼模式"的可行路径(详见 Dai, 2010;丛书之一)。

5. 互联网时代的个人化、定制化学习。最后一个策略是与网络和教育技术紧密联系的,按照一些教育前沿的改革者的观点,传统的集中教学,划一的课程,进度,评价标准已经过时(最著名的是最近点击率超过一千三百万的 Sir Ken Robinson 的《学校扼杀了创造力》"Schools kill creativity" 的视频;http://www.ted.com/talks/ken_robinson_says_schools_kill_creativity.html),在今天每个人都能随时从网络和手机提取大量信息和有用的知识,"正式"教育与"非正式"教育的界限已经模糊,意味着学校不是唯一的,甚至是最重要的学习场所(Sawyer, 2006),一种依靠教育技术的新的学习方式将逐步取代旧的学习模式,新的学习方式的主要特点是定制化、由学习者自己控制和互动性(Collins & Halverson, 2009)。英国学者克拉夫特对数字化时代学习与创造型的关系做了独到的解读(Craft, 2010;丛书之一);另外,选择在家就学(home schooling)也成为许多父母为自己孩子选择的教育方式,在美国估计有近两百万在家就学的学生。其中一个重要原因就是给因材施教提供了条件。理论上说,越是个性化的教育,越有可能培养出有独特知识结构、有鲜明特长和兴趣的孩子,而这符合费尔德曼模式的差异化发展创造理论。

对结构性问题的探讨

无论采取什么策略,教育工作者在传统的教育体制下都需要面临一些基本的结构性矛盾。下面,我从教育理念、学校建制、课程设置、教学方式四个方面简要论述一些结构性问题。

教育理念与创造力理论

教育的顶层设计是采用"工业生产模式"还是"用户服务模式",是决策者需要考虑的问题。前者是划一的、标准化的、讲求全面绩效的;后者是个别化的、量身定制的、满足特殊需求的。课程和教学上,前者是外部(或高层)控制的,后者是与学习者互动协调的。前者是封闭式的、格式化的(便于管理和控制),后者是开放的、拓展的(需要灵活应对)。哪一种更符合创造力的形成,根据前面创造力本质的论述,结论不言而喻。在美国,教育顶层设计的矛盾体现在面临教育过程的建构主义(主体对世界的理解和意义建构)与教育评价的技术主义(标准化产出)的矛盾性(Wile & Tierney, 1996)。根据培养创造力的三个模式,教育理念上必须面对三个问题:被动吸纳,还是主动建构;真实情境,还是"去情境化";划一的课程和标准化评价,还是不断区分化的课程和差异化发展。这是一个顶层设计的问题。如果教育理念没有包含对个体创造力发展的理解,创造力就必然会像 Ken Robinson 所说,牺牲在各种标准化的条条框框的约束之中。

教育体制的灵活性和学校的开放性

重视创造力培养的学校,需要教育体制具有弹性,能够让学生有充分的机会去探索他们感兴趣的问题。许多探索基于项目的学习的中学,已经打破了传统的课时安排,安排更大的时段,使学生集中钻研某个问题。但对许多传统学校,打破学科界限依然受到学制和课时安排上的限制。中国的固定班级制度和教室条件的限制,会使教育失去这种灵活性。创造力的培养,离不开对校外资源的利用,所以如何建立学校与社区、企业、大学的联系,利用社会上各种资源,尤其是大学资源提升教学水平和各种服务,也是各个学校的挑战。

课程设置如何把握牢固的知识基础和个性化拓展、应用的关系

创造力本质上是拓展的、开放的、个性化的。如何从以教科书和教科书为主的学科知识为中心的课程到以人的思维、想象和解决问题能力培养为中心的课程,这个转型始终是一个难点。在承认知识和技能个人化建构的前提下,如何掌握好牢固知识基础和个性化拓展、应用的关系,在西方也有保守派和进步派的争论。保守派认为学生缺乏足够的知识技能从事对真实问题的探究活动,所以这样的学习是无效的(比如 Kirschner, Sweller, & Clark, 2006)。知识基础是创造力的必要条件,但是不能灵活应用的知识是死的知识,或用怀特海(Whitehead, 1929)的话,是"呆滞的知识"(inert knowledge)。这是传统灌输式教育的积弊。进步派认为教育的关键在于如何把知识内化为个人化视野中的思维工具、思维习惯,强化学习的迁移性、生成性(generativity; Wise & O'Neill, 2009)。与沉浸式的基于项目的学习不同,"普度创造性丰富三阶段模式"(Feldhusen & Kolloff, 1986)试图用"脚手架"扶持这种创造性解决问题能力,可以看作是一种折衷的做法。不管怎样,强调知识内容或思维过程的结构性矛盾将始终在课程中出现。理论上说,托伦斯模式侧重思维方式、思维形态,索耶模式侧重领域性和情境性,费尔德曼侧重知识建构的个人化。与之相应,重内容,还是重过程,是潜移默化的引导,还是明确对批判和创造思维的训练都是值得在实践中探索的问题。

教学方式和教师职能的转变

怎样让教学活动真正体现学生主体的作用,从一味传授知识内容,到把知识内容放到大的学科背景、社会背景、历史背景中让学生去感受它的价值、意义、局限,如何成为学生探究"真理"的导师、教练,而不是"真理"的宣讲者。这是对教师职能和教学方式的新挑战。不仅如此,教师的教学与学生的学习结果,不应该是一对一的对等关系(教什么,学什么),而是一个互动的,不断产生思维新质的,不断将理解推向深度广度的过程(Scardamalia & Bereiter, 2006)。教师的作用在于引导,而不是作为权威意志压制学生主体的能动性(Torrance, 1963)。加之在数码化时代学生的学习已经不完全依赖教师(Craft, 2010;《创造力和教育的未来》),这不仅意味着教师的职能面临转型,而且对教师提出了更高的要求:他们不仅需要良好的专业训练,而且需要如何深入浅出地让学生领略专业的方法、思维特点和门道(Shulman, 1987)。如上所述,21世纪大部分需要创造性解决的问题都是多学科、跨学科性质,所以教师还要有宽广的知识视野。这对教师培训和发展提出了新的挑战。

创造力与社会形态的研究

教育最终是社会的一部分,如何使整个社会环境,从机制到文化有利于创造力的生成和发挥,是一个社会是否具有活力,乃至一个社会成败攸关的问题。创造力与社会的关系,可以见诸以下几方面。首先,在知识经济的时代,创造力直接作为知识资本进入市场,使得教育与社会和经济的关系变得非常直接。Peters等所著的《创造力与全球知识经济》一书对这种关系做了理论上的梳理。其次,教育的"红利"不可能直接在社会中兑现,而必然涉及政府如何在政策法规上鼓励创造力的实现,公司企业和学术机构如何发掘人才、充分利用人才实现创造力的问题。再次,无论是"李约瑟问题",还是"钱学森之问",都涉及对社会机制、思维方式、文化价值的反思(金,樊和刘,1983),反思的目的无非是希望找到改善现状的杠杆。对中国来说,如何优化教育的环境(包括朱清时教授创办南方科技大学,追求学术自治的努力),很快就会成为如何优化社会体制环境的问题。

　　社会本身的结构,机制,主流价值是否有利于创造力的形成是一个研究的着眼点。从宏观层面,垄断的经济和市场的经济,威权社会与公民社会,公民参与的民主与人心涣散的民主,法律对市场竞争的公平的保证,对知识产权的保护等等,对一个国家的创造力都会有举足轻重的影响。从中观层面,一个企业、一个学校和一个科研机构的内部构造、管理方式、文化氛围,对员工的行为具有重要调节作用。企业是否注重学习,是否具有鼓励创意的机制,与这个企业或组织是否富有创造力有直接关系。在微观层面,人与人在特定情境中的关系和互动,个人性向如何与社会期待互动而形成有利于想象力和创造力的表达,或者如何抑制个人想象力和首创精神。例如,各级政府或者企业的核心领导层的决策模式和过程,是否能集思广益,做到决策的前瞻、合理、优化,还是使决策过程被长官意志所左右,下级人云亦云,明哲保身。或者,决策层倾向于"不犯错误"的保守选择,而不是富有创意但有风险成本的抉择,与这个组织的成败发展息息相关。限于篇幅,这里只能在两个方面案例作简单的演示性描述:什么样的社会能激发创造力,什么样的组织文化有利于创新。

　　Judy Estrin是前思科总技术执行官。她见证了美国硅谷上世纪90年代的兴盛和21世纪初的危机。在她的研究总结中,把硅谷的成功归结为"创新的生态系统"的成功(Estrin, 2009),这个系统包括教育、文化、政策、资金、领导力这些大环境和研发应用的周期性。在企业文化层面,她尤其谈到硅谷早年科技人员对研发本身的巨大热情和进入21世纪后许多公司上市后的急功近利和浮躁心态。Richard Florida是一个研究城市的经济学家。按他的统计,美国有近四千万人构成了一个以创造为生计的阶层(科学家,工程师,艺术家,企业家,教师,等等)(Florida, 2003)。正是这个阶层主导了美国生活方式的方方面面,习惯、趣味、时尚等等。他从对美国所有科技重镇的研究中得出四项创造力重要指标:(1)当地就业人口中"创造阶层"的比例;(2)作为创新指数的人均专利数;(3)高科技企业比重;(4)人群多样性(社会宽容度)。最著名的如硅谷,波士顿高科技园区,北卡州府地区研究金三角。上述两人的研究都说明,创造力的勃兴和所处的环境和氛围(机制,文化和生态)有关。

从更微观的企业机制和文化角度,如何营造学习和创新的新型企业环境,成为很多研究者的课题(Hemlin, Allwood, & Martin, 2004);如何将固化的知识转化为活的智力,本身是学习和迁移的问题(Rothberg & Erickson, 2005)。一个有趣的现象是,知识型企业关注的问题和关注创造力培养的学校是一些同样的问题。另外,从管理角度,对等级化管理向平面化过渡,也是鼓励创新的一个举措。美国通用电器在管理上提出的"逆向创新"(reverse innovation)便是其中一例。所谓"逆向",是不遵循传统的先在研发中心开发产品然后推广的路径,而是由地方针对新兴市场(如东亚地区)直接发展高端产品,并向世界其他地区推广(Immelt, Govindarajan, & Trimble, 2009)。这样的企业产品创新模式成功的原因是对市场的灵敏度,对当地情况的深入理解。"谷歌"宽松的、鼓励员工创新的管理风格也受到广泛关注(Anthony, 2009),管理层如何将员工的想象的自由和管理层理性的自律有机结合,和教师如何使学生的创意建立在坚实的知识标准之上,有异曲同工之处。

结语:对创造学的展望

大量的研究材料表明,从学校到企业,从国家到个人,创造力已经占据了一个极其显著的地位,足以成为一门显学,到了可以探讨建立一门创造学(Creatology)的地步。我们可以想象这门学问应该有一个坚实的理论部分和一个涉猎广泛的应用部分。理论部分应该包括创造心理学、创造经济学、创造伦理学、创造社会学这些分支。应用部分应该覆盖学校教育、企业管理、社区规划、城市建设、国家政策等等。作为政策资讯,一个社会中教育(人力资源,人才资源)在生产资源中的比重,对国民生产总值的贡献份额,企业创造力的文化和机制,学校创新指数,城市创造力指数,从社会群体到个体,国民创造力与国民生活满意度和幸福感的关系,这些都有可能建立在创造力的应用研究之上。培育发展国民创造力作为国家社会战略和教育战略,也可在应用研究中获得可操作性。虽然与本丛书的主体无关,创造学的应用部分,还应该包括人机互动的研究和人工智能的研究。传统的人工智能缺乏像人那样的学习、建构和创造的能力。新一代的人工智能研究(如"自律的认知发展",autonomous mental development, AMD)试图突破这一瓶颈。可以想见,这样的突破具有革命性意义,从智能交通系统到新一代智能无人机,到智能型外星探测车。创造这个现实,需要凝聚数代人的创造力。而人工智能研发的困难，让我们反观人的创造能力的神奇，激起我们理解它、保护它、开发它的意识和决心。

致谢

本丛书的编撰、翻译、出版得到了华东师范大学出版社的大力支持，在此对王焰社长和参与编辑的同仁，尤其是彭呈军编辑，表示谢意和敬意。在最初的选题和书籍遴选中，我们邀请的中外专家组成的顾问委员会进行了两轮的评选和"投票"，对他们的支持和工作我在此表示感谢。Howard Gardner博士在百忙中对丛书的遴选也提出了建议，在此一并致谢。同时，我还要对参与翻译的各位同事，为他们的辛勤劳动，以及对和我一起主持、组织这套丛书的翻译工作的申继亮教授表示感谢。最后，我对我的家人的支持表示谢意，使我能为这项工作腾出足够时间，使这套丛书能尽早问世。

参考文献

戴耘,蔡金法.英才教育在美国－兼谈对中国的启发[M].杭州:浙江教育出版社,2013.
金观涛,樊洪业,刘青峰.文化背景与科学技术结构的演变//自然辩证法通讯杂志社.科学传统与文化:中国近代科学落后的原因[M].陕西:陕西科学技术出版社 1983.
钟启泉,吴国平.反思中国教育[M].上海:华东师范大学出版社,2007.
Amabile, T. M. (1983). *The social psychology of creativity*. New York: Springer-Verlag.
Anthony, S. D. (2009). Google's Management style grows up. Bloomberg Newsweek, June 23rd. Retrieved on Nov. 25, 2012 from: http://www.businessweek.com/managing/content/jun2009/ca20090623_918721.htm.
Aulls, M. W. , & Shore, B. M. (2008). *Inquiry in education: The conceptual foundations for research as a curricular imperative*. New York: Erlbaum.
Beghetto, R. A. , & Kaufman, J. C. (2010). Broadening conceptions of creativity in the classroom. In R. A. Beghetto & J. C. Kaufman (Eds.), *Nurturing creativity in the classroom* (pp. 191 - 205). Cambridge, UK: Cambridge University Press.
Brown, A. L. (1997). Transforming schools into communities of thinking and learning about serious matters. *American Psychologist*, 52, 399 - 413.
Center for Educational Research and Innovation/OECD (2008). 21st century learning: research, innovation and policy directions from recent OECD analyses. Retrieved on December 1, 2012 from: http://www.oecd.org/site/educeri21st/40554299.pdf.
Collins, A. M. , & Halverson, R. (2009). *Rethinking education in the age of technology*. New York: Teachers College Press.
Craft, A. (2010). *Creativity and education futures: Learning in a digital age*. Sterling, VA: Trentham Books.
Csikszentmihalyi, M. (1990). *Flow: The psychology of optimal experience*. New York: Harper and Row.
Csikszentmihalyi, M. (1996). *Creativity: Flow and the psychology of discovery and invention*. New York: HarperCollins.
Csikszentmihayi, M. (1999). Implications of a systems perspective for the study of creativity. In R. J. Sternberg (Ed.), *Handbook of creativity* (pp. 313 - 335). Cambridge, UK: Cambridge University Press.
Dai, D. Y. (2010). *The nature and nurture of giftedness: A new framework for understanding gifted education*. New York: Teachers College Press.
Dai, D. Y. Shen, J-L. (2008). Cultivating creative potential during adolescence: A developmental and educational

perspective. *The Korean Journal of Thinking and Problem Solving*, 18, 83-92.

Dewey, J. (1916). *Democracy and education*. New York: The Free Press.

Dewey, J. (1997). *How we think*. Mineola, NY: Dover Publications. (Originally published in 1910).

Diamond, M. C., Scheibel, A. B., Murphy, G. M., & Harvey, T. (1985). On the brain of a scientist: Albert Einstein. *Experimental Psychology*, 88, 1998-2004.

Dunbar, K. (1997). How scientists think: On-line creativity and conceptual change in science. In T. B. Ward, S. M. Smith & J. Vaid (Eds.), *Creative thought: an investigation of conceptual structures and processes* (pp. 461-493). Washington, DC: American Psychological Association.

Ericsson, K. A. (2006). The influence of experience and deliberate practice on the development of superior expert performance. In K. A. Ericsson, N. Charness, P. J. Feltovich & R. R. Hoffman (Eds.), *The cambridge handbook of expertise and expert performance* (pp. 683-703). New York: Cambridge University Press.

Estrin, J. (2009). *Closing the innovation gap: Reigniting the spark of creativity in a global economy*. New York: McGraw-Hill.

Feldhusen, J. F., & Kolloff, M. B. (1986). The Purdue three-stage model for gifted education. In R. S. Renzulli (Ed.), *Systems and models for developing programs for the gifted and talented* (pp. 126-152). Mansfield Center, CT: Creative Learning Press.

Feldman, D. H. (1994). *Beyond universals in cognitive development* (second ed.). Norwood, Nj: Ablex.

Finke, R. A., Ward, T. B., & Smith, S. M. (1992). *Creative cognition: Theory, research, and applications*. Cambridge, MA: The MIT Press.

Florida, R. (2002). *The rise of the creative class*. New York: Basic Books.

Gee, J. P. (2007). *What video games have to teach us about learning and literacy*. XX: Palgrave/Mamillan.

Getzels, J. W., & Csikszentmihayi, M. (1976). *Creative vision*. New York: Wiley Interscience.

Guilford, J. P. (1950). Creativity. *American Psychologist*, 5, 444-454.

Heilman, K. M. (2005). *Creativity and the brain*. New York: Psychology Press.

Hemlin, S., Allwood, C. M., & Martin, B. R. (Eds.). *Creative knowledge environments: The influences on creativity in research and innovation*. Cheltenham, UK: Edward Elgar

Holyoak, K. J., & Thagard, P. (1995). *Mental leaps: Analogy in creative thought*. Cambridge: MA: The MIT Press.

Immelt, J. Govindarajan, V., & Trimble, C. (2009, Oct.). How GE is disrupting itself. *Harvard Business Review*. Kaufman, J. C., & Beghetto, R. A. (2009), Beyond big and little: The four C model of creativity, *Review of General Psychology*, 13, 1-12.

Kirschner, P. A., Sweller, J., & Clark, R. E. (2006). Why minimal guidance during instruction does not work: An analysis of the failure of constructivist, discovery, problem-based, experiential, and inquiry-based teaching. *Educational Psychologist*, 41, 75-86.

Klahr, D., & Simon, H. A. (1999). Studies of scientific discovery: Complementary approaches and convergent findings. *Psychological Bulletin*, 125, 524-543.

Köhler, W. (1947). *Gestalt Psychology: An introduction to new concepts in modern psychology*. New York: Liveright Publishing Corporation. Krajcik, J. S., & Blumenfeld, P. C. (2006). Project-based learning. In R. K. Sawyer (Ed.), *The Cambridge handbook of the learning sciences* (pp. 317-333). Cambridge, UK: Cambridge University Press.

Langley, P., Simon, H. A., Bradshaw, G. L., & Zytkow, J. M. (1987). *Scientific discovery: Computational explorations of the creative process*. Cambridge, MA: MIT Press.

MacKinnon, D. (1962). The nature and nurture of creative talent. *American Psychologist*, 17, 484-495.

Meheus, J., & Nickles, T. (Ed.). *Models of discovery and creativity*. New York: Springer.

Miller, A. I. (1996). *Insights of genius: Imagery and creativity in science and art*. New York: Springer-Verlag.

Ohlsson, S. (2011). *Deep learning: How the mind overrides experience*. Cambridge, UK: Cambridge University Press.

Page, S. E. (2007). *The difference: How the power of diversity creates better groups, firms, schools, and societies* Princeton, NJ: Princeton University Press.

Partnership for 21st Century Skills (2009). Framework for 21st century learning. Retrieved on July 28, 2009 from: http://www.21stcenturyskills.org/index.php?option=com_content&task=view&id=254&Itemid=120.

Polanyi, M. (1958). *Personal knowledge: Toward a post-critical philosophy*. Chicago: University of Chicago Press.

Perkins, D. N. (1995). *Outsmarting IQ: The emerging science of learnable intelligence*. New York: Free Press.

Renzulli, J. S. (1986). The three-ring conception of giftedness: A developmental model for creative productivity. In R. J. Sternberg & J. E. Davidson (Eds.), *Conceptions of giftedness* (pp. 53-92). Cambridge, England: Cambridge University Press.

Renzulli, J. S., & Reis, S. M. (1997). *Schoolwide enrichment model: A how-to guide for educational excellence*.

Mansfield Center, CT: Creative Learning Press.

Richards, R. (Ed.). (2007). *Everyday creativity and new views of human nature*. Washington, DC: American Psychological Association.

Rindermann, H., Sailer, M., & Thompson, J. (2009). The impact of smart fractions, cognitive ability of politicians and average competence of people on social development. *Talent Development and Excellence*, 1, 3–25.

Root-Bernstein, R., & Root-Bernstein, M. (1999). *Sparks of genius: The 13 thinking tools of the world's most creative people*. Boston: Houghton Mifflin Company.

Rothberg, H. N., & Erickson, G. S. (2005). *From knowledge to intelligence: Creating competitive advantage in the next economy*. Amsterdam: Exsevier.

Runco, M. (2010). Education based on a parsimonious theory of creativity. In R. A. Beghetto & J. C. Kaufman (Eds.), *Nurturing creativity in the classroom* (pp. 235–251). Cambridge, UK: Cambridge University Press.

Sawyer, R. K. (2006). Conclusion: The schools of the future. In R. K. Sawyer (Ed.), *The Cambridge handbook of the learning sciences* (pp. 567–580). Cambridge, UK: Cambridge University Press.

Sawyer, R. K. (2010). Learning for creativity. In R. A. Beghetto & J. C. Kaufman (Eds.), *Nurturing creativity in the classroom* (pp. 172–190). Cambridge, UK: Cambridge University Press.

Sawyer, R. K. (2012). *Explaining creativity: The science of human innovation* (2nd ed.). Oxford, UK: Oxford University Press.

Scardamalia, M., & Bereiter, C. (2006). Knowledge building: Theory, pedagogy, and technology. In R. K. Sawyer (Ed.), *The Cambridge handbook of the learning sciences* (pp. 97–115). Cambridge, UK: Cambridge University Press.

Shavinina, L. (2009). A unique type of representation is the essence of giftedness: Toward a cognitive-developmental theory. In L. Shavinina (Ed.), *International handbook on giftedness* (pp. 231–257). New York: Springer.

Shulman, L. S. (1987). Knowledge and teaching: Foundations of the new reform. *Harvard Educational Review*, 57(1), 1–22.

Simonton, D. K. (1999). *Origins of genius*. New York: Oxford University Press.

Simonton, D. K. (2008). Scientific talent, training, and performance: Intellect, personality, and genetic endowment. *Review of General Psychology*, 12, 28–46.

Sternberg, R. J. (1999). A propulsion model of types of creative contributions. *Review of General Psychology*, 3, 83–100.

Sternberg, R. J. (2012, November). *Creativity is a decision*. Keynote speech at the National Association for Gifted Children annual convention, Denver, Colorado.

Sternberg, R. J., Grigorenko, E. L., & Singer, J. L. (2004). *Creativity: From potential to realization*. Washington, DC: American Psychological Association.

Torrance, E. P. (1963). *Education and the creative potential*. Minneapolis, MN: The University of Minnesota Press.

Torrance, E. P. (1966). *Torrance tests of creative thinking: Norms-technical manual* (Research ed.). Princeton, NJ: Personnel Press.

Torrance, E. P. (1970). *Encouraging creativity in the classroom*. Dubuque, IA: Wm. C. Brown Company.

Turner, M. (Ed.) (2006). *The artful mind: Cognitive science and the riddle of human creativity*. Oxford, UK: Oxford University Press.

Wallas, G. (1926). *The art of thought*. New York: Harcourt, Brace.

Weisberg, R. W. (2006). Modes of expertise in creative thinking: Evidence from case studies. In K. A. Ericsson, N. Charness, P. J. Feltovich & R. R. Hoffman (Eds.), *The Cambridge handbook of expertise and expert performance* (pp. 761–787). New York: Cambridge University Press.

Wertheimer, M. (1982). *Productive thinking*. Chicago: University of Chicago Press.

Wile, J. M., & Tierney, R. J. (1996). Tensions in assessment: The battle over portfolios, curriculum, and control. In R. C. Calfee & P. Perfumo (Eds.), *Writing portfolios in the classroom: Policy and practice, promise and peril* (pp. 203–215). Mahwah, NJ: Lawrence Erlbaum.

Wise, A. F., & O'Neill, K. (2009). Beyond more versus less: A reframing of the debate on instructional guidance. In S. Tobias & T. M. Duffy (Eds.), *Constructivist instruction: Success or failure?* (pp. 82–105). New York: Routledge.

Whitehead, A. N. (1929). *The aims of education*. New York: The Free Press.

Zhang, J. (2012). Designing adaptive collaboration structures for advancing the community's knowledge. In D. Y. Dai (Ed.), *Design research on learning and thinking in educational settings: Enhancing intellectual growth and functioning* (pp. 201–224). New York: Routledge.

目录

致谢 / 1
导言 / 3

第一章 "天赋"概念简史 / 11
　　给"天才"下定义的挑战 / 12
　　一个辩证周期：对天赋的建构、解构和重构 / 14
　　结语：天赋概念进入成年期 / 25

第二章 在理解与培养超常能力中存在的主要争议 / 26
　　超常能力概念演变中理论基石的变化 / 26
　　走向新的综合 / 36
　　主要争议的框架 / 39

第三章 从"先天还是后天"到"后天中的先天" / 46
　　先天后天论战的框架 / 47
　　先天后天的不可分性：一种不同的思维角度 / 65
　　结语：通向卓越的多种途径 / 69

第四章 刺猬还是狐狸？领域特殊性 vs 领域一般性是个体、领域和发展的共同作用 / 70
　　如何界定能力领域 / 71
　　领域一般性—特殊性作为人类能力的基本架构问题：是横向的、纵向的，还是分层级的？ / 73
　　不同发展水平上领域一般性—特殊性的意义 / 78
　　创造力：领域特殊性的还是领域一般性的？ / 90
　　结语：结构、功能和发展三个维度的整合 / 93

第五章　质的差异还是量的差异？个体的、过程的和发展的产物 / 94

背景：以将学生分类作为切入点的超常教育 / 95
个人品质和行为特征上质的差异的研究 / 97
发展是新异性与质的差异显现的过程 / 104
技术和实用的考虑 / 106
结语：什么时候"超常能力"是真的超常？ / 110

第六章　见仁见智：世界观和认识立场上的差异 / 111

"超常能力"最好的证据是什么：能力倾向还是真实成就？ / 112
我们如何理解超常能力和才能的本质与发展：通则性研究和个别性研究 / 119
如何解释和预测超常行为的表现和发展：还原论与生成论 / 125
结语：方法论的综合 / 131

第七章　超常教育的目的和方法 / 133

理解超常教育的框架 / 133
专长（专家技能）和创造力间的争议 / 134
专长研究者和创造力研究者之间的争议 / 135
"超常儿童"（Gifted Child）和"才能发展"（Talent Development）的争议 / 141
结语：才能发展个人方面与社会方面的整合 / 150

第八章　更大社会环境下的超常教育：牺牲公平换来卓越？ / 151

受到围攻的超常教育 / 153
"卓越"和"公平"的定义以及二者之间的争议 / 155
更广阔社会文化环境下的超常教育 / 172
结语：平等的机会，而非相同的结果 / 173

第九章　对卓越的整合理解：超常能力发展研究的CED框架 / 175

超常能力的形成：差异化发展的基本原则 / 176
基于分析水平去确定超常能力的生成属性和演化属性 / 180
四种分析水平的整合 / 189
根据CED框架对重要的本体论争议进行概念重构 / 195
CED框架对研究和实践的启示 / 198
结语：超常能力和卓越才能的环境—时间生成性 / 199

第十章　对个体发展反应敏锐和对社会负责的超常教育 / 201

理论、教育和社会环境的变迁 / 201
超常教育的十字路口:定义、目标和指导原则 / 204
超常教育的发展前景:从研究到实践 / 218
结语:没有超常项目的超常教育能行得通吗? / 221

术语表 / 223
参考文献 / 231

致谢

能够完成这本书,首先要感谢我的同事们在百忙之中抽时间对本书提出的修改意见。他们的见解与评价帮助我完善书中观点的表达。他们是 Don Ambrose、Marc Cohen、Larry Coleman、K. Anders Ericsson、David Henry Feldman、Françoys Gagné、Howard Gardner、Nancy Hertzog、David Lohman、David Lubinski、Dona Matthews、Nancy Robinson、Karen Rogers、Keith Sawyer、Bruce Shore、Dean Keith Simonton、Rena Subotnik、Joyce VanTassel-Baska、Frank Worrell 和 Albert Ziegler。感谢《超常能力研究国际手册》的主编 Larisa Shavinina 对我在手册中负责的章节提供的有益反馈;本书中发展、延伸和阐述的众多观点都是从那里开始的。正是这些杰出的同事使我不断深入挖掘、完善我的思考。如果书中的观点和材料有什么不当和瑕疵,则责任在我。另外,非常感谢我的博士后导师与合作者 Joseph Renzulli,谢谢他在我过去十年来的学术生涯中对我的指导。也非常感谢哥伦比亚大学师范学院出版社,特别是 Jim Borland 教授鼓励我为"超常儿童心理与教育丛书"写作本书,Brian Ellerback 在不同阶段与我分享他对本书的看法,Wendy Schwartz 非常仔细地阅读了本书的早期手稿,并提供非常有价值的反馈意见和建议。

这本书能够问世,还要感谢纽约州立大学奥尔伯尼校区提供的学术假,以及美国国务院在 2008—2009 年度提供作者去中国访学的福布莱特学者奖金(Fulbright Scholarship),使我暂时放下教务,有机会在整理本书中的一些关键问题和挑战时能够进行深入的思考。也非常感谢 Maynard Lassonde、Graham Potter、Alexander Wind 和 Yehan Zhou 等我的研究助理、博士生和朋友,谢谢他们为书稿编辑付出的努力,感谢我的岳母吴玉琴和我的姐姐戴辰——在我离家的时候精心照顾我的孩子们。感谢我的妻子李莉、我的孩子戴馨和戴诚对我长时间工作和业余爱好所表现的理解和耐心。

最后,谨以此书纪念我的导师和朋友 John F. Feldhusen。在这本书写作的过程中,惊闻他在 7 月份与世长辞,令我哀伤。十分遗憾的是,当时作为福布莱特学者,身在中国,任务在身,我错过了去年 11 月份在佛罗里达拜访他的机会。我非常感激他,不仅因为我在书中发展与表达的观点有他的影响;更重要的是,他的正义感、远见卓识和道德勇气在这些年中引领、激励着我去探索反思超常教育领域的重大问题。对他的学生所取得的成绩,哪怕只是一点点小成绩,John 总是引以为豪。我衷心地希望,这本书能够传承他的思想遗产。

戴耘,记于奥尔伯尼,2009 年 9 月 30 日

导言

本书是我对《超常教育的再思考》一书(Borland,2003)中提出的问题进行多年思考与研究之后的结果。与超常能力有关的理论在几十年间发生了巨大变化,我们原本认为理所当然的众多假设现在正面临着挑战,甚至包括超常概念本身。这些改变反映了人们对超常能力及超常发展的新的理解,启迪我们以一种新的视野去看待我们所认为的超常现象,以一种新的方式去鉴别、研究、培养我们所认为"能力超常的人"。

什么是"超常能力"?众多学者、研究者和教育者为了得到这一问题的满意答案在孜孜不倦地探索。然而,关于超常能力的性质与发展的理论千差万别,领域中学者之间普遍存在争论和分歧。有待解决的分歧主要围绕下面的问题:对于学业或其他领域的卓越成就而言,先天禀赋、环境经验、个人投入与努力哪个最重要?寻找实现卓越的关键因素,容易使人联想到《功夫熊猫》中阿宝寻找成为"龙战士"的秘诀。一些人认为是"先天因素"(即一个人与生俱来的品质:生物构成)在起作用。例如,全方位研究 Einstein 的大脑(Diamond, Scheibel, Murphy, & Harvey, 1985),就是想一劳永逸地弄清楚天才大脑结构的奥秘。另一些人深信,经验和不懈努力才是关键。事实上,就像《功夫熊猫》这部电影所要传达的,成功的秘诀在于强大的自我信念,这是改变一切的力量。问题是,我们如何确信人人都能成为功夫大师,无论它是一只熊猫、老虎还是鹤?他们真的有相同的潜能吗?我们有多相信"信念、努力能够创造奇迹"这样的"心想事成"的因果关系?在何种程度上认知和智力的运作能受意识的控制?认知功能在根本上是受生理的约束,还是能够通过文化实现某种超越,并包含社会资源技术支持的中介作用(包括正规教育和训练)?我们越是寻求问题的答案就会越困惑,到现在依然没有找到明朗清晰的答案。寻找超常能力的起源,试图建立统一的定义和理论,这类努力在很大程度上无功而返,使研究者饱受挫折。难怪一些著名学者喟叹:我们能看到隧道尽头的亮光吗(Gagné, 1999a)?回顾过去,超常教育领域的开端是推孟(1925)对高智商儿童进行的开创性研究,"高智商"在 20 世纪就已经是鉴别智力超常

者的黄金法则。关注现在,我们正处于历史的关键时刻。Feldman(2003)对超常领域的现状有这样的描述:

> 传统的超常能力观(例如一般智力因素或者智商)在 21 世纪难以维持这一领域的活力。一种更有成效的策略是:将智商整合到一种有发展前景的理论框架中。就此而言,我们可以把超常教育领域中先前的 20 年看做"正方—反方"观点争论的时期……下一阶段自然要去展望和思考,如果将不同观点综合起来会是怎样(p.15)。

本书正是按照 Feldman 指出的方向进行的努力。在寻求不同学者之间观点差异的解决方式的过程中,我发现,对于"超常能力的本质"以及"如何实现卓越成就"这些问题,不同学者、研究者和教育者有各自的本体论偏见或信念。我尝试理解他们各自观点中隐含的推理、不同观点的支持性证据,以及他们偏好的方法论如何在根本上左右着他们的观点。书中对超常领域现状的描述受科学史学家 Gerald Holton(1981)的影响,他认为"重大科学进展"是一种演化过程,涉及与一小部分一再出现的主题有关的争论"(p.25)。因此,这本书是围绕三个主要的主题类别,或者托马斯·库恩(Kuhn,1977)用来描述最终导致科学理论进步和研究进展的所谓"必要的张力"(essential tensions)。它们是"本体论"争议(超常行为或能力的本质是什么?),"认识论"争议(如何进行恰当的评估、推断、理论分析和预测?)和"规范性"争议(超常教育的目的是什么? 理想的超常教育是怎样的?)。在每种类别中,我进一步区分了三种具体的相互关联的争议。最终这几种争议形成了本书的主体结构。

内容概述

在第一章中,我描述了这些争议在美国超常教育运动中的演化史。我的主要观点是:在理解超常能力的先天—后天性问题上,历史采取了一种螺旋型路线。从早期将一般智力的相关理论作为鉴别"天才"的基础,到后来承认超常能力有多种表现;从强调先天禀赋到关注后天教养;方法学上,从采取客观主义立场,把"超常儿童"看做一种"天然"的类别,到承认这一分类存在主观性和价值判断(乃建构而成);如今,历史的钟摆摆到了"协调二者的差异"这一位置上来。尽管超常教育这类社会实践运动的历史演变过程很复杂,而且具有多面性,我还是会尝试证明:超常领域中的这些争议对于超常教育而言确实是"关键性的",本体论和认识论的争议常常与伦理、实际方面的考虑交织在一起。

除了第一章中对超常教育历史的回顾,我在第二章试图进一步证明:我们对超常能力和超常教育的思考方式的转变不仅仅出于伦理、实际方面的考虑,也反映了基本观念的转变,尤其是对智力、发展、动机、环境等重要基础概念的理解方式的转变,以及认知、情感和发展神经科学领域的研究进展如何加强这些转变。大体上,主流观点和研究都表明人类潜能是会变化的(而不是固定的),具有动态性、多面性并且依赖环境。为了将传统和新兴的理论、方法进行比较与融合,我提出一种概念分析的框架来区分"本体论争议"和"认识论争议"。本体论争议面向外部事物或客观存在,是关于实体的猜想、理论、概念以及这些猜想、理论、概念所要把握的现实层面;认识论争议更具有反思性质,关注研究者、教育者的理论态度和方法论取向,这些都会左右研究者和教育者对事物的观察与解释。在这一框架中,第三个维度是规范性方面。"规范性"在这里不是描述性的(例如"平均水平的发展"),而是规定性的——"应该是什么"而不是"事实是什么",这正是社会科学和自然科学的主要区别(Simon, 1996)。教育首要关注的是规范性(教育的目的),其次是教育效果(实现教育目的的手段)。其实心理学也无法完全中立,也有自己的规范性立场。比如,发展心理学常常把理解和促进人自胚胎期到降生以后的最优化发展作为学科任务。也就是说,在展望和设计超常教育时,争议不仅来自儿童差异化发展方面的互相竞争的证据,也来自发展的多种可能性和最理想的发展方向。在现实生活中,"本体论"、"认识论"、"规范性"这三个维度常常交织在一起,以至于一场关于"事实/真理"的学术讨论很容易变成关于"价值观"的观念争论。因此,如果人们想要在某个问题上达成共识,将这三个维度分开就显得尤为重要。

第三到五章论述了三大本体论争议,分别是:先天与后天之争,领域一般性与领域特殊性(领域具体性)之争,质的差异与量的差异之争。先天与后天之争仍在激烈进行着(参阅 Dai & Coleman, 2005b; Ericsson, Nandagopal, & Roring, 2005, 2007; Gagné, 2009b; Howe et al., 1998)。"的确存在的一些拥有先天禀赋的超常儿童"的观点受到"人类潜能具有基本的灵活性"这一主张的挑战。第三章的目的之一,是用一个框架图说明组成先天论或后天论的强弱证据各是什么。根据先天禀赋与后天培养在个人发展过程中的交互作用,我认为两分法的思维方式(明确的下结论说,先天因素或后天因素起决定性作用)是有问题的。我认为应该有多种途径能够实现卓越,而且人类潜能具有殊途同归性(equifinality;指先天后天因素的不同互动模式,依然会导致相同的发展结果)。考虑到超常能力具有多样性,我建议采用适用范围有限的各种"中距理论"(mid-range theories),放弃超常能力的万能概括理论。目前尚缺乏一种能够描述"先天后天因素在具体才能发展方向上如何互动"的理论模型,这阻碍着超常领域理论与实践的进步。

第四章对理解全书关系重大,它对本体论争议进行了整合,提出"超常能力的发展观"这一广阔的理论框架。尽管关注的是超常表现的领域特殊性和领域一般性,但是这一章所描绘的个人、领域和发展因素不仅是为了解决"领域一般性与领域特殊性之争",也是为了进一步说明"先天后天"因素的交互作用,并提出"量变会导致质变"的观点。在这一章中,我区分了"领域一般性—领域特殊性"的结构观(关注人类能力的基本结构)和生态—功能观(认为领域特殊性是人类在具体活动领域中的一系列独特的可供性、约束与需求)。近几十年,超常领域的发展趋势逐渐转向了领域特殊性,尤其是不再把一般智力视作个人表现的决定性因素。不过,已有证据表明的确存在这样一些能力,它们与个体在一系列任务中的出色表现都有关,也就意味着这些能力有更普遍的影响力。我认为,生态—功能方法更有希望帮助我们解决推崇"一般智力"(以高智商作为智力超常的基础)与主张学术、艺术等不同领域的超常能力具有多元性这两种观点之间的争议。接着,我进一步介绍了"发展复杂性"这一概念,强调各种认知任务的执行单元的发展复杂性水平并不同,取决于长期教学、训练、练习、文化适应以及适应性自组织的程度。超常能力发展是应对领域挑战时一种持续的分化和整合过程,形成了一系列专门化的知识、技能和性向①。在本章最后,我从个人、领域和发展三方面进一步讨论了创造力的发展。

第五章探讨的内容在很大程度上决定了超常教育是否应该采取独立的教育方案,尤其是,是否应该为有特殊教育需求的同质群体设计专门的课程。这一争议是:"超常"和"非超常"儿童之间的差异是程度上的还是类别上的?我讨论了有关"质的差异和量的差异"的各种观点,尤其是认知效率假说和认知精巧度假说,并回顾了不同观点各自的实证研究证据,得出结论:二者的差异有质的方面也有量的方面,取决于具体的问题。我最后提出一种新的理解方式:在判断是质的差异还是量的差异时,综合考虑多种维度。这样一来,丰富的运作环境、个体特征与发展变化就都纳入了考察范围,也

---

① 性向 disposition:指具体的行为或思维倾向。——译者注

就能更好的处理三大本体论问题。

第六章回顾了三大"认识论争议":(1)我们如何发现一个人是超常的?是根据潜能(能力倾向)还是真实成就。(2)我们如何研究相关的现象或个体?从一般性假设(通则性)开始还是从具体观察(个别性)开始。(3)我们如何解释这些复杂现象?是采用静止的方法,把对象看作是实体存在(还原论),还是采用动态理解的方式,把对象看成是"逐渐形成"的(生成论)。在这里强调"认识论"差异的目的是:证明本体论知识是受制于实证检验的,而实证检验又受研究者的认识论和方法论立场的约束。这三大认识论争议截然不同又相互关联。例如,能力倾向测验(智商测验等)的使用是建立在"人类特质的通则性假设"上的,而使用真实成就作为评判标准是对个别性的强调(认为对实际成就的观察更"可靠"或更"真实")。通则性研究方法倾向于还原主义——认为复杂的现象可以用相对简单的原则来解释;而个别性研究方法认为,具体的超常表现的丰富性、深度和复杂性是无法被还原到简单原则上的。为了协调这些差异,我指出了这些相互竞争的认识论立场和视角的互补性,并主张采用亚里士多德的"四因说"来进行系统的解释。

在第七章和第八章中,我将焦点转移到超常教育上来,介绍了围绕超常教育的三种"规范性争议"。正如我之前提到的,"规范的"一词是规定性的,暗示着"应该是"什么。有关"先天—后天","领域一般性—特殊性"或"质的差异—量的差异"的科学证据只是限定了某种教育干预的有效性,但是"超常教育应该是什么样的"这一问题的答案依赖于人们的价值观和目标。三大规范性争议分别是:专长与创造力之争(例如,Renzulli对学业型超常能力和创造型—制造型超常能力的区分),超常儿童与才能发展之争,卓越与公平之争。对于"专长—创造力"这一争议,我分别从理论和教育视角进行了探讨,指明了这一争议对教育策略(加速或丰富化等)的启示。"超常儿童—才能发展"的争议是近年来讨论超常教育的未来时,众多争议的核心(Delisle, 2003; Morelock, 1996; Subotnik, 2003; Treffinger & Feldhusen, 1996)。这一争议也与"公平—卓越"争议相关。在第八章中,我勾勒了一些批评者的意见,他们认为超常教育是"精英主义"的,并延续了已有的社会不公。之后我进一步明确地界定了卓越和公平,这样,在权衡这些公共价值观和优先权时,人们就可以在实践水平上做出判断。

虽然我在第三到第八章回顾的所有重要争议都是以"正题—反题"争议的形式展开,然而两极化已有观点并非我的初衷。恰恰相反,我的意图是达成一种新的综合(合题)。第九章提出的"差异化发展理论框架"就是为了实现这样一种综合——将相关现象和不同水平的分析以一种恰如其分的方式组织整合起来,这样就能对超常现象进行恰当的分析和解释。这一理论框架强调超常能力的表现、鉴别与教育的过程中所具有的发展性和演化性,同时也确认了差异化发展或发展多样性的基本原则(能力或能力倾向不同的人,有不同的发展定位、方向和轨迹),以延续差异心理学这一研究传统。应当注意的是,第九章中呈现的"差异化发展的多水平理论框架"是建立在第四章"才能发展的自组织和自我导向"的概念分析上以及第六章对认识论的讨论上的。

第十章讨论了这种新的综合性理论框架在本体论、认识论与规范性方面的意味,及其在超常项目计划、鉴别、课程设置、教学和咨询方面为教育者和心理学家提供了一种新的实践范式的前景。对于每个方面,我都从理论框架中提取出一些一般性原则,来指导未来的超常教育实践。总体上说,我预示一种具有开放性的灵活的超常教育,它能够满足学生的实际教育需求,能够利用当地资源去识别、培养各种表现形式的卓越才能。这是一种对个体发展反应敏锐、对社会负责的教育,它能敏锐地回应个体的早慧发展和超前发展,并以一种个人化的、公平的和理论上站得住脚的方式鼓励和支持人们为实现卓越而作的努力。

总结性思考:反思性实践的重要性

伯特兰·罗素曾经说过,如果某个问题有明确的答案,这一答案很快就会成为学科知识,并从哲学中分离出来。仍然属于哲学范畴的问题是没有明确答案的,为了使人们在元认知上意识到"这些问题为什么没有被解决",以及"应该如何应对随之而来的不确定性",就必须对哲学上的问题进行理性的思考。之所以说"在解决问题时,科学的作用很有限"、"超常领域的问题需要元水平的思考",主要是因为:第一,科学善于发现机制和规律,但是在研究和实践中如何应用概念结构需要哲学思考。正如后实证主义的原则所描述的,实证证据能说明一些问题,但是在很多方面,实验数据并非不证自明的,需要将其放在合适的解释框架下进行概念化理解。第二,关注人类现状与人类进步的研究,总是要面对似是而非的矛盾情境或两难境地:研究者希望进行没有偏见地、公正地观察,去客观地理解人类现状。但是没有人是中立的局外人,因为教育者和研究者的终极目的是改善现状,所以我们各自希望达到的理想状态,必然会影响我们对真相的知觉和洞察。因此,元思考的反思性质能够帮助人们更理性地组织自己的经验、感受与知觉,对我们自身的价值观进行反思,并考虑那些也许有悖于我们偏好但是却合理的观点。我不能说书中表达的观点是完全客观的,我个人的偏见、信念、价值观在书中有明确的陈述(尤其在最后两章)。不过,我希望通过这本书,与持有不同超常观的学者、研究者、教育者进行诚恳地交流。所以,本书的宗旨不在于进行思想劝说,而是揭示各种立场观点(包括笔者本人的立场)背后的假设和理由。这样,读者就可以自己去思考判断,在指导教育政策与教育实践时,哪种观点更可行更有说服力,超常研究与教育领域如何超越观念形态的差异,服务于共同的目标——理解并促进早慧学生与超常学生的教育与发展。

第一章 "天赋[①]"概念简史

> 一切皆崩落,中心难持握……
> —— Yeats, "The Sencond Coming" 叶慈《二度降临》
> 一个群体中,有人遵从传统,有人反传统,其相应的贡献也不同。
> —— Thomas Kuhn, The Essential Tension 托马斯·库恩《必要的张力》

"有天赋的"(gifted)或"超常能力"(giftedness)的含义从未像今天这样悬而未决,令人困惑。当推孟(Lewis Terman, 1925)把他的纵向研究课题命名为**"天才研究"(studies of genius)**、将智商140或140以上(及其他测量、评估)的儿童鉴定为"天才儿童(超常儿童,gifted children)"时,没有人提出质疑。然而从今天怀疑论者的观点看,问题不在于这些孩子能力强,而在于认为这种能力是与生俱来的。引起怀疑论者警觉的是,这些孩子大部分是白种人,这就可能是测量上的系统偏差或者是挑选了家庭社会经济环境占优势的群体导致的。诚然,现在的超常儿童鉴别方法比推孟时代更具有多样性,天赋概念也比以往任何时候更多元化。这反映了目前的观念——天赋有很多种,并以各种不同的方式表现出来。然而,如果天赋有很多种类和表达方式,是否意味着"天赋"是一个无法定义的抽象概念,继而对超常者进行研究就成了一项没有希望的事业?这正是超常研究领域危机的根源:众多利益相关者,包括学者和研究者,都经历了混乱感并试图理清思路建立秩序(例如,Feldman, 2003; Gagné, 1999b, 2004)。当我们似乎看不到隧道尽头的亮光时,一些人开始失去耐心(Gagné, 1999a)。本章的目的不是以笔者自己的观念和信念来强加一种秩序,而是回顾历史,尝试去理解天赋概念如何演化至今以及超常领域躁动不安表面下隐藏的暗流。首先,我会简要讨论为什

[①] 英语"gifted"原意有"先天"的含义,现多用于描述超常能力特征,并非局限于某种特定的资质,如智商水平,这里视上下文译为"天赋"或"超常能力"。"Genius"用于描述更为罕见的人才,故译"天才"。"gifted children"则按国内惯例译为"超常儿童"。——译者注

么说对"天才"的品质进行界定是个巨大挑战,以及在研究和教育实践中这个术语是如何使用的。然后,我将描述超常概念演变的历史。尤其是在超常能力的先天性和后天性问题上,我将把传统**本质主义**(essentialist)观点和正在崛起的**"发展主义"**(developmentalist)观点进行比较。

给"天才"下定义的挑战

Sternberg(1995)用**五角内隐理论**(pentagonal implicit theory of giftedness)总结了民间观念或人们直觉中对"天赋"的理解。根据这个理论,一个人要满足以下五个准则才是"天才"。

(1)卓越准则:相对于同龄人,在某个或某些方面更杰出。

(2)罕见准则:在某些技能或品质上达到的水平在同龄人中较为罕见。

(3)产出性准则:个体被评定为杰出的才能必须使他或能够使他取得成就。

(4)可证实性准则:必须通过有效的测试证明个体在"天赋"领域中的确优于常人。

(5)价值准则:个体表现不凡之处的价值能够得到社会认可(Sternberg, 1995)。

如果"测试"一词的外延涵盖所有的任务表现,把人类各领域的实际表现和其中体现的智力、创造力都纳入考虑的"维度",那么用这五个标准判断一个人是否具备"天赋"看来就是可行的。然而现实中,这些标准只是名义上解释了"天赋"在非学术日常语言中的隐含意义。在学术讨论和教育实践中,对"天赋"的界定标准某种程度上依然是主观的、不确定的(参见 Hertzog, 2009)。一种值得注意的做法是赋予"天赋"不同的含义:可以指学业成就,也可以指心理测量意义上的能力(Gallagher & Courtright, 1986);在描述儿童时它指的是不凡潜质,描述成年人时指的是杰出成就(Mayer, 2005)。然而,这两者之间有必然联系吗?所谓"天赋"是取得某领域杰出成就的必要条件吗?批评者认为并非如此,他们认为没必要用天赋或与生俱来的才能来解释优异的专长表现(Ericsson et al., 2005, 2007)。

使问题更复杂的是,历史上围绕天赋的公共话语受到多方利益相关者不同既定利益的影响:包括科学上、伦理上和社会政治上及其他实用性的考虑。这让超常领域喜忧参半。积极的方面是,这一领域享有它在文化上的重要性和实践意义,在教育和培训上,它产生的知识有重要的政策含义和实际功用。消极的方面是,这种话语如此含混,以至于损害了它作为可靠知识来源的信誉。

人类语言本身也造成了这种交流上的问题。"有天赋、有才华"既可以是描述性的也可以是解释性的,两种用法表达的意义不同。描述性用法停留在经验和事实层面,例如,"她有音乐才华"可能只是一种观察,和说"她演奏得太棒了"是一样的。相比之下,解释性用法隐含一种因果关系,如"她有音乐才华"意味着是她拥有的音乐天赋导致了她卓越的表现。后者涉及抽象层面和超越观察的推理。有趣的是,很多形容词经受着被"物化"的命运——抽象概念被视为具有物质实体的存在。于是,"聪明的"(intelligent)逐渐被固化为"智力"(intelligence),"超常的"(gifted)成了"超常能力"(giftedness),描述性语言逐渐具有了隐含的解释效力。日常语言中对其描述性和解释性的含混使用造成了很多混乱。这很大程度上是由于"天赋"这个词被赋予了太多意义(Gallagher, 1991; Robinson, 2005),在某种特定语境下话语者究竟意指什么并不总是那么明晰。在交流中很容易重复发生这样的情况,一个合乎逻辑的推论迅速演变为信念的飞跃。一些学者要求明晰的解释性使用,即超常能力(giftedness)指"先天禀赋",而才能(talent)则是在天赋基础上系统发展形成的(例如,Gagné, 1999b, 2004, 2005a, 2009a)。然而,这种区分在经验和实践水平上是否可行还有待商榷(Borland, 1999)。而且,把天赋作为动因(如"因为他的天赋")很容易陷入循环论证和同义反复:说"一个人有超常表现是因为他有超常能力"就好比说"一个人产生攻击行为是因为他很好斗或具有攻击性"。这类论证无法使我们获得对攻击者(或超常儿童)的进一步理解。

为了更规范地使用术语,可以在卓越和天赋(超常能力)之间进行区分。卓越是一个**表现概念(performance concept)**,以一些表现标准为判断依据。人们可以对这些标准提出质疑,但通常这些标准是可以被客观地定义和达成共识的。而天赋是一个**能力概念(competence concept)**,基于一个人的行为或素质表现来进行推断。这个区分更清晰地说明为什么"天赋"作为人的素质,和更能在客观上达成共识的"卓越"相比,更难下定义。给天赋下定义,具体来说要解决以下经验和理论问题:

(1) 经验上,我们怎么才能知道一个人有天赋?怎样的评估形式可靠并且更有效:心理测试还是真实情境下的任务?应该信赖标准化测验得出的数据还是更近距离的临床判断?研究天赋现象的最有效的方式是什么:用心理测量学描绘人群特质还是追踪独特个人史?

(2) 理论上,我们应该认为天赋独立于环境还是依赖于环境(如,只在某种环境中表现出"天赋",而在其他环境没有表现出天赋)？如何解释天赋行为或能力的起源及个体发生？相关现象可否被还原为一系列简单元素,还是揭示了一种不能被更简单元素解释的复杂的组织形态？

历史上,三个核心维度——智力(包括特殊和一般认知能力)、动机和创造力,被用来界定天赋的实质。每一种维度本身都是宽泛、抽象的概念,我们可以对它们的社会心理基础做进一步审视(Robinson & Clinkenbeard, 1998)。这三个维度的顺序并不是随意安排的。智力(或人类基本能力),从心理测量或其他方面定义,可能是三者中最稳定的一个,更具有促生新知识和技能的**迁移能力(transferability)**(Messick, 1992)。第二个维度动机更具情境性和波动性,有赖于个人经验、历史和社会环境(Dai, Moon, & Feldhusen, 1998),尽管动机也被发现具有长期稳定性(如:持久的内部学习动机; Gottfried, Gottfried, Cook, & Morris, 2005)。第三个维度创造力的发展轨迹更长,并在特定作用环境中可以整合智力、动机和人格因素,因此是三者中最不稳定和不可预测的(Renzulli, 1986)。这三个概念与天赋概念有一个共同特征:它们可以指潜在(如倾向)或实际的行为表现。然而,对于理解天赋这还只是一个高度简化的路线图。为了方便讨论,我遵照大家广为接受的"天赋"或"超常"定义:天赋可以是实际展露的卓越表现,或通过能力倾向测验、面谈和临床观察所展露的潜在的卓越性(例如, Marland, 1972; Reznulli, 1978; Ross, 1993)。

一个辩证周期:对天赋的建构、解构和重构

一个概念的思想史有其自身的逻辑。作为对新的状况和需求的适应,它通过人的反思意识(有时是良知)而演化改变(Toulmin, 1972)。我用"辩证"一词特指人类自我纠正(self-correction)的倾向(包括过度纠正),通过批判性思维和解决观念冲突来更好的理解现实。概念以这种方式演化,是由于它的内部张力:其解释未能抓住我们所认为的"真理"或"现实"的重要方面。这种内部张力至关重要,同时,一些历史环境也影响概念变化的轨迹和时机。这就如同火山,内部张力一直都存在,然而,它的爆发,即打破概念系统的结构功能稳定性,取决于很多环境因素。通过在三个阶段进行描述,即:(1)有关"天赋"概念价值观和信念核心的建构;(2)这个核心的解构;(3)在对这个概念的新的核心价值和信仰体系的重构。我试图阐明这一过程的历史背景或时代精神、基本动机、偏见和内在逻辑。

天赋的建构：推孟的本质主义遗产

推孟(Lewis Terman，1877—1956)，不管怎样评说，都是那个时代的代表人物。高尔顿(Francis Galton，1869)构想了一个社会或国家，在那里智力超常者会被授予一个更突出的角色地位来维护他的伟大。受高尔顿等人思想的激励，推孟以大规模智力测验作为鉴别智力超常者的主要方式，发起了第一个对早慧青少年的大规模研究。造就了推孟时代的正是他的如下信念：

(1) 智力是人的一种一般特质(general human quality)，很大程度上由遗传决定。这是一种隐含着达尔文主义的高尔顿教条：智力是通过自然选择继承下来的生物特质。事实上，在推孟时代，大家对孟德尔(Gregor Mendel)从豌豆发现的遗传定律的记忆犹新，这进一步加强了超常能力是继承而来的这一高尔顿式信念。

(2) 在这个社会中可以建立智力高中低人群的等级划分。Herbert Spencer 的社会达尔文主义使当时美国的社会阶层或等级制度合理化。推孟和许多他的同时代人的道德要务是"优化"人类种族，"优生学"正是解决方法的一部分。当 Charles Goddard 致力于智力的低端——怎样减少不能明辨是非的"智力迟滞者"(the feeble-minded)的消极影响，推孟主要致力于智力的高端，鉴别和理解天才(见 Hall，2003)。

(3) 智力作为一般个人特质(general personal quality)，能用新开发的智力测验进行客观测量。推孟相信，随着法国心理学家 Binet 和 Simon 创造的历史上第一个智力测验的诞生，测量技术已经足够先进可以评估这个重要特质的水平和量值。天才可以被操作性定义为使用斯坦福—比奈智力量表(Stanford-Binet Intelligence Scale)得分最高的 1%(智商分数约在 140 或 140 以上)，这个量表是当时在斯坦福大学担任教授的推孟对"比奈-西蒙量表"进行的修订。

从历史角度来看，推孟和他的同辈如此相信自己能测量这样一个复杂抽象的人类特质，实在令人困惑。事实上，他们甚至没有关于智力表现和智商的详尽理论，除了对其实际重要性和应用前景的认识。然而，考虑到斯皮尔曼(Charles Spearman)为他的如今成为经典的论文《"一般智力因素"：已获客观确定和测量》(p. 201)命名时(1904)的自信，美国文化中的**英国经验主义(British empiricism)**势力就不能被低估。它们要求对现实世界如何运作有最简洁抽象的(通常是激进还原的)假定，提供有效地测量，对数据进行高效的计算操作，找到可辨识的模式和规律，这些都源自高尔顿(1869)。桑代克的名言最能说明那时(甚至如今)对定量测评技术的信仰："一切的存在都是某种量的存在"(Mayer 引用，2003，p.141)。隐藏在这个信仰之下的，是对以测量为工具的技术控制的需求，无论今人对此如何评价。这就并不意外，Binet 除了贡献了一个智力测验之外，对他的美国同辈思想的影响非常有限。Binet 是一个更细致的欧洲大陆心理学家，更容易被个体表现的"**独特复杂性(idiographic complexity)**"(Brody, 2000, p.19)激起好奇心(例如：一个人究竟是如何执行手头的任务)而不是令斯皮尔曼(1927)着迷的一般与特殊智力因素正态分布的数学确定性。

推孟引领了对天赋潜能定义和解释的**本质主义或实在主义传统(realist tradition)**。本质主义，最早由柏拉图提出，是指一种信念，认为存在一种赋予对象以独特属性(identity)、统一性和连续性的独特的本质、形式或特质。于是智力就被看作一个人结构上的持久的品质，因此高智商儿童就被认为拥有这种使他们与众不同的特质。其最还原论的形态，是将高智力看作与生俱来的并具有神经学上的优势(见 Geake, 2009)。例如 Gagné(1999b, 2004)坚持认为"天赋"和"才能"不同，因为从本质主义观来看，天赋和才能具有重要的因果结构和先后顺序关系。超常能力(天赋)作为先天禀赋，能从一个人的优异表现中推断出来；它是自然发展出来的能力，无需大量、系统的正规训练；而才能则可以通过它是否是个人努力钻研的结果来加以认定。尽管有很多不同观点，天赋本质主义解释的基本假设是：一种高水平的一般智力使超常儿童与众不同，不仅体现在智力运作的游刃有余上，也体现在独有的思考方式、独特的社会情感特征、不同的教育需求和不同的发展轨迹上。本质主义的天赋发展模式关注的是：通过经验和努力，高水平的天生智力如何转化为人类活动中某种形式的有价值的知识、才能和技艺。

天赋的解构：社会和科学的幻灭

即使在鼎盛时期，推孟对智力测验的推广并用于鉴别天赋儿童的倡导也存在争议。早期的"先天禀赋/后天培养"的争论中，智商测验对民主的威胁和对教育作用的贬低令很多人关注(参见 Feldhusen, 2003)。Lippmann 是智力测验的早期批评家之一；他对智商测验的科学效度以及随之而来的用测验"对孩子能力进行终极审判"的伦理含义提出了质疑(Lippmann, 1976, p.19；参见 Block & Dworkin, 1976, Terman 和 Lippmann 在 20 世纪 20 年代的讨论)。这些声音只是当时对超常儿童运动批评的序曲。对"用智商作为人才鉴别基本标准"更直接的批评来自 Getzels 和 Jackson(1962)，他们认为用智商作为鉴别超常儿童的主要标准会将富有创造潜力的儿童排除在外。

然而，他们只是试图修正鉴别程序和拓宽标准，并没有撼动超常儿童的概念基石。只有两个运动真正挑战了天赋的本质主义概念：一个来自社会批评家，另一个来自"专长"的研究工作者。

来自社会建构主义者的批评。 对天赋的社会批评主要发生在美国的超常儿童教育领域，但在其他有着平等主义情怀的国家中也存在。超常儿童的鉴别与运用智商对社会作内隐或外显的分层化相关，这一事实让人们更加怀疑超常儿童教育运动是社会精英主义的延伸。也就是说那些被鉴别为"超常"的儿童，实际上是社会特权阶层儿童，这也就延续了原有的社会不公(Margolin，1994，1996)。解构天赋概念的不懈努力来自 Borland(1997a；2003，2005)，他代表的是社会建构主义视角。Borland 的主要观点是："天赋"是被赋予的称呼，而不是被发现的现实；我们建构这一概念来服务于社会目的，而不是作为一个客观现实去发现它(Borland，2003)。从这个角度，Borland(2003)对天赋的本质主义概念提出质疑：

> 这种粗糙的分类法是否意味着存在两个截然分开的、不连续的群体——天才和非天才？也就是说，天赋确实是一种特质，在本质上有异于平常或普通，使拥有天赋的人和其他人明显地区分开来？(p.111)

简言之，Borland 认为把"天赋"定义成一种能够将一些孩子分离出来的基本品质是没有科学依据的，实践上也是有害的（尤其是对少数民族和穷困学生而言）。Borland 进一步引用了福柯(Foucault)的观点：知识不是中性的，而是通常由社会特权阶层所掌握的一种控制手段。沿着这个思路深入下去，我们甚至可以推断：一般智力因素的假定、心理测验，甚至因素分析这样的工具都是维护某种社会秩序的工具。同理，超常儿童与非超常儿童的对照研究范式，有可能被有预谋地用于进一步延续二者之间的分歧，使他们成为两种不同质的亚人群；因为这种对照比较正是建立在"他们是两个完全不同质的群体"这一假设上。

仿佛是为了证明福柯"知识断言实际上是为了发挥社会力量"的观点，出现了一股暗流试图打破心理测量学家对智力公众话语权的垄断。最著名的例子是加德纳和斯滕伯格的智力理论。加德纳(1983)多元智力理论，无论作何评价，的确成功地将智力概念多元化。斯滕伯格不仅区分了分析型智力、创造型智力和实践型智力（参见 Sternberg，1996a)，还指出，通常被认为是普遍人类品质的"智力"和"超常"概念，在根本上是受文化约束和规范的,反映的是与文化相关的价值、实践和信仰体系(参见 Sternberg,2000,2007a,2007b)。不同文化下的成功智力可能对人类的调适能力有不同的要求。加德纳和斯滕伯格的理论极大改变了超常能力的定义方式。更重要的是,他们的理论思想有效地促进了价值多元化和自由主义的社会秩序(比如,可以与 Herrnstein & Murray,1994 的保守观点作比较)。

专长研究角度的批评。除了来自新的智力理论的支持,对"天赋"本质主义概念的社会建构主义评论也找到了意料外的同盟,即与导致"超常儿童"这一概念诞生的差异心理学有很大不同的认知心理学的实验传统(Cronbach,1957)。在处理所谓的天赋和才能的问题上,认知心理学家主要关心"天生智力和先天禀赋的存在及其重要性"这个主张的科学效度。当推孟把"超常"定义为智商分布顶端的 1% 时,没有科学理由来解释为什么不能是顶端的 3% 或 10% 的。因此,这种惯例只是出于实用考虑,而不是科学上的必然(见第六章对Ⅰ型和Ⅱ型错误的讨论)。众多学者中,Grinder(1985)认为"智力的个体差异心理学在方法论上一直被心理测验所主宰,从未被提高到科学的高度"(p.27)。而一些心理测量导向的研究者尝试通过整合心理测量和实验的方法,解释智力的个体差异如何表现在认知过程中(见 Hunt,1986,2006;Gustafsson & Undhein,1996),认知研究者试图表明,遗传智力和禀赋的本质主义信仰没有科学基础(Ericsson et al.,2005,2007;Howe,1997;Howe,Davidson,& Sloboda,1998),曾经被归因于天赋的才能现在可以被恰当地解释为是多年的领域经验和专注练习(deliberate practice)的结果(Ericcson,2006)。这些研究者将环境经验看作专长技能发展的替代解释(例如,Ceci & Liker,1986)。尽管证据显示两者都有影响,他们更信任近端变量(proximal variables;即与任务操作更直接相连的知识和技能)而不是远端变量(distal variables;如人类能力的遗传差异)。实验心理学家通常对知识断言有更严格的标准,他们急切地想取缔天生能力和禀赋这些难以捉摸的概念,就如同急切地要从科学话语中驱除迷信一样。

对"天赋"本质主义建构批评的批评。某种意义上,对天赋的解构就是破解"天赋"是如何被建构的,甚至可以揭示为什么随着时间的推移"存在某一类特殊儿童"这一虚构的假象被大家接受并看作一种现实。从积极的方面看,解构是一种推动反物化、反本质主义的力量。它对我们如何理解天赋有潜在的积极影响,促使我们检验那些深藏的、通常被理所当然接受的假设。解构揭示了一种比我们所相信的世界要更加复杂和多变的现实。它除掉了关于智力、天赋和才能的客观真理外衣,揭示了在这些"心理现实"建构中可能存在的主观性、偏见和随意性。特别是,它要求我们重新思考各种天赋理论,把这些理论看作在社会互动中建构出来的假设模型,而不是独立于观察仪器或观察者的客观真理(Borland,2003,2005)。它提醒我们,在社会科学和心理科学中,对实验数据的解释无法像生物和物理科学那样把事实和价值观清晰地分离开来。例如"天赋"这个词,既是评价性的又是描述性的。然而,当以 Foucault 和 Derrida 为代表的解构主义和反本质主义被推向极致时,也就接近犬儒主义和虚无主义了——所有形式的知识只不过是社会控制的工具,旨在获得经济和政治利益,或仅仅是文字游戏或学术操练,没有真正的实质意义。从这个极端的观点出发,科学理性就只是一种错觉而已(见 Phillips & Burbules,2000 对激进主义的评判)。我认为要拒绝解构主义在这个方向上的诱惑。

在另一战线,认知科学带来了更高水平的严谨性和新标准,来对那些常常建立在直觉和内隐假设基础上,并非以坚实的科学研究和证据为依据的众多天赋观点进行评判。然而,当"基于遗传的个体差异在超常行为表现中可能起到的作用"的科学判定被推向极致时,容易陷入激进实证主义(认为如果事情不能通过受控制的实验方法确定,就是不可知的)和激进环境主义(认为我们所需要的仅仅是条件化、强化或各种社会学习来解释任意一种人类行为,包括特殊能力)。毕竟,天赋、专长和创造力的认知科学研究方法(如,Langley,Simon,Bradshaw,& Zytkow,1987)在概念和方法论上有其自身的偏见和限制(如对人的行为功能的机械论观点,强调"可计算性"、"可复制"、"可观察性")。显然,我们面临的挑战不是抛弃一百多年来心理测量研究所积累的关于个体差异的证据,而是去理解不同的研究传统得到的研究发现之间的差异,并比较它们的理论说服力(心理测量,认知,发展等),以及这些差异和冲突如何被解释和解决。我将在第三章更深入讨论这些"先天禀赋/后天培养"的问题。

天赋的重构:从本质观到发展观

作为使用智力测验鉴别超常儿童的第一人,之后又从事了数十年的后续跟踪研究,推孟对我们如何理解天赋和超常儿童上的影响延续至今。推孟遗产中一些基本的本质主义原则,仍然被许多当代的智力领域特别是超常领域的研究者和学者所接受。例如:

(1)许多学者仍然相信一般智力因素的存在及其作为稳定品质对人的一生具有影响(Gottfredson,1997;cf. Neisser,1996)。Carroll(1997)将一般智力因素等同于学习易度(the ease of learning):"智商体现了一个人学习和在长时记忆中保持知识和技能的程度和速度。"(p.44)尽管许多人可能不会接受一般智力因素完全由遗传决定或具有种族差异的论断,但是他们会基于行为遗传学研究,赞同在一般智力因素上的差异存在着明显的遗传成分(Plomin, 1997)。

(2) 很多人仍然相信标准智商测验尽管有缺陷,但仍是测量人类这一重要品质的最好工具。且高智商是智力禀赋优越的良好指标,能有效预测一个人的长期发展和成就(例如,Gagné, 2004, 2009b; Gallagher, 2000b; Lubinski, 2004; Robinson, 2005),不过这些人在使用更保守还是更灵活的超常儿童鉴别标准上有所不同。

(3) 和推孟一样,很多学者认为,高智力是取得卓越成就的必要条件,但不是充分条件;非智力因素和环境因素也扮演着重要角色(例如,Gagné, 2004; Lubinski, 2004)。个体本身的非智力因素包括动机和人格,环境因素包括环境中的机会和技术支持(Gagné, 2004)。

然而,对"以智商来定义天才和本质主义教条"的不满也促使人们寻找理解天赋的替代方式。例如 Witty(1958)主张的更具包容性的超常定义:

> 有些孩子在艺术、写作和领导力上的突出潜能主要可通过他们的表现(performance)被识别。因此,我们建议扩展超常的定义,将所有在具有潜在价值的人类活动领域里一贯表现突出的儿童视为超常儿童。(p.62)

在这个新定义中,不仅将领域扩大到艺术和社会范畴,天才的标准也从测验成绩转到了真实任务的表现(也见 DeHaan & Havighurst, 1957)。Witty 的定义和 Marland(1972)报告中提到的定义之间存在着明显的历史联系,后者首次提出了一种将天赋视作"包含着若干类别超常能力"的官方的定义(p.1)。有趣的是,促成这种对天赋做新的诠释的动机实际上是出于实用的考虑。首先,人们越来越认识到"天赋和才能在性质、形式和程度等方面具有多样性"(Passow, 1981, p.8)。人类能力的多样性和异质性显然有悖于智商测验的普罗克鲁斯忒斯之床①(即削足适履的政策)。第二,智力测验作为选拔和安排人才的工具对于如何对这些被甄别出来的儿童进行因材

---

① 普罗克鲁斯忒斯之床:希腊神话传说中,恶魔普罗克鲁斯忒斯有一张床,他守在路口,见到行人就把他们抓来放在床上量一量,太长就用斧子砍去脚,短了就拉长,以符合床的标准。结果被他量过的人,没有一个不是一命呜呼。形容那些忽视客观存在,而用理论去武断地剪裁事实的理论家强求一致的政策。——译者注

施教几乎无能为力(Lohman & Rocklin,1995)。

发展视角的先驱观点。天赋的重构可被认为是由两项超常教育的实用主义运动推动的。第一个是霍普斯金大学的具有数学天赋的青少年研究(SMPY)和随之形成的**全美"人才搜索"模式(the Talent Search model)**(Stanley,1996;Lubinski & Benbow,2006)。由"Julian Stanley 教授试图满足一位数学超常儿童的教育需求"这一偶然事件,最终导致了 1971 年 SMPY 的建立。该事件后来被证明是自 Terman(1925)纵向研究后,理解和服务于超常儿童的一座里程碑。这个模型完全避开了智商标准,而是基于"超越年龄水平"的测试,把天赋(giftedness)定义为早慧(precocity),即根据他们在为美国高中生设计的大学入学标准化能力测验(SAT)的数学分测验上的非凡表现,选出 13 岁和 14 岁数学早慧学生。这在认识论和方法论上的意义是,它采用了着眼于具体领域促进数学天赋发展的方式,而不是基于一般智商优势的假设。若干年后,Stanley(1996)引用了 Keating 对 SMPY 给超常领域带来的影响的反思:

> SMPY 产生的重要改变(理论、研究和实践上)之一是,带来了一种促进个体发展的可行模式,这与"分类安排教学"这一支配当代教育的方法截然不同。我认为这是应对多元化发展的潜在的可推广应用的方法。(p. 232;也见 Keating,2009)

第二个运动是 Renzulli(1977)和 Passow(1981)对天才教育丰富模式的发展。正如人才搜索模式本质上是一种发展的模式,Renzulli(1977)的**三元模型(triad model)**也把"天赋"看作是动态的:若干品质需要汇聚在一起形成一个系统。在他的**三环天赋理论(three-ring conception of giftedness)**中,高于平均水平的各种能力是天才有别于他人的稳定的个体差异,而对任务的责任感(task commitment)和创造力更多是通过教育促使儿童形成的,而不是在教育前就形成的品质。出于同样原因,Passow 也对标准的分两步"先辨识后因材施教"的方式提出了质疑。虽然辨识可以在先,丰富教学活动可以在后,但他认为用规定的丰富教学活动同样可以识别超常儿童,即

> 鉴定天赋和才能不仅与对观测数据的系统观察和智力解释有关,也与创造促进自我认定的适当机会有关——通过行为表现和成果来进行鉴别,同时也能导致天赋的或才能的行为的展现。(Passow,1981,p. 10)

两个案例中，实用目的关注如何有效鉴别儿童以采取恰当的教育措施，这引发了对天赋的新理解，天赋或超常能力是动态的而非静止现象，是运作状态而不是一种特质。同样，Renzulli(1986)认为"天才行为在特定时间（不是一直）和特定环境下（不是所有环境）发生在特定人身上（不是所有人）"(p.76)。与"高智商转化为现实生活中的杰出表现"或"天赋转化为才能"的标准形象相反，这些努力以一种新的方式对天赋进行定义，将天赋视为更动态的、与环境相关的品质。事实上，**这一新方法把天赋看作人和环境交互作用的一种自然形成、不断变化的特性，并且这种特性随时间增长会越来越分化**，表达了一种天赋的发展观。然而，不难预料，实用的取向常常无法深入阐明什么得到了发展以及这是如何发生的。回顾了各种被提出的定义后，Siegler和Kotovski(1986)建议天赋理论和研究的最优方法不是采用心理测量、研究个人特质的方式，而是在真实操作环境中关注发展过程，尤其是关注那些"正在成为某领域多产的、有创造力的人"(p.434)，这样就可以跨越学业天赋和创造性生产的天赋之间的鸿沟(Renzulli，1986)。

发展模型的出现。直到80年代中期，众多发展型研究为明晰的天赋发展观提供了坚实基础（例如，Bloom，1985；Bamberger，1986；Feldman，1986；Horowitz & O'Brien，1985；Gruber，1981，1986；Lubinski & Benbow，1992）。同时期的才能发展（talent development）模型激增(Feldhusen，1992；Gagné，1985；Mönks & Mason，1993；Piirto，1994；Renzulli，1994；Feldman，1992）。大体上，许多持发展观的研究者认为天赋并非静态不变的品质，而是在合适的时间和地点一些驱力、内因及外因共同作用的结果。这个原则被很好的整合在Simonton(1999，2005)**的生成渐成模型(emergenic-epigenetic model)** 中。根据这个模型，天赋与特定的机会、时机以及特定领域的性质有关。天才行为是否出现，依赖于(1)相关领域的复杂度；(2)个体是否有遗传成分组合和领域的匹配；(3)领域中的这些作用成分是以加法还是乘法形式运作（见第五章详细说明）；(4)领域中的所有成分（例如发育成熟）是否在恰当时刻都到位了。也就是说，会出现哪种天赋不是生物上预先指定或注定的，而是多种因素共同决定的：个体（生物上）、领域（文化上）、社会环境（时代同伴）和发展进程（渐成）。这个模型也预言了天赋行为不是始终如一的，而是能显现和消失的，这取决于个体的发展时机和社会中其他人的相关**种群特征(population characteristics)**。

然而，Simonton的模型仍然倾向于天赋的生物解释，在恰当的时间有恰当的遗传特质共同使特定才能得以表现，环境因素仍然扮演着幕后角色。但在大多数发展观模式中,超常能力的生成大多被描述为人和环境因素汇合的结果,是多种内外因素的耦合(Feldman, 1986)。从这个角度来讲,没人知道如果没有国际象棋,Bobby Fischer[①]擅长的会是什么。

发展主义者的基本理念。发展主义者有一些关于超常能力本质的核心假设,使其区别于本质主义者:

(1) **超常能力发展的多样性**(相对于超常能力的本质主义核心)。这一假设不仅认为超常能力有多种发展形式,也暗指了不同人在认知和情感上,有着本质特征不同的多种潜能发展轨迹。如果进一步把环境条件和机遇纳入发展多样性中,超常能力的表现型就更多样了(不同领域,不同社会背景、文化)。很多形式的超常能力都可以归到 Feldman(1986)所说的**非普遍性发展(non-universal development)**中。非普遍性发展有两个重要特征:首先,有发展上独特的个性、独特的敏感性和倾向性;第二,只发生在特定环境条件下,并且如果是某种具体文化定义的超常能力,其发展与受到的指导和训练相关。因此,超常能力的概念虽然用于标示某种卓越的表现或潜能(使用 Sternberg 卓越和罕见两个标准),但是它不是一元的,并不意味着一系列共同的核心属性。这种发展多元主义与本质主义教条(为定义和测量超常能力而规定一些具体准则)形成鲜明对比。

(2) **超常能力作为一种发展状态**(相对于把超常能力看作静态特质或一系列特质的观点)。对于发展主义者来说,超常能力并非与生俱来的生物构成,而是在具体环境和发展中应对适应性挑战的一种特定发展状态和运作状态,并可能发生进一步的适应性改变(Matthews & Foster, 2006)。因此,超常能力不被看作是一种抽象属性而是在一些发展的重要方面出现的临界状态(Ziegler, 2005; Ziegler & Heller, 2000),或体现为高度的智力发展,或体现为超常的艺术发展水平(Coleman & Cross, 2005; Robinson, 2005; Subotnik & Jarvin, 2005)。不同于特质(trait)定义,"超常能力"被看作是动态的、环境中的、逐渐显现的,体现为兴趣、激情、高级技能的掌握和创造性张力的保持(Dai & Renzulli, 2008)。超常能力的意象不再是一系列静态特质,而是一种持续的知识掌握和知识迁移的状态;是一个人在建立一个独特世界和一种独特生活的过程中,对知识和技能有成效地运用(Feldman, 2003)。

(3) **超常能力是通过分化与整合结构功能变化的过程和产物。**超常能力的发展

[①] Bobby Fischer(鲍比·菲舍尔,1943—2008),前世界国际象棋冠军,菲舍尔任意制象棋的发明人。

主义观不满足于作为内隐理论的地位——基于直觉和信念来做出假设,却没有说明是什么在发展以及如何发展。对超常能力发展的详述能具体到神经水平,如音乐训练导致的脑部结构适应和功能适应(Schlaug,2001)。有些才能发展研究尝试指明什么是起始状态,什么是从起始状态演化而来的成熟状态(例如,Bamberger,1986;Bloom,1985;Csikszenmihalyi,Rathunde & Whalen,1993)。专长研究也在理解心理结构和心理功能的发展变化上取得了进展(参见 Ericsson,2006;Ericsson et al.,2007a)。

(4) **超常能力是可供性和效能(能力)的交互作用**。与超常能力的结构化解释相比,发展主义者倾向于把超常能力看作与作用环境密不可分的运作状态。这和生态心理学的论点一致,即环境和社会可供性(affordances)要视个体知觉和行动的准备程度而定(即效能 effectivities);反过来,个体效能或能力是由环境和社会的可供性或约束性来引导和形成的。很多发展主义者试图说明环境条件在与遗传性向的交互作用中,形成专长表现和能力发展上所发挥的作用(Bloom,1985;Csikszenmihalyi et al.,1993;Papierno et al.,2005)。对于其中一些人而言,发现特殊人才,其实就是发现特殊条件(Sosniak,2006)、恰逢其时的近端加工过程(proximal processes;Bronfenbrenner & Ceci,1994)和支持、催化条件的过程(Keating,2009)。

(5) **超常能力具有时间敏感性和任务特异性(与绝对存在状态相对)**。发展主义者在超常能力的讨论和研究中引入了时间维度。他们试图说明发展的时机、敏感期和在该领域获得成就的最佳年龄等,都是才能发展特定路线上的决定因素(例如,Ericsson et al.,2005;Shavinina,1999;Simonton,1999,2005)。早期显现的超常表现不能保证一个人未来的成功,因为任务环境会给他强加新的约束和要求。结果,有的人脱颖而出,有的人泯然众人(Lohman,2005a;Lohman & Korb,2006)。在才能发展的不同阶段,"超常"具有不同的意义(Dai & Renzulli,2008;Subotnic & Jarvin,2005)。

(6) **超常能力的直接现象学(相对于有关超常能力本质的先验假设)**。本质主义到发展主义的主要变化是认识论的转变,从"超常能力的构成"这一先验假设,到关注真实任务运作环境中的超常行为、能力的即刻现象和发展方式。因此,高智商或其他心理测量学测验分数的预测效度及其使用的合理性,不再是研究优先考虑的。而理解个体如何获取高水平专业知识和创造力每一环节的现象学本身,成为研究关注的焦点。认识论的转变导致了方法的创新,如回溯访谈(例如,Sosniak,2006)、传记研究(Gardner,1993;Gruber,1981)和经验取样法(Csikszenmihalyi et al.,1993)。发展中的人作为整体成为关注焦点,不再以去情境化方式去测量一些孤立的变量和抽象概念(如一般智力因素)。理论探讨也不再以能力为中心(例如天才拥有什么认知能力),而是将认知、情感和动机过程整合进来(例如,Dai & Sternberg, 2004; Shavinina & Ferrari, 2004; Winner, 1996)。

结语:天赋概念进入成年期

在理解超常能力的先天本质和后天培养中,历史盘旋前进。从将一般智力因素作为鉴别超常儿童的基础这一早期概念到认识到超常能力有多种体现方式;从强调天生资质到关注发展过程和发展内容;方法论上,从客观主义立场——把"超常儿童"看作一种"天然"的儿童分类并把超常作为一种"客观实在"到承认建构这样一种分类的主观性和价值判断;从关注个体特征到关注发展性变化。这些改变不仅是由对道德和实用的关注所驱使(关注对当前教育环境中被证实有高潜能和超前教育需求的个体进行服务),也反映了我们在理解智力、发展、动机、创造力和文化背景这类关键基本概念上的深层转变。下一章,我将描述这些转变,并讨论如何在理论水平和实践水平将这些变化与传统协调起来,推动整个领域向前发展。

第二章 在理解与培养超常能力中存在的主要争议

> 我们面对的重大问题不能在它产生的同一思考层次上得到解决。
>
> ——常被认为是 Albert Einstein 的名言
>
> 重大科学进展可以被理解为对部分而非全部的常见主题展开争论的一种演化过程。
>
> Gerald Holton"主题性预设与科学进展的方向"

在第一章中,我简单地描绘了一个世纪左右的时间里超常能力概念在如何演化。我提到促使超常概念转变的动机和驱力,一些是认识论上的,一些是出于实用或社会伦理的考虑。本章将首先介绍支撑超常教育的基础知识发生的深层转变,这种转变要求我们对知识基础进行新的整合。然后我会提出一个超常研究和教育领域的主要争议框架,并简要介绍一下将在第3—8章深入讨论的争议或问题。这样做是为了整合超常领域有关先天后天问题的传统观念和新生观念,推动整个领域向前发展。

超常能力概念演变中理论基石的变化

20世纪晚期超常概念的重大转变反映了我们对超常能力的相关现象的新理解。历史上,超常概念主要依赖于智力或认知能力,以及动机和创造力的心理学研究(Robinson & Clinkenbeard, 1998)。而这些支持超常概念的基础结构自身发生着巨大的变化。对人类发展的新理解——包括认识到环境的重要性和神经可塑性等,促成了超常研究的不断演变。

智力

"智力"在心理专业研究中是指"在一系列学习和问题解决中人们表现出的重要的

认知能力上的个体差异"，例如理解复杂的概念，进行多种形式的推理，有效应对生活中真实的挑战(Neisser et al.，1996)。超常儿童的命题与智力测验之间有着紧密的历史纽带(例如，Terman,1925)。尽管直到今天仍有一些学者在不同程度上支持超常儿童教育背后的基本假设(例如，参见 Gottfredson,1997)，但这些假设已经受到挑战。

传统智力测验缺乏理论基础。对智力测验的审视引起了人们对测验效度和测验概念如何在测试题中体现的严重质疑，继而波及到超常能力的本质主义定义。Stephen Jay Gould 在其《对人类的误测》("The Mismeasure of Man"；1981)一书中指出，测量值(智商分数)和测验所要测量的"智力"理论结构间存在鸿沟。他认为把人类智力当作一种标准特质来测量犯了"物化"(reification)的错误，即把抽象概念视为具有物质实体的存在。智力概念的宽泛、抽象和难以捉摸，使之无法用心理测验进行考察。表面上看，标准智力测验对一些任务表现(通常是学业上的)进行取样，之后提供了一个总分。这种测量的经验主义方法，被 Binet 刻意用来涵盖各种不同的任务条件以扩大测验的使用范围。然而，正是因为这种方法是经验主义的，对于测验应该包含哪些内容就存在着一定程度的任意性；也就是说，测验是缺乏理论基础的。这里存在一个悖论：一项测验涵盖的任务范围越广，它跨情境的预测力就越好(Gustafson & Umdhein,1996)，但测验的心理学意义就越含混(Lohman & Rocklin,1995)。

对预测关系的因果推断。智力和成就间的预测关系(比如相关)并不一定隐含着一种因果关系。智商对天赋的传统定义是建立在"智力测验测得是有别于后天成就的先天禀赋，先天禀赋与后天成就的相关反映了一种因果关系"的假设上的。如今这一假设面临着挑战(例如，Lohman,2006；Sternberg,1999b)。理论上，只有在两个人的经历完全相同的情况下，我们才能推断他们在某种学习环境或执行环境中的成绩差异是"先天禀赋"不同造成的(Shiffrin,1996)。心理测验当然无法提供这样一种严格的控制条件。有新证据显示，对于社会经济地位(SES)低的群体，智商差异的遗传因素估计值为零，这表明来自低社会经济地位的人的智商差异很大程度上取决于环境因素；而高 SES 样本的结果刚好相反(Turkheimer, Haley, Waldron, D'Onofrio & Gottesman,2003)。尽管这些结果引出了两个需要解答的问题："SES 变量本身是否包含遗传成分？"、"根据 SES 划分被试是否改变了亚群体的分数分布情况？"，不过可以肯定地说，在不同 SES 水平智商分数的意义不同。从研究中我们可以明确地推断出，对于来自低 SES 背景的个体而言，家庭和居住环境对其在智商测试中的表现有重要影响。

从历史角度看,智力和成就间的因果关系是由尚存疑义的智力测验的预测效度推断出来的。Sternberg(1999b)认为,即使预测效度被很好地建立起来,智力测量和成就测量间也无法推论出因果上的先后关系,因为智力测验所测的能力是以"发展中的专长"的形式出现的,其本身就是一种受经验和环境影响的发展着的"成就"。Ceci 和 Williams(1997)提供了学校教育对智商分数有直接影响的研究证据。如果智力测验得分有明显的成就成分,那么他和学业成就的高相关就可看成是由两种测验的部分重叠导致的,而不是因为智力测验和学业成就之间存在因果关系。总之,智力与成就之间在传统概念和实证研究上的区分,以及对先天禀赋与具体才能领域的成就之间的区分(Gagné, 2004)面临着重大挑战。

同质性假设。智商相同的儿童并不具有相同的认知特征。有证据显示心理测量学所定义的智力在智力分布的高端有更大的差异性(Hunt, 1999, 2006)。也就是说,与智商分数处于人群中间或低端的人相比,在智商分布的高端(即智力超常群体),子测验得分上有更大的差异。智商同样高的两个人比智商同样平庸的两个人更容易有不同的认知优势和劣势。他们仍然可以被看作具有同等"超常能力",但是两人"能力"的含义不同,这是另一个不确定之处。

其他问题。相同高智商和相同高天赋的其他问题包括:对工具的依赖性(即,如果测验工具改变了,鉴别出的"超常人才"也会有变化),高智商的稳定性(例如,趋向于回归均值①),以及发育成长的快慢(例如,早慧和晚熟;见 Lohman & Korb, 2006)。总之,看似客观测量的"天生能力"事实上依赖于遗传、发展、环境和测量技术等诸多因素。

智力的新概念。随着一般智力的心理测量和理论受到审视和批评,一些新的智力理论开始对智力本质进行重新定义,纳入更多的变量,这对如何定义天赋有着深远的影响。Perkins(1995;Perkins & Grotzer, 1997)把智力理论分为三大类(根据智能行为的三大主要来源):神经智力、经验智力和反思智力。**神经智力**是指生物变量(或因素)以整体或模块单元的形式,对支持认知功能的神经效能产生的作用。**经验智力**指对晶体智力和流体智力有影响作用的经验和知识的贡献,尤其是对某类信息或环境的领域有特殊敏感性的特定知识和技能。**反思智力**涉及对智力行为的元认知和反思性

---

① 回归均值现象:测量值向平均数靠近的统计学趋势,这一趋势往往成为实验结果解释发生混淆的一大来源。

的自我指导。神经效能方面在很长一段时间内被认为具有区分超常儿童和普通儿童的生物学优势(Gallagher, 2000b; Geake, 2008, 2009),智力的经验方面和反思方面还没有得到足够的重视,二者目前还不是鉴别超常儿童的基础。尽管有研究比较了超常和普通儿童的元认知技能(例如,Shore, 2000; Steiner & Carr, 2003),但是元认知(反思智力的重要形式)尚未被当作超常儿童的定义性特质。Perkins 提供的智力折中观点对超常研究领域的启示是,超常能力的概念应该考虑到内部认知、元认知以及外部环境刺激和环境支持的作用,就像智力可以被看作发展形成的专长(Sternberg, 1999a),专长也可以被看作习得的智力行为(Perkins 所说的"经验智力";也见 Ceci & Ruiz, 1993)。

智力概念的转变体现了从本质主义取向的方法向一种更功能取向的方法发展的趋势。当 Gardner(2003)提出智力乃"对任务或角色的恰当执行"这样一种替代性定义时,他就简洁而明晰地指出了这一趋势(Gardner, 2003, p. 48;也见 Newell, 1990)。因此,成功兜售自己商品的巴西孩子,或者赛马场上的专业赌徒都展现了这种"恰当执行",不管他们智商测验成绩如何。对智力概念做这样的定义后,智力就不再是一种静态个人资质,而是一种面对适应性挑战的动态有效的功能运作状态,对智力的评估就可以采用任务具体性标准,而不是用那些具有争议的旨在测量一般心理特质的任务来评估智力。

当智力不再被看作一种个人资质而是被视为一种功能状态时,性向——比如对要求特定思维方式的情境的敏感性,以及采用这种思维方式的倾向性(Perkins & Ritchhart, 2004),或者对经验的开放性等人格特质(Openness to experience; Stanovich & West, 1997)都会对思维的品质(即智力行为)产生影响。Ackerman (1999; Ackerman & Kanfer, 2004)通过区分测验条件下的最佳智力表现和真实生活情境中观察到的典型智力投入,也强调了天性因素。智力的这种功能观也提示我们,超常理论要超越根深蒂固的能力中心观,将人格动机和智力特征等方面包含进来(Ritchhart, 2001; Perkins & Ritchhart, 2004)。

动机

动机可以被定义为一种引发并维持目标导向行为的内在过程(Pintrich & Schunk, 1996)。一种动机行为可以从方向、强度和持久性上进行描述。如果把高智商看作超常能力的黄金标准,那么动机就是假定存在的高智力潜能得以实现的必备催化剂，但是动机本身并非天才的定义性特征，因为它是个体内部"催化剂"（Gagné，2005a），或者因为它的可塑性太强，太易受环境影响（Robinson，2005；VanTassel-Baska，2005）。然而，如果智力反映的是一种功能运作状态，那么动机和意志力必定会促进有效的（有时是最优的）认知功能（例如，注意控制和加工过程控制；Kuhl，1985）。

更重要的是，如果经验智力（或者反思智力）不是天生就有的，而是后天习得的，那么在其他条件等同的情况下，高智力就是由动机决定的。事实上这个观点已经得到一些动机研究文献的支持，这些研究讨论了智力应该被看作一个不变的实体还是不断发展的特质（Dweck，1999）。以智商为基础的传统智力定义是建立在对智力和人格间或智力和情感间明确的区分上的。然而，正如Snow（1995）以及Lohman和Rocklin（1995）指出的，这样一种人为的界线是为了便于研究，并不是反映真实情况。认知能力和认知过程并不能和情绪、动机泾渭分明地区分开来（见Dai & Sternberg，2004）。"纯"认知的观点希望我们相信认知能力是一个固定不变的量；动机仅仅是一个发动机，为认知活动提供动能，将认知能力释放到某种水平。然而，已有研究显示，通过注意和情绪的调节，动机不仅以量的方式改变着认知能力（Hidi，Renninger & Krapp，2004）也以质的方式改变认知功能（Dweck，Good & Mangels，2004）。

在具有生态效度的环境中，例如记忆术（Ericsson & Lehmann，1996）和赛马博彩（Ceci & Liker，1986），动机都必然发挥着作用。一些理论家将情感——例如高度兴奋性（Tieso，2007），看作是超常儿童的核心特征。在一些领域中，情感和动机比认知能力更重要，对超常能力更有推动作用，如一些学者强调"对深入把握对象的强烈欲望"（"the rage to master"）是一些艺术超常儿童的定义性品质（Winner，1996）。

尽管动机往往被认为取决于情境，但如果能放弃超常概念的能力中心观，对"超常能力存在于头脑中"或"超常能力具有单一本质"这类根深蒂固的观念重新进行思考，那么就不难认识到动机在超常能力形成中扮演的核心角色。某种程度上，将动机整合到超常能力的概念中，是肯定了超常能力实现过程中环境的重要性。

创造力

尽管创造力涉及个体、过程和成果等多方面（有时会加上内容和环境），所谓"有创造性"是指：所表达的想法、采取的行动或者取得的成果对具体目的而言既新颖又有价值（或有效的）（Simonton，1999）。各种超常概念把创造力看作一部分人所拥有的个人品质(创造性的天赋;Gagné,2005a;Torrance,1972a)或者一种理想的发展结果(Renzulli,1999;Subotnik & Jarvin,2005)。创造力的早期理论深受 Guilford(1967)"发散思维"概念的影响,而 Torrance 的创造力理论和相关的"Torrance 创造性思维测验"(Torrance,1966)常被用来鉴定"有创造天赋"的人。

在超常儿童的定义和甄选方面,早年对智力和创造力进行的区分(参见 Getzels & Jackson,1962)多少是忧喜参半。它的积极意义是打破了"用智商来定义超常能力"这一做法的统治地位,强调将智力测验作为人类认知潜能唯一测量方式的观点既狭隘又站不住脚。然而,它又加强了这样的观念,即创造力涉及独特的认知加工或认知能力类型,与智力思维和行为所涉及的认知类型有质的差异。更有甚者,创造力如同早期的智力概念一样被看作一种静态个人资质,这样就可以与具体领域的经验、专业知识分离。尽管创造力的个人化描述(即一些人比另一些人更有创造力,甚至"有创造天赋")依然有效用,发散思维测验也对成年后创造性成果有一定的预测效度(例如,Cramond,Matthews-Morgan,Bandalos & Li,2005;Torrance,1972b),但是现在大家已经普遍认同这一观点,即现实世界的创造力是一种长期形成的现象(Csikszentmihalyi,1996;Feldman,1994;Simonton,1997),需要对创造的过程进行描述,以充分说明创造潜能是如何发展和实现的。

这样我们逐渐对导致创造力的显现和创造性成果形成的过程有了更多的了解。除了个人特质之外,还有很多因素对创造力产生着影响:

- 只有在不断地技能学习和多年地成长之后才能打造出真正的创造性产品(Csikszentmihalyi,1990;Gruber,1986),创造性转化很难发生在缺乏专业经验和不熟悉的领域(Weisberg,2006)。
- 高水平的创造性作品常常会体现作者的某种独特的工作风格,比如依靠视觉想象(Miller,1996)、隐喻和类比思维(Holyoak & Thagard,1995)。
- 创造过程涉及已知和未知、新和旧之间的必要张力,这种张力使个体处于"混沌的边缘"(Dai & Renzulli,2008)。这需要对某一知识领域做不懈地、有条不紊地、独辟蹊径地探索,导向新理论和新发现(Gruber,1995)。
- 对某个领域的发展可能性的构想会涉及一些领域特殊性直觉,因此创造性具有一定的领域特殊性(Feist,2004;Weisberg,1999;也见 Sternberg,Grigorenko & Singer,2004)。
- 创造力常涉及现实中的偶然相遇或心智内部的偶然连接,这些相遇和连接导致已有元素和新元素间出人意料的独特结合和排列,Simonton(2003)将其称为"受约束的随机过程"("constrained stochastic process"; p.475)。
- 很多时候,重大发现和发明创造并非传统观念所认为的那样是个人心智的产物,相反,它们是许多人相互协作的成果(Dunbar, 1997),Sawyer(1999)称之为创造力的"协作生成"(p.450)。合作群体内部具备的认知多样性导致高质量的新奇想法的形成(Page, 2008)。在这个意义上,创造力本质上是一种社会过程(Moran & John-Steiner, 2003)。

这些认为创造过程具有发展性和环境性的新思考,逐渐对超常理论产生着明显影响。

发展

天赋(即超常能力)的一般发展观认为天赋是生物性向和环境力量交互作用的结果:天赋在发展中逐渐显现(Coleman & Cross, 2005; Horowitz, 2000; Keating, 2009)。这个观点与发育生物学的观点一致,即个人发展或个体发育是概率渐成(Probabilistic Epigenesis)的结果而不是基因单向决定的(Gottlieb, 1998)。

尽管后天培养和环境因素在天赋、智力和创造力中所扮演的角色逐渐被认可,人们对超常行为或心智发展的过程却依然严重缺乏了解。对超常儿童的纵向追踪研究主要关注对长期结果的预测能力,即超常儿童能否被早期发现或者预测结果是否得到证实,从而证明预测变量的有效性。充其量,预测性研究有助于确定某些促进因素和约束因素,发展过程却被忽视了,没能在个体水平上从初始状态到更高级状态做仔细地描述。"然而,超常教育领域要实现儿童潜在的发展,"Feldman(2003)说,"就必须把个体、领域和文化层面的发展过程作为关注的焦点,成为组织对话和讨论的重心,并成为评估天赋和才能的最重要标准"。(p.21)

理解超常能力的关键在于,不再把超常理论的各种形式看作理所当然,而是把"超常能力"这一概念看作是悬而未决的,也就是对超常能力的本质、起源和个体发生学(个体发育)进行具体深入的理解和解释。Simonton(1999, 2005)的生成模型提供了一种模型框架,把超常能力和才能发展理解为"多种遗传特质以一种逐渐生成的形式,适时在某领域获得恰当匹配的复杂整合过程。Feldman(1994)的非普遍性发展理论提供了另一种框架,尤其适合解释只在某些社会环境中、某类个体身上出现的发展模式。

"发展"的含义也在不断改变。有机论认为,"发展"意味着一个有机体遵从某种事先存在的发展时间表,从它的初始形式"演变"到成熟形式;Piaget(1972)给他的理论起名为智力胚胎学,详细说明了在或多或少固定的发展时间表下,有机体是如何日益分化的。在这个意义上,最好的比喻是一粒种子,有合适的土壤、空气和温度,然后发芽、成长转变为一株成熟的植物。过去人们常把人才看作一粒种子,有天生潜力需待实现。而另一种观点认为"发展"是一种"生成的现象",即,众多内生和外生的因素,共同导致了新形式或新特质的显现,没有哪个因素充当主导力量(Feldman 称之为"汇合";Feldman,1986;见 Sawyer,2003 对生成性发展的讨论)。而且,导致同一形态或同一特质(例如,展示出的高智力或超常能力)生成的因素也因人而异(Papierno et al.,2005)。一般系统理论将这一原则称为**殊途同归性**(equifinality;参见 Wachs,2000)。这一原则与本质主义认为"客体总拥有保持其同一性、整体性和连续性的本质要素"的假设形成对比。为发展的这种新看法提供了一种有助于理解和调和超常理论中的对立场(先天和后天,正常和异常,领域特殊性和领域一般性)的好办法。这种生成发展观将在第九章进行阐述。

环境

这里所讲的"环境"是指用于约束天赋定义的各种限定条件。包括当下社会情境、任务性质、专业、知识领域,以及更大时间尺度上的时代精神、历史时期和文化。几乎每个人都会同意,高水平表现和才能展现一定需要某种环境支持,例如,学习的机会以及所需要的社会、技术支持。然而,人们直到最近才把环境看作超常能力的组成要素(例如,Barab & Plucker,2002;Ziegler,2005)。

任务条件作为环境。 环境作为超常能力的组成要素意味着:首先,环境涉及的条件依赖于任务或知识领域而不是个人。即改变条件(例如,降低篮框高度)将改变"超常"篮球运动员的挑选标准(高度不再是优势,也许还将变成劣势)(Lohman,2005a;Ziegler,2005)。受领域或环境约束的超常能力概念与一般超常能力概念(智力超常,创造力超常等)形成了鲜明对比。第二,任务条件的调适性和约束性塑造了超常能力外显的表达形式,从而促进了超常能力的发展(Dai & Renzulli,2008)。例如,当一个人演奏一首乐曲,音乐会反过来帮助他构建基本的音乐知觉(例如,音调系统,节奏模式)、审美和艺术表现。第三,与从长时记忆、技能和性向中激活某类知识的执行情境有关。即那些在街上兜售商品的巴西孩子,进行着不太正式但是复杂的数学思考,但当同样的问题用学校数学题的形式呈现,他们却不会处理了(Carraher, Carraher, &

Schliemann，1985）。这是情境技能的实例，是与具体情境高度协调一致的。

变化着的前提条件作为环境。 另一种环境约束与实现卓越成就的前提条件的改变有关。例如，19世纪不具备超常数学能力的科学家为促进人类对遗传、进化的理解作出了开创性贡献。然而，今天要想作出与之相当的贡献，就必须有超常数学能力（Siegler & Kotovky，1986）。同样，今天要想成为顶尖物理学家，就必须掌握早期物理学家根本无从知晓的计算机模拟技术（Ziegler，2005）。

社会文化条件作为环境。 社会文化条件是环境变量的又一重要类别。首先，社会—结构变量（物质生活条件，机会结构，教育资源的可得性等）会促进或阻碍人类潜能或天赋专长在形成期的发展（Bronfenbrenner & Ceci，1994）。社会资本的存在及其水平会促进或抑制天赋发展（Putman, Leonard & Nanetti，1994）。Nisbett（2009）新近研究了亚裔美国人、犹太人和西印度群岛黑人三种文化群体，提供了有力证据证明文化在扩展人类智力潜能极限时发挥着作用。社会支持和集体智慧会形成一种"群聚效应"（critical mass），从根本上解释一些创造性成就（Keating，2009；Sawyer，1999）。第二，不同的文化标准和规范会提出不一样的卓越标准，或者用不同的概念来解释人类高潜能的组成以及"天赋"的本质个性特征（Sternberg，2007a）。由于人类发展形成的大多数技能、天赋和专长都是生物第二性的（Geary，1995），从根本上讲，具体形式的天赋、创造力的培养是一种文化适应过程，包括发展某种价值观、态度、思维方式、世界观和惯用方法（Zuckerman，1983），包括天赋发展各个环节的技术支持（Ericsson，2006）和指导（Subotnik，2006）。随着以前无法想象的技术支持和复杂训练技术的实现，个体可以在特定领域发展出之前无法达到的能力水平；比如一些曾经被认为只有最伟大的音乐家才能演奏的高难度乐章，现在音乐学院的学生常常就能驾轻就熟地演奏（Ericsson，2006）。在过去一个世纪中，科学技术的飞速发展表明，不仅在多数领域人类卓越的标准已被提升，而且技术支持系统还不断在延伸人类潜能的极限；就在我们讨论的此刻，各领域的卓越标准还在被继续提升，并不断地被超越。

认知，情感和发展神经科学

追踪超常行为（功能上）和独特大脑（结构上）的科学尝试已有很长历史（参见Gould，1981；Obler & Fein，1988）。一个典型的例子是，研究者对Einstein大脑的巨大兴趣，仿佛他的大脑形态和解剖结构会揭示他天才的奥秘（参见Diamond et al.，1985）。在单纯的或科学的好奇心之外，无论是那些强烈认为超常特质存在遗传或先天基础的人，还是那些相信超常能力完全是后天培养出来的人，都会运用神经生物学和神经心理学研究特殊头脑的生物基质。fMRI等脑成像技术有助于我们去理解天赋的心智—大脑关系和先天—后天关系。

神经心理学研究已经或能够对天赋心理学中至少三个领域作出重大贡献。首先，大脑研究能告诉我们导致某种天赋或优秀的一般智能的独特脑结构和脑功能系统。例如，Geschwind和Galaburda(1987)假设大脑半球的不对称发育或反常的优势半球会导致独特的天赋，他们把这一现象叫做"超常能力的病理学"("the pathology of superiority"; p.65; 也见后面先天后天问题的讨论)。O'Boyle(2008)最近关于数学天才的研究导致了一种新的见解——数学天才和他们同龄对照组的脑功能有质的差异。对于"双重异常"(既有超常能力又在其他方面有异常，如注意缺陷障碍或学习不能)的儿童，神经心理学的证据尤其给人启发。近来在Dabrowski理论(Tieso, 2007)传统下，以"高度兴奋性"来定义和测量天才的努力将在情感神经科学领域找到同盟(Panksepp, 1998; Davidson, 2001)。实际上，可以认为测量高度兴奋性的最好方式是采取某种生理测量如事件相关电位(Event-Related Potential)，而不是自我报告或自我评估。例如，对于与个体兴趣领域相关的某种刺激，可以用P300的波幅(Stelmack & Houlihan, 1995)作为该刺激引起的个体高度兴奋性的指标。

第二，脑研究已经开始描绘导致创造性问题解决或者新发现、新发明的认知功能的神经化学机制。例如，工作记忆和小脑间的联系被认为促成了数学直觉和数学发现(Vandervert, 2003)。直觉，对于天赋和创造力而言可以说是至关重要的，但是以前似乎未受到心理学研究的关注。这种情况正在改变，日益精细的神经成像技术使我们可以观察活体大脑的活动。出于同样原因，发展心理学正试图证明积极情感会影响认知灵活性和创造性(Fredrickson, 1998)。借助神经成像技术，我们可以观察这一过程的脑机制，了解与前扣带回多巴胺水平有关的多巴胺通路(Ashby, Isen, & Turken, 1999)，这个通路与许多高级心理功能有关，例如错误识别、情绪控制、问题解决和认知灵活性(Allman, Hakeen, Erwin, Nimchinsky, & Hof, 2001)。

第三，发育神经科学可以阐明先天后天的问题。例如，用脑成像技术追踪儿童期和青少年期皮层发育的长期模式，Shaw et al. (2006)发现高智力孩子与同龄人相比有更持久的皮层增厚期，他们解释这很可能是由遗传预先设定的差异导致的。与此相对，在一项很有影响力的研究项目中，Schlaug(2001; Bangert & Schlaug, 2006)发现音乐家和非音乐家脑部的解剖结构差异，这可能反映了长期音乐训练和练习导致的脑适应。

尽管情感和认知神经科学仍处于起步阶段,在这里描述的研究也仍在"进行中",但是将超常行为与发展的神经心理与行为等层面整合起来的这一学科交叉方法,将为揭去天赋的神秘面纱作出重大贡献甚至产生突破性进展。

总之,现在有关智力、动机、创造力以及环境和发展的作用的知识,极大拓宽了关于超常能力的先天后天性的知识视野。特别是,在环境和发育影响智力、动机和创造力发展的大量证据出现后,强调个人持久素质的传统天赋观面临着重大修改。我们需要进行一种新的整合,在传统观点和新的思考之间搭起桥梁。

走向新的综合

尽管朝向一种更关注环境和发展的研究模式的趋势很明确,超常领域中的分歧却还远远没有得到解决,尤其是缺乏对已有观点、模型和新兴观点、模型的整合。众多相互争论的观点和概念并存可能是超常领域未来多年的状态。知识基础的扩展并不意味着传统概念理论过时了或者需要被新的概念理论所取代。而是在整体理解上,对旧的概念理论重新进行解释和定位。因此,我不主张完全的概念颠覆或极端的"范式更替",而是采取一种新的综合,保留传统中的有用之处但是按新的理解去重塑。与Kuhn(1962)所主张的新旧不同"范式"之间"不可比较"这一观点不同,我认为可以在超常能力的先天性和后天性问题上建立包容不同观点的元水平框架,使原本看起来不一致、不可比的观点具备一定程度的一致性和可比性。在下一节,我尝试提供一个总体框架,使不同观点及其理论效度与实际可行性能够得到比较和评估。

Holton(1981)认为科学不仅仅是对基于实证证据的假设演绎和归纳推理进行客观、机械的操作,还有更主观的第三驱力:科学家对特定现象的本体论信念,以及沿着这些调查方向进行探索的承诺和投入,Holton 称之为*主题*(*themata*)。更严谨地说,主题是主题维度或主题连续体,据此,人们在某领域或一系列现象中坚持他们的本体论信念。例如,Holton 指出,Einstein 的宇宙观是对统一性、连续性、逻辑简约性、必然性和数学确定性的坚定信念(p. 15),这使他与量子力学研究者(例如,量子动力学的概率性质,测量的不连续性)起了冲突。同样,天赋的学术理论也体现了各派别基于认识论、伦理、政治或实用的考虑做出的有意推论,尽管这种推论受逻辑和证据的约束(Kunda, 1990)。

与 Kuhn(1962)不同，Holton(1981)相信科学进步是进化式的而非革命式的，是连续的，而非像"不可通约性"观点所意味的那样是断裂的。换句话说，Kuhn 关于格式塔式的转变或"范式更替"的观点掩盖了问题的复杂性（也见 Toulmin，1972，p. 128）。事实上，Holton 相信"重大科学进展可以被理解为对部分而非全部的常见主题(themata)展开争论的一种演化过程"(p. 25)。他进一步指出，科学的进步并非像 Kuhn(1962)认为得那样，取决于建立共识，而是取决于"具有拯救意义的多元化，这种多元化使内部享有相当的自由度"(Holton，1981，p. 25)。同理，对超常儿童和超常教育感兴趣的学者、研究者和教育者也持有各自外显或内隐的信念，这些信念系统也形成了一些核心维度中关键问题的"主题"(Ambrose，2005)。

超常能力和超常教育的自然与规范层面

Simon(1969/1996)根据某种现象是自然的（如力学或热力学）还是为了使人类更好适应环境的人工设计和制造（如桥梁或电脑），对研究的两种模式进行了区分。Simon 将后者称为**人工科学(the sciences of the artificial)**。他认为自然科学旨在发现无数自然现象背后的简单、客观、普遍的法则和规律，而人工科学关注的是"事物应该怎样"或其理想状态是什么(p. 4)。总之，人工科学关注的是"优化设计"。当然，人工科学离不开自然科学，比如要建桥，就必须遵从力学定律；为了提高电脑 CPU 速度，就要研究微观物理学。换句话说，人工科学受自然科学的约束，但不受自然科学的支配。

教育重点关注"事物应该怎样"。教育目标和课程结构组成了人类奋斗的独特规范层面或独特价值层面。教学工具和其他支持系统构成了设计或工程学层面，教育中特定的学习群体（孩子）构成了物质基础同时也是一种能动性。这些工具和系统能否实现既定目标要考虑儿童的能力、动机以及儿童能否从教育中受益的准备状态等因素。

谈到超常能力，它的显现和发展在多大程度上是一种"先天"现象，多大程度上涉及"后天"或"人工"（除了工具、系统和教养外，还有目标和价值、有目的的行动），又在多大程度上受自然和人工之间交互作用以及最优匹配的影响？在我们鉴别"超常能力"的传统领域，比如学业和艺术领域，都属于人工范畴，因为它们是人为的文化系统，其包含的符号和意义显然是人造的而非自然的，这些领域中的能力都是生物第二性的(biologically secondary; Geary, 1995)。当然，你也许会很快指出虽然这些系统是"人工的",但内化这些系统的难易程度与"自然"因素(作为自然生命体的人)有关。因此,有人认为超常能力在根本上是持久的个人品质。还有人进一步指出个体差异(如智力、才能、动机、多重异常或创造力)有其生物基础。除了激进的环境主义者,大多数人都承认一个人在才能发展特定方向上能够走多快走多远,在一定程度上受先天禀赋(生物学差异)的约束。这是"自然禀赋"的一面。然而,从父母把孩子叫到琴凳前开始上钢琴课或者教孩子移动棋盘上棋子的那一天起,孩子就开始从事预先设计的、目标导向的活动,进行促进他学习和成长的结构化活动。因此,在钢琴演奏或国际象棋上的出色表现意味着"文化的设计"。对儿童和成人都一样,"超常能力"这一概念的建构强调了某些非凡能力的文化意义和重要性。超常研究领域无法回避这一双重性质。

多种超常理论并存的利弊

因此,在学术领域出现了越来越多的超常理论和超常模型。关于超常能力的先天本质和后天养成,有学者坚定地相信,超常能力总的来说是在特殊或一般的功能和发展环境下的神经—生物优势(例如,Gagné,2004;Geake,2009)。另一些学者对超常能力的生物起源持不可知论的观点(例如,Renzulli,1999),还有学者认为超常能力从根本上是一种演化过程(例如,Feldhusen,1992;Feldman,2003;Subotnik & Jarvin,2005)或成就状态(例如,Barab & Plucker,2002;Ericsson et al.,2007;Mayer,2005)。这种学者认识上的多样性或多元化是完全可以理解的。理由之一是,天赋表现是多样的,其成因和个体发生过程也是多样的。因此,各种不同的有时甚至相互竞争的信念系统服务于不同的现象、目标个体、群体及利益相关者,而又彼此相互补充(在这个意义上,在认识水平或实用层面是真正的"具有拯救价值的多元主义")。

然而,众多竞争的观点和主张并存的弊端也是显而易见的。我们很容易陷入纠缠不清的观念争执,而忽略了特定理论的具体适用环境。更有效的策略是把观念差异转变为一种旨在促成共识的、精微的、可追溯的学术交流。尽管保留"许多内在自由度"(即允许不同观念同时存在,但不把它们视为不可改变的;Holton,1981,p.25)有助于描述超常领域的全貌和发展领域的特点,但更重要的是寻求一种微妙的平衡,一方面不要急于寻求共识,另一方面又要避免陷入各种理念层出不穷的混乱状况。一种可行的办法是提出一组重要主题或核心问题,涉及:(1)**本体论问题**:如何阐述超常能力的本质;(2)**认识论问题**:如何对相关现象进行实证评估和研究;(3)**规范性问题**:如何培养人类的超常才能。

主要争议的框架

在接下来的这一部分,我将描绘关键主题的概念框架。一些属于认识论问题,另一些与价值观和目的有关。我认为这些主题构成了超常概念的基本争议,而发现合适的解决途径将帮助我们实现一定程度的概念整合,推动整个超常领域向前迈进(见表 2.1)。

表 2.1 超常研究领域主要争议和主题总览

本体论争论	
(1) 生物构成 versus	社会形成
超常能力是与生俱来的;超常能力是生物决定的,是持久的个人特质,是对长期的超常行为和杰出成就的终极解释。	超常能力是后天实现的;超常能力是在人与环境相互作用、相互影响中逐渐显现的属性和功能状态,是学习、练习及社会技术支持的结果,并且会进一步发展变化。
(2) 领域一般性 versus	领域特殊性
超常能力在本质上并不受限于任何单独领域,因为一般认知能力能够在环境和动机的作用下以多种方式灵活联系并发挥作用。	超常能力是领域特殊性的,因为每个领域对敏感性、偏好和能力的要求都不同,而这些是与特定对象、符号意义以及基本关系相协调的。
(3) 质的差异 versus	量的差异
超常者和常人是**类别上**的差异,因为超常者在心智的结构和功能组织上与常人不同,有自身特有的发展轨迹。	超常者和常人只是**程度上**的差异,超常者的优势是相对的,不是绝对的。
认识论争议	
(4) 能力倾向测验 versus	真实表现
能把高潜能(能力倾向)从高成就中区分出来的测验结果最能证明一个人是否有天赋潜能(超常能力)。	一个人只有在真实领域活动或真实运作环境中显露出技能、知识的超常掌握,我们才能确定他有"天赋"或者说拥有不寻常的"潜能"。
(5) 通则性研究 versus	个别性研究
超常能力的行为表现遵循一系列内隐的但是普遍有效的规律和原则。因此,我们可以通过应用这些普遍规律和原则,确定谁是超常者及其超常能力如何发展。	超常行为是多样化、独特的现象,有其自身的内在逻辑,不存在预先设定的普遍原则。因此,为了阐明超常表现的性质需要深入研究每种表现的个别性。

续 表

认识论争议	
（6） 还原论 versus 生成论	
超常表现的复杂性可以在更基本的分析水平上用更简单的元素来解释；高层次的现象可以还原到低层次的元素、结构和过程上。	超常表现的复杂性反映了生物体的高级组织原则和依赖环境的运作规律，具有不能被还原为低层次的孤立元素的生成属性。
规范性争议	
（7） 专长 versus 创造力	
某领域中，高水平专长或专家技能（熟练精通性）应该作为超常能力的标志和超常教育的目标，因为只有这种形式的卓越能力才可以被科学验证，才会在教育中得到促进。	创造力（创新性）才是超常能力的标志和超常教育的目标，因为超常能力不是对已有知识的掌握，而是探索、发现和创造未知世界。
（8） 超常儿童 versus 才能发展	
超常儿童是超常教育的焦点，也是超常教育存在的唯一原因；他们的特殊教育需求和个人独特成长模式是特殊教育方案和教育干预的动力。	才能发展的演化过程应该是超常教育的关注焦点；超常教育应该为那些表现出或者已经生成某种才能并愿意最大程度上发展自我才能的人提供最好的机会。
（9） 卓越性 versus 公平性	
鉴别、培养人的卓越潜能是社会的责任，既为了实现个人的幸福也考虑到整个社会的福祉。发展人的卓越性反映了一种重要的文化价值观——为了人类文明的进步和民主的实现。	挑选出所谓的"超常者"进行特殊教育，给他们机会上的特权，使他们能够追求卓越，这是在维护已有的社会不公，创造一种新的社会"精英阶级"，违背了"权利机遇平等"的民主原则。

本体论争论

本体论作为哲学的一个分支，关注的是存在或现实的本质和类别（结构、属性和关系等）。本体论承诺或信念是研究者关于研究现象的本质和相关事物的内部运作所持有的根深蒂固的信念（Lakatos, 1978）。他们由隐含的和阐明的理论假设、原则构成，对研究假设和研究问题起到引导作用，有助于研究者决定在哪里"下注"（在某个研究方向投入精力和资源，设计某个研究）能取得最大的收益。比如 Einstein 相信在科学法则中存在一种根本的统一性，这一信念就是一种本体论信念。Spearman（1904）相信存在一种"g"因素，也是一种本体论信念（他用因素分析法分析个体在各类测验上的成绩，发现有一个因素与各类任务都有关，他将这一因素称为一般智力因素 g）。Gagné 相信天赋或超常能力先于才能发展（Gagné, 1999b），也是一种本体论信念。很大程度上，本体论信念也迫使研究人员选择经得起检验的方法来验证相关假设。有三种与超常能力有关的重要本体论争议,每种争议各衍生出一些具体问题。

先天与后天的争议。各领域的超常表现最终能追溯到先天禀赋吗？即,能追溯到基因和生物体遗传结构上的个体差异吗？天赋表现在多大程度上可以被经验、努力、特定训练和环境支持(如教学和指导)所解释？先天因素和后天因素如何交互作用从而导致智力行为、动机、专长、创造力甚至最终杰出成就的生成？现在的情况是,这种争论存在于两派学者间,双方持有对立的本体论信念：或者把天赋定义为持久的个人素质,或者定义为一种特定社会文化环境和发展环境中的功能状态。

先天后天的争议,是所有关于超常能力的本体论争议中最根本的一个。对"超常"表现进行解释(不仅是描述),要求确定各种"内部"或"外部"促进和约束力量的中介机制和调节过程。先天与后天争议的存在主要是因为,不同研究者在描述导致特殊能力或天赋生成的结构—功能、个体—过程—环境以及功能与发展的复杂关系时,将"筹码"放在不同地方,一些学者强调先天禀赋的力量以及相关的认知和学习机制；一些学者强调环境经验、持续有意学习以及社会技术支持的作用。

领域特殊性和领域一般性争议。由于成就本身一定是相对某个具体领域而言的,所以这一争议关注的是：(1)在多大程度上,一个人学习不同事物,适应不同运作环境的潜能是全能型的？(2)在多大程度上,天赋只对某类刺激敏感并且只针对某类活动和某种特定的环境？(3)如果这样,那么与某领域相契合的认知结构和认知机制在多大程度上是先天预先设定的,又在多大程度上是在发展中定向发育形成的？换句话说,超常行为在根本上应该被看作领域特殊性现象还是领域一般性现象？

这个问题也能被细分为智力(人类能力)、动机(对某类刺激和活动的偏好)和创造力(顿悟和直觉)的领域特殊性——一般性问题。把这个问题放进先天后天问题的框架中,我们可以问：在多大程度上,个体的生物环境可以通过脑机制选择性地去注意、挑选和组织环境特征,形成一种独特的发展轨迹(领域特殊性观点)；又在多大程度上,个体在应对环境机遇和挑战的过程中,通过神经可塑性和认知灵活性显示出脑结构的全能性(领域一般性观点)？

质的差异和量的差异间的争议。这一争议关注以下问题：那些已被证实有超常能力或取得超常成就的孩子,在知觉、感受、思考、学习、发展的方式上和教育需求上,与其他孩子有根本的不同吗？超常发展在何种意义上和多大程度上,构成了一种值得给予特别的关注、对待和教育干预的**特殊状况**(exceptional condition)？

从超常能力的以人为中心(即超常儿童)的观点出发,特殊能力反映的是超常儿童与普通儿童在心智结构组织和功能组织上的类别差异而非程度差异吗？从超常能力的领域发展（即才能发展）的观点出发，某领域中特殊能力的发展涉及在本质上不同的（有时是独特的）路径和轨迹，还是只发展得更快更早而已？这个问题也涉及领域特殊性问题。如果超常潜能对领域是高度敏感的，那么有天赋的人很可能展现出认知和情感的独特结构与功能组织以及独特的发展轨迹，与"正常"人有质的差异。反过来，如果天赋潜能是高度领域一般性的，它的影响将跨越内容和执行条件普遍存在，但对任何一个领域都不会像领域特殊性结构和机制那样产生显著影响。三个本体论问题合在一起，对如何理解和鉴别超常儿童，如何进行超常教育具有深刻影响。

认识论争议

认识论关注的是知识观点的有效性以及理解活动的认知基础。即，如何能验证某种主张的真实性。从策略上讲，就是对能产生可验证知识的现象进行评估和研究的最佳途径是什么？关于人类的特殊能力和非凡成就，有三个重要问题：

1. 什么是超常能力或天赋潜能的最好证据（即如何识别超常能力）？

2. 如何评估、研究那些已被证实的超常人才或那些正在发展超常能力和领域卓越性的潜在人才（即如何研究与超常能力有关的现象）？

3. 我们如何鉴别导致超常能力和领域卓越性的决定因素和中介机制（即如何对超常能力进行解释和预测）？

接下来的三大争议分别对应上面三个问题。我们将会看到，本体论信念影响着人们的认识论立场。比如，坚信人类最终能发现与超常能力有关的特定基因或神经解剖结构的研究者会采取分析式的还原式研究方法。反过来，服务于认识论立场的具体方法工具和基础硬件设施也会驱使研究者得出某一特定的本体论结论。比如 Feldman（1986）使用案例研究法发展出超常儿童的"汇合"发展模型或"耦合"发展模型。

能力倾向测验和真实表现间的争议。超常能力是要通过假定的"潜力"或能力倾向测试来确定，还是要看特定年龄标准下真实环境中的实际成就？对此超常领域中的学者们意见不一。这也揭示了下面的争议——在技术层面如何界定超常能力，超常能力又是如何显现的，以及我们如何确定超常能力的存在、性质和程度。

眼下的问题就是，哪种测量或评估手段能更好地满足罕见性、可证实性、产出性（Sternberg，1995）、真实性（authenticity）和可复制性（Ericsson et al.，2005，2007）等标准？能力倾向测验的问题在于，它对发展和教育成果的预测效果如何？用来测量"学习潜能"依据是否可靠?而真实表现或实际成就面临的挑战在于,如何把成就是什么(产品)和成就是如何取得的(过程)区分开来。

通则性研究方法(nomothetic)和个别性研究方法(idiographic)间的争议。能力倾向测验和真实表现间的争议在一定程度上反映了不同研究者处理和研究超常能力的方式上的矛盾。作为科学研究的一般模式,通则性研究方法和个别性研究方法代表了两种"如何在节骨眼处下手剖析自然"的不同方式。通则性研究方法做出的是关于世界如何运作的一般性假设,使用演绎法推导出针对目标群体的"自然法则"或普遍原则。相反,个别性研究方法根据对一系列具体案例和实例的密切观察,使用归纳法总结出独特的模式、完型和规律(Allport, 1937)。因此,通则性研究方法是以变量为基础的,逐一关注感兴趣的相关因素;而个别性研究法是以个体为中心的,关注在特定环境和特定时期中一个人是如何运作和成长的。在通则性研究方法中,为了得到概括性结论必须做"去情境化"。在个别性研究方法中,要获得对个体和运作环境的精确理解,情境化是非常必要的。物理学就是通则性研究方法的经典例子,将严格控制的实验作为典型研究范式;而人类学是个别性研究方法的经典例子,以民族志作为主要研究范式。

回到超常问题上,支持通则研究的人提出有关"超常能力是什么"以及"用什么属性来界定超常"的一般性假设。相比之下,支持个别性研究的人认为超常能力与独特的个体机能和发展方式有关,因此不能被简单纳入任何一种普遍的发展理论。

还原论(reductionism)和生成论(emergentism)间的争议。如果说通则研究与个别性研究的争议是关于"研究应该始于共性还是特性"以及"在研究共性时如何保留个别性"这些问题的话,还原论和生成论之间的争议就关乎"在何种水平对行为和心理现象进行分析和解释才恰当",以及"使用还原法研究众多元素的复杂互动和组织是否合适"。

天赋研究领域中普遍存在的一个问题是,天赋才能或杰出成就的显现能否用传统分析方法来解释——将其还原为更简单的成分;还是说存在一种更高级的组织复杂性,只能用反映这种新的组织复杂性的更高级的组织原则和生成演化过程来解释,无法被还原到更低水平。

规范性争议

"规范"在这里指的是引导人类实践的"惯例"、"标准"和"价值观",指出"应该是什么"(即,规定的,约定俗成的)而不是"是什么"(即,描述现状的,叙述事实的)。不管科学证据多么有说服力,都不能决定超常教育应该如何,正如物理学家不能对桥梁工程师下命令来决定一座桥应该是什么样的。超常教育的目的,乃至我们究竟需不需要提供超常教育,这些问题都要在一个考虑超常人才和集体福祉的利益相关群体中进行协商。然而,有关教育目的和计划的争论都应受已有科学知识的约束(包括教育和教学设计等各种人工构造效果的知识)。讨论这些规范性问题的目的之一,是阐明我们对超常能力先天后天性的理解在什么情况下应该引导以科学证据为基础(evidence-based)的、理论上正确的实践,以及在什么情况下科学应该让位于社会规范和伦理原则。在前面提出的框架中,我提出了以下三种规范性争议:(1)专长和创造力间的争议:超常教育应该更具雄心,以人才的创造力为目标,还是相对谦逊地关注技能的熟练掌握;(2)超常儿童和才能发展间的争议:超常教育应该关注孩子的幸福和个人成长,还是关注才能的长期发展;(3)卓越性和公平性间的争议:超常教育是否在追求"卓越"目标实现的同时,破坏了教育的"公平性"。

专长和创造力间的争议。充分发展的"天赋"成就可分为两大类:专长和创造力。用 Gardner(1997)的话说,具有专长的人是某方面的"集大成者",他们在自己的领域中不断完善自我以达到巅峰水平(Ericsson, 2006);创造力类别中的人才则是"创造者",他们极大地改变了思维领域、实践领域或者艺术的表达形式,并使一个领域向前发展,甚至创造出全新的领域(Sternberg, 1999b)。相应地,卓越成就的设计也有两种,可以有更具雄心的视野(创造力)或更保守的目的(成为专家或高手)。主张发展高水平专长和能力的超常教育实践者和主张发展创造力的实践者之间存在着争议。关键争议在于,两派实践者在何种程度上要求两种不同的人格,不同的发展轨迹以及不同的影响因素;抑或像一些研究者所说的,高水平专长和创造力有着相似的发展进程和轨迹。

"超常儿童"和才能发展间的争议。正如我第一章提到的,朝"才能发展"这一方向发展的推动力包含一种内在社会责任,即超常教育应服务于更广大范围的、通过各种途径被证明具有某种才能潜力的学生。然而,教育工作者们在下面两个问题上有分歧:超常教育应关注个体(或者说一个儿童的全部)还是儿童所展示的才能?应该关注如何满足他们的"社会情感需要"还是关注如何发展他们的才能?

问题的答案取决于我们是采用分类法(例如,认为"超常儿童"与其他儿童有质的差异)还是采用领域特殊性方法(例如,一个孩子可能在历史学上有"天赋",但在数学上没有。或者在学业成绩上有"天赋"或超常能力,但其他方面与同龄人没有差异)。

"才能发展"运动将更多筹码放在使用具体领域的方法和价值的评判标准上,设计出促进具体才能发展的优化条件。相比而言,"超常儿童"运动将更多筹码放在超常儿童的心理发展上,并假设他们有独特的教育需求。

卓越性与公平性间的争议。 从概念上看,促进和奖励卓越性并不一定妨碍社会公平(就平等获取达到卓越的机会和资源而言)。然而,当获取资源和机会的平等性受到妨碍,常常就要以牺牲公平为代价实现部分人的卓越。与前两种规范性争议相比,这一争议与科学证据的关系不大,与社会条件和价值体系关系最紧密(价值观冲突)。在公共政策层面上,如何在追求卓越的同时对公平性、多样性、效率和选择性的需求进行平衡,一直存在争议。

在接下来的第三到第八章,笔者将评议并深入探讨这些争议。正如我们将要看到的,解决这些问题对于阐明超常领域中的众多争议而言非常重要。在本体论、认识论和规范性三个维度内部和三者之间,各种争议在相互影响。我进行探讨的目的之一是展示看似混乱复杂的众多想法中存在的秩序。将这些争议进行梳理,纵使不能解决,也有助于阐明有关以下几点的重要差异:超常能力的先天后天性(本体论问题),我们如何认识超常能力(认识论问题),以及我们的教育政策和教育实践要走向何方(规范性问题)。

第三章 从"先天还是后天"到"后天中的先天"

有人生来伟大,有人成就伟大,有人被冠以伟大。

— William Shakespeare：" Twelfth Night"

我所说的先天能力,是使人们通向荣誉成就的智力特征和性格倾向。先天能力既非缺乏热情的能力,亦非缺乏能力的热情,甚至不是单纯二者的结合,而缺乏从事大量耗时费力的工作的能力。

— Francis Galton：Hereditary Genius

"先天"与"后天"都有着丰富的含义。二者间的界线并不总是那么清晰。Galton(1874)简明地对"先天性和后天性"做了定义:"先天性,是一个人出生时带来的一切特征;后天性,是一个人出生前没有的,出生后对其产生影响的一切。"(p. 12)当然严格来讲,哪些归先天哪些归后天是更加复杂微妙的;胎儿可以通过母亲接触各种外在影响,有些是促进发育和舒适健康的,有些是有毒的、不稳定的、对发育有害的。任何被称作"先天"的人类能力,除了一些反射类反应之外,都在一定程度上受环境调节(Dai & Coleman, 2005b)。不过,以一个简单的定义开始我们的讨论就足够了。先天后天问题大体上就是**生物构成(being)**和**社会形成(doing/becoming)**两者的相对重要性(Delisle, 2003；Subotnik, 2003)。

历史上取得非凡艺术成就或科学成就的人,长久以来被解释为**生物构成**而非**社会形成**:他们拥有一些独特品质,使他们通过努力能出类拔萃。然而,对这种观点持怀疑态度的人常常立刻看到"社会形成"的一面。一个典型的例子是早在19世纪发生在达尔文(Charles Darwin)和高尔顿(Francis Galton)这对表兄弟之间的一场友好争辩,两人争论了伟大与卓越的本质。达尔文在给高尔顿的信中,表达了他的"后天"观点——"除了痴呆,人类智力差异不大,区别只在于勤奋和热情",高尔顿反驳说"性格,包括勤奋的天资,像其他任何能力一样都是可遗传的"(引文取自 Gould, 1981, p. 77)。

这场争论的现代版本有很多种。正如心理学的其他领域,超常研究领域的研究者在"先天后天"问题上或者"生物构成—社会形成"的问题上逐渐两极分化。一些人相信超常能力谜题的终极答案是不同的人在脑结构上的差异和与生俱来的生物学差异(Gagné, 2005a; Geake, 2008; O'Boyle, 2008),也有人坚信超常能力发展是一项个人事业,与个人有目标地长期努力有关(Ericsson, 1996; Ericsson, Charness, Feltovich, & Hoffman, 2006; Gruber, 1986)。在超常教育领域这一争论的形式是:应该强调超常儿童的独特品质或者他们的独特发展轨迹(Delisle, 2003; Robinson, Gallagher & Zigler, 2000),还是强调孩子在特定才能发展上的积极参与和成就(Coleman & Cross, 2005; Subotnik, 2003)。超常能力的先天后天争议的基本形式可以表示如下:

正题:
<u>超常能力是与生俱来的;超常能力是生物决定的,是持久的个人特质,是对长期的超常行为和杰出成就的终极解释。</u>
反题:
<u>超常能力是后天实现的;超常能力是在人与环境相互作用、相互影响中逐渐显现的属性和功能状态,是学习、练习及社会技术支持的结果,并且会进一步发展变化。</u>

先天后天之争有着深远的政治含义和实践含义。例如,是否应该为超常儿童设立单独的超常教育项目,这一问题在很大程度上取决于人们对"生物构成"和"社会形成"二者相对重要性的理解。下面的篇幅里,我先描述什么构成先天论或后天论的有力证据和较弱证据,并根据已有证据对具体观点进行评价。接着我讨论先天论或后天论的证据背后的方法论偏依(biases),并提出通往卓越的道路可能有很多条。我主张一种超常能力发展的系统观点——强调发展过程中先天因素与后天因素之间的互动,而不是非要下结论说先天因素、后天因素谁是主导。

先天后天论战的框架

为了交代超常能力先天后天论战的背景,我们首先要回顾下智力理论,因为从Terman(1925)开始,智力理论就是给超常能力下定义的基石。Perkins(1995)把智力理论分为三种：神经智力、经验智力、反思智力（见第二章，"智力"定义一节）。神经智力代表了"先天遗传"的明确贡献，经验智力和反思智力或多或少与"后天环境"有关，包括正规教学、训练和指导以及个人努力。因此，当讨论超常能力的发展时，问题不在于"后天"（社会形成）因素是否在其中起作用，而在于"先天"是否是促进超常能力发展的决定性（不可或缺的）因素。

超常能力的**先天论**主要依赖三大假设及其相应证据：(1)**心理结构或功能的生物基础（包括基因）上的差异（对人的测量）**；(2)**学习的速率（对过程的测量）(rate of learning)**；(3)**超常的极限表现（经过一定学习、训练之后对结果的测量）(asymptotic performance)**。这里的逻辑是这样的：只要能表明两个人从不同起点开始，以不同速率发展，到达的终点不同，而其他条件均相同，我们就能从观察到的各种关系中推断——起点的差异正是导致过程上和结果上出现差异的原因。这是大多数超常研究的教育安排/预测(placement/prediction)模型背后的假设（例如，Lubinski & Benbow, 2006）。

超常能力的**后天论**有两种形式：提供上述三大"先天假设"不成立的消极证据（即，研究结果不支持先天假设），或提供积极证据，证明后天环境（学习、练习、技术和社会支持等）改变了生物基础上的差异和学习速度，并最终导致了一个人的高水平表现和成就。这可以被称为先天后天之争的经典形式。还有一种更当代的形式：即超常能力究竟是确实存在于个人头脑或心智中，还是应该认为超常表现本质上是情境化的(situated)，"分布于"(distributed)实施者、任务和可使用工具（广泛定义的工具）之间(Barab & Plucker, 2002; Plucker & Barab, 2005)。超常能力的情境化观点有悖于"认为超常能力的定义可以不论其具体表现的场合以及社会文化环境"的论点。接下来我们将首先关注先天后天之争的经典形式，然后简要讨论来自"情境化"观点的挑战。

先天论 I：超常能力是生物组成上的优势

自从 Galton(1869)发起超常能力遗传基础的最初研究，并声称"先天远比后天来得重要"(1883, p. 241)，行为遗传学研究就逐渐发展出愈发成熟复杂的设计和程序，来梳理行为、心理特质变量中各种遗传因素和环境因素的贡献。另外，神经心理学和行为研究也提供了确凿的证据。至少有三类证据支持"先天禀赋是超常能力的决定因素"这一观点：人类超常能力的遗传证据，超常认知能力、学习能力的神经解剖及神经化学证据，和超常能力的临床、轶事证据。

生物学差异的遗传证据。认为超常能力的早期显现或之后的突出成就与先天禀赋有关,这一观点与行为遗传,特别是与经过心理测量学定义与测量的智商的**遗传指数(heritability)**或称一般认知能力有密切联系(Plomin, 1997)。这种方法的基本研究技术是采用各种双生子设计(同卵双生与异卵双生;或同卵双生与非双生兄弟姐妹,与分开抚养的同卵双生子等)来分离出研究者关注的行为与心理特质中遗传因素和环境因素各自的贡献(Plomin, DeFries, Craig, & McGuffin, 2003; Scarr, 1997)。最近,也有研究者尝试确定与重要心理特质有关的具体基因。有一些研究结果支持智力和学业能力有其独特的遗传基础:(1)遗传差异至少解释了认知能力测量中一半的变异量;(2)智力的遗传指数(特质能被遗传因素解释的比例)在青少年和成年期比童年期更大,表明遗传对人一生都有影响(Plomin & Spinath, 2004);(3)很多传统观念中的环境因素(如某些家庭环境特征,朋友类型)其实都包含遗传成分,即通过被动的(passive)、唤起的(evocative)或主动的(active)关联,有特定遗传性向的人很可能被选入或主动选择特定的环境(Scarr, 1992; cf. Dickens & Flynn, 2001)。如果各种人类能力的变异量包含独特的遗传成分,就不难推断出,在人类能力分布的两极,遗传可能占更大权重。其中的逻辑如下:如果环境对大多数人都是"标准化的"(除了身心剥夺,特殊人群的社会壁垒,特定历史时期的文化匮乏),那么那些才智超常或心智迟滞的个案反映的就是个体变异(即持久的个体差异)而不是环境变异。当然,如果群体中资源、机会获取上的不平等现象普遍存在,上述结论就无法成立。

尽管行为遗传学证据颇令人信服,但是需要作些限定。首先,行为遗传研究完全是"去情境化的"。例如,特质的遗传指数在具体人群中是否平均分布还存在争议。最近有研究将"社会经济地位"(SES)变量看做智商遗传指数的调节变量(Turkheimer, Haley, Waldron, D'Onofrio, & Gottesman, 2003)。他们发现在高SES群体中,智商的变异量主要是遗传差异造成的。然而,低SES群体几乎所有IQ变异量都是由环境因素导致的;遗传因素没有任何贡献。当然,SES本身是否包含遗传成分尚不明确(用SES作为调节变量可能无意中使基因贡献打了折扣),而且根据SES来划分群体有可能造成智商连续体的截断。尽管如此,研究结果显示智商的变异量在SES低端与高端是由不同原因导致的,SES低端表明环境因素有显著的补偿效果(尽管SES低,但家长和社会的干预帮助在起作用)。反过来,当环境支持和教育资源很丰富,智力的遗传指数反而增加,这是一个有理论依据的预测(参见Bronfenbrenner & Ceci, 1994; Gustafson & Undheim, 1996)。

第二，行为遗传研究为超常表现的遗传基础提供的证据都是推论性的而非直接证据。例如 Ericsson et al.(2007b)指出，所有双生子研究的样本都没包含足够数量的超常儿童双胞胎，所以无法评估遗传因素对超常能力的贡献。此外，对导致一般认知能力超常的特定基因的定位研究尚未得到一致的结果(Hill et al., 1999; Petrill et al., 1997; Plomin et al., 2001)。

第三，从行为遗传研究中得到的数据只是基于对变异量的技术性划分所做的"粗略"的效应评估。事实上，用变异百分比来人为分离遗传和环境的贡献，似乎基因和环境真的是彼此独立起作用的，这种做法会招来批评(Horowitz, 2000)。

第四，行为遗传学的研究结果仅仅提示了行为表现变异量的潜在来源，并没有阐明机制和过程。在医学研究中能发现类似的情况，一种疾病(如某种癌症)被发现受遗传因素的影响，但是所认定的遗传因素究竟是什么，这种影响在什么时候发生、如何发生、为什么发生，依然未知。

神经—解剖学证据。支持超常能力有其生物基础的另一研究方向是关注"超常大脑"的结构和功能。领域一般性研究方法在寻找天才脑结构上的差异时，想找到导致一般意义上的功能优势(例如，智商和创造性思维)的线索。例如，Geake(2008)将创造性智力定义为流体类比推理能力(fluid analogizing)，发现流体类比推理的神经心理学测量(fMRI)和纸笔 IQ 测验之间的相关高达 0.89。同样，Haier 和 Jung(2008)报告了一系列研究，试图描绘导致一个人在智力测验(如瑞文高级推理测验)中有超凡表现的脑结构和脑功能层面的特点。他们发现，"聪明"的大脑之所以聪明不是因为大脑更努力地工作，而是因为能更有效率地工作(例如，激活更少的脑区，因此有了**神经效能假说**，the neural efficiency hypothesis)。另有研究在中性条件(即基线)和各种任务条件下对比超常儿童和非超常儿童(Jausovec, 1997; Jin, Kim, Park, & Lee, 2007; Jin, Kwon, Jeong, Kwon, & Shin, 2006; Liu, Shi, Zhao, & Yang, 2008; Zhang, Shi, Luo, Zhao, & Yang, 2006)，发现二者在 EEG 和 ERP 测量结果上的明显差异，尽管数据模式不完全一致，这可能是由于采用了不同的任务和程序，或者样本量偏小带来的样本特征和随机误差导致的(参见 Geake, 2008 的评论)。有关"优势手"的研究(例如，Casey, Winner, Benbow, & Hayes, 1993)也在脑形态学结构差异上取得了一些成果，发现脑结构差异可能可以解释一些智力天才的脑功能差异。然而，Piro(1998)却发现超常儿童(8 到 14 岁)和他们的对照组在左利手上没有显著差异。

有人认为右脑激活的结构偏好导致了信息加工和问题解决的功能优势，像这样下结论说"观察到的高功能与神经的相关性预示了一种神经的因果关系"还为时尚早。因为也可以换一种方式解释这种相关,例如,视觉图像和类比思维等习得的行为偏好会导致特定的神经激活模式。不过,来自发展神经科学的证据似乎表明在智力超常者和常人之间存在神经解剖学差异,这也许可以解释智力超常者某些与众不同的表现。比如,有新近研究(Shaw, Greenstein, et al., 2006)表明智力超常者(智商 121—149)比对照组的皮层发育期更长,皮层增厚达到巅峰的年龄更晚(他们的巅峰年龄为 11 岁,"常人"是 6 岁),这种更持久的大脑发育和智力测量结果呈正相关。Shaw 等人认为这种更持久的皮层增厚预示着一种独特的、可能受基因控制的发育成熟过程。然而,Passingham(2006)呼吁人们谨慎地对待这种解释,他认为"高智商"群体可能经历了更丰富的环境,这也可以解释脑部变化时间的延长。在没有进一步证据的情况下,最好采取一种试探性观点:智力天才的发展轨迹即使不是由基因决定的,也肯定受基因的影响。

研究者也试图通过研究更狭义的能力和天赋来寻找神经解剖学上的证据。"绝对音高"(无需训练就可以在一个绝对音高量表上指出或唱出任何音调)是被研究最多的现象。拥有这种能力的人比非音乐家或不具备绝对音高的音乐家有更明显的脑结构不对称性(Schlaug, Janke, Huang, & Seinmetz, 1995)。音乐超常儿童也展现出在言语的情绪知觉上与常人的生理差异(Dmitrieva, Gel'man, Zaitseva, & Orlov, 2006)。另外,一项进行中的追踪研究试图找出音乐天赋的早期生物学标记(Norton, Winner, Cronin, Overy, Lee, Schlaug, et al., 2005)。他们假定人类大脑某种特定的结构功能组织使人能更好地适应特定的环境刺激或处理某种特定的信息,现在就是要找出天赋实现的这一神经解剖基础。例如,已发现右半球功能的发育优势支持着数学天赋,促使数学超常人才倾向于使用视觉空间加工模式(O'Boyle, 2008)。尽管不敢肯定所有数学超常儿童都符合这种描述(例如,Threlfall & Hargreaves, 2008),但这一描述有助于为数学天才的"先天禀赋"建立一种合理的结构—功能联系。需要注意的是,超常能力的神经科学研究才刚刚开始,需要更多的研究来进行佐证,并完善理论预测(有关研究中神经成像技术的介绍,见 Kalbfleisch, 2008)。

临床和轶事证据。证据的第三个来源是各种自然情境或临床情境的案例研究。各种形式的早慧发展为具体领域中才能发展的"领域一般性—领域特殊性优势"的生物—组成基础提供了证据。神童的突出案例大多来自音乐、艺术、国际象棋和数学领域(Feldman, 1986),可能因为这些领域都有适合超常儿童直觉把握的视觉—空间特征和"形式化"的特征,并且在建立认知、情感和知识基础时不太依赖于社会经验和学业经验。一些疾病的临床案例也提供了探索某些超常能力的遗传和神经—生物基础的机会。例如,很多阅读障碍(dyslexia)的案例表明,他们都有言语功能有缺陷然而非言语功能增强的共同特点(例如,视觉空间记忆和非言语智力;参见 Winner, 1997)。也有证据表明阅读障碍高度遗传,其脑形态也显示出独特的结构功能属性(参见 Vellutino, Fletcher, Snowling, & Scanlon, 2004)。同理,一些学者(例如,West, 1991)推断,爱因斯坦语言发展的延迟和他惊人的空间想象能力具有内在联系,并对他出色的创造想象力有独特贡献(也见 Miller, 1996)。某方面的异常发展与超常能力相关这一现象并非罕见,Gershwind 和 Galaburda(1987)称之为"超常能力的病理学"(the pathology of superiority),并推测"轻微的功能缺陷也许与某领域中独特的超凡能力关系更密切,而不是导致功能障碍"(p.65)。

先天论 Ⅱ:学习速率和极限表现(asymptote)作为超常能力的标志

Ericsson(1996)对高水平专家具备"先天才能"的解释提出质疑,作为回应,Shiffrin(1996)提出两个标准来判断专长的决定因素是持续的专注练习还是"先天禀赋",这两个标准是:在一定的学习和练习后的**学习速率和极限表现**[①]。训练量相同的情况下,学习速率的差异将揭示哪些人真的具有"天赋异禀"。极限轨迹代表个体接受充分训练后达到的巅峰水平,此后就算继续努力也不会再有进步。他还提出检验"先天观"的唯一方式是尽可能保持学习者训练和经验的量的一致,同时给予充足的时间和训练使被试达到他们的最佳表现(即极限能力)。有的实验在各种认知任务中比较儿童的学习速率。高智商孩子的学习曲线通常比同龄人更陡峭(即学得更快)(例如,Jackson & Butterfield, 1986; Kanevsky, 1990)。不仅如此,在新情境中也能做到更好的学习迁移(Burkowski & Peck, 1986)。Haier 和他的同事(见 Haier, 2001; Haier & Jung, 2008)提供了目前为止最有说服力的证据,证明学习易度(个体从简单的基本题目迁移到复杂题目的表现如何)与个体差异有关,与练习无关。得分最高的学习者在练习阶段后,脑部激活程度减少最明显,表明他们能更灵活地完成学习任务(选择更有效、高效的策略解决眼下问题,能更快地适应任务的要求)。

[①] Asymptote 原为数学术语"渐近线",在心理学中指学习曲线(成就)上升到极限后逐渐趋于平直(不再提高)的轨迹。这里译为"极限表现"或"极限轨迹"。——译者注

学习速率。Ackerman(1988)采用空中交通管理模拟学习任务进行的研究,基本满足了 Shiffrin 的标准,因为空中交通管理(空管)对多数人来讲很新颖,而且实验室中的模拟条件对任务学习时间进行了控制。Ackerman 用知觉速度测验和一般智力测验来预测多次尝试后的学习速率。主要的研究发现有:一般智力(智商测量)上的差异在一定程度上可以预测个体在最初学习阶段(早期尝试)学得有多快(学习速率),虽然相关度并不高;但是当被试获得了空中交通管理技能后,一般智力测量的预测效力就降低了。这一发现表明学习速率由先天(能力)和后天(经验)共同决定,当一个人的知识技能体系逐步建立后,学习开始更多依赖实际尝试中获得的领域特殊性知识技能,减少了对一般加工优势的依赖(参见 Ackerman, 1999)。这个结论如果被证实是跨领域普遍存在的,将大大削弱先天禀赋观,因为上述结论间接提到了一般智力作用的收益递减定律。

在自然情境中很容易发现学习速率上的个体差异,但很难确定个体差异的原因。Gagné(2005b)使用爱荷华基本技能测试(the Iowa Tests of Basic Skills; ITBS)的发展性标准分常模,描述了一种扇形扩散效应:一到九年级学生的学业成就显示,同年级学生的成绩差距随年级升高而加大。与当前主题联系更紧密的是,他发现在三年级,学业最出色的学生的成绩已经达到九年级学生的平均水平,从四年级开始,在顶端 10% 内的学生之间的成绩差距达到 50 个标准分,到了九年级,仅仅在顶端 2% 内的学生之间的成绩差距就已经达到 50 个标准分了。

Gagné 将这一结果主要归因于一般智力或学习能力的优势,他认为这正是天赋的标志(Gagné, 2005a)。Gagné(2005b)觉得既然这种扇形扩散效应具有抗外来干预的特征,就应该被看作"近乎自然法则"(p. 151)。这种认为"可观察到的逐渐增大的成绩差距很大程度上取决于一般智力或学习能力"的理论观点,是一种高层次的推论或推测,而不是研究中的描述性数据能不证自明的。很可能有众多因素影响着自然情境中的学习速率:学业动机,领域特殊性偏好,已有知识,一般能力,能力发展的不同阶段,以及社会环境(例如家庭环境),其中一些因素可能受遗传的影响,但许多反映的是环境的贡献。

然而,扇形—扩散效应与 McCall(1981)的勺子模型(scoop model)一致,后者认为心理发展是从 6 岁左右开始的,循着不同的逐渐分化的轨迹,受遗传和环境共同影响。Gagné 的观点也与遗传影响着整个青少年期和成年期的智力和学业成就这一研究结果一致(Plomin et al., 2003; Plomin & Spinath, 2004)。

极限能力。 学习速率显示的是容易度，而极限能力是一个人在目标任务中所能达到的最优表现。更深层的含意是个体表现已经达到了能力极限，用高尔顿(1869)的话来说，"再怎么努力或接受教育也无法超越"(p. 15)。高尔顿认为在取得高水平成就上，每个人都受**心智能力极限的约束(mental capacity constraint)**，能力的变异量是高度遗传的。尽管我们可以想象不同人的心智能力有很大差别，但是高尔顿认为可以通过家族血统追踪超常能力的观点仍然令人质疑。Rothenberg 和 Wyshak(2004, 2005)追踪了诺贝尔奖得主和其他杰出作家、科学家的家庭背景，在他们的父辈中没有发现直接的创造力遗传证据。尽管如此，高尔顿认为"心智能力存在极限"的假设被当代学者和研究者广泛接受。也就是，当个体付出一切努力，外界给予他所有支持，学习或训练从某刻开始依然会进入收益递减期，最终无论个体怎么努力也不再产生任何显著收益。这种推断在能力极限上的个体差异反映了一种可遗传的变量和生物约束(例如，Bronfenbrenner & Ceci, 1994)。极限表现或能力的一个例子是学术能力测验(SAT 或 GRE 等)成绩。这些测验隐含的假设是，个体无法只通过努力(例如，过度学习和过度准备)就进入顶尖表现行列；无论受测者投入多少努力，他最终取得的成绩依然受内部条件的限制。在一定程度上，**瑞文推理能力测验(Raven's Progressive Matrices)**及其同类测验可以看作是对极限能力的测试——因为题目难度逐渐增加，受测者将陷入僵局或瓶颈，意味着他们的认知能力可能已经耗尽了。采用极限表现范式进行的实验研究很少。Baltes(1998)报告了一项采用**"极限测试(testing-the-limits)"**程序的研究，实验要求被试使用记忆技巧直到记忆成绩到达极限(即达到渐近线顶端)。他发现练习的确提高了被试的任务成绩。学习速率和极限表现上的个体差异也体现了出来。与直觉相反，在一段时间的持续训练和练习后，一些个案中个体差异不降反增，照应了自然情境中的观察结果(Gagné, 2005b；也见 Ceci & Papierno, 2005)。

然而，在实际生活中的高水平专长或创造性成果上，"测试极限"就变得很困难了。事实上，我们可能永远无法知道所谓的能力极限在何处，就像很少能有机会"把人的潜能最大化"，更不用说对潜能进行测量了。不过，职业体育或专业比赛(例如，象棋或围棋)提供了一个例外，因为一个人在相当长一段时间内的最佳记录会被可靠地保存下来，成绩渐近线(极限表现)能够得到可靠的测量和分析。在专长或"可重复的超常表现"的可测量水平之外(Ericsson et al., 2007)，想得知现实生活中的成就极限非常困难。例如，Lubinski, Webb, Morelock, 和 Benbow(2001)将 SAT 数学成绩排名前1%的人由高到低四等分。比较第一层级和第四层级中[得分高于 99.75 百分值

(percentile)以上的和那些得分在99和99.25百分值之间的人]的博士学位获得者、专利获得者和在美国排名前50的大学里任教的人数。结果显示第一层级中达到这些标准(博士学位，获得专利，在排名前50大学任教)的人数是第四层级中的两到三倍。不过，即使我们把这些指标看做极限能力的替代测量，概率的统计评估也仅仅是说：取得SAT数学高分的人往往取得更高的学术地位和学术成果；依然无法对"能力极限"(或学习曲线)上的差异做出任何推论，因为我们不知道取得较小成就的人是否的确达到了自身极限，还是因为其他原因(努力、支持、机会等)而没能取得更大成就。

在超常能力发展的既定方向上测定学习速率和极限能力的固有困难。正如我在上面讨论中提到的，先天论的实验验证有其自身的困难。首先，几乎无法安排一个持续多年的实验，在追踪某领域中学习速率的同时对被试流失和无关变量进行控制，而这两者都会对结果产生干扰。然而，如果追踪样本不够大、追踪时间不够长，我们就无法确定在专长发展特定阶段，不同人的学习速率是否有差异。例如，我们不知道在Ackerman(1988)空管实验的有限训练期之外，一般智力的差异是否会限制参加实验的人获得技能和专长的速度(学习速率)。

第二，很难从学习速率中分离出动机(努力和坚持)和"天生禀赋"的影响。诚然，Haier(2003)的实验表明"聪明的大脑"工作更高效(即大脑中血糖消耗更少)，这一结果令人信服地表明了"学习易度"的确切含义。然而，这并不意味着我们就不能通过努力改变学习速率(更高效、更策略化、更自动化地作业)。研究者可以控制在任务上花费的时间，却无法控制研究对象是否付出努力，当实验需要长期进行时尤其如此。

第三，超常教育者感兴趣的大部分领域都具有语义丰富性或知识丰富性，很难把学习速率中经验、知识(以及智慧思考)的作用和加工能力的作用分离开。Balte(1998)的"极限测量"实验使用的是一种有赖于知识的记忆技能，而Ackerman(1988)使用的是更复杂的学习任务：空中交通控制模拟。Ackerman研究显示在训练期后学习者的一般智力和任务表现之间的相关减弱，表明领域知识和技能的习得可能减少了学习者对认知加工的需求，这一结果与认知心理学的理论预测是一致的(Anderson, 1987)。

反对超常能力先天论的观点

从科学角度出发，对先天禀赋论或天赋才能观的最新挑战主要来自Anders Ericsson(参见Ericsson et al., 2007a)领导的引人注目的认知研究团队，他们专门研究各领域的专长具体是如何发展的。其观点可以被总结为：(1)没有坚实的实验证据能证明**可重复**的超常能力是先天禀赋导致的;(2)有很好的证据支持后天努力的观点(Ericsson, Charness, Feltovich, & Hoffman, 2006; Ericsson et al., 2007; Howe, Davidson, & Sloboda, 1998)。由于第二个观点争议较少,我们将注意力放在第一个论断上——没有实验证据支持"先天才能"或"天赋"解释。这一论断取决于"先天禀赋"的组成,"先天禀赋"最重要的证据是什么。

怎样的结果构成先天禀赋的证据。对先天论的批评往往把**先天禀赋**描述为先天固有的结构差异,因此,"可接受的"证据必须是基于遗传学神经解剖结构或者直接反映基因型(基因类别)的某些表现型(生理或心理表现)。上一节,我回顾了一些支持先天论的证据。虽然神经解剖证据可能并不令人信服,但学习易度上的个体差异和学习能力的独特遗传成分证据,足够支持"先天禀赋"观。

当批评者宣称先天论缺乏证据支持时,他们假设,如果先天才能存在,应该是先天固有的或基因决定的。用他们的话说是"起源于遗传结构"(Howe et al., 1998, p.399);"早期能力"不是先天才能的证据,除非这种早期能力在没有特殊学习机会时也能显现(p.403);如果先天才能存在,我们应该能看到"高水平表现的突出显现"(Ericsson et al., 2007a, p.31),以及"在训练开始前明显的超常表现"(p.35)。特定生物—心理特质和病理症状,像唐氏综合症,确实可以直接追溯到基因根源,但是在文化领域中没有任何一种才能是"天生"的或基因预先决定的。所以,先天才能的假设体现了超常研究领域中少数学者持有的极端先天论倾向。正如我之前讨论过的,先天才能更合适的证据是学习速率和极限能力(就像竞技体育中所展现的)。

个人成就的先天约束。Ericsson对超常能力发展来自"先天禀赋"的观点持怀疑态度,但他主要关心的并不是具有先天才能或高智商的人是否存在,而是先天才能是否真如众多超常研究者所认为的那样重要?具体来说,Ericsson和他的同事(2007a)持有和高尔顿相反的假设,高尔顿认为一个人在某一才能发展方向上的个人成就(某人能力的极限或渐近线)受先天条件的约束。上一节我指出,能力极限在理论上是可能的,但在现实生活环境中很难得到实证评估。Gagné(2009b)建议使用一般智力测试的得分作为能力极限的替代测量,"一般智力形成了对个人成就而言量化的、实际的约束……当智力水平下降,在可能领域的成就上限也会降低"(p.173)。这一建议是有争议的,因为无法证明一般智力测量对于具体领域的发展能力极限具有预测效力。然而,正如Simonton(2007)所言,对于解释专长发展的"先天禀赋"而言,学习速率上的相对优势就足够了,我们没有必要假定,更不需要用实验"证明",极限能力的天生约束是先天论的基础。

后天论:超常能力是坚持努力的结果

后天论的激进观点认为,一切描述超常能力的先天禀赋都是虚构的或是"归因谬误"(attribution errors;例如,Tesch-Römer,1998)。保守一些的观点则承认在某些领域中,能力或偏好可能存在个体差异,但是只要有充足的动机、个人决心和持续的专注练习,任何没有明显身心缺陷的健康人都能取得辉煌成就。Ericsson 似乎属于后者(例如,Ericsson,1998)。后天论得到以下证据和推理的支持:

训练和练习改变脑结构和脑功能。Schlaug(2001)对专业音乐工作者的研究结果支持后天论:音乐工作者的大脑与非音乐工作者的大脑有解剖学上的差异,加工音乐时二者的脑部激活模式也不同(Gaser & Schlaug, 2003)。尽管无法排除遗传性向的作用,但是对专业音乐家脑解剖差异更合理的解释还是持续的音乐训练和练习。例如,在右利手弦乐家的神经成像研究中,代表左手(而不是右手)的皮层区域比非音乐家大,很可能是由训练有素、熟练的左手手指运动导致的。类似的,在一项研究中训练猴子区分施加于同一手指的两种振动刺激,几千次之后,与被训练手指对应的皮层变得比其他手指对应皮层大两倍以上(参见 Kandel & Squire, 2001)。音乐训练对儿童脑与认知发展影响的横断研究和追踪研究(Schlaug, Norton, Overy, & Winner, 2005)进一步丰富了音乐训练改变大脑结构功能的证据。后天论和概率渐成论(probabilistic epigenesist)是一致的,后者认为基因表达无法单向决定心理结构和行为,基因以双向方式与行为和神经活动交互作用,受环境和经验的影响(Gottlieb, 1998)。三个限定性条件顺序如下。首先,相关证据并不否认基因差异为一些学习音乐的孩子提供了相对优势,训练后群体平均数的提高并不意味着个体差异(标准差)的消除。第二,"后天改变先天"的观点有赖于大脑的可塑性,大脑可塑性不是无限的,对发育时机敏感。第三,乐器演奏有独特的心理躯体动作(psychomotor)成分,而关于高级心理功能(例如,抽象符号操作、推理和问题解决)如何改变神经解剖或神经生理结构,我们所知甚少。

专注练习(deliberate practice)在一定程度上解释了获得更高专长水平的中介机制(Ericsson et al., 1993)。专注练习是注意力高度集中的密集训练,旨在提高某一领域的特定技能。也就是说,重要的不是练习的多少而是练习的质量。对于以提高成绩为目的的练习而言尤其如此。Ericsson 对**普通练习(ordinary practice)**和**专注练习**

(deliberate practice)做了区分。通过普通练习,大多数人能达到日常运作中"足够用"的技能水平,但是不尽力就很难超越这一技能水平。只有专注练习能使人们突破这个瓶颈。Fischer 和 Pitt(1984)在技能发展的运作水平和最优水平之间做了简单的区分。Ericsson 和其同事在多种专长领域组织了相关研究和实验研究来探讨这一关键的中介机制,发现专注练习的量和取得的成绩水平间有很高的正相关(Ericsson,2006;Ericsson & Lehman,1996;Ericsson & Charness,1993)。最近,对著名美国小说家 John Irving 如何艰苦努力地完善创作技能的研究,提供了专注练习影响力的另一种解释(Amabile,2001)。文学创作在很大程度上伴随无怨无悔的劳作和持续的自我完善,而不是瞬间灵感迸发。根据 Irving 对小说创作的说明,专注练习提供了从初始状态过渡到更高能力状态的中介机制(从 $S[i]$ 过渡到 $S[i+1]$ 的过程;参见 Ericsson et al.,2007a)。

专注练习毫无疑问是发展高水平专长的必要条件,但它是充分条件吗?这里可能存在一种**自我选择效应(self-selection effect)**;也就是说,那些投入专注练习的人通常是自己领域中最有发展潜力的,因此专注练习的明显效果与他们的能力、性向有关(Sternberg,1996a)。只有进行了良好控制的实验才能解开这个难题。第二个问题是:除了持续专注练习的机会和外部支持,专注练习有其自身的约束吗? Ericsson,Krampe 和 Tesch-Römer(1993)证实了,可能是个体气质差异决定了一个人投入长期专注练习的可能性;他们承认气质差异存在遗传成分。根据之前回顾的学习速率差异,可能有人会说智力也能限制专注练习的过程和效果,尤其当感兴趣的领域具有高度的认知复杂性时更是如此(Carpenter,Just,& Shell,1990;Stankov,2003)。虽然专注练习的概念抓住了练习的本质——要求对技术程序不断进行调整、精细化(例如,进行一项心脏手术,或者练习花样滑冰),但专注练习在描述定义不清晰的和"开放性的"问题所涉及的思维推理和复杂问题解决过程时,也许还不够具体(见第四章在制造模式和执行模式间的区分)。

动机调节认知功能从而导致更高成就。动机能够使人们集中注意力并不断努力,所以"动机能够促进认知"这一点是公认的(Dai & Sternberg,2004;Dweck et al.,2004;Hidi,1990)。与学习易度和极限表现相关的动机性因素主要有两种:兴趣和毅力(或对任务的执著;Renzulli,1986)。兴趣促进注意和深层加工,有组织的坚持能够克服信息过载并寻找新的解决方案(Dai & Renzulli,2008)。Gottfried 等人(2005)的追踪研究发现,一组在小学和中学始终表现出较强内部学习动机,而智商得分仅仅稍高于平均数的孩子,学业成绩却比同龄人高得多。与"智力超常"相比,他们称这些孩子是"动机超常"(Gottfried & Gotfried, 2004)。两种超常有两大明显差异。首先,只有一小部分动机超常同时也是智商分数高于 130 的智力超常儿童;第二,内部学习动机能解释智商预测的数年后学业成绩变异量之外的变异量。针对成人赌马专长的研究结果也突出了专注练习和动机在发展高级熟练推理能力上的贡献,与这些赌马专家的智商差异无关。这些专业赌手都有能力在实际赌博中进行高度精密的推理,但是在成人智力测验上成绩差别很大(Ceci & Liker, 1986)。诺贝尔奖获得者 Arthur Ashawlow 说:"兴趣爱好是很重要的。成功的科学家常常不是最有天赋的,但是他们被好奇心驱使着一定要找到问题的答案。"(引自 Amabile, 2001, p. 335)很多著名作家、科学家的案例研究也体现了内部动机和任务责任感的重要作用(见 Csikszentmihalyi, 1996)。

在先天后天争论的背景下,解释超常能力时强调动机作用的研究者更看重"社会形成"而非"生物构成",与占主导地位的"能力中心观"相抗衡。然而,动机(例如毅力)也能体现"先天秉性"的作用,因为动机也有性向成分,正如 Gottfried et al. (2005)所说的"超常动机"有其气质基础(Chess & Thomas, 1996; Ericsson et al., 1993)。"动机起重要作用"的论点将我们带回了高尔顿假设:一个人能取得多大成就是有个人因素制约的。一些心理测量学家和社会学家往往相信能力极限可以用智商表示(Gagné, 2009b; Gottfiedson, 1997; Herrnstein & Murray, 1994)。而证据似乎支持一种多元的而非本质主义的人类潜能观。也就是说,潜能可以通过多种方式表达,潜能极限是无法确定的;先天禀赋提供的优势是相对的,不是绝对的。

有些不太极端的理论在强调持续努力的同时也思考先天禀赋的重要性。**阈值假说(threshold hypothesis)**认为高水平成就有基本的阈值;一旦超出阈限要求,相关特质(如极高智商)将会快速进入收益递减点,变得不那么重要了(即认知、学习优势的明显下降;见 Hunt, 1999)。在 Renzulli(1999)的三环理论中,他使用高于均值的而不是超凡的认知能力作为标准,隐含了这种阈限假说。在一项超常儿童鉴别的早期研究中,Reis 和 Renzulli(1982)采用了一种更宽松的标准(测试成绩占前 10% 的学生),发现采用这一标准和用更严格的标准(例如前 3%)鉴定出的超常儿童在训练的结果测量上一样出色。阈限假说在大众媒体和有关杰出成就的著作中也逐渐流行起来(例如 Gladwell, 2008 的 *Outliers*)。同样,**部分补偿假说(partial compensation hypothesis)**认为动机和努力能在一定程度上补偿能力上的劣势(Schneider, 2000),这与 Gottfried 等人(2005)的"动机超常"概念是一致的。然而,一些研究结果似乎有悖于阈限假说和部分补偿假说。例如,Lubinski 等人(2001)的追踪研究发现,在 13 岁时 SAT 数学成绩处于顶端1%的学生,接下来 25 年的教育和事业成就与他们属于顶端群体的头四分之一还是尾四分之一密切相关。能力差异预测了他们的创造性成果,即使他们最高学历相同时也是如此(Park, Lubinski, & Benbow, 2008)。应当指出的是,在上述研究中,使用的不是一般智力测验而是 SAT 数学测试。一般智力的阈限假说有轶事案例的支持。有两位少年(William Schockley and Luis Alvarez)在推孟(1925)的研究中斯坦福-比奈智力测验分数均未达标,没有被鉴别为超常儿童,但是他们照样在成年期获得诺贝尔物理学奖,而这一奖项对抽象思维和分析性思维恰恰有最严格的要求。

知识能克服基本加工约束,并能改变智力运作。认知心理学已经多次证实,已有知识能帮助人们克服信息加工中的难处,因此很少有人需要像原来那样使用"原始智力"。Chi(1978)比较了经常下棋的孩子和记忆中从没下过棋的成年人的表现。当测试材料涉及象棋棋形,儿童成绩比成人好,但是当测试材料是中性的(例如记忆数字系列),成年人成绩更好。这种**专长效应(expertise effect)**在许多领域都得到了验证(参见 Ericsson et al., 2006)。一些智力研究者认为,工作记忆上的差异是阅读理解或推理等认知任务中个体差异的关键基础(Just & Carpenter, 1992; Kyllonen & Christal, 1990)。这里隐含的假设是,基本认知能力约束着个体的智力运作。然而,Ericsson(1998)指出,专长表现说明"技能和表征能力的质的飞跃,可以使专家摆脱基本认知能力对信息加工的固有约束"(p. 413)。换句话说,只要一个人想通过专注练习获得专门技能和认知表征能力,即使认知能力上存在基线差异,这种差异也并不重要。可以进一步认为,在专长发展上正规教学和训练起着非同小可的作用。当超常能力被概念化为一种个人特质时,超常能力的后天培养部分(比如,如何通过教学促进深层概念学习和专长发展)常被完全忽视(Bonsangue & Drew, 1995; Schoenfeld, 1992; Wineburg, 1991)。

先天后天争论的总结

先天论的逻辑是——如果我们能确定学习速率和最终成就之间存在高于机率水平的稳定的个体差异,而且这种差异能和一些有独特遗传成分的能力差异联系起来,那么先天论就得到了支持。后天论的逻辑是——近端调节机制(各种"社会形成"的解释)造就了高水平专长,这一论断足够强大到使基线差异变得不再重要,使基线能力解释(各种形式的"生物构成")显得多余。双方各有研究证据支持,然而各自的证据都不足以确定到完全排除其他解释的可能性。根本上说,"先天论阵营"(Gagné,2009b)无法说服"后天论阵营"接受先天论的观点:某种"先天能力"是发展高水平技能或专长的**必要条件(necessary condition)**。因为行为科学中的预测关系仅仅是概率共生,而不具有必然性。对于后天论的支持者而言,许多所谓的"先天才能"几近道听途说(例如,Howe et al., 1998)。反过来,"后天论阵营"也无法说服"先天论阵营"接受后天论的观点:严格训练和练习,坚定的承诺,老师、导师和教练的技术以及社会支持,是一个人成为其领域的重要贡献者和顶尖成就者所需的一切(即这些后天因素构成**充分条件 sufficient condition**),无论在学术、艺术、技术还是社会实践领域都如此。

对于超常能力概念的捍卫者们来说,以严谨科学的名义无视先天才能和超常心智的众多生活实例,这个策略太投机取巧了(Gagné, 2007, 2009b)。但是,考虑到历史上对超常表现"社会形成"的忽视,并想当然的认为各种能力测验是对"先天能力"的测量时,后天论的专长视角就是必需的解药,是一次反省、审视我们深层假设的机会,即使专长视角本身有不足之处。总之,不存在什么单一的"天赋"核心能够随时间推移在"超常儿童"身上显现。正如一些孩子"智力超常"而另一些"动机超常",一些孩子生来就超常(生物构成),另一些通过兴趣和专注努力变得"超常"(社会形成)。人类高潜能或高成就的发生学和起源太多样化了,以至于无法与任何单一的本质主义理论模型契合。

人与环境:超常能力是"情境化的"还是"去情境化的"?

一种更重视环境的能力观认为,超常能力和才能源自个体—任务的互动而非源自头脑,更不可能归结到某种生物起源(Barab & Plucker, 2002)。例如,街头兜售商品的巴西孩子能应对具备数学复杂性和独创性的"街头数学";然而,同样的问题用学校数学题的形式呈现,他们却一筹莫展了(Carraher, Carraher, & Schliemann, 1985)。专业赌徒下注时能进行高度复杂的推理,有时同时操作七个以上的变量。然而,他们中的一些人却不能完成标准智力测验中更简单的推理任务(Ceci & Liker, 1986;Ceci & Ruiz, 1993)。**情境观强调的是动态任务背景下的智力思考**(Rogoff & Lave, 1984;van Geert, 2002)。超常能力的"情境化"观点有两层含义。首先,超常水平是与任务环境有关的。用测验正式鉴别出的超常儿童"在自然环境下"可能就不超常了(Hutchins, 1995),不存在脱离任务环境的超常能力。第二,超常能力的获得与具体任务环境中独特的可供性和约束条件相协调。也就是说,一个人不仅在任务环境中练习某种感受力和能力以实现任务目标,任务环境本身也构成和塑造着感受力和能力,以满足任务对人的要求。比如学习棒球时,你要调整好自己以应对迎面而来的球速,协调视觉判断和运动行为(转身)以完成一个"挥棒"。为了打好比赛,球感以及对周边事物的掌控或者"洞察力"很重要,动作技能的内隐知识也很重要。从上述现象中可以归纳出,知识并非只在需要的时候才从大脑中提取出来,而是依赖于学习时的环境(Bereiter, 2002)。应用到超常能力上,情境观认为情境中(此时此地)生活经验的不可还原性是智慧思维的基础(Clark, 1997; Perkins & Grotzer, 1997; Sternberg, 1985)。因此,只有熟悉任务环境的业内人士才可以根据行业标准和规范去鉴别专才(天才棒球运动员、音乐家或数学家)(Csikszentmihalyi, 1996)。情境观的优势在于强调环境、知觉和行动经验。问题在于当费尽口舌强调情境的重要性之后,我们可能依然不明白费德勒或者费尔普斯是怎么独占鳌头的。最后可能还是要用生物构成上的个体差异作为一种解释因素,至少在极端的天才案例中必须如此。

先天后天争论的方法论思考

先天后天的生养之争不仅反映了本体论信仰的不同,也揭示了内在认识论和方法论的差异。不同研究者会偏好某一种产生和解释数据的方式(见第六章深入讨论)。接下来将讨论两个概念问题和方法论问题:预测和追溯,特质水平描述和过程水平说明。

预测和追溯。安置/预测法是调查的未来模式:先确定一系列重要特征,验证它们是否真的与未来某种期待的结果有关。Terman(1925)率先开启了这一研究范式。广义上,先决定一个亚群体或子群体的预测变量,然后用一系列标准测量来证实预测的有效性,这类研究都属于预测类的。大部分天才和非天才的对比研究都有这类特点。

相比这种调查的未来预测模式,专长研究者采用回溯法,一种三层"回溯"调查模式:(1)在实验室中,采用领域中有代表性的核心活动捕捉并可靠的记录下超常专长表现;(2)使用过程跟踪法和测量法来确定可重复的超常表现的中介机制;(3)通过对训练行为(如专注练习)的回溯分析,研究中介机制发展的相关因素(Ericsson & Williams, 2007)。这种模式将超常能力定义为成就或高水平专长,关注"用什么机制来解释这种可重复的高水平能力才最好"。

需要注意的是,这两种调查方法并不一定相互矛盾,但二者的确使用了很不一样的标准作为"满足条件"来支持各自的理论推测和观点。对于行为科学中的预测研究,任何预测都是基于自然概率,而不是确定性的。因此,"论证"的门槛很低:只要研究者能建立某种预测指标可接受的预测效力,就可以宣告成功了。而且,追踪型预测研究无法对结果和中间过程说得太具体。相比之下,使用调查回溯模式更具有目标性,试图发现成就的特定类型和成就水平的具体机制,认为过程、环境与成绩表现紧密相关,因此倾向于研究近端变量而非远端变量,支持超常能力的"社会形成"(becoming)而非"生物构成"(being)部分。但最重要的是,这两种方法使用了不同的"超常能力"定义,一方定义为"潜能",另一方定义为高水平成就,这导致了结论的大相径庭。

做一场思想实验也许有助于阐明上述观点:假设我们有两组研究者,一组将超常能力定义为潜能,另一组将超常能力定义为卓越成就。两组都配备最好的研究工具、设备和需要的资源。"潜能"组组织了全面的人才搜索,旨在鉴别出某种才能发展上极有前景的一组孩子,并追踪30年。"卓越"组30年后开始一个研究项目,鉴别在相同领域中获得卓越成就的一组成年人。研究问题是:参与第一个研究的孩子也在第二个研究中的概率有多大?换句话说,高潜能对卓越成就的预测力到底有多好?我们能预期两组被试在多大程度上的重叠?假设早期鉴别在预测成年卓越上成功率为50%(即,群体成员有50%的重叠)。"潜力"组将宣告他们的巨大成功,因为预测比率超出了庞大测量的人口基本比率。然而,对于"卓越"组而言,这个结果远不能令人满意,因为预测测量无法解释另外50%的卓越者;令人满意的科学说明即使不能100%解释成年卓越成就案例也应解释90%以上的案例。"潜能"组可能会争辩说,是生活环境使其中一半孩子无法取得同等成就,或者如果研究团队晚3年再开始鉴别,会有更高的"击中率"和更低的"误报率"。然而"卓越"组认为这仍然无法回答:那些明显不具备所需"潜能"的另一半人,是如何成功成为顶尖成就者和贡献者的。因此,"为什么一些人最终进了'卓越'组研究中"这一问题的最好答案是,研究那些已经取得卓越成就的人,而不是那些被鉴别为最可能取得卓越成就的孩子。关键在于:那一半"不太成功"的孩子一开始"具备潜能"吗?由于定义不同,采用的标准不同,两研究组给出的答案也就不同。"潜能"组根据"能力"证据回答"是","卓越"组会说"不"(或者至少认为是不可知的),因为他们没有证实儿时的预兆。因此,观点和方法论的差异在一定程度上是导致不同结论的原因。除此之外,不同的理论兴趣点,即特质描述和过程说明,也是导致不同结论的原因。

特质水平描述和过程水平说明。种群思维或达尔文主义思维相信通过自然选择产生的优势是相对的。种群思维将"先天禀赋"描述为相对优势而非绝对优势。那么,对人类特质的常态水平以及偏差进行界定就很重要了。才能发展可以被看作在社会大背景中文化选择的过程,某些特质得到文化的认可而其他特质被边缘化甚至消亡。社会文化选择过程是概率性的,而不是决定论的。而且,著名的马太效应[①]也使优势累积论比任何激进的先天论更有说服力(参见 Ceci & Papierno, 2005; Papierno et al., 2005)。

强烈反对把超常能力看作天生的观点来自实验认知心理学,这并不是偶然的,因为这一方法传统上偏向对人类行为和表现的过程说明而不是追溯个体原因,(Cronbach, 1957; Lohman, 2001)。从这个观点看,用个性特质水平来解释超常能力和才能缺乏科学严谨性(Siegler & Kotovsky, 1986)。专长研究者提倡更完善的科研程序,例如用更客观定义的指标去评估卓越或超常行为,在控制情境下获得超凡表现的可重复证据,用严格控制的研究从机制和过程上解释一个人如何在一段时间的努力后获得某种能力(Ericsson, 1996, 2006; Ericsson & Williams, 2007)。

应当注意的是,过程描述并不总能提供有关特质差异的满意答案。比如在智力—成分研究法中,研究者证实的相关成分和过程在解释智力个体差异比例时常常难以令人满意(见 Lohman, 1994)。可能是因为,一方面以种群思维方式进行宏观或整体水平的特质描述,另一方面以实验控制的方式进行微观或分子水平的认知过程研究,二者仅仅代表了人类行为活动的不同时间尺度和人群范围(Newell, 1990)。不解决分析水平的问题(见后面第六章和第九章的讨论),会在各自的研究设计和数据解释中产生 α 偏见和 β 偏见。α 偏见(个人归因偏见)是指倾向于对数据模式做出先天性向归因:当智力测验和学业成绩在组成结构和题目相似性上正好有很大重叠时,两者间的相关很容易被当作因果关系。β 偏见(过程归因偏见)指倾向于做出更情境化的归因:如果专注练习量与高水平专长是线性递增的关系,那么二者就一定是因果关系,然而这里也许有第三变量同时解释专注练习和成就,如能力。理论中会存在偏见是因为,所有这些支持先天本质或后天培养的理论解释尽管得到研究数据的支持,依然只是建构出来的理论模型,而非现实本身。

[①] 马太效应:是指好的愈好,坏的愈坏,多的愈多,少的愈少的一种现象。

先天后天的不可分性：一种不同的思维角度

尽管行为遗传学家也认为将先天与后天对立起来是有误导性的，它导致一种错误的非此即彼的二分法（例如，Plomin et al.，2003），但是发展心理学家（Horowitz，2000；2009；Lerner，2004）依然批评行为遗传学的方法是机械地分析先天遗传和后天环境对特定发展结果的影响，没有考虑个体差异、文化背景、过程和发展时机。这一批评得到了一些发展生物学家的赞同，他们认为遗传影响并不像分子生物学的核心法则所描述的那样具有单向性、决定性。相反，基因表达是双向的，在个体发展的过程中容易受到来自发展系统的其他水平（细胞，组织，有机体）以及有机体—环境互动（行为和神经—认知活动）的影响（Gottlieb，1998）。即人类发展的很多方面，尤其是心智方面，不是遗传决定的而是逐渐生成（是获得性特征，而不是基因预设的）和概率事件（取决于环境刺激、行为经验和发展时机）。

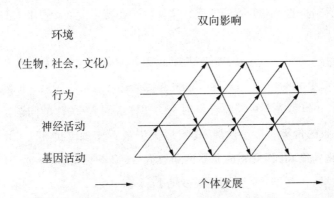

图3.1 概率渐成论：遗传和行为环境对个体发展的影响是完全双向的、同时的。摘自《**个体发展与演化：新行为的起源**》（p. 186）by Gilbert Gottlieb, 1992, New York: Oxford University Press, and also from Gottlieb (1998). Copyright 1992 by Oxford University Press, Inc. Reproduced with permission.

这种将人类发展理解为"概率渐成"的思维方式（Gottlieb，1998，p.792）还没有渗透到我们对超常能力的思考当中，因为仍有许多人认为基因以单向的形式开启了一切。例如Gagné（2004）DMGT模型假定，超常能力是在与环境接触前就遗传而来的完好实体。在内外"催化剂"作用下成为某领域中系统发展后的才能。DMGT模型中有两个重要假设与发展的概率渐成论不同。首先，DMGT模型中的超常能力是静态的，由基因预先设定的。不过,即使我们把智商看作智力潜能的标志,脑科学和行为遗传学的研究也都表明智力表现直到青春期初期才稳定下来,部分原因在于更有潜能的孩子大脑发育成熟期更长(Plomin et al.,2003;Shaw et al,2006)。Shaw 等人基于脑成像的追踪研究结果提出"儿童智力的神经解剖学表达是动态的"(p. 676)。DMGT 模型的第二个假设是,超常能力转变为才能的过程是单向的,发展仅仅意味着有了合适的土壤和肥料,超常能力的种子将发展出恰当的社会形式和用途,实现先天潜能。而**概率渐成论描述的发展双向观点**认为,超常潜能不是与生俱来的等待显现的品质,而是由经验和发育促成的,面临着进一步或好或坏的改变。

然而讽刺的是,即使是后天论最坚定的捍卫者(认为缺乏证据证明先天禀赋或遗传约束的研究者),也陷入了"先天才能"的决定性、单向性思维。例如,他们认为要确定先天禀赋的作用,就应该有证据证明未被实验"污染"的纯粹的基因或遗传结构的作用(例如,Howe et al.,1998)。可以说,大多数情况下,先天因素(遗传影响)只有通过后天因素(经验和结构化环境)才能证明自己。相同基因型可以发展出多种表现型(如表现出生理或行为/心理上的不同特质),这取决于在特定发展阶段中人与环境的交互作用(Gottlieb,1998)。

在这种对先天后天关系的新理解中,时间和资源可能对先天后天如何在互动中发展出超常能力起更大的作用。Dai 和 Coleman(2005)确定了先天后天问题理论思考的三个阶段。第一阶段,先天后天被看作独立的实体或因素;关注的问题是二者在个体发展上各自贡献的份额。第二阶段,先天后天仍被看作独立的驱力,但是在概念化上,要么**从量化角度**,看其变异量上互惠和放大效应(参见 Dickens & Flynn,2001),要么从质的角度,在互动中产生新质(参见 Papierno et al.,2005)。第三阶段,先天后天在同一发展体系中发挥作用,诸如某种超常能力的脑基础结构如何在特定任务环境中得到增进,以及相关元素如何组合、重组,造就超常表现,这些都应该得到充分描述。

Wachs(1992)确定了三种人—环境协变量。当某种人格倾向与环境特征相关时,就会出现**被动协变量(Passive covariance)**,比如,求知欲强的读者更可能出生在知识分子家庭中;当某种特征趋向于唤起特定的环境反应和活动时,就会出现**唤起协变量(Evocative covariance)**,如,对文化重视的某个领域(音乐或数学等)显示出偏好的孩子更可能唤起成人的积极反应(例如,成人更多地鼓励他们发展才能);当孩子为自己的偏好和最优发展寻求特定环境时,就会出现**主动协变量(Active covariance)**,例如,那些喜欢艺术的孩子更可能去选择甚至创造支持自己艺术兴趣表达的环境。Scarr(1995)认为这三种协变量或三种相关意味着基因—环境的关联。如果概率渐成论是对人类发展更好的解释，那么基因并不直接与外界环境"互动"，而是对应环境刺激的特定神经、行为活动促成了相应蛋白的产生使基因得到表达（见图 3.1）。有些特质（如感觉寻求）有直接的基因起源（见 Zuckerman, 2004），有些特质是多基因决定的，心理和行为特质与基因之间并非一对一的关系。

缺乏一种整合才能发展中结构与功能、个体与过程的中介模型

从科学视角出发，超常能力先天后天性的问题在于缺乏将"生物构成"和"社会形成"整合起来，将个体和社会环境、发展环境联系起来的中介模型。Gagné(2004)的 DMGT 模型在关注天赋（即先天禀赋）如何"转化"为文化所重视的领域中系统发展的才能时，没有阐明任何细致的中介过程和调节水平（例如，迁移究竟是如何发生的）。事后来看，超常研究深深扎根于官能心理学和心理测量传统中（包括使用因素分析技术描绘人类能力；例如，Carroll, 1993），与强调在推理和问题解决中的知识表征转化的现代认知心理学(Ceci & Liker, 1986; Chi, Feltovich, & Glaser, 1981)，以及强调系统发展(Bronfenbrenner, 1989)与情境化的动态技能发展(Fischer & Biddell, 2006)的现代发展心理学之间的交流非常有限(Fischer & Biddell, 2006)。超越心理测量（以及种群思维），进行真正的超常能力发展的不断具体化的思考，需要现代认知与发展心理学以及认知情感神经科学的支持（例如，Panksepp, 1998）。

在寻求对每个阶段的发展对象、发展方式的细致描述中，我们需要把组成（内部）和环境（外部）驱力看作发展系统不可或缺的一部分；思考在发展的各个关键期，个体如何在多重选择中找到并保持发展的合适位置(Dai & Renzulli, 2008)。为了避免超常能力先天后天问题的无谓争论，我们要放弃试图发展"大一统理论"（试图解释一切的理论）的雄心壮志，转而寻找更有限的中距理论(Merton, 1973)。中距理论对先天后天因素的贡献以及二者交互作用上限于具体类型和具体水平的卓越表现，不具有广泛普适的效力，但是能更好地解释具体类型的才能发展（例如，音乐神童，有天赋的年轻数学家，科学思维的早慧发展，绘画天才，或者国际象棋专家）。这种中距理论特别关注面对任务要求，大脑的心智结构与功能如何发展；关注个体、环境和过程在具体发展环境中如何互动。这样发展起来的理论不仅能更好地解释具体领域中超常能力的先天后天性，在鉴别、干预和培养超常能力上也更为有用（详见第四章）。

才能发展的主观立场与客观立场:意向状态是附带的现象吗?

从更一般的认识论角度看,强调"生物构成"的学者也常对超常能力和才能发展持客观主义观点。相反,强调"社会形成"的理论模型承认个人主观经验的独特作用(参见Cross,2003)。这些主观经验(情绪、感受、想法和意识中的欲望)大多表示人与客体、人与他人或人与自身关系意义的意向状态。当你的手不小心碰到火炉体验到灼烧感,这一感受将你和火炉以新的方式联系起来(火炉虽然有用却也很危险)。意识状态的这种指向性性质在哲学中叫作"意向性 Intentionality",与认知上如何表征自我与世界的关系直接相关(Damasio,1999;Searle,2004)。需要补充一点,"意向状态"和"意图"不同,尽管意图是一种意向状态。如此定义的意向性是一个更宽泛的概念:"地球是圆的"这一信仰由于具有意指性和主观性,所以是一种"意向状态",但不是一种"意图"。

先天后天争议最直接明显的形式是争论能力和努力的作用,或爱迪生有关灵感和汗水的名言。人们通常认为能力不太受意识努力的影响。事实上有时意向状态还要受能力的约束,例如,并不是所有人都能发展出对某一乐章的"恰当感受",就像很少有人会具备 John Nash 的数学直觉,这些感受和直觉就是受能力约束的意向状态。甚至连动机状态,如欲望和兴趣(求知欲等),也被看作受认知能力约束。然而,心理驱动作用(即努力)以及对学习与表现的思考和控制明显能促进自我生成的技能、知识甚至智力的发展(Perkins & Grotzer,1997)。除非有人认同 Galton(1896)的观点"一个人愿意努力的程度和能力一样高度遗传",即大自然决定某些人更努力,否则意向状态就是不容忽视的重要力量来源,而不是只能被更深层"自然"驱力解释的附带现象。专注练习就是一个典型例子,作为超常技能发展的主要机制,专注练习被 Ericsson(2006)大力提倡。从定义上看,专注练习是一种有关意向性(目标、信念、注意和努力的调控)的心理努力形式。尽管 Ericsson 等人(2007)承认专注练习受内外因素(包括代表人格持久性的气质)的约束,但是专注练习有其独特的意志层面,因为它本身来讲并不是让人享受的过程,一旦失去社会支持和决心就很容易功亏一篑(Ericsson et al.,1993)。

意向状态不是附带现象,众所周知,大多数关于自我的信念都有其社会认知起源,会以一种不可忽视的方式影响个人表现和选择。例如,自我效能评估(Bandura,1997)、自我概念(Harter,1999)和可能自我(Markus & Nuirus,1986),这些意向状态在概念上和经验上都与能力不同。影响认知加工的意向状态中最具启发性的例子是有关"能力是固定不变还是逐渐增强"的内隐理论或信念(Dweck,1999,2006):一个人面对挫折时,与控制力有关的信念变弱,成绩也随之下降。

除了能力和努力的区分,在以个人方式内化和转化知识并产生创造性成果过程中,先天与后天的思考都很容易忽略意向状态的作用(Gruber,1986)。为了充分解释才能发展,必须考虑个人努力(与 Gruber 所说的**意图组织**相似)。这可能是领域中众多学者强烈认为要为"主观行动空间"留一席之地的原因(Ziegler,2005,p. 417;也见 Shavinina,2004)。意向状态是先天的还是后天的? 也许它与文化性和生物性都有关。也许它本身就是一种动力来源,一旦形成就拥有了自身的动势。我们还不知道这**些意向状态在多大程度上受生物约束,又在多大程度上被文化(通过符号和技术工具)赋予了力量而超越基因限定的人类发展极限**。不过有一点可以确定:如果我们因为害怕失去科学客观性而拒绝进入这个主观领域,我们将无法对人的发展尤其是对发展的巅峰形式——人类的卓越表现,作出有力的解释。

我们也可以在更大的社会范围中观察意向状态的作用。文化价值观对群体中成员的意向状态的调节过程与通过性选择和繁殖进行自然选择的过程类似。被特定文化推崇的某种超常能力、专长或突出特质有自身独特的价值维度。一个鲜明的例子就是音乐训练。我所在的社区有很多亚裔美国人(包括我自己)把孩子送去上钢琴课。大多数情况下,弹钢琴不是孩子做的决定,所以很难说这些孩子生来就爱好音乐。假设这是一种其他文化下没有的独特养育模式,那么,茱莉亚(Juilliard)音乐学院中,亚裔学生人数远远超出人口比例就不能被解释为"亚洲血统的孩子更有音乐天赋",而是由于家长的价值观、期望和教育方式造成的。出于这一考虑,Nisbett(2009)最近研究三种文化群体,得出教育和文化对智力发育具有不同促进作用的结论就显得很有说服力。

结语:通向卓越的多种途径

总之,就人的杰出成就和卓越而言,生物性并不能定夺人的命运。然而人的生物基础也不是无足轻重。我认为对发展过程中先天后天的互动采取二分法思维是有问题的。通向卓越有多种途径,人类潜能的这种"殊途同归性"(先天后天不同的互动模式也许会导致同等水平的成就)在超常研究领域常常被忽略。由于超常能力种类众多、表现形式多样,我认为在一定范围内适用的中距理论比超常能力的大一统理论更合适。缺乏特定领域才能发展中先天后天如何交互作用的中介模型,阻碍了超常能力理论的发展和实践的进步。我们有必要对具体领域的早慧和超前发展进行更详细地描述,作为超常儿童鉴别和超常教育实践的理论根据,这是下一章要阐述的主题。

第四章　刺猬还是狐狸①？领域特殊性 vs 领域一般性是个体、领域和发展的共同作用

> 如果把人看作行为系统的话，其实人类个体并不复杂。那么，行为长期表现出的复杂性就主要是个体所处环境的复杂性造成的。
>
> Herbert Simon，《人工科学》
>
> 从刺猬观出发，人类拥有非常普遍的能力，具备可以无限次使用的万能信息处理机制。从狐狸观出发，人类（和其他物种一样）倾向于执行某种特定的智力任务，无法同时执行多种智力任务。
>
> Howard Gardner(1983, p. 32)

领域特殊性普遍性争论没有先天后天争论那么激烈，但在理论上和实践上同等重要。如果超常能力代表了一种广泛存在于多个领域或多种专业的领域一般性优势，那么鉴别超常儿童时就应采取刺猬策略——使用单一标准。此外，应对学生的多重潜能就成为超常儿童课程选择和生涯规划中真实存在的问题，他们必须决定如何最大程度发挥自身潜能，以实现个人利益和社会目的。反过来，如果超常能力在很大程度上受人类潜能的限制（如术语"才能 talent"所暗含的），在一个领域的"潜能"高但在另一个领域低，那么教育方案就必须与具体个人特征匹配，使学生能够最大程度地受益。这个观点与 Van Tassel-Baska(2005)的主张一致：

> 强调领域特殊性的天赋概念旨在促进个体各个发展阶段上的才能发展。因为能够把资质和教育干预，性向和爱好，心灵思考和现实创造生活恰当对应起来。(p. 358)

---

① 古希腊诗人阿寄洛克思之语——"狐狸知道很多的事，刺猬则知道一件大事。"英国的思想家柏林把思考者分为刺猬型和狐狸型。狐狸型学者为百科全书式的，涉足多个领域；刺猬型学者更爱专注于一个领域，深入思考。——译者注

除了实践上的重要性之外，对领域一般性—特殊性问题的研究将描述天赋从雏形到成熟技能并产生创造性成果的过程中，能力资质、环境（包括教育）和发展间的交互作用如何塑造着个人的生活轨迹，以此加深对先天后天问题的理解。

本章，我会先介绍在教育实践中是如何界定超常领域的，指明一些为了使用的方便而牺牲合理性的定义陷阱与类别陷阱。然后讨论高潜能的领域一般性—特殊性的三个重要方面：(1)领域一般性—特殊性作为有关人类认知结构或基础的问题；(2)领域特殊性作为文化创造的不同专业领域中，可供性和需求的差异的问题；(3)领域特殊性作为在具体环境下的长期发展中，涉及不同发展时机和发展轨迹的分化和整合问题。我认为，根据具体生活事件发生的时机和环境，这三方面（人、领域和发展）共同形成了具备发展灵活性和发展方式多样的领域特殊性轨迹。最后，我将关注创造性成果的发展，以此检验创造力领域一般性—特殊性观点的效度。

如何界定能力领域

在日常交流中，"领域(domain)"是一个相当模糊的措词，传达出一种意味，即"认知能力并非普遍适用而是限定在某些方面"的信息。当天赋的领域或类别划分是基于为了便于使用的内隐模型（即民俗见解），而不是严格定义的和得到科学支持的模型和标准时，概念就更混淆了。例如在 Marland(1972)官方报告中的定义：

> 那些有天赋才能的孩子……由于能力出众会有出色表现……被证实在以下一种或几种能力或资质上出众：(1)一般智力因素；(2)具体学科上的资质；(3)创造性或制造性思维；(4)领导能力；(5)视觉和表演艺术资质；(6)心理肢体运动能力。(p.4)

这样一种为了便于使用而采取的分类法的主要问题是——类别间并不互斥，而且缺乏严格或形成共识的定义。比如，领导力有其社会维度、专长技能维度和创造力维度，并能在不同领域体现；创造性（或制造性）思维本身甚至不是一个领域而是一种心理过程，在人类活动的所有领域都能体现。这种简易分类会误导教育实践，因为教育者常把这些类别看作科学的、合理的。这一概念上的问题由于在日常交流甚至学术交流中将描述性类别混淆为解释性因素而趋于严重。例如，多元智能理论(Gardner, 1983)最初将七种智能或才能作为人类能力的基本结构（就是"心智的结构"），每种在结构和功能上都是相对独立的。后来又加上了自然探索与灵性智能作为新成员（Gardner，1998）。同样，心理测验因素分析产生了很多能力因子（例如，Carroll，1993），研究者希望给这些新发现的数据结构模式起个新名字和新概念。诸如此类，仅仅基于实验数据的特定模式就假定存在一种新的能力结构，使得对人类能力结构的判定带有相当的主观任意性。

另一种方法是先从简单的假设开始，逐渐走向更精细复杂的模型。我们可以从生物学入手提以下几个问题：进化是为智人提供了应对各种新颖多变的复杂环境的一般智力呢，还是为其配备了应对具体情境和挑战的各种才能（Feldman，2003）？历史上超常能力的以人为中心的定义（"超常儿童"运动；Morelock，1996）关注领域一般性特质，如一般智力或人格特征（比如能力、激情和工作伦理；Galton，1869），而后期发展出的超常能力的**领域特殊性**定义关注才能的各种表现形式（侧重"具体才能发展"），扩大了"天赋"的范围（Marland，1972；Witty，1958）。正如第一章所言，20世纪的后50年中，大至心理学小至超常领域都在朝着领域特殊性转向。加德纳（1983）的多元智能理论是其中突出的里程碑。虽然一些理论家声称因素分析派生的认知能力（广义的能力和狭义的能力）层级模型已经有效解决了一般性—特殊性争议（例如，Carroll，1993；Messick，1992），但是在超常潜能是一般优势（广泛适用）还是特殊优势这一问题上，学者们仍意见不一。例如，虽然具体才能发展（Talent Development）运动有越来越多的拥护者，但基于智商的传统"超常儿童"研究方法仍有众多支持者（例如，Gallagher，2000b；Robinson et al.，2000；参见 Morlock，1996 的回顾）。一些理论增加了一些新的天赋类别（比如，社会情感天赋），但是仍坚持认为智力天赋是一元化（unitary）的类别（Gagné，2005a，2009a）。

如果人类经验连续体的一端是生物属性，那么另一端就是文化属性。我们会问：就给人们提供的机遇和挑战以及涉及的发展过程而言，文化的各个领域有差别吗？例如 Sternberg 等人（2004）编著的文集特别关注下列问题：导致创造性成果的过程和发展模式是受制于某一领域特点的，还是具有领域一般性？同样，Ericsson（Ericsson et al.，2007）和 Weisberg（2006）关注的问题是：要产生创造性成果是否必须具备领域特殊性技能？在超常教育背景下，这一争议可以表示如下：

<u>正题：</u>
超常能力在本质上并不受限于任何单独领域，因为一般认知能力能够在环境和动

机的作用下以多种方式灵活联系并发挥作用。

反题：

超常能力是领域特殊性的，因为每个领域对敏感性、偏好和能力的要求都不同，而这些是与特定对象、符号意义以及基本关系相协调的。

领域一般性—特殊性作为人类能力的基本架构问题：是横向的、纵向的，还是分层级的？

有大量心理测量、认知和发展研究试图从结构和功能角度描述心智的结构。随着时间推移逐渐发展出三种不同观点：人类能力的**横向观**，**纵向观**，以及**层级观**。

一般智力观与横向心智

自从有了智力的心理测量以来，由 Spearman(1904)最先确定的一般智力因素或"g"因素的性质就一直被研究和争论着（例如，Jensen, 1998; Sternberg & Gorigorenko, 2002; van der Mass et al., 2006）。"一般智力"的拥护者和不相信其存在的怀疑者一样多。一般智力的典型定义是"推理能力，解决问题的能力，抽象思维和获得知识的能力"（Gottfredson, 1997, p.93）。更狭义的定义是"人们对环境中可学习知识和技能进行学习并保持在长时记忆中的程度和速度"（Carroll, 1997, p.44）。一般智力认为心智是一般的全能的信息加工装置，从基本的注意、知觉和记忆到复杂的符号操纵、推理、问题解决和决策能力。这种心智的结构被认为是**横向的（horizontal）**，从简单的知觉和记忆功能到越来越复杂抽象的思维能力（也就是横向心智）。基于横向心智假设，心理测量研究者（Cattell, 1971; Horn, 1986）提出了二元系统概念，用**流体智力**代表学习、适应环境的领域一般性能力，不受教育和文化的影响；用**晶体智力**表示流体智力作用下的结果，与具体的学习内容和知识积累有关（也见 Skankov, 2003; Li et al., 2004）。高度一般意义的流体智力被认为对技能获得有着持久、终生的影响（Gagné, 2005a）。比较高智商者和普通人在一系列学习任务上的表现，无论是基于行为标准（例如，Kanevsky, 1990; Kanevsky & Geake, 2004），还是生理标准（Haier, 2001），高智商者的学习优势都很明显。也有证据表明当认知学习任务更复杂，一般智力的测量结果和学习能力有更高的相关（Gustafsson & Undheim, 1996; Skantov, 2003）。可能是任务变复杂后对流体推理能力有了更高的要求（Lohman, 1993）。

应当注意的是在评价这些研究时最可靠的智力测验(像是斯坦福-比奈智力测验和韦氏智力测验)意在测量各种各样的能力和技能。在这个意义上,智商代表了对综合潜能(aptitude complex)的测量,由一定程度上关联的不同能力构成,而不是一元的能力。测量个体智商就像给大学排名(Horn, 1986)。尽管我们知道每个大学都有相对优势和劣势的学院(类似个人内在的长处和弱点),我们还是会牺牲细节和准确性,强调学校的总体实力和质量(类似一个人的智力水平)。

我把这种基于智商的智力概念和智力超常概念称为**黑箱法**。这样处理并没有太大坏处,只要记住,分测验分数上的差异更容易在智商分布的高端出现,即高于平均数的范围内,智力测验得分一样高的两个人的认知特征更可能不同(体现在分测验得分的优劣势不同);对于得分低于平均数的受测者而言,分测验间的高相关更加突出了"g"因素的作用(Detterman & Daniel, 1989; Hunt, 1999; Jensen, 2001; Sweetland, Reina, & Tatti, 2006; Wilkinson, 1993),即用一般能力或"g"来解释智商分数更为合理。"g"的坚定捍卫者 Jensen(2001)同意 Charles Spearman 的一般智力收益递减法则——"与能力高于均值的人相比,能力低于均值的人在各种心理任务上的表现更能体现 g 的作用"(p.9)。更极端的分数区间内(比如顶端5%或3%)不一致性是最大的,意味着智商高分组内的人更不同质。当然,两个分测验间的相关从来没有暴跌到0。我们可以将大学和智商间的类比往前推进一步,尽管学校内部各学院的教育质量存在差距,但顶尖名校与多数普通大学相比,学院的总体质量依然更高。因此,能力间的相关或"多面正相关"(positive manifold)在智力超常儿童身上仍有体现。有些注重心理测量的研究者觉得这样一种多面正相关证明在智商分布高端的确是"g"因素在起作用,所以把一般"智力天赋"单独划为一类也是合理的(参见 Gagné, 2009; Robinson, 2005),然而另一些研究者(包括本书作者)持怀疑态度,高表现者的能力内在相关证据和低表现者的能力内在相关证据的数量并不对称,这与把"g"视作天赋的单一核心的看法是矛盾的(参见 Hunt, 1999)。考虑到"词汇"得分在"g"因素上的权重最大,我们可以认为出众的一般智力包含突出的言语能力成分。

人类能力的模块观和"纵向"心智

以领域一般性(横向)方式看待人类能力的观点的对立面,是认为大脑由很多模块单元组成。从模块观出发,大脑是"纵向的",左右半球有分工,大脑的不同部位都有一定程度的纵向结构。这个观点不仅由早期大脑研究者提倡(参见 Gazanniga,

2000 的回顾），并直接启发了加德纳（1983）的多元智能概念，而且也得到了很多进化心理学家的支持，他们主张**泛模块性**（广泛的模块化），指出普遍的功能特化是人种进化的结果（例如，Cosmides & Tooby, 2003）。发展心理学的新先天论者进一步提出知识积累的先天基本原则，例如对数字、力、工具的直觉基础和朴素或直觉物理，生物和心理信念。尽管不同研究者在能力先天特殊化的程度上仍有争议（Fischer & Biddell, 2006），但是大家已普遍接受某些领域或类型的信息会得到"优先"加工。总之，大脑不仅以不同模式加工信息（例如言语信息相对于空间信息），也赋予某些种类的信息（例如人的信息相对于事的信息）以优先权。因此，每个人发展出自己独特的认知优势和情感偏好（或兴趣）（Lubinski & Benbow, 1992；Webb, Lubinski, & Benbow, 2002）。具体专业领域中的神童（Feldman, 1986）就是特殊才能倾向的突出案例。

人类能力结构的极端模块观存在严重的理论困难和实践困难，尤其在解释文化衍生领域中的能力时。考虑到有众多可定位的特化脑功能（例如，负责言语加工的布洛卡区和维尔尼克区；参见 Dronkers, 1999），这些假定存在的模块间其实就有很多联系和交流。诸如音乐或语言之类的复杂脑功能的运作一定是分布式的，但又与神经系统高度协作，并非是独立无关的模块。前额叶负责复杂的神经心理活动与执行功能间的协调，具有调控能力（Goldberg, 2001；Newman, Carpenter, Varma, & Just, 2003）。而且神经科学证据表明，即使在大脑水平，缺乏中央执行调控的局部模块也是无法成立的，因为当一个人应对复杂不确定的世界时，缺乏中央执行调控会很快陷入混乱。无论是相互独立的独特能力极端模块观，还是智力一元性的领域一般性观点都得不到实证支持。当我们注意到现有心理测验所测得大部分认知能力都是生物次生性的并明显受文化调节时，这一点就更加清晰了（Geary, 1995）。例如 Plucker 等人（1996）采用各种评价和测量方法检验了多元智力理论。因素分析产生的四个因子支持人类能力的多维模型，但是不支持多元智能理论本身，因为因子负荷并不完全符合多元智能理论的理论预期。然而，Pyryt(2000)重新分析了这些数据，进行了这四个因子的二阶因素分析，抽取出能解释总变量 56% 的高阶一般因素（"g"）。尽管对这些结果有不同解释（参见 Plucker, 2000），多面正相关（如四个因子间的正相关）至少表明 Plucker 等人的研究中存在与任务类型无关的共同执行成分，并非是四个独立的执行模块。

层级解决方案

心理测量传统基于因素分析结果提出一种有关广义能力和狭义能力的层级模型，为领域特殊性一般性提供了层级解决方法(Carroll, 1993; Messick, 1992)。这个层级模型是从Spearman的智力两因素模型（一般因素和任务特殊性因素）和卡特尔（1971）对晶体智力和流体智力的区分中提炼出来的。因此，超常概念也可以分层级了。

层级解决方案尽管比人类能力的早期心理测量理论更综合、更复杂，却也有将观念与现象混淆的物化风险，即认为某种行为、心理现象或数据有其本体物质存在。通过因素分析将能力进行分类的先驱Vernon曾这样说，"我从没有把层级看作一种心理模型。层级……仅仅是……划分测验结果的便捷方式"（引用于Lohman & Rocklin, 1995, p.450; 也可参见Deary, 2002）。尽管我们也许能推断出某些通过因素分析验证的能力的确存在，但是我们无法知道这反映了大脑的真实分工还是统计造成的方法学假象，我们也不知道这些能力是如何发展来的。最近，Molenaar(2004)挑战了"用个体间测量所得变异量来解释个体内部变异量"的假设。他指出心理测量传统下的心理特征的同质性假设，掩盖了个体能力和发展的异质性。然而不管怎样，层级观澄清了一点：就与不同任务的相关性而言，有些心理测量定义的能力比其他能力更重要(Carroll, 1993; Snow Kyllonen, & Marshalek, 1983)，这表明一些能力的影响力更普遍，也比其他能力更重要。

另外一种大脑层级化方式是以横纵两种方式看待大脑功能特征，也就是既有表征具体操作模式（言语 vs 空间）或特定信息类型（社会 vs 自然）的纵向结构，也有组织协调各种反应成分并监控执行效力(Snow, 1992)的横向加工。即，天赋表现的领域特殊性与专用于当前任务中的执行成分以及可应用到其他任务中的执行成分的鉴别有关（领域一般性的更高水平; Snow et al., 1983）。尽管加德纳（1983）不认同皮亚杰在关注数理逻辑智能的同时将音乐智能或人际智能排除在外，但他同意皮亚杰主张的"数理逻辑思维比大脑功能其他方面的作用更普遍"的观点。在这个意义上，没有所谓全能智力系统的"一般智力"。但是在各种任务中，某些认知能力（如语言或言语表达能力）会比其他能力得到更普遍的应用，那么在这些能力上有优势的人会在各项任务中有更出色的表现。

一些学者和研究者基于人类能力结构假设提出了天赋的几个大类，包括智力、社会情感、创造力和心理肢体运动等(Gagné, 2004, 2005; cf. Heller, Perleth & Lim, 2005，后来加上音乐能力)。在Lubinski和Benbow(2006)提出的天赋三分模型中，数学、言语和空间能力被看作三种基本能力,与 Gardner(1983)理论中三种对应的智力相同。

对超常领域一般性—特殊性静态观的批判

尽管静态结构观在理解领域特殊性问题上有自身优势,但是忽视领域特殊性与环境的交互作用以及发展过程,就无法很好地描绘超常心智或超常大脑的结构。首先,基于这种结构观的模型是静态的,这样的模型常常简单地宣布某某有数学天赋,而不解释他解决数学问题的方式有什么独到之处。换句话说,它们无法识别和区分那些通过动态组合和组织而产生卓越表现的成分。第二,能力种类的静态模型对发展阶段和发展复杂性水平不敏感,不能区分刚显露的、发展中的和已经发展成熟的能力。例如,一个 6 岁孩子和一个 16 岁孩子智商得分可能都是 160,但这反映出两种截然不同的认知和发展复杂性水平,然而分数本身显示不出从 6 岁到 16 岁的任何发展变化,因为这些分数是基于年龄常模的,而不是体现认知能力发展的新水平(McCall,1981),两者间有本质差异(Piaget,1950/2001)。

第三,无法区分过程和结果。心理测验尤其如此。测验得分表明了个体在测验中的表现(成绩)如何,而不解释个体是怎样达成的(加工过程)。尤其在涉及领域一般性—特殊性问题时,作为发展中的能力,早期所形成的能力可能具体体现在某个认知或文化领域,但是获得这种能力的方式却未必是领域具体的(见第三章对学习易度的讨论)。

总之,领域一般性—特殊性结构(认知系统结构)方法的主要缺点是没有充分考虑发展环境和发展过程。Karmiloff-Smith(2004)把语言能力看作人类的符号化能力,一种重要的高级心理功能。她这样说道:

个体发育是把各种与领域相关的加工逐渐转化为成年后的领域特殊性成果的重要驱力。这并不是说婴儿的大脑就是单一的同质的学习装置。恰恰相反,不同人的大脑最初在总体上绝对有相当的异质性。然而与直觉相反的是,这种最初的异质性与最终的功能结构异质性几乎没有相似点,因为只有通过与结构化的环境交互作用,最终的功能结构异质性才得以显现。(p.232)

如果语言发展是这样,那么文化领域(如音乐、文学、棋艺、科学、数学和工程学)的才能发展更是如此,因为这些能力被认为是生物次生性的,受社会调节和符号调节,而语言能力作为生物基本能力不需明确的指导教学就可获得（Geary，1995）。换句话说，在这些文化领域中的超常能力都不是"天生的"。因此，领域特殊性问题的关键也许不在其生物组成（认知结构），而在于个体发育和社会环境。

不同发展水平上领域一般性—特殊性的意义

研究者在界定领域特殊和领域一般性能力时常采用按照具体发展阶段确定天赋性质的方法。Coleman 和 Cross（2005）采用这种方法把"天赋"界定为童年期相对未分化的高潜能，青少年期较为分化的领域特殊性技能和成年后高度分化的专长知识和杰出成就（也见 Mayer，2005）。这里要注意的是，"相对未分化的高潜能"并不是一种全能执行系统或整体单元，以后才通过结构化经验被得到澄清和分化。正如 Karmiloff-Smith（2004）指出的，能力一开始就存在很大程度的异质性和"纵向性"，倾向和偏好只是初步的雏形，还没有特化。对音乐节奏旋律敏感的孩子表现出音乐偏好，然而我们不能自信地说这个孩子的大脑先天就是为音乐构造的。只能说如果他的音乐才能有相当的模块性（在结构或功能上具有整体性），那么这是一个在偏好、音乐感受、有意训练和练习的相互作用中获得的模块（Schlaug，2001）。考虑到发展阶段和先天后天交互作用的复杂性，我们可以尝试采取一种能力的三层分类法：

（1）**第一层——能力和性向**：发展早期阶段自然发展的能力和性向。这些能力和性向的标志是，在其特有发展上**只有少量经验的参与**（Horowitz，2000）。这是加德纳（1983）在给他多元智能的书起名为"心智的结构"时提到的人类能力的基本结构，与 Gagné（2005a）的天才类别相似，但是作为能力和性向更异质和未成形。这些特征的遗传指数证据共同表明在这些自然发展的能力和性向上"先天禀赋"在起作用（Simonton，2008）。

（2）**第二层——技能和兴趣**：发展中间阶段明显"受过教育"的系统发展的大脑。这些技能和兴趣的标志是，明显受符号系统和文化工具、文化知识的调节。强调兴趣是因为兴趣表明了一个人和他人的区分以及自身的分化。第二层技能和兴趣对应于 Gagné 的 DMGT 模型中的才能概念。

（3）**第三层——专长和自我认同**：发展成熟阶段高度"受训练"的特化整合的大脑，类似于 Ericsson 和他同事深入研究的特定领域能力的独特运作（Ericsson et al.，2006）。

表4.1对能力、技能和专长的分化水平进行推断,以分化和整合的方式显示了如何合理推断作为发展状态的个体发展的复杂性水平。第一层能力和性向的分化程度低,是因为在儿童早期这些能力和性向不仅有高度可塑性和功能灵活性又未成型,而且童年期能力表现具有更高的不稳定性。当儿童逐渐成长为青少年,我们能推断,更特化的功能单元甚至习得的模块都是教育和训练的结果。

表4.1 根据发展复杂度和评估手段划分的能力、技能和专长三层类别。

	分化水平	整合水平	评估方法
第一层:潜在的能力和性向			
基本功能单元	低	低	推断
第二层:发展中的技能和兴趣			
中级功能单元	高	低	观察或推断
第三层:充分发展的专长和自我认同			
高级功能单元	高	高	观察

我把性向、兴趣和身份根据发展阶段结合起来,很大程度上是因为这些个体因素和认知能力的作用同等重要。我更愿意把**个人特征**作为描述单元,而不是能力的某个维度。避免人类技能的能力中心观(参见 Perkins & Ritchhart,2004 的评论),而是将音乐或数学技能发展中的认知、情绪、动机过程看作复杂交织在一起的(参见 Dai & Sternberg,2004)。

因此,我们可以认为,各种高度特化的能力和专用机制(如空间深度知觉)及相对的领域一般性信息加工机制(如工作记忆容量)组成了第一层的"能力",很多基于气质和内容—敏感的人格和动机特征(如敏感性,高度兴奋性,兴趣的坚持,对奖励方式的偏好)组成了第一层的"性向"。我们可以想象,在这个水平上,儿童逐渐发展出不同种类不同质的,尚未组织好的能力和性向,但是已经显露出潜能和发展方向。Porath 和同事(2006a)研究儿童早期(6 到 8 岁小学前几年)表现出的数学、叙述、空间艺术能力,都处于这一发展水平。在这一阶段中把天赋描述为某种才能发展的**早慧**(即超越同龄人的发展)最恰当。

在第一层能力和性向上建立起的更高级的知识密集型功能单元(第二层技能和兴趣),Vygostky(1978)将其称为高级心智能力,如各种专业知识,阅读理解能力,数学意义上的决策和问题解决,科学思维和推理(理论—数据的协调),演绎与归纳思维,元认知知识和技能,各种音乐、美术表达风格的审美能力,以及各种领域特殊性或一般性的思维习惯和个人认识论(Perkins & Ritchhart, 2004)。这些认知能力和情感兴趣不可能是"天生的",因为它们的发展方式显然是在文化适应过程中由某种文化塑造的(Sternberg, 2007a,2007b)。比如,音乐的耳朵是"文化熏陶下"的耳朵,但又不全是"文化"的,因为这些能力和兴趣的不同反映了人与环境中的机遇互动的**个性化**方式(Mischel & Shoda, 1995),引出了(但不能被简化为)个体在生物—组成上的资质和倾向问题(Gagné, 2005a)。在这一阶段把表现出来的天赋描述为**超前成就**(即超前知识和技能)最恰当。

与第一层能力和性向不同,但与第二层技能和兴趣相似,第三层专长和自我认同反映的是高度训练后特化的大脑。不过和第二级技能兴趣的区别在于,高水平专长是知识、技能和性向在人类活动的特定领域(一般来说最少 10 年)的持久、系统的发展,如学术、艺术、商业、社会服务、运动和技术领域(Ericsson, 2006;Gagné, 2005a)等,往往伴随着人格和专业身份的平行发展。这一发展阶段的天赋是**专业标准下的表现和贡献**。

现在,为了描述这三层能力的发展基础,让我们想象:第一层的能力和性向从底部开始建立,由"硬件"大脑推动:受结构化经验调节的特定脑细胞束群,神经环路和神经网络,模块以及生物化学机制。第二层的技能和兴趣得到硬件的支持,但是在教学和训练"程序"下形成了很多知识密集型功能单元,如图式、基于规则的操作、压缩的知识单元、概念联想网络和理论(Hirschfeld & Gelman, 1994)。相比之下,第三层专长和自我认同是高度整合的领域特殊能力,人们常常用"知识压缩体"形容对特定数据模式的规律和异常有着专家知觉、直觉的高度敏感性。原则上,某种能力或技能越复杂,越有可能被放在第三层。

为了说明怎么区分早慧和超前成就,我们设想一名 12 岁和一名 17 岁的学生,SAT 数学成绩都是 650。我们能推断出 12 岁孩子的 650 分更多地体现了有利于数学发展的第一层能力性向,而 17 岁孩子的分数更能体现第二层技能兴趣和受教育经历,尽管两个人都会被认为"有数学天赋"。其中暗含的推理是,对于这个 17 岁孩子而言,要达到与那个 12 岁孩子相同的数学技能水平需要更多的教学"程序"。同样也能推断出这个 12 岁孩子具备与数学相关的模块和推理图式(第一级的潜能和性向),这使他可以快速获得能体现在 SAT 成绩上的数学技能。正如图 4.1 显示的,评估过程中在两个孩子身上都能观察到**超前成就**,但是 12 岁孩子的早慧程度更高。然而没人会说他们两人中的任何一个达到了数学专家的水平,因为 SAT 数学测验考察的是各种基本数学运算和推理能力,并不要求对高级、整合的数学概念和数学技术有所掌握,而正是这些概念和技术的掌握才能够反映数学技能发展复杂性的最高水平。

尽管有人也许不同意把已证实的具体能力和性向分成一、二、三层级,但是三层分类系统能启发我们从发展的角度留心我们讨论的是哪种"领域特殊性"或"领域一般性",以及这样定义的能力和性向如何为人才选拔和教育规划服务。例如,当我们讨论第一层能力和性向时,领域特殊性涉及对以下问题的思考:最初的领域相关元素如何自组织并朝向领域特殊性结构和机制(资质)发展? 一般思维过程如何与内容经验交互作用形成新的学习和领域特殊性技能? 第二层技能和兴趣的领域特殊性与各种知识功能单元和技能有关,可能有不同程度的跨领域一般性和集中性。如 Sternberg (1985)所说的,我们可以问:元认知过程(比如在问题解决过程中意识到哪种策略起作用、哪种不起作用)具有领域一般性,还是像 Ceci(2003)主张的那样受专业知识的约束? 关注第三层高水平专长中的领域特殊性,我们会问:与某领域或其子领域相关的知识是否被高度压缩到了一种自动化的程度,能够不受意识觉知和控制? 或者,是否仍然需要对过程进行控制? 例如仔细推理和元认知控制(比如思考如何处理一系列信息)。当加工是自动化的而且信息被压缩时,在目标领域内或领域外就很难灵活地产生新想法新观点了;当加工受元认知察觉和控制,专家思维中仍有可能存在明显的新颖性和独创性。这一观点尽管是一种大致框架,依然潜移默化地促进了才能发展的中距调节模型地不断完善,正如我在第三章所说的,这正是之前研究思考中非常缺乏的。

领域特殊性作为一种动态磨合的过程

人类主要的活动领域(即文化领域)有自己一系列独特的可供性、目标、需求和约束,因此能够接触并有机会参与更多领域中的人会对某个领域产生偏好,这取决于他们的先天倾向和能力。在生态心理学中,"可供性"和"约束"是两个核心概念。比如,视频游戏提供了一些特定的活动,需要人们发挥某些能力和动机(例如,想象活动,空间推理,竞争和人际沟通),但是"约束"建构着这些能力和动机的形成方式和表达方式,就好像一把椅子提供了坐的功能但是同时约束和建构了你"坐"的方式(例如,比较传统欧式和日式的"坐",一种需要椅子,另一种不需要)。口语中的可供性和约束意味着,某种环境给人的机会和对人的要求,人们准备好迎接其中的挑战并取得机会中的好处。Neisser(1979)认为学术和实践环境是两种对智力运作(分别是学术智力和实践智力)要求非常不同的领域。同样的,我们可以认为高水平的艺术作品是通过与上面不同的一系列资质实现的(Subotnik & Jarvin,2005)。而且这一过程不是静态匹配与否的问题,而是一种主动地动态磨合过程,加强一个人的"定位潜能(niche potential)"或者提高个人与任务环境的匹配程度。但是在讨论这一过程之前,先描述一下人类主要活动领域的结构是很重要的。

在人类日常交往经验中,生态领域与物理、生物、社会和内心(自我)世界有关。所有这些经验促进着个人的非正式学习和智力开发。在正规教育环境中,"领域"被更正式地定义为具有文化价值的人类活动领域,像人文科学 vs. 自然科学,学术 vs. 艺术那样有相对明确的界线。对于 Csikszentmihalyi(1996)而言,这样一种由丰富知识和文化实践组成的"领域"通过内化和个人化,使一个人成为专家或创造者;而"专业"是通过制度、把关者、可接受的标准等建立的社会组织。Phenix(1964)认为,知识领域是具有文化意义的系统,目的是理解各种具体的现象,即所谓的学科知识。Tannenbaum(1997)以一个宽泛的框架为开端,发展出鉴别天赋的三种关键成分:<u>个体</u>(制造者或执行者)、<u>领域</u>(内容和媒介),和<u>风格</u>(表达方式)。

如图4.1,在个体水平区别"执行者"和"制造者"的系统进一步分化为四种领域,每种都可以被表述为熟练地或创造性地。这个系统中的学科领域主要是智力的(思想的制造者)、技术的(实物的制造者)、艺术的(高层次艺术的表现者)和社会的(人类服务的执行者)。当然,会有一些界定不清晰的情况(例如,象棋手在宽泛的定义上既是高层次艺术执行者,也是思想的制造者;音乐家可同时是创作者和表现者)。不过更重要的是

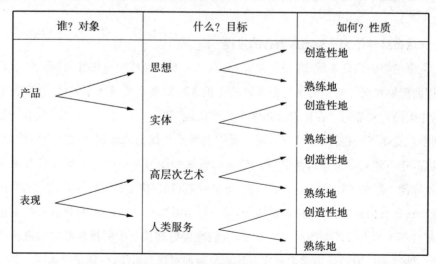

图4.1 谁,通过何种媒介和表达方式能显露天赋迹象,Tannenbaum(1997)。
Copyright by Allyn and Bacon. Reproduced with permission.

这个框架的意义。如果这个系统是正确的,有人会认为Ericsson的专长研究(参见Ericsson et al., 2007)的对象大多是执行者(表演艺术家,运动员)或者实物制造者(如计算机权威者),主要是熟练型而不是创造型的人。基于功能、领域和风格的具体模式发展出来的理论概括性有限,因为有八种潜在的不同发展方式或轨迹(见图4.1)。

这个一般性框架或启发模型还可以进一步完善。例如,Feldman(2009)提出了领域经验从普遍端到独特端的连续体。连续体的普遍端是皮亚杰的逻辑和推理发展阶段;中间是泛文化领域(如演讲、宗教、音乐、艺术和政治)以及所有社会成员都应有的基本技能领域,如阅读、写作、运算;还有作为大多数工作、职业基础的领域,如历史、代数、工程和艺术领域。连续体的"独特端"是反映专业选择的领域,如记者、税务律师、外科医生和武术指导,不寻常的人创造了独特端的极值,甚至创造出人类活动的全新领域。普遍—独特连续体很重要,原因之一是:个体发展往往开始于普遍端(例如,学会基本技能和知识),然后朝着专门的功能模式逐渐分枝。面对具体发展环节的突出社会机遇和需求,一个人在定位、轨迹和路径上**逐渐分化发展**是适应性发展的一个普遍原则。

Dai(2004a)提出了能够区分不同领域的一些认知维度,比如某个领域是正规的分析型的,还是非正规的整体论的。此外,按照Tannenbaum的系统命名法或分类法,执行者和制造者不同,因为执行者(外科医生,象棋手,表演艺术家)通常需要在有时间压力的动态环境中做出决定,而制造者(科学家,作曲家或发明家)常常可以进行长时间地思考。因此二者在环境和需求上大相径庭。当然,即使是在领域内部,多样性也依然存在。比如灵活度对于体操很重要但不一定对篮球有影响,篮球需要的是身高和力量。因此"一般运动能力倾向"的概念并没多大用处。与之相关的问题是"某种资质是用来干什么的?"(Lohman, 2005a)。思考一下实验物理学和理论物理学,进化生物学和分子生物学,或临床心理学和实验心理学。这些学科分支之间对学科研究者的偏好和认知、情感的要求也是大不相同的。近端的资质,任务特异性的资质总是更好的。

领域特殊性的这种生态—功能方法有一个显著特征——很关注专业行为的"社会形成"(后天性),关注其生态丰富性、细节和复杂性,不去假定人类能力结构的"生物构成"(先天性)。个体在从事领域活动时他拥有的能力(第一级能力和性向,如图4.1所示)将自然显露。更正式的定义是"具有文化意义的领域,是面向人类能力和性向的,具备独特可供性和约束的人类活动领域"。"可供性"激活了相关的认知和情感加工,比如,一段乐章提供了审美敏感性,复杂的任务提供了推理。"可供性"也显示了任务的积极或消极心理效价,兴趣、乐趣或者焦虑、害怕是重要的信号。"约束"指致力于某领域的人必须遵守的具体条件和要求,反映了领域活动的结构和要求(如活动的目标结构,知识基础和有关的程序性技能)。应当注意的是,"约束"不仅仅起到把关的作用,也不仅仅是未来成功完成任务所需满足的一系列条件;从积极角度看,"约束"也促进着才能朝某个具体方向发展,以此有助于**建构**和**调节**人的能力。之前提到,可供性和约束依赖于个人能力、性向和动态磨合过程并塑造着个体的发展,下面将详细讨论。

能力与性向的相互采择和自组织

想象在一个孩子的成长发展中,总有大量社会情境或教学情境对他产生明显影响,激活或唤起能力和性向的特定组合。再想象一下,他也主动地对情境进行寻找和选择,并使这些情境更有利于个人专业领域中的活动。这是一个相互采择的过程:外部环境采择内部环境,内部环境也选择性地注意和选取外部环境。这种相互采择可以发生在学校环境中,教学条件支持着特定类型的能力和性向,具备某种资质的学习者更倾向于在他们喜欢的学科上不断地建构知识(Snow,1992)。可以说在儿童成长为青少年再到成人的过程中,他们在选择自己的环境和创造自己的"发展定位"时变得更主动。再想象一下,这种相互采择发生在神经水平甚至分子水平。某些活动需要一组神经环路的参与,因此这些环路被纳入高度协调的功能单元,甚至一个功能模块,某些占优势的"高度兴奋性"创造了 Panksepp(1998)所说的——寻找有利刺激的"搜索系统"。有关"第一层能力和性向如何发展"的问题大都可以用这种相互采择过程解释。使用 Tannenbaum(1997)的系统,发展中的个体可能被有形实物或无形思想、高层次艺术或人类服务所吸引。有些人倾向于技术掌握和创新,有些人倾向于对世界进行概念化和思考(也见 Kolb,1971)。自然语言中的"天赋才能"暗含着某种程度的自发性和学习易度。对于这一点,最好的解释是"低级单元的自组织形成了高级的功能"。但这不仅仅是个人"能力"的问题,我们要关注整体人格。

Snow(1992)的"能力倾向理论"(或资质理论)可以阐明这个过程。*Snow* 所说的"能力倾向"相对于情境而言是近端变量,可以包含知、情、意,也可以是阴性的(这时使用"不适倾向"这个词)。对于目标领域的任务环境,一个人可以拥有能力倾向组合体(包括可能存在的不适倾向)。"综合潜能"这个词表明,面对当前挑战可能出现的一系列协同合作或相互排斥的倾向(Ackerman & Kanfer,2004;Cronbach,2002;Snow,

1992; Snow, Corno, Jackson, 1996)。Lohman(2005a)猜想,很多时候尽管有适合任务的能力倾向,但不适倾向会拖后腿(参见 Simonton, 2005,简单的陈述)。这样定义的能力倾向是动态演化的,而不是静止不变的;已有资质引发了新的能力倾向,新的成就成为进一步学习的必要资质。同样的,非学业的天赋才能也能转化为专业技能(如业余乐手成为专业音乐家)。在"只适用于某个领域"这个意义上,能力倾向本身并不一定具有**领域特殊性**,但是就目标领域的适用性和集中性而言,的确是与**领域相关的**(Simonton, 2005; Sternberg, 1986)。例如,空间能力不仅与国际象棋有关,和整个棋界都高度相关。抽象思维(例如,进行代数运算或从干扰变量中辨别出有关变量)可以跨领域发挥作用,但是从专业知识发展的某个阶段开始变成与专业相关,甚至在音乐专业中也是如此——要求从直觉加工模式转变到分析式加工模式(Bamberger, 1986)。Haensly 等人(1986)提出的 4C(合并 coalescence,背景 context,冲突 conflict 和一致性 consistency)标准,可用来判断一个人是否适合在某个才能发展方向上继续努力。最近的 SMPY 追踪研究采用一种对个体内部能力倾向的测量法(即个人自身的相对优劣势;参见 Lubinski & Benbow, 2000;2006)调查了数字、言语和空间能力的模式。不同的能力模式是专业倾向(Webb, Lubinski, & Benbow, 2007)和艺术或科学最终创造性成就(Park, Lubinski, & Benbow, 2007)的先兆。Ackerman 和 Heggestad(1997)对大样本大学生数据进行聚类分析,发现四种有意义的能力、知识和兴趣模式。这些发现表明,根据能力和性向可以预测领域特殊性发展轨迹(也见 Simonton, 2008;见第五章详细讨论)。

专长的系统发展以及加工内容—加工过程的交互作用

相互采择可以解释才能的早期显现,而专长的系统发展则需要考虑更多因素。对于在校学生而言,主要学习任务不是发展高级专长而是打下坚实的知识基础,发展领域相关技能以及形成高级思维技能,去熟练地有时是创造性地产生思想和实物产品,或者高层次艺术与人类服务。

内容—过程交互作用。认知上领域一般性—特殊性争议反映了心理学界尚未解决的"内容—过程"谜题,即在何种程度上加工过程与内容表征是分离的,内容表征和加工过程中的约束哪个更重要,如推理/问题解决中二者的相对重要性。这一争议影响着我们对天赋或高级认知的理解。比如,当一个孩子被确定有数学天赋,到底是因为他发展出具体数学命题的高级心理模型,还是因为他有很强的分析型逻辑和假设—

演绎推理能力？对双重特殊儿童的研究提供了观察领域一般性—特殊性问题的独特窗口，因为这类研究能证实某个方面的缺陷是否损害了更普遍的功能。例如，有阅读障碍的超常儿童表现出元认知洞察力和策略行为，这与同龄超常儿童更相似，而与有阅读障碍的同龄人不同(Hannah & Shore, 1995, 2007)。然而，Ceci(2003)证实元认知受领域知识的约束，所以并不是与专业无关的加工过程。Lohman(2006)指出，推理过程总是对内容敏感的，"纯粹"的推理能力在现实中很难出现(更不用说测量了)。在20世纪80年代，有很多研究把元认知限定为"超常"和"非超常"的关键差异，于是Siegler和Kotovsky(1986)提出疑问，"元认知和80年代所说的g因素是一样的吗？"也有研究把元认知和认知灵活性作为智力超常儿童具有的领域一般性优势的来源(Kanevsky, 1990；Shore, 2000)。然而研究结果并不一致，不支持没有限制条件的、与背景无关的一般认知能力优势说。很可能一种心理功能发展得越复杂，就越同时需要领域特殊性和一般性资源。举一个简单的例子，音高知觉对于音乐加工来说是一种相对简单的机制，但是当节奏、音调和风格被考虑进来，音乐加工就需要整合各种一般性的功能单元以形成一个整体。

Snow(1992)提供了一种解决内容—过程难题的办法。他认为要依当前任务的性质而定：当任务熟悉时，只需从长时记忆中激活或提取组合好了的执行单元(晶体能力)，当任务相对新颖时，要有实时组合、实时重组和实时控制的执行单元(流体能力)。在校学习可以说主要是后一种形式：需要组合已有的领域知识来产生新的运作机制。如果当前任务需要不同的方法(比如老师指出另一种问题理解方式或解决思路)，有时会需要重组。教是学的反映：教育就是要解决"如何帮助学习者组合(有时是重组)旧知识来应对新挑战"这个问题。而且为了保证能够有效地执行，"控制"(监测、评估、决策)是必需的。在这个意义上，无论一个人拥有多少专业优势，都需要领域一般性资源(比如元认知能力)。事实上某些领域的技能由于本身的认知复杂性也许永远无法完全"模块自动化"，总是需要某种"控制"来保证加工的顺利进行(比如，见Wineburg, 1998对历史思维的讨论)。Snow将流体能力描述为执行成分的组合、重组和控制，这使人想起比奈(1911；引自Brody, 2000, p. 30)对智力最初的定义，Snow保留了定义中"对外部世界的思考，基于反馈进行必要地调整并做出自我检讨或反思指导"这一个大方向。与Sternberg(1985)在元成分和执行成分间的区分也有相似之处。一个人是否在发展高层次舞台艺术或高级科学思想(或其他活动)并不重要；作为控制机制的执行功能才是不可或缺的。对执行功能的强调突出了一个人"通常在做什么"，而不是

"他们能够做什么",涉及的是人格中领域一般性的方面(见 Ackerman & Kanfer, 2004 对典型表现和最高表现的区分)。

学习和技能发展是一种相互作用的、往复的自上而下和自下而上的加工过程。区分自上而下和自下而上的加工有助于更好地描述技能和天赋系统发展的长期轨迹。Stanovich(1999)和 Kahneman(2003)划分出认知表征和加工的两种类型:系统 1 和系统 2。系统 1 的表征和加工无需努力,迅速,是内容特异性的(例如,敏锐的感觉、压缩知识的激活、对意义或基本结构的直觉把握)。系统 2 的表征和加工需要努力,比较慢,可能涉及领域一般性的认知资源(例如,形成有效的内部表征、对任务要求进行推理、列出主要问题、分配注意力、监控并评估表现)。专注练习被认为是发展专长的一般性机制(Ericsson, 1996),因为它具备更多系统 2 的特征。内容—过程的交互作用实际上是关于自下而上的知觉、直觉表征及加工与自上而下的概念表征及元认知加工之间的交互作用(Dai & Renzulli, 2008)。

我认为技能发展和学习是相互作用的、往复的自上而下和自下而上的加工过程。在这一构想中,自下而上加工与 Fodor(1983)的输入系统多少有些类似——提供内隐的图式知识表征,例如形象、直觉和心理模型,这些往往是领域特殊性的。自上而下加工与中央加工多少有些类似,要求概念(语义)结构和逻辑的一致性,对效力进行监控并寻找其他方案。将知觉到的内容转化为概念,保证了对知识的深度理解和灵活运用(Karmiloff-Smith, 1992);将概念转化为知觉信息,提高了执行效率和自动化水平(Sternberg, 1985)。**自下而上的自组织和自上而下的自我引导(比奈所定义的智力)最大程度地满足着任务要求,动态磨合出一种有效的执行。**

这一思路得到了"白痴天才"研究证据的支持(Miller, 2005)。例如,自闭症超常儿童会展现某种不寻常的艺术才能(即,信息的模块式输入,明显的领域特殊性),但他们又常常表现出"很弱的中央统合能力"(Hermelin, 2001,引自 Miller, 2005, p.364)。这种在形成抽象图式或概念图式上的能力缺陷显示了自上而下加工的不足(也见Campione & Brown, 1978 心智迟滞的研究)。如果缺乏中央概念框架,各部分就无法协调运作(Miller, 2005)。比较一个神童和一个白痴天才的作品会得出一致的结论:真正的专长能力包含自下而上的知觉表征加工和自上而下的概念表征加工(Feldman, 2003)。可以想到,在舞台艺术和思想产物间,或实物产品和思想产物间甚至不同思想产物间,概念化的能力阈值要求有很大的不同。同样,如果没有内隐的直觉基础,概念化能力可能也无法充分发挥作用。

发展时机和发展轨迹是一种领域特殊性问题

一个人在应对环境机遇与挑战的自组织和自我导向过程中发展个人能力,离不开发展"约束"。这些不可忽视的发展约束包括(但不意味着只有这些):(1)大脑的可塑性和特定能力的延展性;(2)能力显现和分化发展的时机(不断增加的反应和技能储备);(3)能力和倾向整合甚至压缩成模块化功能单元的发展关键点;(4)各领域成果和表现趋近巅峰(即达到渐近线或峰值水平)的年龄。总之,技能发展的时机和轨迹与发展中的各种约束有关。

关注"普遍—独特连续体"普遍端的研究(Feldman,2009)。一些研究者采用发展的方法看待心理测量的研究结果,例如,"多面正相关"(即某些执行因素是相关联的)是如何动态地被解释为"是加工过程间互为因果和相互关联的分化整合导致的",而不是"g"因素导致的(van der Maas et al.,2006)。另一些研究者假定流体能力和晶体能力的发展轨迹不同,研究两种能力如何在相互作用中产生某种特定的技能发展模式(Baltes,Lindenberger,& Staudinger,1998)。发展研究者也探讨认知老化(领域一般性因素)如何影响高水平专长和创造力(Roring & Charness,2007),以及专业技能如何补偿流体智力的老化效应(Masunaga & Horn,2001)。

在这些关注发展的研究者中,新皮亚杰主义者尝试从个体发生学角度开拓超常认知行为的发展性解释。新皮亚杰方法假定"中心概念结构群"("central conceptual structures;" Porath,2006a,p.140)对于动态组织着的经验(如艺术,叙述,数学等)至关重要,具有领域特殊性,然而这些认知结构群受工作记忆容量的约束(Case,1992),工作记忆容量又涉及脑和认知的成熟。在这个框架下有研究者研究了空间艺术能力(Porath,2006b)、数学能力(Okamoto,Curtis,Jabagchourian,& Weckbacher,2006)、叙事能力(McKeough,Genereux,& Jeary,2006)等各领域超常行为在童年的早期显现,以及这些领域间的表现比较(Loewen,2006)。这类研究的主要贡献在于——展示了一种或多或少属于"先天类别"的能力(如空间能力,第一层能力;Geary,2005)如何与文化创造的符号系统交互作用(Csikszentmihalyi,1996)形成叙述和艺术的表征并成为第二层能力。更重要的是,被"中心概念结构群"描述的专业技能尽管受领域一般性资源的约束,但似乎确实有其自身的起源。整体来看,这类研究普遍传达的信息是:童年能力相对于童年晚期和青少年早期的能力而言,分化程度低(比如任务间显示出较高的相关),系统地接触学科知识和指导后,他们的能力(还有他们的自我知觉和自我概念)变得更加分化。更晚的发展阶段尤其到了成年期,如果一个人想成功迎接实际生活中的挑战，就需要对高度分化的技能、知识和性向进行整合。到那时，基于经验的实践智力和技能将成为主导，而由神经生物学机制支持的流体智力的作用会逐渐变小(Berg, 2000; Li et al., 2004)。

关注"普遍—独特连续体"独特端的研究。 对普遍端的研究关注所有孩子的共同发展模式，而对独特端的研究始于生态和文化定义下的专业要求和约束，然后回过来看哪种人最有能力应对目标领域的挑战。Simonton(1999, 2005)发展出才能发展的"突成—渐成"模型。突成部分关注领域中关键遗传特质间的恰当结合，如果缺乏这些关键成分，其他部分也将无法发挥作用。而渐成部分关注这些成分成熟的时机：它们是否在恰当的时间和位置(领域接触和知识经验)结合。这个模型在种群思维框架中也成立，天赋是一种相对优势，在发展中获得或失去某种天赋依赖于其他方面的发展。Simonton认为，解释某种能力如何显现的模型大体上需要考虑四个主要因素：领域、个体、环境和时间。尽管这一模型更支持天赋的先天遗传解释，在描述才能发展时不太考虑学习和技能发展的互惠互动，但是它表明不同领域的渐成过程有很大差异，取决于各领域所需的遗传成分以及控制着这些特质显现时机的生物钟。如此定义的超常能力是对发展时机敏感的自组织的突成模块，并不是先天具备的结构，正如Howe等人(1998)对专长和天赋的描述。

接下来我们思考下Ericsson描绘的领域技能发展轨迹(见图4.2)。技能发展普遍从10岁左右开始，通过密集的专注练习在10年内达到巅峰表现，然后在30岁左右开始下降。有人会说这一时间在不同领域间有显著的差异。例如，独创性思想的产生可能要比舞台艺术花更多的时间。时间起点以及时间起点对之后成就而言的重要性都会不同，取决于相关脑结构和脑功能的可塑性以及领域的性质。Lehman(1953)提供了不同领域中年龄和成就相关的早期证据。对神童的研究(Feldman, 1986)也印证了发展时机和巅峰表现具有领域特殊性。为什么神童总是在音乐、数学和棋类等正规领域被发现(Feldman, 1986)？一种可能的解释是，这些基于规则(基于"如果—那么"产生式)的领域所具备的逻辑的分析型的基础使神童能够进行自下而上的内隐学习(例如非分析性的直觉和顿悟)，促进了技能的超前掌握(例如，Bamberger, 1986)。对于为什么诗人远比剧作家出名早，而物理学家比社会科学家更早做出创造性贡献的这类问题，有很多深入的发展角度的解释。衍生出各种推测，包括老化过程中流体智力的下降(Baltes et al., 1998)。

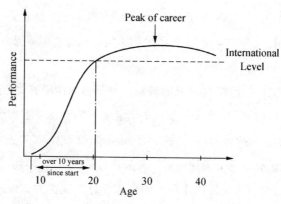

图 4.2 专业领域中年龄与专长表现的递增函数图示。比如在国际象棋界要付出 10 年以上的精力才能达到水平虚线所代表的国际水平。From Ericsson, Nandagopal, & Roring(2005)。经作者授权使用。

创造力：领域特殊性的还是领域一般性的？

在 Tannenbaum(1997)的天赋框架或天赋分类中，各领域技能的表达方式被分为熟练型和创造型。熟练型和创造型之间存在差异：一位教科书作者可以非常熟练地指出领域知识的新发展甚至发展趋势以及领域中的争议和未解决的问题。但是他也许设想不出新的可能性，提不出新问题，无法形成新颖有价值的解决方案来推动领域发展。创造力的领域特殊性和领域一般性争议有两种形式：创造性人格和创造性思维。

创造性人格。创造性人格是创造力的领域一般性论题：有创造力的人无论选择从事哪个领域，都能创造性地工作。其反论题是：一个人在某领域中的特殊才能、直觉和对该领域中深奥问题本质的洞察力使他显示出创造性，即，一个人的创造性表现是高度局限在某个领域内的。

有没有一种普遍适用的创造性人格？这是个重要的问题，因为"创造性天赋"是否值得单独分类就取决于这个问题的答案(Torrance, 1972b)。回顾这个主题下的大量文献会超出本章的讨论范围(参见 Cramond et al., 2005，近期长期追踪报告；Feist, 1998, 元分析)。进行一次推理实验可以帮助我们阐明这个错综复杂的问题——Kevin Spacey 是获过奥斯卡奖的电影演员，Richard Feynman 是诺贝尔物理学奖得主。可以说他们在两个差异巨大的领域里表现出最佳的创造性心智。但是假设 Kevin Spacey

出生在Feynman的家庭,恰好献身于科学事业,Richard Feynman刚好也反过来,他们还会有创造性吗?这取决于他们能否达到高水平创造性成就所需的专家技能水平。如果他们都很聪明,在气质上反传统、易冲动,都爱玩、爱冒险,更喜欢置身于"混沌的边缘"(一种有利于创造性思维的临界状态),很可能两人依然有创造性(参见Dai & Renzulli, 2008)。当然,舞台艺术表演和科学研究毕竟不一样,可能要求不同的领域特殊性才华、洞察力和性向(参见Feist, 2004)。但是这并未否认一个人创造性地工作的可能性,无论他从事表演行业还是物理学研究。引用Sternberg(1997)的思维风格理论,有些人由于先天倾向更偏向于"立法型",不管从事什么活动都会形成一套自己独特的思考方式和行为规则。在一项比较科学创造力和艺术创造力的元分析中,Feist(1998)发现了支持创造力领域一般性的证据,例如,五大人格模型中"对经验的开放性"这一人格特质(McCrae & Costa, 1987)。然而,科学家和艺术家在尽责性维度上有明显的差异,科学家比非科学家高出半个标准差,艺术家比非艺术家低半个标准差。这一结果表明,相对于艺术家而言,科学家在创造性活动中更谨慎小心。

创造性思维。领域一般性观点假设:创造性思维本质上是可以组合、借鉴各种来源不同的想法。这一假设的推论之一是:某领域中的创造性想法可以从其他领域的经验、洞察力、思想和观点中获益。而反对者认为创造性思维在社会化过程中会被高度特化,甚至连什么是"创造性的"或"突破性的"都是由领域特殊性标准决定的。

一些学者认为创造性思维是可组合的(Root-Bernstein, 2009; Simonton, 2003)。Root-Bernstein用术语"博学"来描述如何借鉴其他领域的表达模式和思考模式促进创造性过程(例如,在科学中运用艺术思维模式,或者在艺术表达中注入科学知识)。他借用Max Planck的话来详细说明"创造性科学家需要艺术想象力",并提供了大量的证据,尽管这些证据只是些相关型证据和轶事类证据。一位诺贝尔化学奖得主(Peter Debye, 1936)报告了他产生新顿悟的方式,经历了像演员一样的化学反应,并"浮现即将发生事件的画面"(引自Root-Bernstein)。事实上,"想象"是心理模拟的一种形式,使无形的真理变得形象化。这些科学创造力的故事在档案文献或学术研讨会中一般不会提及。应当注意的是,Root-Bernstein主张的并不是所谓的"一般创造力"(体现为多重才能),而是说,保持强烈的业余爱好有助于人们在职业生涯中无意间收获创造性思维(产生新颖有用的想法和产品)。最终我们会意识到,对于任何创造性思维而言,分析和逻辑推理模式都是不够的;必须发挥想象力促进不相关元素间发生神奇地组合。

相比之下,专长研究者往往强调创造力本质上是领域特殊性现象,包括对现象高度特化的思考方式。例如,Weisberg(2006)提出有关专长和创造力关系的两种对立命题:(1)专长促进创造力;(2)专长阻碍创造力。根据Tannenbaum(1997)的框架,这个问题的本质是"熟练技能和创造力是否代表了两种不同的发散的轨迹还是根本就是同一种轨迹"(见第七章详细讨论)。第一种观点认为,要想产生创造性成果就必须具备专家技能,因为有了组织严密的深厚知识基础,才可能促使人们察觉出领域中的矛盾和问题并找到新的解决方法。这种"促进观"得到了很多艺术和科学生活案例以及控制实验研究的支持,正如Weisberg(1999,2006)和Ericsson(2006)的讨论。

认为"专长阻碍创造力"的反方观点声称,太多的压缩型知识使专家固着在已有观点中,无法"跳出盒子思考"。实验研究证实,思维定势一旦形成就很难被打破(例如,Luchins & Luchins, 1970),这一证据支持了"阻碍观"。再看看实际生活中的例子:马克斯·普朗克不认同爱因斯坦的物理观点,爱因斯坦也拒绝一切以量子力学为基础的理论假设(A. Miller, 1996)。事实上,科学家"逐渐被自己创造地观念套牢"的情况并不少见(Simonton, 2002, p. 272)。当游戏规则改变,专家技能反而成了阻碍(Frensch & Sternberg, 1989)。

回顾这场争论,专长研究往往关注那些有关执行、掌控的领域,要求人们在一定时间内执行一系列技能和程序(即"执行者",而不是"创造者"),如乐器演奏,花样滑冰,或者棋类竞技。有人认为能够近乎完美的演奏和解释音乐杰作,与能够创作音乐杰作是完全不同的,就像能漂亮地执行复杂程序不等于能设计出这样的程序。后者需要的也许不仅是专注练习。尽管人们也许认同专家技能是创造性成果的必要条件(即使是莫扎特也不例外;参见Lehmann & Ericsson, 1998),但是描述舞台艺术才能或其他技能的理论与描述伟大理论成果或音乐杰作的理论相比,对"出色执行"的强调程度也许是不同的。传记分析研究发现,执行者和创造者的人格和生活轨迹似乎显著不同(Gardner, 1997)。执行者往往只关注一个领域,创造者在几个领域间游走并表现活跃,加强了认知灵活性和不同领域间的借鉴和嫁接(Simonton, 1997; Root-Bernstein, 2009)。值得一提的是,新颖想法和观念不像技能表现那样具有"可复制性"。

另外,领域性质也会影响创造力表达的方式。比如在高科技性领域(即依赖那些在日常生活中没有参考物的概念和仪器,像物理科学、计算机语言或信息技术)中,为发展高水平专长学习者必须接受正规持续的教学和密集训练。另一方面,在那些缺乏正规有序结构又相当依赖个人想象的非技术型领域,如电影制作、文学创作或者社会技能(企业家精神或社会领导力等),正规的训练也许并不是关键。有很多伟大艺术家、演员、发明家和小说作家和非小说类作家都是自学成才的。

社会历史变迁的影响也是显而易见的。在如今分工逐渐细化、专业化的高科技时代,拥有多种技能的"文艺复兴巨匠"(如达芬奇和歌德)越来越难出现。另一方面,在这个全球化的时代,人类活动的社会组织被高度整合,合作型的创造力比以往更常见,近几十年诸多诺贝尔奖共同获得者就是最好的证据。在这种合作创造力中,每个合作者的贡献可能不同,一些是远见卓识者,想象新的可能性;另一些可能是技术员,为取得最终突破去完善相关设计与设备。

结语:结构、功能和发展三个维度的整合

本章讨论了领域一般—特殊性问题的结构方面(个体差异)、功能方面(领域活动和要求上的差异)和发展方面(发展时机和发展变化)。才能发展的动态环境观能更好地描述专业技能的提升,而能力个体差异的静态结构观做不到这一点。能力的这种生态观与已有发现并不矛盾,拥有特定能力和性向的人常会被相应领域吸引。事实上结构观和功能观很容易纳入对才能显现、演化方式的思考中。然而领域特殊性的确驳斥了先天才能或天生才能的观点。它表明,通过个体(具有某种能力和倾向)、环境(机遇,资源和支持)和发展(自组织和自我导向的变化以及这些变化的时程)三者交互作用这样一种动态磨合过程,超常能力得以不断发展。同样,关注创造力时应该考虑三个变量:个体,领域(环境背景)和发展(见第七章"教育的启示")。以这种动态的但又可以掌控的方式对这三个因素进行整合,能够帮助我们绘制才能发展的蓝图(并使天赋理论得到发展)。

第五章 质的差异还是量的差异？个体的、过程的和发展的产物

当前智力和人格评估的趋势使我们看到：未来有希望达成一种整合的理解……即可以把一个人的行为构成看成既与所有人有相同之处，又只与某类人相同，同时又显现独一无二的特点。

Lohman & Rocklin(1995, p. 470)

在一个独立的系统中，连续的量变会导致断裂性的质变。

Bates & Carnevale(1993, p. 461)

在先天后天争论中，各种先天禀赋观认为人人生而不同，有些人生来就"有天赋"，而有些人却没有。这种天赋差异论面临着一个无法回避的问题：这些差异是类别上的还是程度上的？正如Borland(2003)所言："这种粗略的分类是否意味着二者（'有天赋'和'没有天赋'）是不相关的、非连续的、结构化的和彼此独立的整体吗？"质的差异和量的差异这一争议围绕以下几个问题展开：不管天赋被如何定义，它在哪种意义上、何种程度上构成了能力的**超常条件**（个人能力超出常人水平，值得特别关注和进行特殊的教育）？这样鉴别出来的超常儿童在心智结构和功能组织上与他人有质的差异还是量的差异？从才能—发展的角度出发，特殊才能的发展涉及根本上不同的（有时是独特的）轨迹吗？如果才能发展是"非普遍"发展，答案就是肯定的。这个疑问也与领域特殊性有关。如果天赋潜能具有高度的领域特殊性，那么有天赋的人会具备独特的认知情感组织方式以及与众不同的发展轨迹，和其他人（包括有其他不同能力和倾向的超常者）有质的不同。反过来，如果天赋潜能具有高度的领域一般性，就会在各种不同的内容和任务条件中体现出来，不会像领域特殊性结构和机制那样只对某些领域有突出影响。第三种可能性是存在一种中间立场，观察到的差异有时是程度上的、有时是种类上的，取决于我们如何定义和测量这些差异。质和量间争议的典型形式可以表示如下：

正题：
超常者和常人是**类别上**的差异，因为超常者在心智的结构上和功能组织上与常人不同，有自身特有的发展轨迹。
反题：
超常者和常人只是**程度上**的差异，超常者的优势是相对的，不是绝对的。

有关超常者和常人之间是质的差异还是量的差异的知识有重要的教育启示。如果只是量的差异，那么针对超常生的课程分化和教学改革就可以在现有课程标准的基础上，根据他们的早慧发展和快速学习能力去因材施教（例如，采取课程加速的教学方式）。相反，如果是质的差异，那么课程分化和教学改革就要考虑更多，比如要适应超常学生高度个人化的知识，独特的优势和特定的思维方式等。甚至可以考虑采用一种符合"超常者"思维风格和认知巧妙性的独特"超常教学法"。

背景：以将学生分类作为切入点的超常教育

超常教育分类法是将学生分为几类的美国教育系统的一部分（还包括心智发育迟滞，学习不良，正常学生等）。一些学者和教育者认为分类法过于简单地将学生分隔开，并不符合人类潜能的多样性和发展的多样性（Keating，2009）。有关"天赋是什么"的类别假设建立在资质或成就的某些连续变量上，以相当主观的分界点作为划分标准，这是教育界争议越来越大的地方（例如，Berliner & Biddle，1995；Borland，2003，2005；Keating，2009；Ziegler，2005；也参见 Hertzog，2009）。尽管不是所有人都认同"超常者"和"非超常者"有质的差异这一类别解释（例如，Gagné，2004；Gallagher，2000b；Robinson，2005），但是仍有一些学者坚持要划分天赋的不同水平（例如，中等天赋，高等天赋和极端天赋）作为天赋大类里的亚类别，这类似于给心智发育迟缓划分不同的水平（美国心理发育迟滞协会，1992）。其他学者偏好更包容的分界点，隐含的假设是，只要高于人类能力的均值就是有天赋（例如，Renzulli，2005）。想要在这个标准之上做更精细的区分在理论上也许并不可行，也没有太大的实际意义。另外，很多理论家认为智力天赋的关键在于独特的发展经验，比如有学者认为拥有天赋一定会导致**发展不同步**（即，社会情感与智力的发展时间进程不同）（见 Morelock，1996）；Dabrowski 认为，天赋发展是通过**积极的解体**（positive disintegration)的过程逐步实现的(即,超常个体发展中自我认同感的瓦解重组、推翻重来的过程,对天赋的长远发展和能力的完善有积极意义;见 Ackerman, 2009);Robinson 等(2000)认为,有天赋的人比同龄人提前进入下一个更高级的认知阶段。这些理论都表明超常者有独特的经验和加工过程,与非超常者有质的不同。然而,在实证研究中对比"超常者"和"非超常者"的各种认知、情感特征时,二者并没有清晰的类别界线。因此,也有研究者认为最好把"超常者"和"非超常者"(或"没被鉴别出来的超常者")间的差异看作程度上的而不是种类上的(例如,Dai, Moon, & Feldhusen, 1998; Jackson & Butterfield, 1986; Robinson & Clinkeanbeard, 1998; Steiner & Carr, 2003)。理论家的超常者标准和鉴别"超常者"的过程中实际采用的标准也不一致,理论上强调的"一致性"并没有在所有鉴别出来的超常者身上体现。不过在很多案例中超常者和常人有明显的质的差异。比如,神童的个案研究(Feldman, 1986)证明,才能提前显现与才能正常显现的发展轨迹有本质不同。极高智商的儿童在拥有与众不同的学业发展经历和社会经历的同时,也存在社会适应的问题(Gross, 1993; Hollingworth, 1942; von Károlyi & Winner, 2005)。有特殊才能的儿童(如数学超常者)在心智结构和功能上都很独特(例如,O'Boyle, 2008)。

面向(智力)天赋和超常教育实践的分类法假设所有超常儿童在本质上都是相同的,但他们与所有非超常儿童有质的不同,就个体能力和接受的教育、社会干预而言,超常儿童和心智迟滞儿童一样都属于特殊人群。因此,超常儿童具备的"天赋"使他们有"特殊的教育需求"。由于已经有大量证据表明,已鉴别出的超常学生群体本身内部具有多样性和异质性,那种认为"所有超常儿童有相同的独特个人经历和发展经历,并需要同样的教育干预"的观点目前面临着严峻挑战。

当然,一个人"超常"只意味着他位于人群总体分布的高端,并不意味着他属于单独一类群体或本质上有多独特。所有心理测量都假定,某种行为或心理维度在量表上是连续的,即使是极端数据也只体现了数量上而非性质上的差异。然而我们可以想象,超过某临界点后,量的差异实际上反映了结构功能上质的差异,正如水分子在某温度下结晶或蒸发,又如有一些物质在极端条件下物理化学属性会发生变化。下面我们先回顾下针对超常者个人先天的品质、行为特征的"质的差异"进行的研究,然后再回顾针对发展变化中出现的"质的差异"进行的研究。

个人品质和行为特征上质的差异的研究

与天赋和超常教育分类法有关的大量研究关注那些造就超常者独特个性的持久个人品质和行为特征(认知,情感或动机方面)。通常关注的是领域一般性的认知特质和动机特征。基于研究范式,我们可以确定一些不同的方法:以测量、案例或临床、现象学为基础的研究方法。

基于测量的证据

基于测量的研究假定存在一些重要的维度,人们在这些维度上的差异不可忽视。大多数关注质和量的差异的研究采取超常者—常人的比较研究范式,类似于专长研究领域中的专家—新手范式。研究分两大类,一类关注**认知效率**上的差异,一类关注**认知精巧度**的差异,例如认知策略的使用,丰富的知识基础和元认知。

超常能力:认知效率(cognitive efficiency)还是认知精巧度(cognitive sophistication)?认知效率假说认为,超常者具有基本认知结构或硬件上的优势,例如在加工速度、认知抑制能力和一般工作记忆容量上具有优势。一些研究者认为这些基础功能特性反映了"一种特殊的神经构造",能使超常儿童"学的更快,记得更多,更有效地处理信息,比同龄人产生更多、更新、更不寻常的点子"(Galagher, 2000b, p. 6;参见 also Geake, 2009)。还包括一些特定类型信息的可能模块单元,例如完美音高或敏锐的空间知觉和空间想象力。而**认知精巧度假说**则认为超常者具有"更高级"的优势,涉及知识、元认知洞察力,为达到具体目标进行有效地策略选择,以及在新情境或迁移中创造性地、灵活地运用知识(Alexander, Carr, & Schwanenflugel, 1995; Roger, 1986; Steiner & Carr, 2003)。认知效率假说秉承着心理测量传统(测量信息加工组织的基本维度;例如,Jensen, 1993; Jensen, Cohn, & Cohn, 1989)更符合量的差异的观点(程度的问题),除了以或有或无的二值形态起作用的某些特殊情况(例如"完美音高")。而认知精巧度假说主要基于应对具体任务的复杂思维推理的认知理论,因此更容易从质的差异上解释,例如策略和风格的差异(类的问题)。

认知(和神经)效率假说目前被大力推行,并且得到了研究证据的支持。最有说服力的证据是高智力个体的大脑在处理新颖任务时能更有效地工作,并不会更费力;当执行一项富有挑战性的认知任务时,大脑激活水平(即葡萄糖消耗)逐渐下降(Haier,

2001；参见 also Geake，2009）。另一项研究表明，流体分析能力（fluid analogical thinking）和推理等高级心理功能由更基本的大脑结构支持着（Haier & Jung，2008）。比如已经发现优秀的推理能力与属于认知基础结构的工作记忆容量有高相关，是硬件（效率）上的优势（Kyllonen & Crystal，1990）。尽管高认知效率体现了明显的领域一般性优势，不过，到底是质的优势还是量的优势？这是无法不证自明的。从心理测量角度看，效率值是连续的（即，一些系统是否比其他系统的效率更高）。

与认知效率假说不同，认知精巧度假说关注更高级的领域一般性思维优势。Robinson，Shore 和 Enersen（2007）引用俄罗斯心理学家 Krutetskii 对高能力小学生的洞见——认为他们"常把一个单独的问题归到某类问题中去"（p.176），表明超常学生具有杰出的迁移能力。Shore 和 Kanevsky（1993）回顾文献发现了超常者在思维过程上与常人的诸多不同：(1)知识面更广，能更有效地使用这些知识；(2)能更有效、更经常地使用元认知；(3)将更多的精力花在问题解决的认知复杂部分上，然后更快地解决问题并报告解决方案；(4)能更好地理解问题，特别是在发现问题的共性和知识的迁移上；(5)使用自己系统评估过的假设；(6)能够灵活地选择策略和观点；(7)能够在任务中享受并创造复杂性和挑战（p.137—139，参见 Hoh，2008 的新近研究回顾）。然而这些与常人的差异有大有小，未表现出完全一致的优势。

在一个精心设计的实验中，Kanevsky（1990）比较了四五岁高智商和普通智商的同龄儿童完成汉诺塔任务（一种问题解决任务）的表现，并以一组七八岁的超常儿童做对照样本来控制年龄或发展上的差异。她发现两组儿童之间存在可以量化的差异，例如，移动木块的准确度，解决问题所需的线索，犯规的移动。她还确定了可观察差异的质的方面。比如，超常儿童更可能拒绝帮助，这一行为特征与年龄无关。当被手头问题难住时，超常儿童更愿意"面对"问题而不寻求外界帮助，享受自主解决问题的个人满足感（详见 Kanevsky，1990，p.131—135）。由于研究包含两个年龄组，组间比较能够揭示与发展变化有关的以及与智力天赋有关的重要差异。Kanevsky 指出，某些情况下四五岁的超常儿童在问题解决的一些定量指标上比七八岁的超常儿童更出色。然而，"不同智商的儿童对任务相似度的敏感性不同，这种差异随着年龄增长而扩大"（p.133），表明整个发展过程中迁移能力的差距在扩大。

近年来，超常研究越来越关注认知精巧度（超常的定义性特征）的各种形式，例如，元认知和认知灵活性（Alexander et al.，1995；Shore，2000），问题解决策略的发展（Steiner & Carr，2003），学习潜能的动态评估（Kanevsky & Geake，2004）。Alexander

等(1995),Shore(2000),以及 Steiner & Carr(2003)对相关研究进行了全面回顾,认为超常儿童虽然的确比同龄人更频繁地使用高级技能,做更多的元认知评价,但在使用这些策略或元认知的洞察力上并非独一无二。换句话说,研究发现的差异更可能是数量上的,而不是性质上的。在一个新近研究中,Steiner(2006)对玩电脑策略游戏的二年级学生进行录像,她发现超常学生在游戏中的策略转换模式和 Siegler(1996)策略发展的**重叠波理论**①描述的一致。与"质和量的差异"的讨论更相关的是,超常儿童和普通儿童在策略发展上并未显示出质的差异,随着时间的推移,两组儿童都越来越频繁地使用更复杂的策略。在使用频率上超常儿童更高,这表明二者的差异是数量上的。

由于认知精巧度比认知效率更能反映出个体行为、认知和发展上的复杂性,揭示更多个体自身可变性和环境可变性,所以研究中必须使用更复杂的实验任务和评估程序才能抓住行为和心理的复杂本质。Kavensky(1990),Kanevsky 和 Geake(2004)以及 Steiner(2006)的研究方法有独特的方法论特征,他们对任务执行中的策略行为进行观察、测量,并在被试执行任务的同时进行评价,这种方法比标准心理测验的结果更真实。与更简单的测量(例如,反应时的测量)相比,这些测量探查的是超常表现"社会形成"的部分(主动努力),而非"生物构成"的部分(简单的反应能力),正如 Borkowski 和 Peck(1986)指出的,传统研究范式往往关注"学习或认知的某一个方面,常常研究单独、片刻的加工过程及其对表现的影响。两组样本中每个孩子的经历和伴随的智力过程基本上都被忽略了"(p.184)。当研究者寻求对特定情境下(即,情境中行为及伴随行为的情感、动机过程等的独特组织方式,并非仅仅确定一种单一的心理变量,诸如"策略的使用")个体表现更细致的解释时,更容易观察到差异的质的方面。

例如,有证据表明超常儿童在处理问题的个人方式上(如何处理,而不是处理了多少)与常人有质的差异。一项启发性的研究发现,智力超常儿童尽管比普通儿童更频繁地使用高级策略,但是仍花费与普通同龄人相同甚至更多时间来处理手头的问题(Steiner, 2006),在探索和计划阶段尤其如此(Lajoie & Shore, 1986;Shore & Lazar, 1996)。与直觉相反的是,他们比普通学生更容易感受到挑战(Bouffard-Bouchard, Parent, & Larivée, 1993),对任务难度有更准确地估计(技术上被称作"calibration";

---

① 重叠波理论(overlapping wave theory):该理论认为任何年龄阶段的儿童都知道并可运用多种相互竞争的认知策略,选择哪种策略取决于问题和情境,有关何种策略适合何种情境的信息会在经验中不断积累。

Pajares,1996)。也更有可能在处理问题的时候推倒重来并展现出个人毅力(Bouffard-Bouchard et al.,1993)。这表明有众多变量或因素促成了儿童策略的发展,除了动机和自我调控,还包括认知投入、对任务的执着和坚持不懈(Dai,Moon,& Feldhusen,1998)。正如 Shore(2000)的观点,元认知包含大脑的激活(或生成)状态,并非只是长时记忆中静态知识的激活。尽管也许在任何单一认知或动机维度都只发生了量变,但当多种因素参与到复杂认知行为的产生过程中就会产生质变。换句话说,从维度上讲发现的差异可能不是质的差异,但是把维度组合起来就创造了个体行为的独特模式或风格。

个人性向—施教方式的交互作用(Aptitude-Treatment Interaction,ATI)以及质变和量变。探索各种教学条件是否会因学生的性向不同而使学习结果有质的差异或量的差异,这在实践中更有意义、更有用。在个人性向—施教方式交互作用范式下(Cronbach & Snow,1977),个人性向可以是情感上的也可以是认知上的。特定施教条件下的超常者—常人比较范式可以看作 ATI 研究。Borkowski 和 Peck(1986)认为"超常者"和"非超常者"在记忆策略训练之后会有不同的训练效果。他们的具体假设是,当策略训练的指导并不完整("最少策略训练";p.191),有超常元记忆能力(元认知技能的一种形式)的儿童应该能够认识到策略使用的重要性,所以在可以使用策略的新情境中会使用相关策略。他们把七八岁的元记忆方面的超常儿童和普通儿童随机分配到实验组(最少策略训练)和控制组中来检验这一假设。其中最说明问题的发现是:在不相似任务的最少策略训练中,超常儿童能够做到策略迁移但普通儿童做不到。Kanevsky 和 Geake(2004)发现高智商(智力超常)儿童在解决数学中的模式—识别问题时只需要较少的辅导帮助和提示,证明了他们对知识能更有效的迁移。这些结果和 Krutetskii 的猜想一致并回应了 Snow(1994)的早期研究——高智商学生往往在不完整的指导条件下表现得更好,而智商一般或低智商的学生在更完整的教学指导和教学结构下会表现得更好。"元认知加工弥补了教学的不足"这一推测也得到了以上研究结果的支持(Jackson & Butterfield,1986)。虽然目前证据似乎表明,超常儿童的元认知优势是相对的,而不是绝对的,但它与教学条件的交互作用可能使超常儿童得以获得知识并产生学习的迁移,其结果是一种质变。

发展方面的考虑。为了加深读者对第四章中"能力发展三层结构"的印象,我们可以认为认知效率或神经效率反映了第一层"发展早期显现的能力和性向",可能有独特的生物组成成分;认知精巧度可能反映了发展复杂性的更高水平,归到第二层"发展中的技能"更合适。专家—新手之间的差异常常是质的差异,专家与新手的不同不仅在于知识量,还有领域经验、知识组织、领域特殊性的元认知洞察力和元认知策略以及涉及专业的认识论理解(Glaser & Chi, 1988)。相比之下,超常儿童的神经效率或元认知洞察力等认知优势更具有领域一般性,基本属于程度的问题。**可以假定发展复杂性越高,质的差异越可能显现**。事实上,行为的新属性和新组织的显现是发展的必要条件(Fischer & Biddell, 2006)。例如,当一个人倾向于更频繁地使用元认知(如前面提到的,把单个问题纳入一类问题中),就更可能在各种现象或概念间产生学习的迁移。这种概念化能力是智力的核心(Campione & Brown, 1978)。然而,这种质的差异与"专家—新手"对照研究发现的差异不同,后者的差异可能反映的是"专家"对某领域多年的高度集中的努力(例如,Ericsson et al., 1993;Ericsson, 2006)。基于能力的三层系统,第三层专长由于发展复杂性水平很高,更可能体现出获得领域特殊技能上质的差异(见图 4.1)。

在讨论将领域一般性的认知效率和认知精巧度作为质的差异和量的差异的可能来源时,我们不应该忘记,个体表现依赖于具体任务的性质以及专业知识。Lajoie 和 Schore(1986)研究了高智商个体在问题解决中速度(效率)和准确率(复杂性)的权衡,发现这种权衡取决于手头任务的难易程度(例如,离最近发展区的上限有多近)。由于这种复杂性,Kanevsky(1995)提出了一种更为折中的**天赋学习潜能**模型,包括以下三种成分:信息加工效率(基础加工),一般知识基础,元认知知识与元认知控制(更高级的策略)。这一模型囊括了低水平的认知效率和高水平的认知精巧度。

方法学上的考虑。超常者—常人的比较研究范式作为智力—相关设计的变式(Gustafson & Undheim, 1996)有其自身的局限。智力—相关设计的目的是探寻成绩上(心理测验得分)的个体差异背后的认知过程,将心理测量传统和认知传统整合起来。正是认知革命激发了人们尝试整合智力的心理测量研究和认知心理学(例如,Hunt, 1986;Snow, 1994)。然而,从性质上讲,特质有较广的心理基础,无法用单一的加工模型解释清楚(参见 Lohman, 1994, 2001)。同样,试图找到一系列核心加工过程来证明智力天赋是一种独特品质也许是徒劳的,因为测量可能并不对应于单一的某种加工或能力。换句话说,发展复杂性也许体现了各种内因和外因、动机因素和认知因素的交互作用。超常者—常人范式基于还原论假设,认为高智商儿童彼此同质而所有一般智商儿童也都是同质的,但高智商儿童和一般智商儿童之间有质的不同。然而,如果两组儿童在各自组内就已经有太多本质不同的个人经历、已有知识和人格特征,就很难发现两组儿童之间质的差异。

基于案例的证据

很多支持天赋分类概念的证据都来自案例研究和临床观察。例如,将天赋定义为"发展的不同步性"(developmental asynchrony;Morelock,1996)部分是基于 Hollingworth(1942)对极高智商儿童的早期研究。Dabrowsky 的理论认为,高度兴奋性和积极解体对于天赋发展很重要(参见 Ackerman,2008;Mendaglio,2008)也是基于案例研究。这些研究关注行为和表现,如超常者和神童的早期显现(Feldman,1986)。在同龄人之间进行对比,可以轻松地观察到质的差异,不过应当注意这些差异往往是具有高度领域特殊性的,这些孩子在他们的才能领域之外看起来可能相当"平凡"。案例研究也关注脑机制,Gershiwind 和 Galaburda(1987)就发现了神经解剖学和神经发育学上促进具体认知功能的特定脑结构差异的证据。这个证据为质的差异说提供了强有力的支持,说明涉及脑机制甚至大脑模块的非常态发育是质的差异的来源。

可能正是不寻常的脑发育和脑功能导致了特殊才能的产生。O'Boyle(2008)就报告了一系列探寻数学超常儿童解题时大脑功能一侧化(右半球优势)和左右半球间交流的研究。这类证据表明这些数学超常者在认知功能上有独特的组织结构。尽管不确定到底是脑结构差异导致了行为差异(一种结构上的解释)还是习得的行为(如使用空间推理等)导致了大脑半球功能差异(一种功能上的解释;见 Sternberg & Kaufman,1998),但是前者似乎更合理。

总之,案例研究为"质的差异说"提供了重要证据。不过这类证据仅仅代表了特殊案例,并不具有普适性,因此对质的差异说(或分类方法)起不到多大的支持作用。可能是因为案例研究作为一种方法论本来就倾向于某种"独特个人特质"的解释(见第六章详细讨论),也可能是因为案例研究往往关注极端情况,诸如极高智商的儿童(Hollingworh,1942),极端形式的天赋,神童(Feldman,1986),或者异常儿童(例如白痴天才;见 Miller,2005)以及数学天才(O'Boyle,2008)。有人甚至会说这些孩子不是那种典型的所谓"学校里的超常者"(或者"最常见"最典型的超常儿童;见 Coleman & Cross,2005)。比如,当采用大样本比较 13 岁的普通儿童和数学能力在同龄人总体前 10% 的 9 岁优秀儿童,两组在策略和方法使用上没有质的差异(Threlfall & Hargreaves,2008)。研究者认为,研究中数学优秀儿童仅仅是发展上的早慧,并不具有独特认知风格或独特发展轨迹。当然,这组数学优秀学生并没有像 SMPY 研究中那样经过更严格的筛选(Lubinski & Benbow, 2006),因此不太可能展现出质的差异。无论如何,案例证据的普适性有限,我们无法从人群中的一些极端案例概括出质的差异。同样,超常教育不能把这样一些特殊才能案例证据作为依据。案例证据提供了一些超常儿童的原型,这很重要,但是人们也可以通过其他形式和方式取得成功。

基于现象学的证据

正如我在第四章提到的,对于领域特殊性的卓越成就而言,个人特质比认知潜能更重要。它涉及一个人所有的丰富性、复杂性和个人风格。几位在哈佛获得博士学位的同事告诉我,哈佛教授都有自己的**个人风格**。我在其他顶尖大学(比如芝加哥大学)也观察到同样的现象。我的一位教授也认同他们总是"特立独行"。这给了我一个重要的启示:人们可以直接观察到个人风格的表现,但是却难以正式测量到个人风格。这是因为,现象学证据只能用更个人的方法(如第一人称)评估人的主观性(这个人如何知觉、感受和思考)(参见 Cross, 2003)。换句话说,亲身体验只能通过主体间的交流探测到。在这种交流水平上,我们想"测量"的不仅是一个人的人格特质,还想洞察他的个人体验(内在感觉和思维)。完全使用标准化的鉴别程序可能会丢失这些信息,因为测量评估程序通常捕获不到一个人独特优势的个人化方面(更多讨论见第六章通则性研究方法与个别性研究方法的争议)。

伟大的人有一种突出的特点——来自灵感、顿悟、感悟和推理的工作动力是他们个人独有的,无法和他人分享的。达尔文设想各种生命有共同起源,爱因斯坦想象一个人如果以光速行驶会发生什么。在这个意义上,他们与展望着绘画立体派的毕加索一样不同寻常并且"怪诞"。Shavinina 将天赋定义为"对世界独特的认知表征"就抓住了这一性质(参见 Shavinina & Kholodnaja, 1996)。当 Eyscenk(1995)发现创造性人格有一份"癫狂"(在他的人格理论中被称作"精神质")时,他抓住了这种个人风格的一部分,尽管这么做夸大了创造性人格的精神病理学方面(为了方便而将"难以归类"的个性特点纳入已有的人格维度中,如精神质等;见 Feist, 1998)。从性质上讲,大部分关于创造力个性化方面的文献都来自传记或自传(例如,Gardner, 1993;Gruber, 1981)。像牛顿,康德,贝多芬,达尔文,爱因斯坦,毕加索,弗洛伊德,斯金纳,爱迪生,托尔斯泰等,是其中最著名的人。不过也有很多没什么成就但在生活中充满创造性的人,他们创造着新的思想,形成新的成果或新的表达,为推动文明发展、丰富人类生活的伟大艺术和人类服务努力工作着(Csikszentmihalyi, 1996; Kerr, 1985; Kitano & Perkins, 2000)。现象学研究的基本发现是,在很大程度上这些创造者是"自我导向"的。他们着迷甚至痴迷于占据他们精神生活的事物。他们有坚定的信念并坚持不懈追求理想。他们在自己领域里敏锐又聪明,但是生活能力差甚至厌恶社会交往。事实上,他们常常在学校学业或社交上表现不佳(参见 Subotnik & Olszewski-Kubilius, 1998)。他们是冒险家,因此容易像他们父母那样并不成功(Feist, 1998; Goertzel & Goertzel, 2004),但是他们有强大的本我,能坚持不懈地努力。

　　方法学上,研究者使用采访、经验取样(即记录研究对象的时时感受和想法)和日记研究等各种"私密"方式来描述独特个人史。这种研究的科学兴趣点在于个体发展的轨迹,比如在人类服务、艺术表达或知识追求上,个人主观世界和个人演化史中持久的**人生主题**的发展(Csikszentmihalyi et al., 1993),以及某些独特的世界观是如何形成并得到表达或具体化的(即具有结晶意义的经验;Walters & Gardner, 1986)。它所展示的是,当独特个性(即个人风格)或人的个体多样性有机会充分发挥时,它会成为创造力的来源,进而取得社会公认的卓越成就,做出促进文化、文明发展的重大贡献。那些最初个人化、私人化的东西就变成了标准和公众共享的视野和观点。由于创造力是从边缘向中心移动(Kagan, 2002),研究者首先要关注的就是人格和个人史的独特风格方面。直接的实用意义在于,使甄选程序对人类能力中难以捉摸的高潜能来源部分变得更加敏锐。

　　总之,我们可以认为测量证据、案例证据和现象学证据是从最客观的普适的心理维度逐渐过渡到最主观的独特的人类经验,构成了探寻超常能力本质的方法连续体。也许采取一种折中的超常观点会更明智,那就是,看到超常者和其他所有人的共同点与一些同类的超常者的共同点以及每个超常者独一无二的地方。

发展是新异性与质的差异显现的过程

　　有天赋的人也许在生物组成上和"普通"同龄人没有质的差异,只是有相对优势,但是发展结果上可能会与常人有质的不同。这是质的差异的另一种解释,我在上一章讨论"独特的发展定位、轨迹和路径是个体、领域及环境发展的共同作用"时提到过。

　　Gagné(2005b)研究不同学生随时间不断扩大的学业成绩差距,发现了一种"扇形扩散效应"(见第三章)。发展的时间上,超常儿童比同龄人至少会提前两年显现出领域特殊能力(Okamoto et al.，2006)。心理测量中的"测量连续体假设"在某种意义上也许并不成立，因为发展中可能发生质变(例如，知识迁移到一种新的复杂性水平)，类似于"专家—新手之间质的差异"那样的知识鸿沟的确存在(Glaser & Chi，1988；Ericsson，2006)。如果在发展上真的出现质的差异，我们就需要一个模型来解释差异出现的原因。

Gagné(2005b)认为扇形扩散效应受制于"自然法则"，**天赋潜能**被明确地定义为"个体自身条件"，因此，扇形扩散效应很大程度上是先天禀赋导致的。然而，天赋潜能也可以根据概率渐成论(Gottlieb，1998；见图 3.1)和人类潜能的社会—认知起源，被定义为"交互式的"(内部因素、行为因素和环境因素三者互为因果；见 Bandura，1986)。这样一种交互观在一定程度上甚至和 Gagné(2004)的 DMGT 模型一致。例如，由于在第一层能力和性向上(基本等同于 Gagné 的先天能力或天赋)，量的差异不是以线性、独立方式起作用的，而是以相乘方式与环境互动(Simonton，2005；Papierno et al.，2005)，这就导致了 Gagné(2005b)观察到的**扇形扩散效应**(在学习结果或发展结果上有质的差异；第二层技能和兴趣的发展)。为了更好地说明由量变引发的质变，假设现在有三名被试，我们把他们的认知、动机和环境资源(出色的教师、教学支持等)在 10 点量表上量化如下：

	认知	动机	环境
甲	7	7	7
乙	7	5	5
丙	7	5	3

这一假设中包含三种个体—情境特征，三个人的认知条件相同，但是动机和环境条件不同。认知因素指，个体拥有的相对稳定的领域一般或领域特殊能力(三个人的具体能力组成可以不同)。动机因素在一定程度上代表了个体的性向偏好，部分反映了当前任务的属性和社会环境(Gagné 的理论模型中"个体内部催化剂"和"环境催化剂")。环境因素指，对每个人而言哪种教育方式和社会支持条件最合适。让我们做进一步的假设，假定每种变量对发展潜能的贡献大小不同，认知因素权重最大(0.5)，然后是动机的权重(0.3)和环境权重(0.2)，这就是 Gagné(2004)所说的发展潜能(P)可以被量化为认知、动机和环境变量加权后的得分：

$$P = C_{(w)} \times M_{(w)} \times E_{(w)}$$

这样一来,三个人的发展潜能评估值分别是 10.29,5.25 和 3.15。差异相当巨大,很大程度上是组合和乘法效应导致的。甲拥有的超出 B 和 C 的优势正是三个维度上量的差异(两两之间和三者间)在发展中变成质的差异的例子。进一步设想,在发展中的某一时刻(可能是中间阶段)任务变得有挑战性,要求持续的专注练习和问题解决,动机(与生俱来的兴趣和有组织的毅力)就变得更重要(也就有了更大的权重),最初学习易度中反映的认知优势就开始下降(Subotnik & Jarvin, 2005)。同时,导师制和认知学徒制(一种环境变量)也变得更加重要了。这些变量的权重将完全改变。假设每个特征的值不变,但认知因素权重减小($w = 0.3$),动机和环境因素的权重分别增长到 0.4 和 0.3。三名被试的发展潜能将变为 12.35,6.30 和 3.78。如果我们听从 Simonton(2005)的建议,顺着这个思路下去就会有更戏剧化的结果,因为一个领域中任何一种关键成分的缺失会使其他所有成分的影响消失(数学上,三个维度中任何一个值为 0,将使这些数值最终结果为 0)。例如,在个体—环境交互模型中,缺乏关键的环境成分(未能在高中得到老师指导或没有获得更超前的学习材料)将失去才能继续发展的所有机会。

当然,上面的乘法模型大大简化了现实中个体—环境交互作用的过程。首先,没有区分不同学科的要求和阈限。对于不同学科领域而言,认知动机和环境约束大不一样。其次,从时空角度出发,三种变量不是固定的而是发展变化着的。尽管如此,以上假设的情形依然说明了两点:第一,即使是认知因素相对同质的人,他们的发展潜能也可能有很大差异,这取决于认知、动机和环境特征的交互作用。第二,面对发展挑战,每个因素的重要性(权重)的变化会明显改变具体发展阶段中的发展潜能。即,发展潜能会随时间改变,与所处的发展阶段有关。

如此说来,质的差异会在天赋发展的临界点(开始形成不同轨迹和发展定位)显现出来(Ziegler & Heller, 2000)。这样定义的"质的差异"就是与环境相关的、生成的、动态的差异(Dai & Renzulli, 2008;见第九章详细讨论),确实会呈现多种形式和状态(Passow, 1981)。

技术和实用的考虑

基于测量的研究会把"人类能力"、"技能"和"特质"维度量化为高中低三种水平。我们可以认为,测量是"参数化的":用一系列参数或关键变量来描述群体中所有成员,然后基于这些变量来预测每个成员的行为。前面一节中,我阐明了质的差异如何通过组合或乘法因素被放大。也就是说,个体、行为和环境变量能够以一种合适的方式互动,导致我们能够观察到的这种扩大的个体差异(或者扇形扩散效应),这是从量变到质变的非连续变化的例子。这种生成的质的差异可以被看作分层级的,因为好的越好,差的越差,就会在优势群体和劣势群体间逐渐产生界线(Ceci & Papierno, 2005)。

就多方向发展而言,生成的质的差异是多元的。根据 McCall(1981)心智发展的"勺子模型",6 岁左右,儿童就开始朝不同方向分散式地发展,而不是皮亚杰(1950)所说的以"多少会发生"或"迟早会发生"的不变序列在同一方向上集中式的发展。当然,由于发育、生活经历和接受过的正规教育,大多数孩子的逻辑思维能力或有组织的思考力越来越强,在这一点上皮亚杰是正确的。但是与此同时,儿童、青少年和年轻人的认知优势、自我概念和兴趣随着发展也都越来越不同(Ackerman, 2003)。在第四章我讨论了 Feldman(2009)提出的人类技能发展从共性到特性的连续体。他认为,当人们朝着技能发展的独特端移动,随着发展定位、轨迹和路径的逐渐多样化,每个人将会有自己独特的知识、技能和专长。换句话说,就是出现了非连续性的改变,那么参数测量的连续体假设就不再成立。就好比你最初会比较两个苹果的大小,但是早晚你会意识到大小不再重要,因为你比较的不同变成了苹果和橘子之间的不同。因此,有时必须使用非参数方法。例如,Lubinski 等人创造了被试内相对优劣势的测量法。言语、数学和空间能力模式不同的十三四岁孩子在数学科学、艺术和无机、有机领域中展示出可预测的职业分化轨迹以及成年后的创造性成果(Lubinski & Benbow, 2000; Park, Lubinski, & Benbow, 2007)。就能力、知识、自我概念和兴趣而言,Ackerman 和同事(Ackerman & Haggestad, 1997; Rolfhus & Ackerman, 1996, 1999)提供了在大学时期及以后发展中,鉴别这些方面突显的质的差异的研究实例,Snow(1992)称之为"**综合潜能**"(**aptitude complex**),而 Ackerman(2003)称之为"**综合特质**"(**trait complex**)。在 Ackerman 的实验中发现了四大类综合特质:社会类,宗教—传统类,科学—数学类和知识—文化类(cf. Feldhusen, 1992; Tannenbaum, 1997)。可以想象,大学生仍在经历分化整合的发展过程,正是这种发展过程创造着独特的发展定位,就可供性和约束而言有着质的不同。即,言语早慧的人可能偏向知识—文化领域(例如,人文学科)发展,数学早慧的人倾向于物理科学或技术领域发展(Park et al. , 2007)。因此,不仅是在执行者(performers)和制造者(producers)之间,在艺术表达和学术思考的创造者之间(Tannenbaum, 1997),即使在不同学术领域(像历史和化学)的思想的创造者之间,超常发展的内容和进程也会不同。**从毕生发展的角度看,在对文化而言的重要领域中,超常技能的发展是发展复杂性增长和逐渐分化的必然结果。**正是在这个意义上,艺术、科学或人类服务领域中无论是熟练型还是创造型,在执行模式下还是在创造模式下,发展多样性和个性发展都是卓越的主要来源(Tannenbaum,1997)。

目前为止我已经讨论了各种超常情况,这是在与"正常情况"有质的差异这一意义上展开的讨论,不过,在教育背景下的"超常"有其基本的实用意义:常规班级中的一名学生由于成绩异常突出显得"超常",但是把他安置到一个对学生进行过严格筛选的班级或学校(也可以说是有特殊教育需求的一类学生)中就不再"超常"了。换句话说,"超常"不是个体自身决定的,而是取决于情境。Shore和Delcourt(1996)确定了为超常学生和普通学生实施的课程设置和教学法上的异同。他们发现,课程加速、按能力分组和高级课程资料只适合超常儿童,而对超常儿童有效的丰富化教学、培养创造能力、师徒制也普遍适用于其他所有学生。Tomlinson(1996)提出了9个维度,在这些维度上对超常学生采取了有别于普通学生的教育和指导方式:(1)从基础到迁移;(2)从具体到抽象;(3)从简单到复杂;(4)从单方面到多方面;(5)从小进步到大跨越;(6)从结构性强到灵活性强;(7)从定义清晰到定义模糊;(8)从依赖到独立;(9)由慢到快。可以根据最近发展区(ZPD;Vygotsky,1978)和从具体发展时间点上的教育经验中获益多少,按这些维度去恰当地安置所有学生(包括"有天赋的"学生)。严格来讲,对于某个学习者而言,如果最近发展区的上限(在更有能力的人的帮助下成功完成某任务)和下限(独立地成功完成某任务)明显与大多数同龄人不同,他就会显现出特殊的教育需求。也就是说,需要提供给他超出大多数同龄人的学习挑战(上限)。然而,超常不仅与个体本身有关,也与环境有关。想象一下,在常规班级中为了顾及所有学习者,教师会采取各种提速或减速的努力,这样一来就没有"特殊情况"了;也就没有必要单独成立一项超常计划,在一个包容所有学生的班级里就可以进行区别教育,事实上,现有的课程结构在一定程度上反映了日益分化和多样化的超前学习(更多的AP班级,更超前的选修课)。然而,假定一些学习者的最近发展区超出了按年龄常规分班所能提供的知识技能,由于资源和专长的缺乏,在班级内的教育区别对待已经无法满足他们的需求。那么,这些超前学生是一种特殊情况,不亚于心智迟滞或学习障碍类别中的异常情况,有时甚至会为某类特殊的超前学生专门创建一种学校。即,**实践意义上的超常不是一种个人特质,而是情境化的**:按年龄分年级的常规教育环境是否适合高度早慧或超前发展的孩子。"超常"和"心智迟滞"或"学习障碍"有一个重要区别:前者更需要足够的挑战,后者更需要矫正、补救。在常规班级里,高度超前的学生对充足挑战的需求更难得到满足,因为班级中缺陷学生的需求更明显。当一个孩子与大多数同龄人相比,在某任务中展现出更高的最近发展区上限,常规教育条件可能满足不了他的需求,超常教育的需求就变得很明确。当个体因素和环境因素都被考虑进来,就有了充分正当的理由去进行课程分化(一种**个性化教育方案** Individualized Education Program;IEP),甚至开展超常教育项目。尽管分化发展或发展多样性有质的方面和量的方面两种,不过在制定课程分化和教育安置的政策时,还是会采用以下一些普遍规则或启发式来衡量超常能力发展时出现质变的可能性:

- 当被观察的特征位于常模的两端时,往往具有独特的心智结构和功能组织。这种猜想在一定程度上得到下面证据的支持:正态分布的两端,分数的离差往往显示出非连续型模式。换句话说,正态分布假设和连续性假设在极值处不成立。前面讨论的"比较数学能力高于均值和有数学天赋的儿童之间的差异"就是这样的例子(O'Boyle, 2008)。

- 当发现模块化或压缩知识的证据(例如,完美音高或白痴天才的快速心算能力),我们就可以推断超常能力的确存在。这样的证据包括领域特殊性的才能,例如,有关某些物理、生物、社会现象的独特直觉和想象力或者学术、艺术和实用技能中要求的高能力。这一猜想的前提是:促进学习和才能发展的领域特殊性机制与领域一般性机制不同;领域特殊性机制显示出认知系统1的特征(快,不到达意识层面,不受意识控制等),领域一般性机制显示出认知系统2的特征(慢,需要努力,受理性分析的控制等,见第四章的详细讨论)。另一方面,如之前讨论过的,当领域一般性认知优势被考虑进来,事情发展就往往不再那么戏剧化了,主要因为系统2的表征和加工在时间上不那么稳定,情境上有更高的可变性。

- 当一种技能或能力通过系统训练和练习得到充分发展,表现出高度的发展复杂性(良好整合的知识系列、技能和兴趣),有专长表现(棋类、物理学、艺术等)的佐证,就很可能是超常的(与其他不熟练的执行者有质的差异)。这一猜想是基于下面的假设,这些用多年时间完善技能的人和那些仅仅为了在日常情境中有效发挥技能的人之间存在显著差异。甚至专家的专注训练(deliberate practice)的方式也与日常生活中的练习方式有本质不同(Ericsson, 2006)。总的来说,高水平的领域专长反映了Feldman(2003, 2009)"普遍—独特连续体"上发展的独特性。
- 当我们考虑一个人知识、技能和性向的组织复杂性时,不能忽略个体智力运作、组织上的独特性,包括个体如何知觉和认知表征这个世界。独特个体观证实的"认知多样性"是创造力和发展新异性的来源,本质上是类别问题而不是程度问题。

结语:什么时候"超常能力"是真的超常?

正如上一章所说的,超常能力可以从结构上(人类构造)、功能上(领域生态性)和发展上分析。个体、领域(环境)和发展的相互作用导致了唯一的领域特殊性轨迹。同样,在什么情况下把综合潜能或综合特质看作连续体(与他人类似),什么情况下看作非连续体(不像其他任何人,与众不同)是一个经验问题,不能一概而论。不过,和"超常者同质假设"相反的是,我认为最终解释各种超常能力显现和发展的,是人类高潜能在各种发展定位、轨迹和路径上的异质性和多样性。因此,不能在"超常"和"非超常"这两个宽泛的抽象类别(为了便于操作,常以主观临界分数作标准的分类)间得出先验的质的差异的结论,仿佛所有超常者是一组同质的群体,所有非超常者是另一组同质的群体。相反,质的差异根本在于个体的个人特质,或者用Feldman(2003)的话说,在于"非普遍性"(p.22)或个体发展的独特性。因此,可以想见质的差异不仅存在于超常者和"常人"之间,也存在于超常者和超常者之间。

最终"质和量的差异"这一争议可以通过一种发展的观点得到解决。即使先天结构上不存在质的差异,而且超常能力也不会突然显现,只要内部和外部力量能够在发展中恰当的结合,在超常能力"成为"的过程中逐渐导向新的系统和新的能力,围绕超常能力"生物构成"和"社会形成"的先天后天争议就能够得以解决。关于领域特殊性和一般性的争议也会就此找到解决办法,即使一些孩子的领域一般性或特殊性的优势并非质的优势,随着时间的推移,领域一般性程度不同的各种能力和性向将在环境可供性和约束中汇合、自我组织起来,创造出具备自身发展新异性的独特个人生活轨迹。

第六章 见仁见智:世界观和认识立场上的差异

心理学家围绕"意向立场的理性假设"开展心理学研究,生物学家围绕"适应性思维的优化假设"开展生物学调查。

Daniel Dennett《意向立场》

总的来说,寻求一劳永逸的对世界的理解使人类产生这样一种需求,即爬进舒适的概念框子,不管什么框子,只要它能提供减少认知不确定性或者缓解紧张的希望。

Sigmund Koch《心理学知识的本质与局限:"科学"世纪的课程》

在前面几章中,我讨论了有关超常能力的三个重要本体论问题:(1)在发展的各个阶段,先天后天因素如何共同造就了超常能力;(2)领域特殊性技能和创造力如何在个体、领域和发展的相互作用中形成;(3)个人的独特生物基础、特定发展模式以及对环境的动态适应如何造就了一个人的超常发展。

这一章关注的是认识论和方法论问题,即人们如何获得可验证的、具有普遍意义的、有效的知识?在这个领域中更常采取哪种理论立场和方法论工具?事实上,有关先天后天等问题的各种本体论观点实际上依赖于研究者的"认识立场"——关注某一现象时采取的认知视角,认识立场是我们用来诠释信息并预测研究对象会如何行动的一面透镜。认识论(探讨知识本质时持有的种种信仰和理论)支配着方法论(观察事物、处理问题时所采用的方法,比如实验法、人种调查法等),实证主义者认为客观真理就在那儿等着被发现,众多竞争的观点中只有一个是正确的;后实证主义者认为知识都是人类建构起来的,即使在最严谨的科学研究中概念化和诠释也发挥着作用(Lakatos, 1978;参见 Howe, 2009,教育科学的本质)。不同的研究方法只是我们认为的适合用来研究某种现象或问题的认知工具。

在超常研究和超常教育中,需要选择合适的认识立场和研究、评估方法来解决以下三个基本问题:(1)所谓的"超常"究竟是什么?"超常能力"最好的证据是什么?

(2)如何认识和研究各种"超常"表现?(3)怎么解释和预测"超常潜能和卓越成就的发展"这类复杂的现象?接下来我会对这三个问题分别进行讨论,找出它们各自内部的争议并思考解决办法。

"超常能力"最好的证据是什么:能力倾向还是真实成就?

说一个人有超常能力就像说一个人很漂亮,都需要解释清楚甚至进行辩护。"有超常能力"、"很漂亮"这样的描述隐含着一种比较和区分(以常模作参考),也就是说天才、美女是相对于那些不太有超常能力或不太漂亮的人而言的。语义上这两种描述都很模糊,因为"多漂亮才算美女"或者"多有天赋才算天才"受制于定性的判断和实用的考虑。有时是基于一些客观量化的维度和主观判断的量表,有时是基于纯粹主观的观察者判断,总之,并没有清晰客观的黄金标准来评价这些品质。"漂亮"和"有天赋"这两种描述也是不同的,"漂亮"有更具体的指代对象(例如某种面部特征和五官比例),而"有天赋"或天赋的同义词("非凡"、"卓越"、"杰出"、"超常")描述的是更抽象的事物(智力天赋,学业天赋,音乐天赋等),是在观察基础上对心智品质做出的推断。教育和学术交流中都在使用"超常能力"一词,但外延和内涵不同。超常能力的**外延**争议不大,因为人们只需判断是否违反了客观定义的外延标准。而超常能力的内涵如今却越来越有争议,有些人认为能力倾向测验的结果提供了超常能力的最好证据,有些人认为领域中的真实成就才是超常能力的最好证据,这是一个基本的认识论争议,可以表示如下:

正题:
能把高潜能(能力倾向)从高成就中区分出来的测验结果最能证明一个人是否有天赋潜能(超常能力)。

反题:
一个人只有在真实领域活动或真实运作环境中显露出技能、知识的超常掌握,我们才能确定他有"天赋"或者说拥有不寻常的"潜能"。

使用能力测验测量"潜能"引出的概念问题和经验问题

目前的主流模型(例如 Gagné 的 DMGT 模型,或者"慕尼黑能力—成就动态模型";见 Gagné, 2005a; Heller, Perleth, & Lim, 2005)总是将各种心智能力设定为未来取得专业领域成就的**前提或先决条件**,内隐或外显地假定能力和成就间存在因果联系。教育和心理研究中的能力倾向与能力倾向测验联系在一起:IQ 测验、SAT、ACT 或 GRE 常被用作选择和安置学生的工具。使用能力测验或能力倾向测验测量潜能的首要问题是:对能力概念和成就概念进行经验上的区分是否有效,也就是说,我们能确定一个人的某种心智能力真的是他在某领域做出杰出成就的先决条件吗?

Angoff(1988)建议我们把目光从先天后天问题转移到能力概念的稳定性、灵活性和可行性问题上。他认为学业能力倾向(scholastic aptitude)虽然像学业成就(scholastic achievement)一样都是发展出来的后天品质,但和学业成就有几点重要区别:

(1)能力倾向的增长比学业成就的提高要缓慢得多,学业成就是进入具体领域后努力的直接结果;

(2)短期的教育干预对能力倾向的作用不大(很难使其增长),但对学业成就的影响效果明显;

(3)能力倾向主要关注潜能(学习速率等),而学业成就可以测出实际学了多少;

(4)能力倾向测验比成就测验的行为取样范围更广,因此预示了一种更一般化的能力;

(5)既然能力潜能并不太依赖学校正规教育,就可以用能力测验来评估一般智力功能,无需考虑学校经历和学业成绩(理论上,即使辍学的人也可能会在 IQ 测验上得高分);

(6)只要评估对象没有接触过学习材料,我们就可以用能力测验预测他的潜能。

尽管 Angoff(1988)提供的这几点区分理由中有好几个都存在争议(见 Ceci & Williams, 1997; Lohman, 2006),但是描述了不同个体在学习易度和表现(加工过程)上的差异以及他们努力成果的差异,在这个意义上,对能力和成就进行区别就仍然有意义。由于这些"能力倾向导致成就获得"模型受到专长研究者(见 Ericsson, 2006)的挑战,所以在思考"能力倾向是否是领域杰出成就的先决条件"这个问题时,相关测量的预测效度就成了决定因素(即以"成果"为标准;Sternberg, 1995)。有很多研究关注能力测验的预测效度(见 Schmidt & Hunter, 1998; Lubinski, 2004; Sackett et al., 2008),这些研究共同证明了以选择安置为目的的各种能力测验效果良好。比如最近完成的一项 SMPY 追踪研究中,用 SAT—数学测验对 13 岁学生的数学能力进行量化,严格挑选出群体中前1%的数学早慧学生,以他们25年后获得的专利或出版的科学著作作为成功标准进行评估,证明了13岁时数学能力上的差异能够预测发明或学术成果的多少。即使获得的学位一致(比较最终学位相同的个体;Park, Lubinski, & Benbow, 2008),这种预测力依然存在。

尽管各种能力测验的预测效度比较可信,但是将能力测验(尤其是IQ测验这种一般能力倾向测验)作为预测超常能力的唯一工具仍有一些不妥之处:

1. 一般学业能力倾向测验(与爱荷华代数测验或者卡罗尔外语能力倾向测验等具体学科能力测验相比)通常不会根据不同专业领域的要求进行调整,因此对领域特殊性学业成就的预测力较低(Lohman, 2005a);不同领域对心智能力的要求不同(Simonton, 1999);即使在学术研究内部,不同学术领域或学科对心智能力的要求也很不一样。

2. 在能力测验得分和真实成就间做因果推断也许并不合适(Sternberg, 1999a);把一组工具标记为智力或能力测验,把另一组工具标记为成就测验,两组工具在结构上可能有着很大的重叠(Kelley, 1927;见 Lohman, 2006);能力测验和成就测验反映的都是先天与后天的共同作用(见 Lubinski, 2004),与知识和加工技能有关(二者都是后天习得的)(Lohman, 2005a)。

3. 考察能力倾向时只采用心智能力测验,忽视了非认知因素(例如内在动机)对高成就的重要影响(Dai, 2004b;Gottfried & Gottfried, 2004)。所以在具体执行环境和发展阶段中最好采取既考虑个人因素(如知识、情感、动机)又考虑认知潜能的能力环境观(Ackerman, 2003;Cronbach, 2002;Dai & Renzulli, 2008;Matthews & Foster, 2006;Snow, 1992)。

总的来说,领域一般性的能力倾向测验有良好的预测效度,但是对于具体领域的才能发展和突出成就的预测力不高,而具体领域却又恰恰是教育者主要关注的。另外,能力倾向测验往往以人类潜能的能力—中心观为基础(尤其当测验用于鉴别时),仿佛只有那些高分者才值得特殊关注,通过其他方式证实的高潜能在这种认识立场下都是不可信的。

使用"成就"作为超常标准引出的概念问题和验证问题

争议的另一方主张用专业领域的真实成就做超常的主要指标。用成就和专长表现(即被证实了的卓越)作为超常能力的标志,这一方法尽管真实可靠(Ericsson et al.,

2005,2007),但是自然会有利于那些拥有机会、必备经验、技术支持和社会支持的人。而有些的确"有超常能力"的人却因为缺乏这些条件而无法取得应有成就,他们的超常能力也会就此埋没。所以,只要"学习机会"不均等,评估手段和相关的甄选安置方案就存在严重的公平问题和有效性问题(Gee,2003)。这一经验问题反映出认识论上的两难境地:想把"先天能力"和发展出的技能知识完全分开是不可能的。如果一个人缺乏足够的经验、有意学习和专注练习,他在学业或其他领域中的"超常能力"可能就无法发挥出来(IQ测验上的表现也是如此)。而且,认为对高成就而言只有经验、学习、资源和支持才是重要的,这一看法违背了一种被人们广泛接受的观点,即,**学习易度**存在着基本的个体差异,这才是区分超常者和常人的标志(Gagné,2004;见第三章的讨论)。

此外,只要我们把"潜能"概念看作多面的动态的而非"固定不变"的,这一概念就依然有用。首先是因为有可靠证据表明高潜能有独特的遗传因素,尽管基因表达是复杂的过程并且与环境和发展有交互作用(Simonton,2005,2008)。第二,除了极少的神童案例之外,用小时候的潜能去预测未来全面成熟的才能成就是不现实的(例如,Feldman,1986)。超常能力的征兆常常跳出具体领域,用更一般化的测验或观察确定的(例如,思维类或艺术类的敏锐性和灵敏度),这样就导致了普遍的"高能力低成就"或自身潜能无法实现的情况出现。第三是因为"潜能"概念可以在"内容"和"过程"之间作出区分——成就测验测量的是对"内容"的掌握,跟导致内容掌握的心智结构与心智操作(过程)是不同的;"过程"强调把学习易度作为超常潜能的指标。当然,内容表征和加工技能是互惠互促的,难以分离(见第四章);拥有更多的内容知识就会减少对认知精细化的需求。即,任务中涉及的知识水平越高,就越难将先天后天的贡献分离开,这是一个普遍规律。最后,在验证层面把超常能力定义为"潜能",就可以分辨、评判非正式场合(例如,通过对话和轶事证据)中的超常行为和潜能,不需要严格遵守领域成就标准。

使用"卓越"作为超常能力的标准也有不合适的地方。卓越常常是基于社会威望和名声,因此不一定反映客观的专业标准和可靠的科学证据下的真实情况,除非成就标准将"社会赞许"这一条也包含进来(例如,艺术、演说和社会领导力的成就标准就包含社会赞许)。"超常能力"的专长观主张,用"可复制的超常表现"作证据,分析研究对象的言语报告来阐明内在加工过程(Ericsson,1996,2006; Ericsson et al.,2007b; Ericsson & Williams,2007)。尽管还不能确定现实生活中的创造性表现和创造性产品是否真的能够在实验环境中"复制",但是出于科学严谨性的考虑,需要这样客观、可信的标准。因此,使用更严格的标准和程序来判断卓越的程度和水平,比依赖提名或公众赞誉好得多(Ericsson,1996)。比如,大众心理学常常暗含这样一种假设:如果有人在人类知识或艺术方面做出异常重要的贡献,那么这一贡献的加工过程一定是超凡的,他的心智也一定超常。因此,人们自然会对爱因斯坦的大脑很好奇(Diamond et al.,1985),仿佛只要搞清楚爱因斯坦的大脑,我们就能像衡量他伟大的成就那样衡量他伟大的心智了。尽管贡献的重要性有时的确可以追溯到心智的伟大性,但事情并不总是这样,成果非凡的人并不一定有非凡的头脑。想想古腾堡和牛顿的例子,虽然古腾堡远没有牛顿头脑聪颖,但是古腾堡最早发明了欧洲的活字印刷术,是上一千年中对人类文明影响最大的人。所以,尽管使用卓越成就(比如获得诺贝尔奖)来理解非凡头脑是有道理的,但是我们不能假定非凡成果(例如诺贝尔奖重大发现)一定需要非凡头脑(即,重大科学发现的研究设计必然很出色)。认为卓越成就不是最佳标准的另一个原因是出于对机遇的考虑。比如,两个人可能同样聪明或在同一领域有相同贡献,但是只有一个人拥有天时地利而获得名声和社会荣誉。Don Ambrose(2009)比较了托马斯·爱迪生(1847—1931)和尼古拉·特斯拉①(1856—1943)的差异,尽管特斯拉的工作更惊人、更出色,但爱迪生对世界的影响更大,他的名字也更广为人知,这是因为爱迪生出色的"商业头脑"或拥有斯滕伯格(1996b)所说的实践智力。这组比较进一步表明,卓越成就不应该被看作超常能力的客观测量。除了回答了"以卓越成就作标准是否合适"这个问题之外,也进一步证明了非凡心智或"超常"头脑是不同质的,即使两个人在同一领域中取得卓越成就。

超常的具体—发展鉴别法:超越本质主义

超常能力的本质主义观认为,可以提取一系列稳定的本质特征用来定义和鉴别"超常能力"。换句话说,"天才"或"超常儿童"概念是可以规范地定义的(例如,Gagné,2005a,2009a)。不过我认为"超常"概念根本上是一种原型,甚至是范例,即人们使用原型来评判谁"有超常能力",而不是用一系列抽象特性(即"超常能力"的成分)来概括"超常能力"。正如人们常把麻雀或鹰看作鸟的**原型**却容易忽略鸵鸟和企鹅也是鸟,高智商儿童过去常被看作"超常儿童"的原型,后来才被更多元化的超常儿童概念所取

---

① 尼古拉·特斯拉是人类历史上一位重要的发明家,在19世纪末和20世纪初对电和磁作出了杰出贡献,引领了第二次工业革命,发明交流电并免征专利税。——译者注

代,有了各种范例(例如,Witty,1958;Passow,1981)。在讨论"通则性研究方法—个别性研究方法"争议时我们再来看这个问题。

从更务实的角度出发,Coleman 和 Cross(2005)提出一种"基于学校,面向发展"的定义:童年期的超常能力可以使用心理测量学上定义的"潜能",但当孩子进入青春期,就应该有证据证明所谓的潜能的确会导致具体领域内与年龄相符的成就。这种定义体现了能力倾向和卓越成就之间的妥协。Mayer(2005)将这种定义扩展到成年期,把成年后的创造性成果包含进来,这样一来,"超常能力"就是"初始发展阶段的潜能,中间阶段的成绩和高级阶段的卓越,是一个与具体年龄有关的术语"(p.439)。超常潜能发展的这三个阶段大致对应于第四章中介绍的发展复杂性增长的三层系统(图 4.1)。三层系统旨在引导思路,追随超常潜能不断变化的特性,避免那种使研究陷入困境的物化倾向和本质主义倾向。

如图 4.1 所示,第一层"能力和性向"是一些发展着的模糊个人资质,可以在童年早期和中期进行评估(6 至 8 岁),这时的行为和表现反映的是基本功能单元的效率和自发的"先天"性向,是只有在对比两个经历、环境相同的同龄人的某种表现(比如兴趣倾向、学习速率或技能发展的速度等)时才能做出的**推断**。"潜能"的这种操作性定义和"美国联邦政府贾维茨超常能力与才能教育法"中的定义一致,即"和经历、环境相同的同龄人相比,执行高难度任务的潜能"(Ross,1993,p.3)。如果比较的是不同环境和经历的同龄人将不可避免地带来混淆因素,影响判断的准确性并带来公平问题(Gee,2003)。

第一级能力和性向的分化水平很低,这是由于童年期的能力具有高度的可塑性、功能灵活性以及不稳定性。不过"能力倾向就是潜能"这一传统观念有自身的局限性,一些学者认为能力倾向是一种神秘的难以解读的品质(例如,Ericsson et al., 2005,2007; Matthews & Foster, 2006),因此 Snow(1992,1994)提供了另一种能力倾向观:应对环境需求并从环境机遇中获益的一种准备状态。这样定义的能力倾向是在个体—环境互动中严格界定的近端潜能,不再是由预测效度验证的远端个人特质。换句话说,**Snow 定义的"能力倾向"是指,无论一个人已经具有什么知识、技能和性向,只要他在某种具体环境中学得得心应手或者表现得好就行**。这样一种对高资质的情境式定义不仅考虑了个人—环境的互动,还包含了知识、情感、意向和认知潜能(即,综合潜能 *aptitude complex*;见 Ackerman, 2003; Cronbach, 2003),这与领域特殊性精熟模型有两点相似的地方:首先,在 Snow 的定义中主张,近端地掌握型证据(面对具体任务或挑战的学习易度)比一般能力倾向测量(IQ 测验等)的证据重要,因此使潜能更加真实;第二,它强调能力的演化性质,认为能力是在任务环境的约束中整合各种个人元素的过程,并不是静态的个体特质。

由于各种早期模糊能力或性向的一般性和特殊性程度不同,又在具体环境中分化发展着,我们只能对一些发展良好的情况进行推断却无法进行直接地观察。例如,一个孩子能很好地掌握某种数学概念或很好地理解叙述逻辑,但不能完全清晰地表达出来。也就是说,在这一阶段鉴别"超常儿童"是基于一些不完善的推论,鉴定出的高潜能有很高的不确定性。比如,一些孩子显露的早慧可能是短暂的,在发展中会逐渐失去这种超常优势(Simonton, 2005)。我们经常使用的鉴别工具(智商测验等)实际上是筛选工具,旨在选出那些在高挑战性任务中"更可能"成功的人,淘汰那些不太可能成功的人。换句话说,**鉴别的是在某个具体项目或活动上成功的可能性,并不是原本"有超常能力"的概率(不存在绝对标准和黄金法则)**。这也是出于统计和实际的考虑,评估能力倾向时要在宽松标准和严格标准间进行权衡,更宽容的标准或分界点包含更多"虚报"(出现更多 I 型错误,即,把事实上平庸的人当作超常者),但是避免了"漏报"(避免了 II 型错误,即,避免错失一些能成功完成挑战的人),反过来,更严格的标准或分界点在降低"虚报"的同时也增加了"漏报"。

如图 6.1 所示,如果我们把垂直杆(即临界分数)右移(比如移到第 95 个百分位,如右手边虚线所示),被包含进来的人将更少。这样"虚报"数会下降,而"漏报"数会上升。反过来,如果我们把杆向左移(比如移到第 85 个百分位,如左手边虚线所示,筛选标准就更宽松),合格的人数就会增加。这里权衡的结果就是"漏报"数下降而"虚报"数上升。原则上,使用更严格的标准对教育机构而言是一种行之有效的求稳策略,不过这是以漏掉一部分有能力的合格候选人为代价的(即"漏报")。例如,1956 年诺贝尔物理奖得主 William Shockley 就被推孟(1925)的研究漏掉了,因为他的智商总是在 120 到 130 范围内,低于推孟 140 的智商门槛(后来这一门槛变成了 135)。

在接下来的前青春期或青春期早期(10 到 13 岁),可以对进一步发展了的中级知识基础和高水平加工(通常是知识丰富型或知识积累型加工)进行鉴别,我称之为第二层"能力和兴趣"。数学早慧儿童就是一个明显的例子(Stanley, 1996),SAT—数学测验测出他们的能力与众不同,因为数学早慧不仅意味着具备高度发展的各种主题的数学知识,还具备与特定数学知识运用有关的元水平策略性知识(即,可以观察到领域内的认知精巧度)。在这一阶段可以观察到超常学生面对更高级学习材料时学习速率的加快,也能观察到学生的内在兴趣甚至对任务的投入程度。事实上,在这一阶段已经

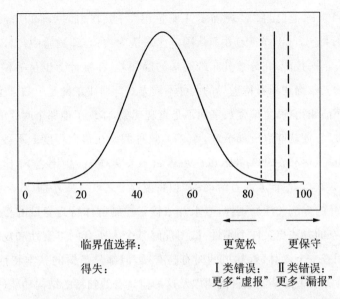

图 6.1　鉴别和选择超常儿童时在测验得分的正态分布图中采用更宽松或更保守的临界值以及关于Ⅰ类错误和Ⅱ类错误的得失权衡。

可以鉴别出学生独特的综合潜能或综合特质,这些资质和特质使人们进入本质不同的发展道路(Ackerman,2003)。**这种更深层的分化发展提高了鉴别的准确性。**

然而,在这一发展阶段中,能力、知识和兴趣的模式仍然展现出多样性和不同质性,还没有形成高度专注的个人追求,因此整合度较低。相比之下,高度发展后的专长既有区分性又具备整体性,因此观察、测量的确定性最高(在一定程度上可复制;见Ericsson et al.,2007a)。对人类高潜能的这种发展式解释能充分说明在整个发展过程中(即个体发生学),人类潜能和卓越成就具有变化发展、形式多样(异质性)并且与环境有关的属性,避免了"超常潜能通过单一核心(一般智力或某领域的先天禀赋)来保持自身的特性、统一性和连续性"这种令人质疑的本质主义解释。

我们如何理解超常能力和才能的本质与发展:通则性研究和个别性研究

依赖直接观察研究对象的真实表现,而不是对能力测验测出的大样本特征进行推断,导致了另一场认识论争议:哪种研究方法更可靠——直接观察和细致的个案研究,还是大样本调查、心理测量和定量推论？我们来看看有关这一争议的历史轶事。当斯皮尔曼(1904)声称他已经"客观确定并测量出"一般智力时(p. 201)，比奈(1905；Brody引用并讨论，2000，p. 19)并不认同。比奈认为，在心理测验中得分相同的两个人仍可能拥有不同技能，在分数分布的高端的确如此，在统计上也是一种必然。这两类智力理论的先驱描述了看待世界的两种不同方式。斯皮尔曼是个数学家，他看重普遍性、共性、简洁和精确，更偏爱数字而不是直观现象，体现了他那个时代的默认假设，即智力是一种"心理功能"(Spearman, 1927)，这种假设在很大程度上不被现代认知心理学所接受(见Jensen, 1993; van der Maas et al., 2006)。相比之下，比奈是一个临床医生，他感兴趣的是个体智力活动的"独特复杂性"和细微差别(Brody, 2000, p. 19)。斯皮尔曼的方法关注通则性，寻求并依赖于控制群体行为变量的普遍规律和通用法则，而比奈的办法更关注个别性，试图理解某个人所有的丰富性和复杂性。通则性研究方法调查一个森林，森林里的树有高有矮，但都具备树的基本特性(或共同特征)，而个别性方法关注某一品种的树以及这种树具有的独特的结构功能(以及优化成长条件)。"通则性"、"个别性"两个词主要来自早期的人格研究(Allport, 1937)。心理研究中通则性研究与个别性研究的争议与教育研究中的质和量方法的争议类似(Ercikan & Roth, 2008; Howe, 2009; Bredo, 2009)。通则性研究方法—个别性研究方法的争议可以用以下方式表达。

正题：
超常能力的行为表现遵循一系列内隐的但是普遍有效的规律和原则，因此，我们可以通过应用这些普遍规律和原则，确定谁是超常者及其超常能力如何发展。

反题：
超常行为是多样化、独特的现象，有其自身的内在逻辑，不存在预先设定的普遍原则，因此，为了阐明超常表现的性质需要深入研究每种表现的个别性。

接下来，我们来看这两种方法在方法学上的三个关键区别：
- **逻辑**。通则性研究方法是演绎性质的，对人类状况和人类活动方式做出一般性假设，提出面向特定人群的"自然法则"或普遍原则的推论。相反，个别性研究方法是归纳性质的，从一系列详细深入的观察中识别出有规律的行为模式(Allport, 1937)来解释某一类现象。应用到超常问题上，对于超常能力本质是什么以及用什么属性定义超常能力这两个问题，主张通则研究的人提出本质主义的一般性假设，因此研究目的是用群体中的代表性样本（超常者和普通人）检验一般性假设的可行性。相比之下，支持个别性研究的人认为超常能力涉及独特的个体活动和个体发展（例如神童 Feldman，1986；音乐超常能力发展 Subotnik & Jarvin，2005），很难符合任何一种"超常能力"一般性理论或大一统理论，因此研究任务就是要确定导致特殊能力出现的"个体独特发展模式"（例如 Bloom，1985）。

- **语言**。通则性研究方法为了抓住研究对象的本质属性，采用分析式、抽象的语言表达方式（如一般智力、数学超常能力、内在动机）；个别性研究方法采用的表达方式保持着天然、低推理性和主观性（Holton，1981），直接来自于自然观察并且与关注的实证例子紧密相连（如兴趣、晶体经验和目的组织）。

- **数据**。主张通则性研究的学者认为，各种行为和心理表现的规律可以被量化，这些规律作为测量维度和变量（心理测量学上）是普遍有效、适用的。主张个别性研究的学者认为，发挥机能的人是一个整体的分析单元，不能被分隔成孤立、静态的心理维度（见 Bredo，2009，Ercikan & Roth，2008 教育研究中类似的分析）。

个别性和通则性研究方法各自的优势与误区

对心理过程、智力、人格上的个体差异提出个别性假设或通则性假设是差异心理学的支柱，它的主要任务是确定群体内部变量。正如 Novick（1982）所说，"判断一个科学家是否出色，可以用他鉴别变量的技能作为衡量标准，这些变量要能够被用来界定相关的可转换的亚群体"（p.6）。各种能力变量和人格变量通过测量技术派生出来，并被认为对群体中所有人适用。换句话说，这些变量被看作预测个体行为的固定参数。使用通则性研究方法有一个明显优势，那就是一旦形成一系列有效的参数并有合适的工具来评估这些参数，就可以用这些参数对真实世界的运作方式、运作逻辑、概率结果进行长期预测和远距离推理，不用过于依赖永远变化着的难以捉摸的实际表现。物理学就是这种演绎推理的典型例子。从推孟（1925）开始，在超常研究中占主导的通则性研究方法目前取得很大进展，超常者—常人的比较研究（Borkowski & Peck，1986；Kanevsky，1990）和追踪研究（SMPY 研究 Lubinski & Benbow，2006；Fullerton 纵向研究 Gottfried & Gottfried，2006）等提供了众多支持证据。

采用通则性研究模式思考人类行为有一个潜在问题——心理结构（例如，各种形式和类型的智力和人格）是我们创造出来的概念工具，用来描述这些变量是如何影响某群体中个体的行为表现。然而，一个人并不是一个变量列表（Snow, 1995），当这些通则性结构把握不了个体发展的具体路线或个性特征的细节和复杂性时，就丧失了解释力（见 Cross, 2003 对实证—分析研究模式的批评）。从更为技术的角度看，对个人行为功能的通则性假设的依据是"个体间变量证据反映了个体内变量"，即行为的个人化组织以及这一组织随时间改变的方式。然而，Molenaar（2004）认为事实并非如此，整个心理测量传统都无法把握个体内部的变化以及由此发生的不同个体在能力和成长方面的异质性。

所以，天才的通则性研究方法（例如，心理测量上将"超常"操作性定义为一系列一般性的心理特质）有其优势和不足。一方面，如果测量工具允许在能力高端做精细区分，那么所用的心理测量工具就应该能够把握个体能力的极端情况（即，不会存在明显的天花板效应）。另一方面，高天赋者心智的独特结构和功能（包括具体测试环境的个别性）完全不能为标准化心理测量所捕捉。换句话说，对于超常能力而言，心理测量法的通则性假设可以把握住"个体差异"维度，但是要以掩盖一个人的**"个性"**为代价（Edelman, 1995; Molenaar, 2004）。这就是为什么要用个别性研究方法作为替代或补充。

在鉴别和思考超常潜能时，为了理解一种更个人化或"临床"诊断法的基本原理，首先最好区分一下基于统计的知识和基于案例的知识。基于统计的知识关注群体特征，而基于个案的知识能够保留个人信息所有的丰富性和复杂性。华盛顿特区或州府的教育政策制定者会依赖教育统计数据做决策，当地的学校和班级教师主要是与每个学生打交道并基于个案特点做决策。例如，对某些学生采用不同的课程，或者推荐一些学生参加某个超常项目。这里我们可以用医学诊断治疗打个比方，医生显然要知道最新的医学统计数据，比如某种病的流行程度、高危亚群体，或者采用某种治疗方案的康复率。然而当面对某个病人时，诊断总要依据这个人的特殊性，也就是疾病、症状、病因的独特模式，治疗方案也因此不同。所以基于个案的丰富知识构成了临床医疗的专长，与对医疗统计数据的熟悉度关系不大。

个别性研究方法作为通则性研究方法的替代或补充

通则性研究方法采取客观主义、机械的认识立场，认为人的结构功能是遵循通用原则的客体，基于一系列参数并具有可预测性，人的主观意向性的活动就成了附带现象或无关紧要的事。相反，个别性研究方法要求对个体的精神生活进行深入观察（例如，包括现象学方法；Cross，2003）。很多研究者提议将"目的的组织"（organization of purpose）（Gruber，1986）、"主观心理空间"（Shavinina & Kholodnaja，1996）或"主观行动空间"（subjective action space）（Ziegler，2005）作为描述超常能力如何形成的理论模型的关键成分。他们认为，独特的认知情感经验和知觉、表征世界的个性化方式才是超常能力的主要来源（Shavinina & Kholodnaja，1996）。个别性研究方法引出一个问题：在复杂的心理社会功能和发展（像智力、专长和创造力）的科学思考中，是否应该包含直觉、个人判断以及个人生活的其他主观方面？不同心理学家（包括超常能力的研究者）有不同的看法（Kimble，1984）。

目前，以变量为中心的通则性研究方法仍然是心理学的主流（Cronbach，1975；Molenaar，2004）。这一方法的前提假设是：心理特质、心理过程和心理事件具有客观性、可量化性和普遍性。即使智商或人格特质测量（比如内外向）的意义和属性与物理属性（比如高度或重量）相比非常不同，普遍性观点还是假定一些基本的心理属性是足够稳定的，可以得到有信度的测量，基于这些心理属性被假定存在的影响力，研究者可以预测个体的行为。然而，包含"个人化生活任务"（Cantor，1990，p. 740）、"个人奋斗"（Emmons，1986）等成分的、以个体为中心的"个别性研究方法"逐渐显示出发展势头。Molenaar（2004）甚至提出一种统计技术，让心理学回归"个体"并把心理学重新打造成"个别性"科学。

我们都想在节骨眼上着手解剖自然。问题是，如何能够既保留住事物的复杂性和充分的细节，又展示出人们能理解的结构和规律，把握住"每个人和其他所有人的相同点，和一部分人的相同点，以及独一无二的特点"（Lohman & Rocklin，1995，p. 470）。正如之前说过的，超常能力研究领域以人类特质的通则性假设作为领域开端（比如超常能力的核心是一般智力因素；Terman，1925），但是研究者逐渐认识到以具体现象（天赋、超常行为的直观现象学）开始的重要性（例如，Witty，1958）。事实上，推孟在追踪研究的后期发起了很多个案研究，产生了一些其他方法无法得到的洞见（见Terman & Oden，1959）。通则性观点引领了超常理论和实践中超常教育的本质主义分类法；个别性观点开辟了多种新的途径来探索不同才能的生成方式，由此形成超常儿童和超常成人的原型概念和范例概念，以及针对有希望的学生的各种鉴别、培养方式。

选用通则性研究方法和个别性研究方法的策略考虑

作为研究策略，通则性研究方法和个别性研究方法在心理学中的作用就像教育研究中质和量的方法一样，把它们看做一个连续体比一分为二来看更好（Ercikan & Roth, 2008），因为这是一种在数据—理论之间进行协调、归纳的辩证加工过程，不是非此即彼的静态选择（Bredo, 2009）。在通则性和个别性之间，以变量为中心鉴别"可转换的亚群体"（天才，普通人，智力迟滞者）和以个体为中心鉴别独特个人特质（多方面优异或有数学天赋的女孩等）两种方法之间存在着中间地带。Ackerman（2003）通过聚类分析确定的综合潜能或综合特质就体现了这样一种折衷。类似的，Muthén 和 Muthén（2000）在以变量为中心和以个体为中心的方法之间提供了一种技术的妥协。他们建议使用一种"潜在类别"统计技术（使用 M-Plus 软件）鉴别相对同质（就分化的个人特点与发展模式而言）的亚群体。或者像 Silverstein（1988）所说的，为了真正解决通则性研究与个别性研究之间的争议，应该用能力发展史（FDH）作分析单元。同样，Haensly、Reynolds 和 Nash（1986）认为应该关注"面对不同情境时人类反应的动态性"（p. 130）。Snow（1995）对这一观点表示认同，"在发展的过程中去理解个体差异和个体特质也许是最好的方式，只有在分化发展的背景下，普遍的与独特的发展途径才能得到最好的解释"（p. xiv；也见 McCall, 1981; Horowitz, 2009）。将"能力发展史"作为分析单元是一种有前景的研究方法：人类行为不是脱离环境的个人特质的作用，以"环境中的人"作为分析单元，探究一个人知识、技能、性向在适应性组织中发生的内部变化（通过时间序列分析或微观遗传法）。Dai 和 Renzulli（2008）提出以下三种体现 FDH 分析单元的成分，试图描述人与环境的动态互动方式。<u>选择亲和性（Selective affinity）</u>是指，个体有选择性地注意、接近环境中的某些方面，形成自己的发展定位或定位潜能。<u>最大程度掌握（maximal grip）</u>是指，努力把握那些能够使人们在认知和情感上进一步分化发展（定位、轨迹和途径）的系统。<u>混沌的边缘（At the edge of chaos）</u>是指，个体在已知与未知之间，新知识和旧知识之间，或两种思考系统之间体验到心理张力的临界点，需要对这一情况下产生的机会、风险和不确定性作出决策判断。这些核心概念体现了研究者在提出超常能力发展的概括性观点时，试图保留人类能力发展的完整性、个别性和环境依赖性的意图。

另外，通则性和个别性方法可以相辅相成地用来揭示在不同时期、不同描述水平上的超常表现的本质。例如，在 Simonton（1997）以及 Lubinski 和 Benbow（2006）的"创造性成果预测解释模型"中，只设定了少数参数，所有的理论预测在统计上和实证上都可以检验。相比之下，Bloom(1985)、Gardner(1993,1997)和Gruber(1981)密切关注那些创造出或创造着里程碑式贡献的人物，对他们的个人生活和智力活动以及头脑的运作方式努力达成共情的理解。这两种方法都很重要，通则性研究方法关注特质(traits)，以变量为中心提供面向群体的宏观水平的客观预测(例如，Lubinski & Benbow, 2006)；个别性研究方法面向过程，以个体为中心的研究提供以个案为基础的深层、微观水平解释(例如，Bloom, 1985；Gruber, 1981)。两种方法服务于不同的认识论目的，有不同的实际效用。

如何解释和预测超常行为的表现和发展：还原论与生成论

如果通则性个别性研究方法的争议在于：超常研究应该以共性还是特性为开端，在寻找共性的同时如何保持个体的丰富性和个别性；那么还原论和生成论的争议就是：在哪种水平上对一种行为心理现象进行解释和分析才合适。具体观点如下：

正题：
<u>超常表现的复杂性可以在更基本的分析水平上用更简单的元素来解释，高层次的现象可以还原到低层次的元素、结构和过程上。</u>
反题：
<u>超常表现的复杂性反映了生物体的高级组织原则和依赖环境的运作规律，具有不能被还原为低层次的孤立元素的生成属性。</u>

140

总的来说，鉴别、分离出人类能力基本元素的通则性研究方法是还原主义的，而维护个性化能力的个别性研究方法是反还原主义的(Bredo, 2009)。不过，在卓越成就的先天后天成因背景下，还原论有某种特殊意义：它体现了人类试图追溯卓越成就的内在根本原因的努力，尤其是把先天禀赋看作一种明显的生理优势。

丹尼特(1987)提出三种认识立场来理解和预测客体的行为："物质立场"、"设计立场"和"意向立场"。从物质的视角出发，客体最真实具体，可以从质量、速度、能量、驱力等方面进行预测。物理学和化学就持有这种"物质立场"。相比之下，从设计的视角看客体会抽象一些：我们只能推断客体的结构、功能和目的。"设计立场"的典型学科包括生物学和工程学等，可以帮助我们理解，像鸟的飞行能力是如何体现进化论意上的某种设计,钟表的功能如何体现机械或电子的某种设计等问题。"意向立场"最抽象:我们只能对愿望、想法、感觉或者各种心理状态进行推断,从而更好的预测目标客体的行为。人的头脑和电脑软件就具有这种意向性。丹尼特坚持认为这些认识立场只是处理复杂现象的不同认知策略,只要能有效地预测行为,认识立场就是有用的。认识立场并非本体论的论断(即,不需要考虑它们是"真实的"吗?)。比如,我们把软件和动物"看作"拥有"意向"和"目的",这只是一种认知策略,并不是说它们"真的"像人类那样会形成意向和目的。当然,三种认识立场的用途不仅在于对客体或行为进行有效地预测,一种恰当的认识立场也可以帮助我们把握事物的内部运作机制,而不恰当的认识立场会掩盖事物的本质。例如,为了弄清楚一个闹钟为什么不再滴答响,需要采取设计的立场(例如,猜测"可能是设计上有缺陷")并落实到物质水平(也许存在某种机械故障)。如果简单地把钟表问题归结于材料磨损(即采取物质立场)是不能发现问题、解决问题的。思维恰恰同时具有这三种性质:思维是物质的,通过复杂的神经生物结构和生化过程激活数十亿神经元;思维是设计的,通过发育和学习在遗传和表现型上"被设计"完成各种适应性任务;思维是意向性的,具有反思能力并引导意识关注世界的某些方面,包括意识本身。也就是说,想要理解超常心智的运作方式或者评估超常潜能,我们必须决定持哪种认识立场,或者把哪些立场结合起来,这样才能解开超常能力的深层秘密。

某种程度上,世界观(Ambrose,2000)和认识立场类似(Dennett,1987)。世界观这一概念可以追溯到 Pepper(1942)的世界假说。Pepper 反对逻辑实证主义的客观前提,他认为不存在完全独立于解释的"纯粹"事实数据。Pepper 提出"形式论、机械论、环境论和有机论"四种世界观或概念系统,作为阐释各种自然现象和世界事物的"深层隐喻"。沿着这个思路,Overtone(1984)指出,心理学中最常采用机械论、有机论或环境论世界观,反映了我们对人类能力和人类发展的深层基础假设和理解。人类能力和发展的机械论关注机制的完善,就像一个可以拆开看各部分如何运作的机器部件,一切都遵循物理法则。在这样一个系统中,元素的加减和重新排列足以使其运转,但元素本身并不发生质变。机械的世界观旨在对事物进行简化还原,做到预测和控制。相比之下,人类能力和发展的有机论仿效的是动植物等生命体。生命体经历着连续性的量变或非连续的质变,变化过程涉及"宏大系统中的子系统的整合以及长远的目的论发展"(Ambrose,2009b),人类更是如此,我们在适应环境、自我改造、自我选择和能动性中积极地发展着(Bandura,1986;Piaget,1950;Siegler,1996)。人类发展的环境论结合了有机论原则(例如,人类是积极的能动主体),但是更强调人类能力发展是与环境的动态互动紧密相连的(Fischer & Biddell, 2006)。人与环境的互动创造了发展新异性,这种发展新异性无法只用机械论或有机论原则来解释。换句话说,人类发展的环境模型是互动论的,它把人和环境的动态交互作用看作适应和发展变化的原因(见Piaget, 1950)。

丹尼特(1987)的三种认识立场和Overtone(1984)的三种世界观几乎是一一对应的。不过,我们讨论的重点在于,面对"提出哪种类型的研究问题,采用哪种研究设计,使用哪种观察、测量和记录方法,会得到哪些发现,最终对一系列数据采用哪种解释体系或模型"这些问题,无论我们持哪种认识立场,都会对方法论产生影响(Ambrose, 2003b; Bredo, 2009; Ercikan & Roth, 2006)。因此,采取某种认识立场或世界观是我们面对某种现象时进行的有意或无意的策略选择。

心理学作为一门相对年轻的学科过去总是向物理学看齐(有些人认为现在还是这样)。牛顿经典物理学定律印证了还原论的魔力。事实上,还原论是如此有魔力,以至于牛顿、普朗克等卓越的物理学家都渴望用更基础、更根本的理论来实现物理科学的统一。以普朗克为例,他告诫说"只要力学和电气力学没有和热力学及热辐射合为一体,物理研究就不会停息。"(引文取自Holton, 1981, p. 18)。尽管爱因斯坦晚年的统一场论的尝试失败了,但是还原论已经被证明在物理学中非常有用,然而在生物学上就不太有效了,在心理学上也越来越有争议(见Koch & Leary, 1992)。心理学作为一门学科一开始有很强的还原论倾向(例如,心理物理法),心理事件被认为是神经—生理过程的副现象。大体上,心理学的还原论研究倾向于追溯所有复杂行为和高级心理现象(包括超常能力和才能的早期表现或者杰出成就)的简单低级组成元素和规律。在还原论最极端的形式中,心理过程和事件甚至被还原到神经生理事件和生物化学变化上,这些都可以被继续还原到物质层面(或者说从细胞水平到分子水平)。还原论方法不那么夸张的一个例子是用遗传和环境的贡献比例来解释智力和人格变量。人类智力变量也可以通过一种完善的图式被拆成更简单的组成元素(加工速度,工作记忆,演绎和归纳逻辑,元认知等),并且用遗传和环境因素的相加或相乘来解释(见Scarr, 1997)。然而,正如Cronbach(1975)几十年前阐述的一个一直存在的问题:"把行为还原为自然法则,是社会科学应该追求的吗?"(p. 116;参见Koch & Leary, 1992)整体论作为还原论的对立面,坚持认为整体大于部分之和并且应该保留整体(包括个体能力)的独特性(Bredo, 2009)。

与还原论和整体论相比,"生成论"作为一种哲学观对心理学而言是比较新颖的(Sawyer, 2002)。它与整体论的区别在于,"生成论"论证的是所有心理过程的物质基础,以及把复杂系统分解到不同分析水平的可行性;与还原论的区别在于,它讨论的是新异性质的生成以及一个系统在各种内因、外因的交互作用下不断增加的组织复杂性,无法被还原到某一种因素上。例如,"进化"可以被理解成复杂性的自主组合和组织:经过百万年的进化,生物体突破了神经系统、意识、语言和技术共享的种种关键阈限,通过学习和发展,"智人"以一种前所未有的方式实现了对环境的最大适应。每个阈限都代表了组织复杂性(organized complexity)的一种新水平,以原先水平的元素为基础,因而无法被还原到原先水平上去。例如,言语符号能力作为人类能力的生成属性,包含有导向的意识(意向性),但是不能简单的用意识来解释。生成论可以把人类复杂行为(包括智力活动和才能、创造力的生成)中的个体差异解释为发展的生成产物以及动态的复杂性(Dai, 2005; Sawyer, 2002)。事实上,从有机体的视角出发,发展的本质其实就是新属性的生成(Overtone, 1984)。当 Jensen(1993, 2001)和其他差异心理学家通过生理测量(诸如神经传导速度)寻找智力的生物基础时(参见 Geake, 2009; Vandervert & Liu, 2009), Gruber(1986)摒弃了这种还原论的描述,把达尔文、皮亚杰等划时代的创造者描述成"自我建构(即后天造就)的卓越"。还原论者和生成论者尝试回答同一个问题——人类超凡能力和创造性生产力是如何产生的,但他们却朝不同方向寻找答案。另一个例子是 Renzulli(2002)发现超常能力三环理论仍有一些不足,他提出一系列个人因素(如乐观、勇气、对人类状态的敏感性和使命感)作为引导人们作出创造性贡献的必要动机驱力。在先天后天争议以及生物构成—社会形成争议的背后也存在着认识论争议。Kimble(1984)称之为心理学的两种文化:科学主义和人文主义(参见 Koch & Leary, 1992)。其实这些竞争的观点和朝相反方向寻找答案的研究者关注的是同一个问题,那么我们如何才能找到一种两全其美的解决方案呢?唯一途径就是采取系统的方法。幸运的是,亚里士多德的四因说可以帮助我们理清还原论和整体论或还原论和生成论之间错综复杂的关系。

亚里士多德的四因说:超越还原论和整体论

在《物理学》和《形而上学》中,亚里士多德提出"四因说"帮助人们思考"事物为什么是现在的样子"(见 Cohen, 2006)。**物质因**解决"是由什么造的"这一问题。**形式因**解决"它的形式或结构是什么"的问题。**动力因**解决"它是如何产生或存在的"这一问题,换句话说,是什么使它发生的?最后,**目的因**解决"它是干什么的"这一问题。设想一下,一座桥在材料上是用钢铁和混凝土造的(物质因);是根据描述它结构和功能属性的蓝图建的(形式因);是通过人类能动主体产生的,例如劳动力、工程师、创造力和技术设备(动力因);用来改善交通和运输(目的因)。合起来可以用以下方式表述四因说:基于终极目的或功能性目的,材料(物质)在一些能动主体(机制)的作用下具备了一定的结构(形式),万物之所以存在或被生产出来,就是这样一种过程。物质因和形式因(物质和形式)是静态的解释,动力因和目的因(能动主体和目的)是动态的解释(Cohen, 2006)。关于差异化发展要思考以下两个问题:首先,我们怎么解释人类发展的形成过程或"社会形成"的过程——从一种相对模糊的心理结构发展成一种高度分化、有组织的才能?第二,人类发展在什么程度上与人造品的产生(比如建桥)相似?又在什么程度上类似于一种自然机体的成长(比如一棵树的成长或水果的成熟)?人造物和动植物有机体这两种解释方式大不相同(见 Cohen, 2006; Simon, 1969)。举一个简单的例子,一个不熟悉音乐的人如何变得有音乐才华?有两种静态解释方式:第一种解释会推断这个人具备的硬件优势(例如,加工速度快,具备敏锐的音高知觉)促进了音乐的学习(如学习易度),这是一种内生的物质因。第二种解释会推断负责音乐的生物硬件结构或者先天设定的规律原则(完美音高,节奏模式识别)支配着音乐信息的加工。这种情况下就是形式因(具备结构优势和形式优势)。在解释差异化发展时,支持心理测量传统和差异心理学的人(例如,Plomin, 1997; Gagné, 1999b, 2009b)倾向于物质解释,认为超常能力是一种一般性的自然禀赋(物质因),不考虑形式因——不去假设生物上先天造就的特化的结构(比如音乐或其他文化领域的功能模块)。

而那些持生成论或整体论的人倾向于给出差异发展的动态解释,比如接触音乐、接受音乐训练后,不熟悉音乐的人**如何**变得有音乐才华(动力因),以及一个人**为什么**从一开始就关注音乐(目的因)。当然,生成论或建构论的解释并不意味着一定要否认还原论的解释,而是采取更高级的组织原则——比如人和任务环境的互惠互动,以及从状态甲(没音乐天赋)到状态乙(有音乐才能)的发展转变过程中的自主组织。因此,超越还原论和整体论,就是要弄明白这"四因"是如何拼成兴趣(音乐、数学等)分化发展的整个谜题。我们把一切都准备好,保持所有选项的开放性,把"四因"看作既来自个体内部环境(内生)又来自个体自我发现的外部环境(外生),形成一个 2×4 矩阵(表 6.1)。

表 6.1　基于亚里士多德的四因说，与卓越性的发展有关的内生和外生因素。

因素	内生	外生
物质因	基因，神经生物学结构	技术和文化资源
形式因	自主组织 意义建构	组织环境和支撑环境
动力因	发展能力、技能、功能模块 行动，主观能动性和动机	奖励，意义，技术和其他竞争者
目的因	自我实现	社会和文化生命力

正如表6.1，**内生物质因**包括支撑各种心智能力的遗传变量和生物基础（包含神经解剖和生物化学的发展变化）。**外生物质因**包括支撑具体人类活动的技术资源和文化资源。形式因也分内外，内生（个人）方面可以再分为两种，**第一种内生形式因**是"愚钝"（dumb）机制，是适应先天约束（比如声调系统）的音乐知觉的自主组织。即，一个不熟悉音乐的人变得有音乐才华，同时没有意识到这是怎么发生的。**第二种内生形式因**是"聪明"（smart）机制，意义建构为心理上表征音乐的形式、情感和意义，以及对各种音乐（比如爵士乐和古典乐）的性质做出细致区分和归纳概括的符号能力。即，一个不熟悉音乐的人可以清楚地表达"什么是音乐"和"音乐作为一个系统如何运作"。请注意，这里没有假设作为形式因存在的任何专门用于音乐或其他文化领域的功能模块，因为我不认为相对于音乐、数学这样的文化造物存在某种先天造就的生物结构。换句话说，即使存在音乐（或其他领域）的功能模块也是通过经验产生的而不是与生俱来的。除了**内生形式因**还有**外生形式因**，包括特定的组织环境和支撑环境。正如Vygostky(1978)对更高级心理功能结构的建议，我认为，在文化造就的语义丰富（semantically rich）领域中，外生形式因至关重要。那么到底是什么导致了差异化发展的出现（动力因）？我认为发展中的能力、技能、功能模块以及动机情绪是**内生能动性**，奖励、文化意义、技术支持是主要的**外生能动性**。正是在这一分析水平上，物质因、形式因与内生、外生匹配到了一起。最后"目的因"开启了"什么是高级能力发展的'终极目的'"的辩论。我认为，马斯洛定义的"自我实现"就是人类追求卓越的终极**内生目的**，而社会和文化生命力就是终极**外生目的**或者人类坚持促进、培养和弘扬各种卓越成就的原因。

把这些内生、外生因素列出来也有不妥之处，仿佛皮肤是遗传与环境之间、主体与客体之间的分界线。如果事实像维果茨基所说的——我们认为"遗传"导致的现象实际上大多是由后天环境造成的,只是通过内化逐渐变成了"第二天性",越发展就越难分离先天后天、内生外生因素的作用,因为试图分离的做法会使先天后天共同动态引导发展的方式明显地失真。尽管如此,亚里士多德的四因说让我们有机会更全面地看待人类的发展方式,并且系统地思考还原论和整体论研究者之间的争议。由于领域(如,艺术或科学)、类型(如,操作者或制造者)和卓越的水平(如,世界级或国家级)不同,表6.1给出的解释也会不一样,所以我们需要的是领域特殊性的中距理论(mid-range theory)而不是才能发展的大一统理论(grand theory)。

将超常能力的还原论和生成论解释放入"四因说"的框架中,还原论者倾向于寻找内生(个体自身)静态(诉诸物质和形式的解释)原因,而整体论或生成论者往往更关注动态原因(动力因和目的因),内生、外生因素间以及生成属性和生成关系的高级互动。请注意,还原论有两种:一种是**消除性还原论**——以"完全是神经—认知效率"或"完全是基因"的形式排除其他原因的可能性;另一种是**非消除性还原论**——观察到的差异在一定程度上是由低水平元素造成的(例如,认知效率、神经效率或基因)但并不排除更高水平元素的作用(见Searle, 2004)。在理解图6.1整个谜题的研究努力中,如果还原论只能解释谜题的某一部分,就要把其他解释元素整合进来帮助我们理解剩余部分,使还原论的贡献与不足更加清晰。

有关人类潜能兼收并蓄的多面观似乎能更好地解释超常行为和天赋行为生成的复杂性,在处理相关现象的复杂性问题时,多元的世界观和认识立场是互补的(Ambrose, 2003b)。在Perkins(1995; Perkins & Grotzer, 1997)提出的智力理论中,神经智力、经验智力和反思智力这三个基本类别可以在亚里士多德的四因说框架下进行完善,成为理解人类能力(包括超常能力)随时间发展、演化的系统观。最后,一种理论的成败取决于它能否做出可以不断完善的理论预测。牛顿经典物理学可以对苹果掉下的下落轨迹进行很好地预测,但是对下落的树叶却无能为力;后者需要一种关于掉落物体更精细的理解或更复杂的模型(例如,涉及空气动力学)。在超常能力研究领域,我们需要这样一种理论:足够简单,能把握主要的相关元素;又足够复杂,能阐明元素如何共同运作以产生某种发展结果(见第九章的整合框架)。

结语:方法论的综合

在这一章里,我试图说明那些看似客观的超常能力证据,其实是从定义、假设各不相同的研究中得到的;那些看似客观的有关超常能力的本体论描述,其实从来无法脱离认识论立场的约束。这就引出一种有关超常能力知识的相对主义立场。通过指出每种超常能力研究方法和研究视角的优缺点,我们会发现每种方法在哪些方面帮助我们理解超常能力,又在哪些方面缺乏认识论根据或实践根据。

能力测验得分和真实成就哪个更能体现"超常"潜能,这一争议反映了对真实表现的观察和人为测试的决策推理的不同的信任度。我认为,保留高能力概念与成就概念之间的区别是合理的,不过需要注意的是,能力倾向是动态演化着的,并依赖于环境,而不是静态的与环境无关的。对于通则性—个别性研究方法的争议,我提出了几种备选方案使两种方法能够互相补充,在保持个性和环境依存性的同时又具有普遍性和概括力。为了实现方法论的综合,需要采用一种合适的分析单元使我们能够观察到发展形成中的超常能力;换句话说,就是观察超常能力发展如何**在环境**中发生。最后,确定超常能力发展低水平元素的"还原论"和确定超常能力发展高水平交互成分和生成属性的"生成论"会在研究中一直存在。系统观将有助于我们理解不断积累的实证研究如何螺旋式地将不同部分整合在一起;生成论认为,超常能力是一种生成演化的品质并且与具体环境和发展阶段相关、相适应;还原论认为,超常能力的形成离不开低水平支持元素,这两种观点同样重要。亚里士多德的"四因说"促成了更系统的才能发展观,在四因说的基础上发展出关于超常能力的更具领域特殊性的中距理论。

第七章　超常教育的目的和方法

造物主手里的一切尽善尽美;到了人的手中一切皆蜕变失色。
　　　　　　　　　　Jean-Jacque Rousseau《爱弥儿》或《论教育》

对卓越的追求是教育的酵母,每个人都有自己独一无二的追求卓越的理想。学校必须把培养每个人的卓越理想作为重要职能之一。
　　　　　Jerome Bruner《论左手性思维:直觉能力、情感和自发性》

我在第二章中曾经提到,超常教育受制于我们对超常行为的性质和发展的理解,但是并不受其支配。我也提到,人们应该意识到,设计超常教育时,科学知识何时何地开始不再那么重要,而道德、社会和实用考虑取而代之成为主要的参照依据。也就是说,在指导人们组织、管理、设计超常教育项目时,科学知识的指导作用是有限的。在接下来的两章节中,我会试着阐明超常教育中能被科学证据阐明的部分,即超常教育项目目标的实现要受科学研究和科学知识的制约;我也会试图指出那些只能由利益相关者或利益相关团体协商的各种超常教育"价值观"。这里有两个关于超常教育基本目的的问题值得我们关注:(1)专长与创造力;(2)关注超常儿童本身与关注才能发展。

理解超常教育的框架

教育者和研究者对"超常能力"有两种陈述方式,有时是科学式的(比如,"超常能力"的本质是什么),有时是社会规范式的(比如,我们如何培养这种理想的品质;见Renzulli, 1999)。这两种陈述方式表明一种基本观点——超常能力是动态演化的品质,也揭示了两种备选研究策略——研究者可以关注超常能力的先天本质去理解超常能力的运作发展方式,这是科学策略;也可以关注超常能力的后天培养,进行研究和发展(Research & Development, R & D),目的是帮助有潜能的学生实现高水平的卓越,这是与超常教育紧密相关的应用和实践策略。超常教育作为一种教育方案有以下特征：

1. 超常教育是基于我们对"一个孩子如果得到适宜恰当的培养会成为怎样的人"这个问题的理解。因此，超常教育与我们所期望的孩子未来理想的发展状态有关，这种发展状态虽然不会是在儿童性向上先天造就的，但是根据儿童所显露的潜能是适切的。

2. 超常教育涉及社会和伦理考虑——为了社会进步和超常儿童的自我实现，我们把超常儿童看作需要保护和培养的宝贵资源。所有的孩子都应该有发展和证明自己潜能的机会。

3. 超常教育需要考虑一些实际的问题，比如，手头的资源（时间、金钱、专长等），以及如何有效、高效地使用已有资源。

支持超常教育的科学论点可以归结到两个问题上：超常教育的特殊教育设计是否与某类孩子的已知发展轨迹一致（上述特征一），超常教育方案能否有效地产生想要的结果（上述特征三）。相比之下，我们为某个超常教育项目设定的课程目标（特征一）和社会伦理考虑（特征二）与价值判断有关，这些只能由超常教育的利益相关者去协商（例如，超常教育应该有多包容，超常教育的目标应该多元化还是一元化）。对以上这些问题的思考可以帮助我们更好的理解超常教育的学术论述，正如接下来的实质性讨论。

专长（专家技能）和创造力间的争议

超常教育是为了让教育对象获得高级知识水平和专长，还是为了培养他们的创造力？这一争议明显是出于社会规范与实用方面的考虑。大多数超常项目服务于那些有"精通熟练"一类（以某种测验分数或等级为指标）的超常儿童和青少年，而不是那些"有创造力"（以行为和产品为指标）的孩子。而那些学习成绩好的孩子更可能属于前者。Renzulli(1986)把这种应试能力（包括完成智力测验）和课文学习能力称为"学业天赋"(p.57)。然而，超常教育界存在一种普遍观念：学校里才能发展的目标不仅包括专长的形成，还包括创造力的获得(Renzulli, 2005; Subotnik & Jarvin, 2005)。与学业天赋相比，"创造型—生产型天赋更关注学生对原始材料、产品所做的出色的设计，这一设计或创造对受众能产生实实在在的影响"(Renzulli, 1986, p.58)。尽管教育的这两方面并不互斥，但是反映了不同的课程重点和教学重点，这是教育者试图解决的常见的"内容—过程"难题。这种专家技能和创造力的概念争议不仅存在于教育研究者和心理学研究者之间——教育研究者更关注已有知识、技能和专长的掌握，心理研究者更关注思维、问题解决和创造力；也存在于超常教育的不同实践者之间——有些实践者的教育目的是培养学生高水平的专长和才能，有些实践者的教育目的是培养学生的创造力。超常教育中专长和创造力诉求之间的概念争议如下：

<u>正题：</u>
<u>某领域中，高水平专长或专家技能（熟练精通型）应该作为超常能力的标志和超常教育的目标，因为只有这种形式的卓越能力才可以被科学验证，才会在教育中得到促进。</u>
<u>反题：</u>
<u>创造力（创新性）才是超常能力的标志和超常教育的目标，因为超常能力不是对已有知识的掌握，而是探索、发现和创造未知世界。</u>

下面我会先介绍超常研究领域中针对专长和创造力性质的争议，这一争议是对具体教育方式的可行性进行评价的科学基础。然后在培养专长或创造力的教育目标中对比"加速教学"和"丰富化教学"这两种主要的教育策略。最后是关于专长和创造力的知识如何为教育项目提供启示的一般性结论和观察数据。

专长研究者和创造力研究者之间的争议

成熟的"天赋"技能分为两大类：专长和创造力（Tannenbaum，1997）。用加德纳（1997）的话说，"专长"类别中的人是已经将自己的技能修炼到极高水平的大师（见Ericsson，2006），"创造力"类别的人是使思维领域、实践领域或艺术表达方式发生重大转变的开创者，他们推动某个领域发展，甚至创造出一个全新领域。卓越的两种表现形式——高精通度和高创新性，都是超常教育有效的长期目标（Tannenbaum，1997）。

Ericsson（1996）对专家的技能表现和实际操作进行了严格的实验和系统观察（使用言语记录分析），得出周密的专长路径模型。作为回应，Simonton（1996）描述了他完全不同的创造力发展愿景。他认为,创造力的发生学描述(即个体发展)与专长的发生学描述采用的是不同的因素。在他的概念里,最初的创造潜能和创造生涯开端(第一次成功地进行创造的时间)是决定一个人创造力发展轨迹的两个重要因素。如果 Simonton 是正确的,而且超常儿童教育者又把创造力看作超常教育项目的目标的话,创造潜能就必须作为重要的甄选标准。此外,教育者们不得不考虑如何激发超常儿童的创造潜能,使他们的创造生涯更有可能早点开始。

然而,对于许多认知心理学家(包括 Ericsson)而言,创造力的发展轨迹与具体领域中的专长发展轨迹并没有太大差别(见 Ericsson, 2006; Weisberg, 1999)。例如,沃森和克里克发现了 DNA 双螺旋,这是分子生物学和遗传学的重大突破,极富创造性,但离不开他们的高水平领域特殊性专长、大量研究以及与同事的通力合作(包括以其他研究者的观点和策略为基础,例如建模技术)(见 Weisberg, 2006, pp. 775—776)。总之,这些心理学家认为高水平专长和创造力之间的差异被夸大了。Ericsson(2006)认为,专注练习对于个体知识、专长和最终创造力都有解释力,这样的话,"某种先验的创造潜能必须作为先决条件"这一假设存在的必要性和重要性就明显降低了,对导致专长和创造力的过程进行区分也显得意义不大。另一边,Simonton(1996)指出,爱因斯坦等顶尖的创造者的专家技能水平可能还没有他们的同事高,"关键不在于他拥有多少专业知识,而是他如何组织这些知识(包括知识如何与他的个人风格和世界观相契合)"(p. 228)。总之,创造力不在于知识的积累量,而在于如何将知识和信息转化、整合到个人框架中。正如 Root-Bernstein(2009)的个案研究所显示的,浓厚的跨学科兴趣和业余爱好也许正是新颖思维和创造性构想的关键。

创造力:个人因素,领域因素和过程因素

尽管围绕创造力存在着很多争议,但研究者有一个共识——与早年主要涉及发散性思维的创造力相比,现在的创造力是一个更为复杂的概念(Guilford, 1967; Torrance, 1966)。事实上,一些学者甚至认为我们根本无法分辨哪些儿童是"有创造天赋的",因为如果用专业标准去衡量儿童,其实他们并没有制造出任何真正的创造性产品或者表现出这方面的迹象(Csicszenthihalyi, 1990;但见 Cramond et al., 2005; Feldman, 1986)。人们普遍认为创造性生产是一项长期任务,真正的创造不是一时的"顿悟"("啊哈"现象)或单一的思维过程(例如发散思维),而是需要长时间的知识储备、持久的信息组织、建构(或重构)和完善过程。此外,工作风格、对新奇事物的偏好

以及毅力也很重要（见第四章）。为了避免对专长和创造力的争议产生误解，我们需要对"灵活型专长"（adaptive expertise）和"熟练型专长"（routine expertise）做更细致地区分（Hatano & Inagaki, 1986）。Bransford 和其同事（见 Bransford, Brown, & Cocking, 1999）提出两种区分维度：效率与创新。兼顾效率（实现技能的掌握和自动化）和创新（进行转化和推演）的人更可能成为一个适应型专家，而只关注效率的人更可能成为一个常规型专家，只有革新精神却没有高效行动力的人就只是一个困惑的新手。也就是说，灵活型专长包含一种效率和创新维度间的平衡。元认知意识和对所学知识的掌控力（比如，明白特定知识有具体的使用条件）是灵活型专长所必须的（Weisberg, 2006）。有时为了尝试新的处理方式就不得不放弃已熟练掌握的技能，或者在元认知上与自己的固有信念保持一定距离，用另一种方式对现象或事物进行思考。

Dai 和 Renzulli(2008)也提出了一个关于才能长期发展轨迹的模型，关注一个人是沿着传统专长轨迹建立自己的知识储备，还是在才能发展的关键环节中通过知识技能的转化来求得创新。这一模型主张，不同个体的差异化发展取决于个体特征、领域特征和发展过程。

个体。喜欢处于"混沌边缘"和充当开拓者的人更可能提前展示出创造力，而愿意掌握已有技能系统的人更可能按专长的传统方式发展。在创新的过程中，存在一些临界点，需要人们决定哪种创新程度"太过冒险"，因为创新也意味着进入未知的不确定的世界，很可能面临失败。冒险者会完全背离传统，而保守的人更可能通过对已有系统的改良和完善来体现自己的创造力（Sternberg, 1999a）。每个人自身都存在两种相反的驱力，一种是获得新经验的分化驱力，一种是组织经验的整合驱力。例如，求知欲这一性向有助于个体新经验的产生和自我提升，而思维严谨的性向有助于保障和维持个体发展的稳定性（Dai & Renzulli, 2008）。这种自身驱力的动态变化会使人们在自身发展的关键环节做出不同决策。例如比尔·盖茨和史蒂夫·乔布斯就放弃了显贵的学历而独辟蹊径。

领域。一个人要想取得高水平成就，在不同领域不同学科中所需要的训练量和训练总时间是不同的（Simonton, 1996）。换句话说，**创造性成果什么时候生成，受具体领域、学科所需的知识技能的发生点和持续时间的约束**。一些领域的社会结构正规完善，有定义明确的规则、标准、界线，有参与者和把关人；另一些领域的社会结构（即学科组织）相对松散，没有统一的卓越标准。正规学科和领域（例如古典音乐、基础学科或医学)的从业者在做出创造性贡献前必须掌握实质的专家技能(即对经典知识、技能和价值观的掌握)。而创造性写作、商业或流行音乐这些领域对专业知识的要求就没有正规学科那样严格,从业者产生创造性成果前不一定要掌握专家技能或接受正规的教育和训练。有时,技能熟练度不高对于创新是件好事,比如梵高绘画作品的成功在一定程度上正是由于他缺乏现实主义绘画技巧的严格训练。在学校科目中我们可以对比数学和语言文学,数学组织有序而且正规,语言文学的结构和规范程度较差,其他自然学科和社会学科位于二者之间。这里有一个经验法则:一个领域的技术含量、抽象化程度越高(数学、物理、古典音乐等),训练标准(包括正规教育或正规训练要求的程度)就越严格。在这些领域中,早期培养是可取的,因为这意味着有相对更长的时间可以打磨该领域的创造性表现所必需的技能。所以,旨在培养专长或创造力的教育项目和教学设计应该看到这一领域特殊性原则。

过程。儿童对教育者设计的思维或艺术活动的体验影响着他们对当前任务的感知和思考。在日常教学中,课程和教学法强烈影响着学生对"掌握还是超越"的偏好选择。有观点认为,超越单纯的掌握才是超常教育的宗旨。即,培养一个人的创造潜力时,他对于"有了新知识和新工具可以做什么,什么尚处于未知状态,前方还有什么"的感受力至关重要,只重复所学知识是不够的。即使他在领域中做出创造性贡献前必须掌握大量知识和熟练技能,他依然能够超越"重复制造",发展自己的创造性思维模式去"生产创造"。

另外值得注意的是,知识集成(encapsulation)、提升技术精确度和技能自动化在才能发展的各个阶段有不同的重要性。在才能发展的后期就应该慢下来理性分析控制技能掌握的质量(Bamberger, 1986),快捷的学习将让位于技能的精细化和技能表现的完善(Subotnik & Jarvin, 2005)。与第四章讨论的"专长促进创造力"假设相呼应,对于个人知识的转化创造而言,集中努力掌握知识和专家技能是非常必要的,某种意义上,渴望寻求对领域更深层次的理解驱使着个体走向"混沌的边缘":发现已有系统的缺陷、差异或者不完美的地方,这些都需要创造性的解决方案(Dai & Renzulli, 2008),不过,只有当有人愿意打破思维定势,走出根深蒂固的观念时创造才会发生(Sternberg, 1999a)。

对教育策略和教育实践的思考

根据上面的讨论,专长和创造力的发展目标有些许不同但是又彼此互补。专长的发展一般走持续专业化的道路,实现对技能充分深入的掌握,强调技术的精确性和对具体概念理论的精准理解(即明白"游戏"规则)。相比之下,创造力的发展需要更多个性特点(比如自我导向,冒险寻求,使命感),将各种来源(有可能是多学科的)的知识整合到个人风格或个人框架中(包括将知识的界限模糊化以产生创造性的知识综合)。既然专长和创造力的发展依赖于个体特征、领域特征(环境背景)和发展过程,我们就能在超常教育的项目背景下描绘这种互动。

个体与鉴别。超常教育的相关人士普遍认为,那些有学业天赋的学生将来并不一定最有创造力。正是这一疑虑促使人们在掌握型天赋(或者叫学业天赋)和创造型天赋间做出区分(例如,Callahan & Miller, 2005; Renzulli, 1986; Tannenbaum, 1997)。事实上,回顾有创造力的杰出科学家和作家的学校时光,大多数人的经历并不愉快且收获有限(Subotnik & Olszewski-Kubilius, 1998)。大体上,有创造力的人往往自己安排生活,主动寻求发展机会而不是被别人安排,正如马克吐温所说的:"我从来不让学校那档子事干扰我的教育。"在推孟(Terman & Oden, 1959)的追踪研究中,那些成年后最有成就的人也有类似的个性特点,他们对于那种固定课程、固定教学方式、按年龄分班的学校结构并不适应。大多数学校都是"传统型"的,为了便于管理,结构都很呆板,不会灵活变化去满足每一个孩子不同的成长需要。伟大人物在学龄期的这种独特表现对于超常儿童的鉴别很有启发意义,特别是在那些把培养创造力作为教育目标的超常项目中。以测验分数为指标的传统鉴别方式也许并不适合用来鉴别有创造潜能的孩子(Getzels & Jackson, 1962)。传统的发散思维测验在鉴别时仍然很有用,但是如果我们是为了鉴别和培养创造性潜能,就还需要考虑其他重要的个人特征,比如自我导向(独立完成任务的能力)和对任务的执着。

领域经验与超前的个性化课程。就学校课程学习而言,研究者需要着重考虑内容—过程的相互作用以及学习速率。常规学校往往在教学效率和教学质量这两方面对超常学生照顾不周。按年龄分班会把超常学习者往"常人"的方向培养,使得学习对他们来说缺乏挑战性,无趣乏味(Archambault et al. , 1993; Rogers, 2007)。基于学科的各种教学提速将使超前学生按自己的节奏进步,也为他们提供了充足的挑战使他们能够心智投入。例如,通过班级内分组,超前学生能参加研究小组,学习那些适合他们能力和掌握水平的学习材料。也可以采取课程压缩来促进对不同学生的课程区分化教学(differentiation; Renzulli & Reis, 1997)。在物理和信息技术等专业性强的领域,我们可以问:课程设置的顺序和结构能确保学生扎实地掌握学科知识吗?对于技术精准性和概念的深层理解来说足够严密吗？在这些学术领域,只有掌握建立在已有观点、模型、理论和工具上的大量知识,使技术高度熟练后才会生成创造力(Sternberg, 1999a)。

而对于历史、文学这些比较容易让外行人进入的领域中我们会问:有没有充分强调学科的概念结构？是否提供了足够的基于探索的学习机会(案例研究,课堂讨论,实验)和探究式学习机会(Aulls & Shore, 2008)？例如,中学的历史课并不总是关注对"哪些事件有重大历史意义,历史事件是如何被建构和重构的,如何进行系统的历史调查"这些问题的深入理解。结果,连那些喜欢历史的超常高中生也倾向于不假思索地盲目接受历史事件、历史记录,而不领会历史文件所传递的深层信息(Wineburg, 1991)。同样,在自然科学课程的教学中,鼓励复制型思维(reproductive thinking)的传统课程形式(鼓励学生记住事实、概念、理论或执行"按部就班"的实验程序)应该让位于为创造性思维设定的新课程(把握真实问题解决情境下科学研究的本质、结构和过程)(Duschl & Duncan, 2009; Robinson et al., 2007,第十九章)。获得深厚的学科知识和专家技能比复述事实和概念要重要得多,这就需要人们具备生产型思维(productive thinking),并对相关知识系统的意义进行有创造性的解释。我们也可以问教育工作者是否安排了足够丰富的、整合不同学科内容的主题活动,使学生可以从事自己感兴趣的又不完全符合课程规定的思维活动。最后,评估超常教育的质量时应该考虑学生在某领域或学科中的专家技能,以及学生将知识创造性地整合起来产生自己独特思想、独特成果时,所体现的创造潜力。

过程与教学法。课程设计解决学生"学什么"的问题——哪种学习结构和学习顺序最适合学生。相比之下,教学法解决的问题是每一个单元要"怎么教",以及如何在教学活动和设计活动中让学生进行思考和反思。如果对于学生而言,"效率和足够的挑战"是课程设计好坏与否的两大标准,那么只有充分考虑了教学法和课程设计才能保证学习的质量。Whitehead(1929)阐述的"自由和自律"的辩证关系有助于平衡教与学中的内容和过程。Whitehead认为,对新概念或新理论的第一次学习应该是充满想象力又有趣的,避免认知的死板。然后以专业精准性确保对知识精确的理解和使用。最后,鼓励学生形成并扩展最新学到的知识,这样他们才能真正自由地探索领域前沿,而不是在头脑中给自己设下界线。更常见的说法就是,要兼顾批判性思维和创造性思维:对问题或知识进行批判性思考(即进行心智训练),就是要依赖恰当合理的自律来判断信息的价值或者概念、理论的效度(Kuhn, 1999);有想象力的创造性思维意味着根据已知去想象新的可能性,让大脑驰骋万里。这里,内容和加工过程都很重要——不仅获取了知识,也获得了"知识允许人们做什么"以及"如何把知识纳入个人网络"的元意识(Gruber, 1986)。一个人的批判性思维和创造性思维只有都经过了训练,他才可能发展出真正具备适应性的专家技能和创造力。这样看来,探究式学习方式能够满足这种超常教育目的,因为超常学生具备一种元认知能力,可以有效地利用教学型指导来促进他们学习并产生迁移和推演(Borkowski & Peck, 1986; Kanevsky, 1990; Aulls & Shore, 2008; Snow, 1994)。

加速(acceleration)和丰富课程(enrichment)作为超常教育的两大策略。与课程进度的加速不同,基于年级的加速(跳级或提前上大学)不受学生学科优势和学科兴趣的约束,学生可以更早进入学业、职业发展的高级阶段(Colangelo, Assouline, & Gross, 2004)。从个人长期发展来看,加速策略有效地利用了在学时间,也在很大程度上促使创造性职业生涯的提前(例如,提前上大学或者提前获得高级学位)。丰富策略相比就不那么"激烈"了——设计不同的课外兴趣小组让学生一周聚一两次,探索他们感兴趣的知识,围绕某个课题开展研究活动或者训练批判性思维或领导力。尽管在现有资源和条件的基础上务实地进行超常教育没什么不好,但是丰富教学方案容易流于形式,变成与学生常规课堂经验没多大联系的又缺乏深度的活动,或者对于超常学生具体学科的创造性思考而言起不到任何挑战作用。丰富教学的关键应该是超越常规课程进行知识拓展,拓宽知识的深度和广度或者探索知识的前沿发展(如信息学,基因组学或纳米技术)。一个人只有在思考特定内容的时候他的思维技能才会得到发展。我们已经知道思维不可能"脱离内容"而存在,内容知识往往帮助人进行推理和思考(Lohman, 2006)。因此,重要的不是超常学生是否参加了丰富教学项目,或者以某种方式加速学习,而是在常规班级里学习。如何平衡教学的内容(content)和过程(process)是所有教师尤其是超常学生的教师面临的根本问题。导致学生能够从事生产性、创新性思维的终极原因并不是学生知道多少事实,而是学生具备以训练有素的或专家思维的方式思考问题的能力(即形成恰当的思维运作模式)。

"超常儿童"(Gifted Child)和"才能发展"(Talent Development)的争议

这两种超常教育观的争议由来已久,前者关注有潜在特殊教育需求的儿童群体

(即"超常儿童"潮流),后者关注对社会和教育对象都很重要的后天生成的才能的鉴别和发展(即"才能发展"潮流)。尽管"才能发展"潮流在保证学生公平接受良好教育的同时更关心他们能否取得卓越成就(这将在下一章详细讨论),但是仍然有一些内在原因可以解释为什么超常教育的"超常儿童"模式近几十年逐渐被"才能发展"模式替代。原因之一是第一章里已经介绍过的超常能力理论的发展方向转向领域特殊性,多元智力理论(Gardner, 1983)就是一个典型例子;另一个原因是发展主义的兴起,强调高水平能力和技能的发展是一种演化的过程,因此可以有多种发展路径(Feldman, 1986; Horowitz, 2009)。超常儿童和才能发展两种方法间的争议在很大程度上反映了三种本体论矛盾(先天 vs 后天,领域特殊性 vs 领域一般性,质的差异 vs 量的差异),这些相互竞争的观点有各自的实证研究支持(见第三章到第五章)。这两种超常教育观或教育范式间的争议可以表述如下:

正题:
超常儿童是超常教育的焦点也是超常教育存在的唯一原因;他们的特殊教育需求和个人独特成长模式是特殊教育方案和教育干预的动力。

反题:
才能发展的演化过程应该是超常教育的关注焦点;超常教育应该为那些表现出或者已经生成某种才能并愿意最大程度上发展自我才能的人提供最好的机会。

除了理论发展转向领域特殊性以及发展主义的兴起这两点原因,"才能发展"潮流还有深层的社会原因,因为科学证据虽然令人信服但无法决定人类实践。就好比即使知道一些病是先天遗传来的,人们还是会设法寻找治疗方法。在这个意义上,生物遗传不等同于命运。同样道理,一些人能力虽不出众依然会寻找充分发挥自身独特优势和才能的办法。自然科学可以促进人类潜能和幸福,但是无权指导我们应该做什么、不该做什么。因此,我们应该采取超常儿童观还是才能发展观,根本上是一种建立在价值观和目的上的人类决策。这是超常教育社会规范的一面。也就是说,"超常儿童"潮流强调教育对象自身的价值和需求,而"才能发展"潮流强调把生成和演化出来的具体才能作为文化资本来培育的重要性。

超常教育的目的是如何形成的?对于这个问题,简单回顾一下美国超常教育史可以帮助我们理清思路。起初,社会达尔文主义是影响"超常儿童"鉴别的主导思想,"超常儿童"(gifted child)是当时发明的一个新概念,在当时的工业时代,与儿童期和成年期之间的过渡阶段"青少年期"概念的发明异曲同工。高尔顿(1869)对天才遗传基因的研究不仅出于他个人的求知欲,也受"维护民族的伟大性"这一动机的驱使。对于组织了首个大规模超常儿童纵向研究(主要通过智商测验鉴别超常儿童)的推孟而言,高智商的孩子不仅比其他孩子"更聪明",也体现出通过种族进化获得的更强的适应性。"人种改良"是20世纪早期众多社会活动家的内在动机,包括推孟和Goddard(见Hall,2003)这样的学者也是如此。与之相对,Hollingworth(1942)以智商180以上的孩子为研究对象,开启了一种新的传统——强调超常儿童自身的独特教育需求:帮助绝顶聪明又有社会情感困难的孩子,这是当代"超常能力"定义中"发展不同步性"(developmental asynchrony)的前身(Silverman,1993;Morelock,1996)。20世纪50年代末,苏联的人造地球卫星让美国人震惊,之后的70年代和80年代(例如,国家报告《危机中的国家》,1983),经济科技竞赛和国家利益的其他方面为超常教育潮流提供了强大的推动力。

社会规范的争议涉及各种人类意图。如果"专长—创造力"之间的争议是就终极目标而言,超常教育的理想状态是培养训练有素的专家以及"满足社会基本需要的才能(quota talents)"(用Tannenbaum[1983]的术语),还是培养高水平创造型思考者和执行者,那么"超常儿童—才能发展"之间的争议就是,超常教育应该为超常学生自身的内在需求服务,还是要在提高学生个人成就的同时满足社会需求。描述超常教育存在理由的观点大致可以分为以下四种:

1. **济世良药观**认为,我们鉴别出的超常儿童最有可能成为领域前沿研究者和发明者,将会解决人类难题,改善人类生存状态(Renzulli & Reis,1991)。这是苏联人造卫星的遗产,是以"教育的社会效力生产力模型"为基础的社会经济需求论:超常儿童是珍贵的"自然资源",要充分保护并朝对社会有益的方向培养他们。这样自然就会严重倾向于自然科学(science)、技术(technology)、工程(engineering)和数学(mathematics)的教育,或者叫做STEM教育(见Subotnik et al,2009),这些领域被认为更有助于社会经济的发展。

2. **提高社会资本观**认为,我们应该提高群体中最有能力的人的素质,这样社会就可以从这些人的领导力和道德力量中受益(Gardner et al.,2000;Putnam et al.,1994;Renzulli,2002)。这一观点不太关注国家的经济竞争力,而关注为了整个社会福祉的社会资本的增长。基于这一观点的超常项目更注重领导力教育和性格教育（character education；例如，Karnes & Bean, 1995）。

3. **个人成就观**认为，超常教育应该关注超常儿童的幸福感和个人价值的实现，而不是满足社会需求。这是以"自我实现"和"个人成就理论"为基础的更个人主义的观点（例如，Grant & Piechowski, 1999; Piechowski, 2009; Roeper, 2006）。尽管这一观点强调个人维度（如个人精神悟性），不太"功利"，不那么务实取向，但是依然有内隐的社会动机：保持并发展"优秀心智"（即超常心智）是保持优秀文化的一种方式。尽管现在很少有人像前人那样把超常教育看作人种进步的途径（例如，Terman, 1925），不过，认为"超常学生的教育者保卫着人类的优秀心智和文化"的观点仍根深蒂固（Tannenbaum, 1998）。

4. **独特需求观**认为，超常儿童有独特的情感和认知发展体验，因此必须提供能满足他们独特需求的教育（例如，Silverman, 1993; Winner, 1997）。这一观点在一定程度上将超常教育看作特殊教育的一个分支，超常群体和智力迟滞或智障群体一样，都是特殊群体（即一种归类的方法），有独特的教育需求。一个明显的例子是把"超常"定义为认知和社会能力的"发展不同步性"，也就是说，超常能力会导致情绪情感问题（见Morelock, 1996）。独特需求观的案例包括多重特殊（multiple exceptionalities）、多种潜能（multipotentialities）、极端天赋以及高能力低成就等。这一观点可以追溯到有关创造性个体独特人格（Eysenck, 1995）和极高智商儿童（Hollingworth, 1942）的早期研究中。

前两种观点（济世良药观和提高社会资本观）联系得更紧密，后两种观点（个人成就观和独特需求观）联系得更紧密，前两种观点是"社会导向"的，并且更多是由"才能发展"导致的，后两种观点更"个人主义"，关注超常学生的独特性。实践中，人们通常不会只用一种观点作为超常项目的理论基础，会将个体和社会两个维度都包含进来。然而侧重点不同，选择的超常水平和标准不同，常常使个体维度和社会维度产生冲突。有时用"才能发展模式"代替"超常儿童模式"时，我们会使用"范式"一词来进行描述（Borland, 2003; Feldman, 1992; Renzulli, 1994; Trefinger & Feldhusen, 1996）。这是因为尽管区分"研究范式"和"实践范式"很重要，但是从超常教育具体目标的"现象研究、理论假设、系统的重点"这几个方面出发，两种超常教育实践模式确实体现了一些范式特点。表7.1列出了两种方法的一些对照性特征。

表 7.1 关注超常儿童和关注才能发展的比较

关注超常儿童	关注才能发展
突出的现象和成分	
高能力低成就	多样的学习者,多样的才能
双重特殊	优势劣势(个性)
极度超常	各种认知风格、学习风格
概念基础	
特殊性假设	无特殊性假设
强调一般智力("g")	降低了一般智力(g)的重要性
更排他的群体	更包容的群体
内部更具同质性	内部更具不同质性
以人为中心(作为完整个体的儿童)	以领域为中心(具体的才能)
教育目标和教育策略	
满足独特的需求	满足出现的需求
个人成长优先	才能、技能发展优先
个性化的卓越标准	客观的卓越标准

教育的学生目标群体:包容还是排他? 同质还是异质?

众多"才能发展"模型有一个共同特点,那就是对不同人群、不同才能的开放性——只要一个人体现出某种对社会有益的发展优势就行。学校才能领域主要是学业上的(数学、人文学科、自然科学和社会科学等;Subotnik & Coleman, 1996),也许还包括艺术领域、职业发展领域和个人社会领域(Feldhusen, 1992)。总之,才能发展模式是让更多学生加入到超常教育中来,将正式或非正式观察到的更多样的才能包含进来(Feldhusen, 1992;Renzulli & Dai, 2003)。相比之下,超常儿童模式沿袭推孟(1925)的传统,对"超常"的定义更加严格,鉴定标准上也更具筛选性。理论上,"超常儿童"不一定要有高学业成就(否则"高能力低成就"这样的话题就无法理喻了),然而,实践中却常用智商或学业成就的第 95 分位或第 97 分位作临界值,与教师家长提名法一起使用,来筛选超常儿童。可是,采用哪一点做临界值都只不过是出于教育资源上的考虑(例如,参加某个超常项目的名额有限),没有充分的理论根据,这是"超常儿童模式"面临的一个挑战。有人会说,鉴别甄选超常儿童的标准越严格,高挑战性的超常教育项目就越有机会成功,这样,有限的资源就可以集中在少数"有成功希望的人"身上,而不会因太多人竞争而被浪费掉(Gallagher,2000b)。换句话说,"效率"是主要的考虑因素。不过,也有人认为更包容的超常教育系统能顾及到更多样化的才能,这种开放性和包容性更有助于发现、培养各种形式的卓越。在教育成效和效率的问题上,存在这两种思路的利弊权衡(见第六章讨论采用严格还是宽松的甄选标准时的Ⅰ型和Ⅱ型错误)。

超常能力的基本假设:一种固定的类别还是变化的发展状态?

对超常能力采取排他还是包容的态度,取决于人们对超常能力本质的不同信念(认识论问题),以及对一开始提供超常教育的目的的不同信念(社会规范性问题)。也就是说,超常儿童模式和才能发展模式存在认识论和社会规范性的差异。

那些反对将超常儿童看作一种固定的人群类别的研究者主要是出于对发展多样性的考虑。超常儿童模式会优待那些更早显露成功迹象的早慧儿童,尽管他们之后不一定有杰出成就。致力于区分"超常能力"(与他人有质的差异)和"早慧"(发育提前)的研究至今还没有多大成效(见 Robinson, 2006; Shore, 2000)。从测量方面考虑,回归均值现象和测量误差也使所有一次性的"超常儿童"鉴别受到质疑,因为有些孩子可能在这次鉴别中"超常",下次又不超常了(Lohman & Korb, 2006)。科学的预测力目前仍无法战胜人类发展的复杂性和不确定性。发展是动态的,就像在你眼前慢慢展开的情节——新生事物只有出现了,人们才能发现它。人类能力演化的这种内在不确定性使人们对任何长期发展结果进行的"科学"预测都变得不准确。

发展上的变化还有另一个影响因素——动机。很多学者强调内驱力和毅力(Subotnik & Coleman, 1996; Winner, 1996)以及对任务的执着(Renzulli, 1986)与内在动机(Feldhusen, 1986; Gottfried & Gottfried, 2004)都是"超常能力"不可或缺的组成部分。发展研究者很早就指出,动机对发展具有"刺激性",促进了知识和技能的获得(Bronfenbrenner, 1989)。尽管鉴别超常儿童时是否应该认为高认知能力比动机更重要还存在争议(见 Dai, 2004b; Gagné, 2009b; Gottfried & Gottfried, 2004),但是动机在才能发展中起着重要作用,这已经是一种共识。事实上,一些学者认为越到才能发展的高级阶段,动机的作用越大,有时甚至关乎成败(Bloom, 1985; Ericsson et al., 1993)。

特殊性假设。"超常儿童"与"才能发展"这两种实践模型或范式的关键区别在于,大多数"超常儿童"模型都会假定一种特殊性(即,超常儿童和普通儿童有质的差异),

而才能发展模型没有这种假定。Treffinger 和 Feldhusen(1996)指出"转向才能发展模型的趋势涉及一种有挑战性的重要领悟——将'超常儿童'单独分为一类是站不住脚的"(p.184)。"超常儿童"模式的拥护者通常引用双生子或神童研究来说明超常潜能具有遗传基础(Gallagher, 2000b)。然而,把超常儿童单独看作一类并用智商代表一般智力引出一个问题:这样鉴别出来的一类人能够实现人们对他们成就的预期吗(Subotnik, 2003)?高智商(以总体的第 97 百分位数作为临界值)在一定程度上清晰地预测了学业表现和之后的工作表现,但是,与针对更具体领域的测验(SAT-数学等)相比,智商无法预测卓越成就,这在一些重大的追踪研究中都有体现(例如,Terman, 1925; Subotnik et al, 1994; Lubinski & Benbow, 2006; Park, Lubinski, & Benbow, 2008)。而且,用智商定义的超常儿童很难符合各种理论描述,无论是"发展不同步性"(Morelock, 1996)还是德布罗斯基的"高度兴奋性"(Ackerman, 2009)。并不是说这些理论有问题,而是"超常儿童"模式有一项额外的责任——证明学校鉴别出的所有超常儿童的确有独特、同质的认知情感特征和发展轨迹,因此有独特的教育需求,甚至存在对超常儿童最有效的"超常教学法"(见 Coleman, 2003; Kaplan, 2003 的讨论)。如果没有证据证明他们的确有"特殊需求","超常儿童"就只是一种理论主张而非证实了的客观存在。正是因为这一点,超常儿童范式也被称作神秘模型(Matthews & Foster, 2006):一种毫无根据地假设甄选出来的儿童具有"独特性"、"同质性"、"特殊性"的社会建构产物(Borland, 2003),一种忽视儿童发展本质的草率分类方法(Keating, 2009)。

"才能发展"模式比超常儿童模式的自我辩护能力强,并不是因为它更优越,而是因为"才能发展"模式建立在一个更容易满足的简单假设上:**有的孩子在某个领域表现出优势和兴趣(甚至小有成绩),应该支持他们进一步发展自身才能,这对社会文化很重要**,对个人也有重大意义。没有必要假设这些孩子是有特殊需求的"特殊"群体,也不用假定他们应得到更多或特别的教育。从性质上讲,才能发展项目可以有灵活的进出政策和策略(Subotnik & Coleman, 1996; 见 Renzulli & Reis, 1997 "旋转门模型"),不需要遵循任何死板的临界值和甄选标准。事实上,如果学习易度是超常能力的标志,那就没必要进行正式测验了,因为受过训练的经验丰富的老师可以在课堂互动中,或者相关课题的研究过程和成果中轻易地发现超常学生(Winner, 1997)。行动信息、动态评估信息以及过去表现都有助于灵活地进行课程区分化或为才能发展项目鉴别出候选人(Renzulli & Reis, 1997)。

教育目标和教育策略:以学生为中心还是以才能为中心?

前面介绍的描述超常教育存在理由的四种观点展现了"超常儿童"模式和"才能发展"模式在超常教育目的上的差异。**独特需求观**旨在帮助超常儿童超越自身约束和环境约束,**个人成就观**想在儿童寻找自我和人生意义的成长过程中给予他们支持。这些孩子的幸福以及优化他们的个人发展才是超常教育的目标,而他们是否有潜力成为杰出成就者或才能发展水平的高低都是次要的。事实上,对于一些"超常儿童"模式的支持者而言,只要超常儿童有机会探索自我,发挥并追随他们的爱好,才能发展甚至杰出成就都是水到渠成的事(Piechowski & Grant, 2001)。相比之下,"才能发展"模式(**济世良药观和提高社会资本观**)更具"工具性",更注重"结果",旨在培养人类社会重要领域的精英和未来可能的领袖人物。因此"超常儿童"模式的支持者认为,超常教育的理想课程模式是"自由教育"("解放心智"或"完整儿童"的教育;而"才能发展"模式的支持者认为,学生能够深入参与到某领域中并提高专业技能才是教育应该关注的(见 Coleman & Cross, 2005, p. 266—269,对"才能/多重能力"模型和"完整儿童"教育模型的区分)。接下来引出的问题是:我们应该把超常儿童或超常心智看作整体来培养,还是关注某种具体才能的发展?换句话说,我们应围绕学生还是围绕领域来组织超常教育?

以一种有个人意义的整合方式自由地探索知识,不受学科界线约束地发展生命主题和个人事业,这其中的价值观显而易见。事实上,完善的心智应该既善于思辨又善于审美,不仅懂得欣赏艺术也了解科学。同时采取科学和艺术两种思维方式的人更有可能做出创造性贡献(Root-Bernstein, 2009)。然而,适时拥有的专业技能也很重要,能增加个体提前开始创造性职业生涯的可能性,尤其是在那些抽象的技术型领域(Simonton, 1999)。所以,平衡知识探索的深度和广度才能解决上一段末尾提出的问题。以色列艺术和科学学院(Israel Arts and Science Academy)的教学方式就是将科学和艺术结合的例子:学生专门学习研究某学科的课程或艺术形式,同时可以自由从事专业外的兴趣活动(见"以色列卓越教育中心",2009)。原则上,才能发展项目应该有足够严格的专业标准,鼓励学生对学科专注投入,同时也允许学生以一种有个人意义的整合的方式进行学科间的探索和应用。这在学科界线日益模糊的21世纪尤其重要,很多紧要的实际问题都要求人们能够整合社会科学知识和自然科学知识。此外,完整儿童的教育理念更强调情感目标,例如通过对自我、命运的探寻以及才能发展去发现个人意义,而才能发展的理念更强调在才能领域中有明确的进步以及认知收获。

这两种方法相辅相成,应该共同发挥作用(Dai & Renzulli, 2000; Folsom, 2006)。

采用自我导向的课程,还是采用由成人构建、受标准驱使的课程?

学校是成人建立的社会机构,让儿童做好准备能够在未来成为有用的、有担当的公民。尽管长期以来,成人构建的、受标准驱使的项目和课程一直是主流的课程形式,但是从法国哲学家卢梭的《爱弥儿》(1762/2003)甚至更早开始,这种课程形式就备受争议。卢梭的基本观点是,如果儿童被允许自由探索世界、探索自己,他们将会逐渐发现自己的天赋并顺应天赋的发展。在一定程度上,德布罗斯基(见 Ackerman, 2009; Laycraft, 2009)提出的"积极解体"观点(超常个体发展中自我认同的瓦解重组、推翻重来的过程,对超常能力的长远发展和个人能力的完善有积极意义)也与超常儿童个人发展这一思考方向一致。对于一些"超常儿童"模式的支持者而言,超常能力发展有自己的逻辑。因此,超常教育不应该把人为标准强加给超常儿童,把他们引向成人标准下的成就取向。有一种批评认为,"才能发展"模式太受成就或"成功"驱使了,轻视了儿童自身的成长(Grant & Piechowski, 1999; Roeper, 2006)。反过来,"才能发展"模式的支持者认为,必须有一些标准来保障超常教育的质量,没有标准就没有办法评价教育的效果以及学生是否朝着卓越目标有所进步。

是否应该在为超常项目制定明确的"卓越"标准,卓越的定义应该个性化还是采用一些公众认可的标准?如果选出来的超常儿童不愿意发展自己的超常能力或者不愿意担任领导角色,那么他还有资格留在超常项目中吗?如果超常教育项目只满足被鉴别出来的超常儿童的个人需求而不考虑"卓越"目标和标准,这还是站得住脚的可行的超常项目吗?回答这些问题,一定要结合恰当的社会背景。私立学校如果只关注超常儿童的幸福,支持相应的超常教育项目,这是无可厚非的。然而,如果是用建立公共教育系统的税收来设立超常教育项目,就有责任向利益相关者做出解释:如果卓越的目标和标准不是人为设定和强加的,那么为什么要为这些孩子,而不是为其他孩子花额外的钱。大多数教育者认为,应该弄清楚超常教育项目能否为某类超常学生提供与他们能力相当的挑战性课程,是否真的达到了超常项目的目标和标准(见 Borland, 1997b)。

其实,有时候真正的问题不在于是否应该把"卓越"当作目标,而在于如何有效地实现卓越目标。当然,如果许多超常儿童实际上是哭着喊着被拽进超常项目的,那么这一项目就不可能成功。孩子们应该有权利选择加入或退出超常项目。所以,招生政策除了考虑能力和技能外,还应该考虑以下因素:孩子是否对他擅长的事情充满热爱,是否愿意把时间和精力投入到发展自己超常能力的超常项目中。面对一项有挑战性的项目,能力、热情和意愿都是潜能的指标。

课程设计与教学设计还应该专门考虑如何平衡任务的严肃性(例如自我认同发展)和学习的乐趣性(例如享受和求知欲),以保持学生的最佳动机(Rea,1998)并使才能发展与个人成长互相促进、并驾齐驱(Dai & Renzulli,2000;Piechowski & Grant,2001)。最后,卓越的标准应该具有可公开验证的社会文化重要性和个人意义。

结语:才能发展个人方面与社会方面的整合

超常教育就是要为有培养前途并有意追求卓越的人提供机会、资源和支持,这一点是毫无争议的。如果我们能正确认识个体、领域和过程在发展中扮演的角色,专长和创造力的争议就能够减少或消失:(1)个体获得高级专家技能和创造力的途径有很多种;(2)就创造力的知识准备和技能准备而言,不同领域有不同的要求和约束;(3)技能发展过程——能够把对学科的深层理解(内容)和对知识新的可能性的想象整合起来。"超常儿童"和"才能发展"的争议最终归结为——教育应该关注学生的内在需求还是长期的才能成长和领域贡献。转化到课程和教学上,争议点就在于我们应该教书(内容知识和技能)还是育人,课程应该围绕领域还是围绕学生来设计。解决争议的一种办法是将领域成就和个人成就看作一个硬币的两面。领域卓越成就的标准可以是熟练的专家表现,也可以是创造性的产生式思维(Tannenbaum,1997),这两种情况下的表现或产品必须是真实的,并且有潜在的社会影响。为了获得某领域的专家技能,高度集中的专业化课程似乎更可行。然而,如果要在创造力发展中实现个人、领域和过程交互作用的知识的个人化综合,需要更开放整合的课程来促进学生对知识进行整合和转化。认知和情感目标也是超常教育项目需要考虑的(Folsom,2006)。为了把超常学生培养成他自己领域中的杰出领袖,应该把热情和责任感包含到帮助学生成长的课程里面(Piechowski,2009;Renzulli,2002)。

第八章 更大社会环境下的超常教育：牺牲公平换来卓越？

> 我发现一个伟大的民族拥有关注事物的某种一般性的系统的观念。贵族政体国家自然会低估人的可完善性，而民主政体国家则会无限地夸大人的可完善性。
>
> Alexis de Tocqueville《美国的民主》
>
> 学校无法消除儿童间的个体差异，学校只能使他们的机会同等。
>
> Leta Hollingworth《高智力水平学生的教育》

我们的社会建立在"机遇和权力人人平等"的原则上。在平等主义、无阶级社会的思潮下，任何没有正当理由却享有特权的群体都会激起民众的不满，任何贬低某群体的言论都会遭到抗议。这里举两个例子，曾担任哈佛校长的劳伦斯·萨默斯(Lawrence Summers, 2005)声称：男女之间存在"先天"或"本质能力倾向"上的差异，这可能是男性在美国顶尖大学的数学和科学领域占据绝对多数的原因；另一个例子是詹姆士·华生(James Watson, DNA 双螺旋体发现者和诺贝尔奖获得者)认为：社会援助政策对非洲人不起作用的原因可能是他们在智力方面基因的低劣(Reuters, 2007)，这两位有社会声望的学者的上述言论都曾引发激烈的社会争论。

在一个历史上曾经出现种族歧视、性别歧视以及其他社会不公的民主国家，人们有理由关注：为什么某些群体拥有特权获得通向卓越的资源和机会？为什么其他群体的权力被剥夺或被忽视？我们知道心理运作和发展上的种族和性别差异是相当复杂的问题，尽管人类付出了大量科研努力尝试理解它们。但是问题的症结在于：不管萨默斯或华生的言论有多正确或有多大错误，任何有关"人类能力存在个体差异和群体差异"的论断都会拨动公众的神经，看起来也与"人人生而平等"的观点相悖。事实上，一些心理学家觉得必须站出来声明，并没有可靠的证据能证明人们在数学和科学上存在所谓的"先天"性别差异(Spelke, 2005)，甚至根本不存在什么数学和科学的"先天禀赋"(Howe et al., 1998; Ericsson et al, 2005, 2007)。只要还有像 Herrnstein 和

Murray(1994)那样的人,散播"社会的等级分层是由智商决定的,聪明人统治愚钝者"这样的概念,就会有相反的动作,将上述观点解构为一种"旨在进行社会控制的意识形态策略"或一种"明显的社会阴谋"。而那些对个体差异有深刻体会和认识的科学家认为,否认智力方面的天赋和个体差异的观点与智力、人格心理的测量和发展研究在百年研究历史中积累的令人信服的证据大相径庭(Gagné, 2009)。反之,对人类发展上的社会不公和各种社会缺陷(包括IQ钟型曲线的科学外表下虚构的IQ神话)有切身感受的科学家和实践工作者认为,这些貌似客观描述了人类情况的假象会传达有误导性的有害信息,对民主产生威胁(Berliner & Biddle, 1995;Sapon-Shevin, 1994)。这里,科学观点的限度十分明显,让人沮丧。首先,行为科学和社会科学关注人类的感觉、意识和意志力,这些都不是客观事物,和自然科学相比,人类发展更加难以预测,就连研究者说的话都会影响到被观察者的行为。第二,在行为科学、教育科学和社会科学中,事实与价值观从来都无法彻底分离(Bredo, 2009;Howe, 2009),因为行为科学、社会科学都有社会规范的一面,心理学中看似纯粹的描述性概念(比如智力和天赋)其实都暗含着评价,有着实践上的伦理意义和社会意义。第三,每位行为科学家和社会科学家都有自己的政治倾向。我们可以合理地假定,无论他们的政治立场是什么(左派或右派),他们都是为了在理解人类本质的基础上建立一个对所有人都有益的社会。但是,科学家像其他所有社会成员一样,有自己的主观信念、偏好和价值观,这使他们很难把信仰体系中的价值判断与可信的科学知识分离开。因此,不难理解为什么不同的学者和教育工作者对超常教育持完全相反的观点。

在前面几章中,我从认识论(认知方面)和社会规范(价值观)角度区分了人们支持或反对超常教育的原因。认识论原因包括先天后天等争议以及相关实验证据(见第三章到第五章讨论)。历史上,许多环境论的坚定拥护者(比如激进的行为主义者约翰·华生和他的同事)认为人类行为(或发展)只与"后天养育"有关,人类的可塑性是无限的。下面是华生(1930)著名的言论:

> 给我一打健康的婴儿,把他们放在我设计的特殊环境里培养。我可以担保,我能够把他们中间的任何一个人训练成我选定的任何领域的专家——医生、律师、艺术家、商界领袖,甚至是乞丐或小偷,不用考虑他的天赋、爱好、倾向、能力、祖先的职业和种族。我承认我拿不出事实依据,但是与我观点相反的人千百年来喋喋不休同样也拿不出证据来。(p. 82)

事实上，也有很多人认为高潜能来自遗传，比如高尔顿就认为"先天"力量远远大于"后天"力量。这些认识论差异的背后，是社会规范价值观上的差异——是不是每个人都有权以某种方式发展非凡能力，在发展的过程中资源是否得到公平合理的分配；或者在一个主张平等的社会，我们是否还需要"卓越"或"相对优势"这样的概念（例如，Reich，1970；引自 Tannenbaum，1998，p. 25）。超常教育在卓越和公平之间固有的内在争议（Renzulli & Reis，1991）可以表达如下：

<u>正题：</u>
鉴别、培养人的卓越潜能是社会的责任，既为了实现个人的幸福也考虑到整个社会的福祉。发展人的卓越性反映了一种重要的文化价值观——为了人类文明的进步和民主的实现。

<u>反题：</u>
挑选出所谓的"超常者"进行特殊教育，给他们机会上的特权，使他们能够追求卓越，这是在维护已有的社会不公，创造一种新的社会"精英阶级"，违背了"权利机遇平等"的民主原则。

受到围攻的超常教育

20世纪90年代中期出版了一些书籍，批评超常教育在拖美国教育改革的后腿。超常教育最著名的评论者之一 Sapon-Shevin（1994，1996）认为，"美国当今所定义、执行的超常教育是精英主义的——根据成功的可能性去决定哪些人得到优先教育"（Sapon-Shevin，1996，p. 195）。在她的描述中，超常教育就像是一个被认为是糟糕的公共教育系统中的安全港（尤其对于白人中产阶级家长而言）。Gallagher（1996）生动地描述了公众的嫉恨：似乎超常教育是美国教育这艘泰坦尼克巨轮正在下沉之时只有是少数特权者才有权登上的救生船！无论 Sapon-Shevin 是否把超常教育方案描述得过于光明（参见 Borland，1996），把整体上的公众教育描述得过于灰暗，公共教育的假定的或真实的低质量都导致超常教育饱受公众责备（或如有些人所见，超常教育成了替罪羊）。Sapon-Shevin 观点中的逻辑似乎是，超常教育有严格的教育标准，有利于学生追求卓越，因为只有"超常儿童"才具有卓越性，这让常规班级的教师和学生满足于平庸。相比之下，Berliner 和 Biddle（1995）对公共教育的态度总体上更乐观一些，他们不去争论公共教育的缺陷是否是"杜撰出来的"。不过,他们同样批评超常教育阻碍了公共教育,因为超常教育的确导致了社会分类,划分出入选者(即超常生)和落选者(普通人)两类人(见 Berliner & Biddle, 1995, p. 208—210)。

总的来说,认为超常教育是一种精英主义,阻碍了教育改革的观点出自以下两方面的考虑:首先,超常教育项目事实上是"按能力分班教育系统"的一个分支,让社会特权者继续拥有特权,这和混合各种学生(detracking)的教育改革的努力背道而驰;第二,它把丰富的学习内容和大量经验提供给极少数超常学生,而这些本应该提供给所有学生,因此违背了平等原则——所有学生都能够,并且都应该获得发展高级技能的机会(Shepard, 2000)。我们只要了解到美国教育系统中少数族裔的孩子在特殊教育中比例过高,在超常教育中比例过低(Donovan & Cross, 2002),就能理解为什么会有如此反精英主义的情绪。拿纽约市一个区来说,参加超常教育方案的学生 80% 都是白人,尽管这个区 80% 的学生都是有色人种。一些学区中,儿童进入超常教育项目的资格受到有钱的家长的操控,学校和学区当权者也为他们提供便利,超常教育中的种族悬殊和社会经济地位悬殊状况就这样日益严重(Fruchter & Siegel, 2004)。除了要对抗来自外界的批评,超常教育体系内部的领导者在"如何设计(或重新安排)超常教育"的问题上分成两派。在相对保守的一方中,Gallagher(2000b)认为,超常儿童是真实存在的,并非虚构出来的,这些孩子的存在保证了超常教育的意义和特殊性。为了回应"超常教育是精英主义"的批评,Benbow 和 Stanley(1996)指出,美国极端平等主义导致高潜能学生遭受到不公正对待。他们指出这种极端平等主义的六种具体症状:(1)将卓越和公平对立起来;(2)反智主义① ant-intellectualism;(3)降低课程标准;(4)把能力倾向测验和成就测验归为精英主义;(5)学校的盲目跟风;(6)坚持认为学校应该用相同课程在同一水平教育所有学生。在相对开放的一方中,Renzulli(1994,1999,2002)主张培养所有人的天赋,使用更包容的与领域关系更紧密的标准,而不是把超常教育的对象局限于某种类别(比如,必须是高智商的孩子)。Treffinger 和 Feldhusen(1996)建议我们放弃"超常教育"的标签以及相应的分类法,他们认为,天赋潜能是动态的并且可以通过恰当的教育和培养发展起来。Borland(2003)的观点与 Sapon-Shevin(1996,2003)一致,他认为现行的超常教育虽然出发点是好的,但是进一

---

① 反智主义是一种文化或思想态度,可分为两大类:一是对智慧、知识的反对或怀疑,认为知识或智慧对人有害;另一种是对知识分子的怀疑和鄙视。

步造成了社会不公,我们需要的是能为各种有能力的学生提供不同机会的超常教育,而不是专门为所谓的"超常儿童"建立的通用的超常项目。Bernal(2006)回应了这种态度,他主张超常教育更加应该面向未来,不再为固定类别的所谓"超常儿童"服务,而是培养未来的有用之才。

观念的差异也渗透到了超常能力的学术研究中。Coleman,Sanders和Cross(1997)指出超常教育领域中的三种研究模式——实验分析模式,诠释模式,变革模式——针对超常能力本质有各自具体的默认假设。相信**实验分析模式**的人将超常能力和天赋看作可测量的社会心理现象,与自然科学一样可以用客观方法测量。也就是说,他们认为可以找到统一的标准去判断谁是超常儿童,给他们什么样的教育才合适。相比之下,相信**诠释模式**的人认为超常能力和天赋是某个文化群体根据一定的社会目的建构出来的,弄清楚当事人和利益相关者给"超常和有天赋"附加的意义和目的,就可以弄清楚超常和天赋。也就是说,超常本质和超常教育其实是基于利益相关者的共识,而没有统一的原则和标准。最后,相信**变革模式**的人认为,超常能力和天赋的标准是具备社会影响力、拥有话语权的人制定的,不利于属于边缘的社会成员。这三种研究模式对于"应该怎样"持有不同信念和价值观,没有一种称得上是价值中立的(也见Ambrose,2000)。在前几章回顾超常能力的本体论和认识论问题时,我所依赖的实验分析模式也受到价值观的影响,因为超常能力和天赋本身以及智力、创造力、专长、动机这些心理成分不仅是描述性的类别和维度,还都负载着价值观或隐含着评价。正如这些研究模式所体现的,甚至连研究方法都反映了观念上的差异:实验分析模式固守着超常教育的传统,而诠释模式和变革模式冲击着分析实验模式的客观性、统一性假设。

"卓越"和"公平"的定义以及二者之间的争议

"公平地实现卓越"是一个充满情绪色彩的政策敏感问题。超常教育的争议性使以下思考变得更加重要:清晰地定义"卓越"和"公平",在实践和公共政策中二者什么时候、怎么成为相互竞争的价值观,应该优先考虑"卓越"还是"公平"。这样我们就可以避免纠缠于意识形态的无谓争论,或者陷入非黑即白的两极思维。

《韦氏新大学词典第9版》将"excel"定义为"比……好/胜过……;在任务成绩或成就上更出色"。卓越(excellence)有一些明显的特征。首先,卓越原本就是一个基于社会规范和价值观的概念,意味着在人类活动某个领域中有明显的相对优势,尽管卓越的程度和水平可能不同(例如:全国水平的选手 vs. 国际水平的选手)。第二,和高成就一样,卓越不是天生拥有的,而是通过后天努力获得的。因此,除了和"超常能力"概念一样具有"出类拔萃"、"少见"的特征外,"卓越"(excellence)更侧重行为表现方面,指那些被广泛接受的,某一行为标准下的优势或杰出品质,而"超常能力"(giftedness)却常被看作研究对象的一种属性(例如,一位天才音乐家献上了一场精彩卓越的演出),**在教育背景下"卓越"可以被定义为"学术、艺术、社会和职业领域中以特定年龄为标准的高成就**。形式上可以是熟练的技能掌握(象棋冠军或钢琴大师等)、创造性产品(一种科学理论,一部小说等)或者在一些重要人类活动中突出的领导力(环境保护和愿景管理等)。无论怎样,与"超常能力"相比,"优秀卓越"是一个更清晰的术语,"卓越"的实例更容易被识别出来,也更容易达成共识。第三,卓越与"超常能力"一样,本质上负载着价值判断,代表被某种文化所重视的领域中的优异成就,对人类文明的进步有重要意义。人们很容易想到神偷或电脑黑客,但是很少有人把这些人看作天才的原型,也不会把他们的技艺作为卓越的例子。

  大多数人认为教育的主要目标应该是:个人的自我实现和保持民族战略发展的活力,在学术领域和其他重要的社会文化领域追求卓越。多数人也认同超常教育的主要目标应该是:让那些确实显现出卓越或卓越潜能的学生在天赋发展上走得更快、程度更深,并且是以和他们的能力、长足知识和投入程度相符的速度和水平进行发展。有人认为学校强调、支持并奖励少数学生的高成就有可能会伤害多数学生的自尊,不过,很少有人因为这一潜在的代价就认定促进卓越是不值得的。对那些建议学校取消"卓越"这一教育目标的人来说,超常教育显然无足轻重,不过如果我们接受"帮助学生追求卓越是学校的重要任务"这一前提,超常教育服务就有了存在的必要。这样一来,面临的公平性问题就是:我们如何确保所有学生都有机会参与到以卓越为目标的教育中,无论是在常规课堂、课外兴趣小组还是独立学习项目中。

  《韦氏新大学词典第9版》中**"公平"**(equity)的定义是"以自然法则或自然权利为依据的公正;具体是指远离偏见或亲疏有别"。也就是说,"公平"主要关注个体权利,广义上包括平等的发展机遇、平等地追求幸福的权利和消灭社会歧视。为了达成"在公平中追求卓越"这一共识,我们最好先了解一些一般性原则。

  首先,每个人都有权在自己觉得有意义、有价值的领域追求卓越。因此,应该鼓励所有学生并为他们提供资源和必要的支持,使他们能够在自己选择的学科上出类拔萃。不过，个人并没有义务必须尽全力追求卓越。可以想象有些高智商学生和"超常"学生可能决定在学校得过且过，或者选择在校外追求个人兴趣。外界提供的一些帮助的确能够保证这些低学业成就的超常生"燃起"对学业的兴趣，不过，追求卓越是个人的决定和承诺，任何人强迫都没用。一种公平的超常教育政策应该把个人动机和责任感作为追求卓越者的重要特征，所以，那些有着强烈兴趣又能高度投入的学生即使没达到测验分数标准也不应该被轻易拒绝；另一方面，分数"合格者"如果对取得卓越成就不感兴趣也不应该被轻易接收。

第二，追求卓越有很多种方式和机遇，"超常教育项目"不是唯一选择。许多人回忆自己的小学和中学时期时，都承认的确有一些学校老师和家庭教师激发了他们对某领域长期的兴趣和热情，引导他们成年后取得杰出成就（参见 Bloom, 1985），这些老师大多都是与超常项目无关的常规课堂教师。不过，他们的工作性质与超常项目老师的工作性质没有太大区别。这样看来，即使一个人错过了超常项目，他也依然有追求卓越的机会。可以想到，一些人在课堂上下、学校内外追随自己的激情和天赋，渐渐成为他们所致力的领域的重要贡献者。所以，当我们发现科学、人文、艺术和技术领域中相当多的杰出贡献者从没参加过学校的超常项目时，就不需要感到惊奇了。同样的，即使一个学校没为"超常儿童"安排超常培养方案，我们也不能下结论说，这个学校没有帮助学生追求卓越或学校没有提供促进、培养学生优秀能力的教育服务。

第三，教育方式上，从丰富化教学到加速教学，从常规班级中的课程压缩和课程区分化（使用与学生能力相符的、具有挑战性的学习材料）一直到独立的课堂、教育项目和学校，这些共同组成了超常教育方式的连续体（Benbow & Stanley, 1996；Renzulli & Dai, 2003）。追求卓越时，对这些教育方式的选择应该灵活开放，让更多人参与进来，又要足够严格以保证效率和质量。对于各种丰富化课程活动（独立或合作项目，实地考察等）而言，特殊教育项目的准入门槛应该足够低，这样更多想参加的学生就能如愿以偿。而其他一些项目，如"人才搜索方案"（Swiatek, 2007）或数学、言语早慧的学生提前升大学，门槛就可能非常高（例如，第 99 百分位；Stanley, 1997）。特殊教育项目的选择性取决于项目目标（例如，项目中卓越的性质和水平是什么）和现有的支持条件（例如已有的资源，包括专长等）。"选择性"是超常项目或超常教育服务的内在特征，旨在帮助超前学生追求更高水平的成就和卓越。只要选择过程是面向所有人的，选择标准与人类某领域中卓越能力有内在关联，就不应该受到"精英主义"的指控。

介绍了一般性原则，我们来看实践中具体的考虑，至少有三个问题与超常教育的公平性有关：(1)加入旨在发展高水平成就、培养卓越性的超常教育项目的机会应该均等(包括保证领域中所有人公平竞争)；(2)不同班级、不同项目有合理的课程安排和资源配给，尤其在开展同质分组活动的时候；(3)非歧视、无伤害的社会心理环境，也就是要在鉴别(包括给孩子贴上"超常"或"不超常"的标签等)和选择的过程中，尽量减少对学生自我概念、自尊、自我效能上可能产生的消极影响，尤其是那些最终没入选的学生。

追求卓越的机会公平

选择过程和选择标准的公平性：如何准确地测量卓越潜能。大多数超常项目都要经历州政府规定的甄选或鉴别过程，由于创造出令人质疑的"超常"类别，并且在这一类别中的学生能够享受特别教育和"优待"，选择标准常常受到一些批评者的指责。他们认为，在儿童早期是无法鉴别出哪个孩子真的有天赋或有超常能力的(例如，Berliner & Biddle，1995；Howe et al，1998)；除此之外，超常项目的基础常常是对超常学生独特教育需求的概括性说明、模糊定义或没根据的假设。

为了更好地理解针对超常教育运动的批评，我们要结合具体的历史背景。传统的"超常儿童"模型常被认为是教育的社会效能模型不可或缺的组成部分，基于教育生产力的工厂化隐喻，通常采用按能力分班的方法辨认出哪些人将会上大学，攻读高级学位，成为律师、医生、工程师；哪些人将会从事平凡的职业和工作(Borland，2003；Sapon-Shevin，1996；Shepard，2000)。有些研究者相信很大程度上是所谓的一般智力的内在个体差异决定了一个人事业的成败，他们会觉得这一传统模型很合理(Gottfredson，1997)。然而，也有研究者认为，为了社会效益而用智力测验把孩子进行分层分类的方法应当受到谴责(Shepard，2000)。众多社会批评认为"超常儿童"是虚构出来的，是以智商测验为基础的社会建构，延续了"个体教育潜能和发展潜能存在先天极限"的迷思，并默认了一般智力连续体上低端个体的"艰难挣扎"(uphill battle)和高端个体的"得天独厚"(all yours to lose)。

教育的本质有赖于持有怎样的人类潜能的概念，尤其是人类学习和成长的潜能概念。也就是说，由于一些学生具有假定的潜能 X，我们可以合理地推断出教育可以把这些学生从当前状态引领到未来所想要达到的状态(即获得一些想要的特征，比如某种技能、知识和自我认同)。当推孟(1925)决定对 1500 个智商高于 135 的加利福尼亚儿童进行追踪研究至他们成人时，他显然相信这群孩子成年后最有希望取得卓越成就。这就引发了如何准确测量"潜能"的争论。这里的"潜能"更可能是由环境决定的，取决于多种因素的综合效果，例如个性特征，领域性质，发展阶段，成就的目标水平（见第四章）。不过，人们普遍认同即使有相同的机会和资源发展个人潜力和专长，结果也会大相径庭，因为人们的能力、热情和工作意愿是不一样的。Rawls(1971)在他的经典书籍《正义论》中也小心翼翼地界定了"机遇的平等"来说明除去社会偶然事件的影响，**能力相同的人应该有同样的机会**。尽管对超常教育的批评不仅针对机会的平等性，也关注教育结果的平等性（例如，Schulz, 2005），Sapon-Shevin(1996)还是公正地指出"针对公平性的批评很复杂，因为人们常常不能区分参与的公平性、服务的公平性和结果的公平性……很少有教育者会主张同等对待，如果这里的同等对待意味着以同样的速度，同样的教材等为所有孩子提供相同的教育"(p.198)。也就是说，争论的并不是"是否所有的孩子都有天赋，是否都应该接受超常教育"，而是"在判断一个人的学习潜能、成长潜能、卓越潜能时，以什么为标准在科学意义上才是可信的，在社会意义上才是公平的"。

　　心理学和教育学研究团队间主要的理论差异有：(1)人类潜能应该被看作固定的还是变化可塑的（即，绝对的存在状态还是发展中的状态；见第一、三、四、五章）；(2)潜能是一元的还是多元的（见第四章）；(3)高潜能的证据是什么（见第六章）。前面这几章的内容表明，超常领域正在逐渐转向认同高潜能的流动变化性和多元性、环境依赖性、动态性和生成性(Dai & Renzulli, 2008)。因此，在实践中也从严重依赖智商测验等去情境化工具，把这些工具作为潜能评估的唯一基础（常常是一劳永逸的评估），变成在情境中对个体活动进行更近距离、更真实的评估。事实上，研究者现在更关注"一种评估系统如何能更好的服务于学生的教育安置和教育干预，以满足他们的高层次的教育需求"，而不再关注一种测验如何抓住"超常能力"这一难以捉摸的特征(Matthews & Foster, 2006；Van Tassel-Baska, 2006)。换句话说，研究者把某种测验和其他工具一起用作信息收集工具，用来评估学生面对某种具体的教育挑战时成功的可能性，不再把测验当做"超常能力"的试金石。

　　基于对人类潜能评估的这种理解，我们最好限制一下高智商的解释范围：Ericsson等人(2007a)对此进行过讨论，主张不要再相信智商"空头支票"般不可靠的解释力，不要把智商测验等各种一般学术能力倾向测验当做人类潜能的唯一指标，而是把它们看作学生未来在学术领域成功可能性的指标之一，毕竟这些测验与学业成就总体上关系密切，与其他能力概念相比在理论上对更广泛的任务具有概括性(Gusfafsson &

Undheim，1996；Lubinski，2004；也见 Sackett et al.，2008），不过对领域特殊性成就而言，一般能力倾向测验的预测力就不如领域特殊性能力测验了(Lohman，2005a；见第四章讨论)，也预测不了成年后的非凡成就(Subotnik，2003)。

　　从教育角度看，使用智商或其他一般能力倾向测量结果作为差异化教育根据的主要缺陷在于缺乏清晰的证据。很多研究者（例如，Borland，2003；Sapon-Shevin，1996）指出这种做法的前提假设"这样鉴别出来的群体具有同质性"是有问题的。一旦考虑领域知识、特殊爱好和兴趣，这些孩子就不再同质（见第四章）。因此，高智商儿童有相同的"教育需求"这一观点就不太有说服力了。毫无疑问，极低的智商分数表明一个人心智迟滞，需要教育干预和辅导，这是最初编制使用智力测验的目的(Binet & Simon，1916)；但是高智商的教育含义就不那么明显了，因为超常研究者所假定的高智商者的成长潜能或成功迹象比低智商者的"匮乏型需求"更抽象和难以捉摸。这就是Matthews 和 Foster(2006)把基于智商或其他一般能力的超常能力传统模型称为"神秘"模型的原因(p.64)。他们转而采用超常能力的**精熟模型**（mastery model；具体才能发展模式），把超常能力定义为"异常提前发展的具体学科能力，为了满足这些学生的学习需求，必须对所学课程进行重大调整"(Matthews & Foster，2006，p.26)。他们还建议摒弃难以捉摸、定义不清的"潜能"概念，对具体领域中出现的教育需求作出更有针对性的界定。这样，不仅明确了具体学科上超前发展的学生的教育需求，也使超常能力的定义、鉴别与超常教育项目的执行之间有了更清晰的一致性。超常教育的这种"精熟模型"比那些通用的"超常儿童"模型更有说服力，不过在实践中个体的教育需求"特殊"到何种程度以至于要为他提供特殊的教育，还需要具体问题具体分析。事实上，Matthews 和 Foster 把才能发展模式纳入特殊教育模式中，借助的是教育的平等概念（超常儿童就像孤独症或学习不良儿童一样有特殊教育需求），而不是大多数才能发展模式强调的卓越概念（例如，Subotnik & Coleman，1996；Treffiger & Feldhusen，1996）。将这种超常教育的"精熟模型"运用到实践中，类似于最近的一项特殊教育项目——"对干预的反应(RTI)"运动，通过评估一个孩子是否真的需要特殊教育，在常规班级中能否得到恰当的教育，来决定是否要对他进行特殊教育(Vellutino, Scanlon, Small, & Fanuele，2006)。大体上，超常教育的特殊教育模型是反应型的——往往是在某类学生出现了迫切教育需求后才做出反应；而才能发展模型是主动型的——以各级教育单位理解的教育重点和才能发展路线为基础，为才能和创造力的系统发展设定目标。虽然存在这样的差异，但是两种模型都认同学习和发展的动态演化性和可累加性以及人类能力的环境依赖性,都相信这些性质是提供可靠公正的超常教育的坚实基础(Matthews & Foster,2006;Treffinger & Feldhusen,1996)。

多样性和公平性。超常教育中少数族裔学生(亚裔美国人除外),英语不熟练的学生和家庭经济不宽裕的学生比例偏低,这一现状是拥护教育公平的人的主要关注点(Ford,2003;Frasier,1997;Graham,2009)。批评者指出,超常项目选拔学生的常用程序(例如,标准化智商测验或成就测验)在根本上对少数族裔学生不利,因此造成了超常项目的学生比例失衡,并最终延续了已有的社会不公(Berliner & Biddle,1995;Ford,2003)。为了澄清概念,我们需要在专业术语"测验偏见"(test bias)和某种测验的"结果效度"(consequential validity)之间做出区分。正如《教育和心理测验标准》(教育研究协会,美国心理协会,教育测量国家联合会,1999)声明的,"在多数情况下,测验结果的组间差异应该引发研究者对测验偏见更严格的审视",不过组间差异本身并不表明测验的使用是不公平的或有偏见的(p.75)。例如,面对 NBA 中非裔运动员占大多数这一事实,我们不能直接下结论说选拔系统对其他族裔不公平或有偏见。严格来讲,作为选择标准的测验,如果显著地低估了某群体相应的能力,这个测验就存在测验偏见。例如,与欧裔美国学生相比,如果智商测验分数显著地低估了非裔美国学生的学业成就,我们就可以说智商测验对非裔美国学生存在测验偏见。研究者检查了各种能力测验潜在的歧视性条目,总体上没有发现所谓的测验偏见(例如,参见 Sackett et al.,2008)。在专业层面上,**测验偏见**主要关注是否因为某种与测验目的无关的原因,测验无意地不利于某个群体;**结果效度**关注的是使用某种测验更广泛的社会意义和实践含义,亦即使用某种测验的有意和无意的社会结果。Messick(1995)首先提出"结果效度",用它评估"把测验的分数解释作为行动依据的价值含义以及使用某测验的实际结果和潜在结果,尤其关注测验结果中涉及偏见、公正和分配公平问题的无效性的来源"(p.745)。如果智商测验和其他能力倾向测验导致富有家庭学生在超常项目中比例过大,贫穷家庭和某种族学生比例过小,那么即使测验在专业技术层面上没有表现出"测验偏见",依然会出现"富人愈富,穷人愈穷"的伦理和社会问题(Ceci & Papierno,2005)。与这种常见观点不同,Benbow 和 Stanley(1996)认为,如果这些能力倾向测验得到更广泛的使用,不再只作为超常教育实践中的甄选工具和准入决策的参考标准,对少数族裔将更公正。换句话说,这些测验有"公平化"的力量。尽管如此,人们还是更关注这些测验的"不公"效应。

为了让更多的少数族裔学生参与超常项目,从 20 世纪 90 年代开始,很多研究主张出台新的甄选方案(参见 Fraser,1997),由 Javits 法案提供资金(一项美国联邦拨款项目),支持那些针对传统超常项目中人数比例过少的群体所开展的研究,尤其是经济地位低、英语不熟练和有残疾的学生(NAGC,2009)。目前至少有三种新方法可以用于甄选和鉴别:(1)鉴别出多样的能力和才能,而不是通用的"天赋";(2)动态评估学习易度;(3)用非言语类测验去鉴别更多的少数族裔学生。20世纪90年代发展出来的DISCOVER 评估系统属于第一种方法(参见 Maker,1996),该系统主要基于多元智能理论(Gardner,1983),采用多种评估工具和技术(包括基于课堂和基于表现的观察法等,不再只依赖标准化测验)。相比之下,用第二种动态评估法鉴别超常学生是基于以下假设:传统的标准化测验一般是迎合主流文化的,对少数族裔学生的鉴别不一定适用。动态评估的关键在于,监控学生掌握知识技能的过程和进度,把这些作为学习潜能的标志,而不是一个人已有的知识或能力。动态评估法是诊断式的,描述一个人在教学线索和教学支持下会有何种表现,最近发展区(ZPD)的上限(即在教学指导下能达到的最高水平)在哪里;通常采用"前测—干预—后测"的形式,用"前后测分数差"来体现学习易度,以此作为高潜能的标志(Kirschenbaum,1998;参见 also Kanevsky,2000)。和其他新方法一样,动态评估也存在挑战性的问题。比如 Lohman(2009,个别交流)就对动态评估统计学和心理学持保留态度。统计学上,前后测的分数差只在前后测相关程度低时才可信,这时后测才真正体现了学习易度或"学习的进步"。此外,心理学上,这一方法常常假定内容知识(例如,个体已有知识)和加工过程(个体获得技能的速率)可以被分开独立评估,然而事实并非如此,前者必然会影响后者(Lohman 对使用非言语能力测验作为鉴别手段同样持保留态度,在一定程度上也是出于这样的考虑——知识和过程不是独立的;见 Lohman,2005b)。尽管如此,动态评估的确比标准化测验更"情境化",谨慎地使用动态评估法对学生进行鉴别和安置,能丰富我们对个体在自然情境中的学习潜能的理解和测定。

第三种方法是使用非言语能力测验来进行鉴别,近些年来对这种测验的开发、研究和评价相当多。在超常教育中使用非言语测验的主要考虑是,这样非裔、西班牙裔学生就可以和欧裔学生一样能拿到高分,因此进入超常项目的机会就平等了。其基本假设是,言语能力和计算能力都是在学校或其他教育培训经历中发展起来的,那些相对贫穷的弱势文化或母语非英文的少数族裔学生就会处于劣势,一般能力的非言语测验通常具有"文化公平性",不受文化经历的"污染",也不太受语言熟练度的限制(Naglieri & Ford,2003)。然而,在对 Naglieri 和 Ford 研究的一则评论中,Lohman

(2005b)指出非言语能力测验的大量证据表明用非言语测验无法使少数族裔、母语非英语或低 SES 群体在超常项目中的比例增加。他还指出,使用非言语能力测验作为基本的鉴别方法,反而可能会忽视那些已经显露出卓越性或更能从教育丰富化训练中受益的学生。

非言语测验的效度就像动态评估或观察课堂表现的效度一样,是一个复杂的问题,涉及对任务的专业分析、具体测试条目的评估以及相关人群的取样(参见 Naglieri & Ford, 2005,对 Lohman, 2005b 的回应)。无论如何,为了在超常教育中提高学生的多样性而寻找其他鉴别方式的确是一种有意义的尝试,只要被选出来的学生能从具体的项目中同等地受益,并和那些用传统工具、传统标准选拔出来的学生一样优秀(参见 Borland, 2008)。在最近的一项研究中,VanTessel-Baska、Feng 和 Evans(2007)对比了传统鉴别程序(即测验分数)和行为观察两种方式选出来的超常生在三年里的学业进步。使用基于表现(performance-based)的行为观察测量(尤其是非言语方法)的确提高了来自低 SES 家庭(3%)和非裔学生(5%)的百分比。但是传统方法鉴别出来的学生的学业表现更出色,这表明传统方法的预测效度更高。该研究的作者认为这一结果表明,仅仅增加少数族裔学生的数量是不够的,因为与传统方法鉴别出来的学生相比,这些少数族裔学生可能代表了另一种能力特征,需要另一种差异化教育方式。换句话说,研究者需要进一步说明鉴别出来的学生体现了哪种卓越潜能,以及接受恰当的超常教育后学生是怎样取得某种卓越标准下的成功的(参见 Borland, 2008 对这个问题更全面的论述)。

尽管 Lohman(2005a)、Naglieri 和 Ford(2005)在如何运用非言语能力测验鉴别超常者的问题上意见不同,但他们都认同在鉴别选择过程中应该考虑已经**证实了的卓越**(即高成就)和**卓越潜能**,尤其是涉及少数族裔学生时。卓越潜能的观点及其推论(使用测量法、设定一些鉴别标准而不是学业成就)被保留下来,恰恰是因为弱势群体的学生很少有机会发展自己的学业技能,因此很难获得某种成就来证实自己很出色。我们必须明白,弱势群体长期以来经受的**非自愿的低成就**(Siegle & McCoach, 2009)是由家庭、社区和学校条件的差强人意导致的,比如缺乏激发动力的课程和老师或者有语言障碍。在我们能提供给所有学生同等教育之前,应该给予弱势群体中最有希望的学生赶上来的机会,这是非常必要的。正如 Ceci 和 Papierno(2005)所言,"如同一个国家想在高能力群体中培养出最优秀的科学家、企业家和工程师一样,它也不想失去众多**潜在**的领导者和科学家,而这些潜在的优秀人才也许由于外部条件的限制而无法实现自身的才华"(p. 158)。

在注重平等和多样性的同时去寻求卓越,这需要精巧的平衡力。2003年美国联邦最高法院对密歇根大学"平权法案①"的判决(Gratz v. Bollinger,2003；Grutter v. Bollinger,2003)有一定的借鉴意义。法院支持密歇根大学法学院的入学政策(将种族看作入学决策的"加分"因素),最高法院裁定,保证学生群体的多样性是令人信服的国家利益所在,对教育的潜在好处是实现跨种族理解,打破刻板印象等,"让学生为越来越多样化的就业市场,为社会和法律专业做更好的准备"。然而,在另一个相似的案子中,最高法院却判定密歇根大学文学、科学与艺术学院(LSA)的入学政策"违宪",因为该学院给少数族裔申请人的成绩自动加20分(占入学所需分数的1/5),这违背了美国宪法的公平保护条款。判决指出"对于刚刚合格的少数族裔申请人而言,LSA学院提供的20分加分使得'种族……成为决定性因素'"。密歇根大学的法学院和LSA学院都享有盛名但入学名额很少。最高法院对法学院案件的判决中,O'Connor法官投出决定性的一票支持法学院的入学政策,体现了她对含有"种族意识"的入学政策的矛盾心理,公文结尾如下:"基于种族意识的入学政策必须尽快得到限制……法院希望25年后,种族优待不再是促进少数族裔学生利益的一种必要手段"(美国最高法院:Grutter v. Bollinger,2003)。O'Connor法官显然意识到,以"保证学生多样性"为名义的种族倾斜政策是把双刃剑,对非少数族裔的申请人可能存在反向歧视,违背宪法规定的平等权利。在LSA学院的案子里,入学政策的种族优待更明显,对于反对者而言,是对卓越性和公平原则的公然违反。请注意,大学入学政策平权法案的根本目的有两方面:一是使学生群体更多样化；二是弥补历史上种族歧视的影响。这样随时间推移,所有种族和文化群体就能在历史上留下平等的足迹。在一定程度上,超常学生的教育者为劣势族裔、少数族裔群体所做的努力和平权法案的任务是类似的——在卓越性和公平性间进行平衡。优先权的问题并不容易应对,因为我们做出的每个决定都以某种积极或消极的方式影响着个体发展,这种影响有时很深远。

必须注意的是,如果"缺乏学习机会"(Gee,2003)的现象在校内外依然普遍存在,那么鉴别本身是无法解决超常教育中少数族裔学生过少的问题。超常教育在改善现状中能起到的作用很有限(Robinson,2005)。由于人类发展中人与环境互动的重要

---

① 平权法案:直译为扶持行动,要求优先照顾弱势团体。指大学、企业等采取的鼓励雇用和录取少数族裔、弱势族裔学生或员工,以防止种族与性别歧视的积极行动。可以理解成一种**反向歧视**,用放低标准的办法录取少数族裔、弱势族裔和女性等。

性，如果缺乏早期刺激，发展上起诱导作用的环境或者发展—制造型经验，都会对超常行为的出现以及儿童长期发展轨迹产生广泛深远的影响。

课程区分化与教育资源的公平分配

超常教育的批评者（Berliner & Biddle，1995；Margolin，1994；Oaks & Wells，1998；Sapon-Shevin，1994；Schutz，2005）认为，针对超常生的课程区分化和差异化教学（即因材施教）根本上是一种按能力分班的教育实践。也就是说，基于"不同能力的学生在发展潜能上存在根本不同"这一假设，给不同能力的学生提供不同（质的不同）的教育，这会导致不公正的阶层分化和社会鸿沟。很多研究者认为，大多数适合超常学生的丰富教学计划对非超常生一样有帮助（Berliner & Biddle，1995；Sapon-Shevin，1996）。因此，重要的是弄清楚"为什么需要对超常学生进行课程区分化，根据卓越和公平性原则怎样做才合适"。

应当说明的是，超常教育的批评者提出的理由各不相同，有时，对于"超常教育为什么有问题"的争论相当激烈。例如，Margolin（1996）提出了一个有说服力的观点，他认为超常教育太强调对有助于创造力、领导力的个性特征的培养，忽略了学科知识的教授和学习。他强调超常教育存在的一个根深蒂固的问题——将高级思维和深厚的内容型知识分离开，这就好比说一个人在没有扎实知识基础的情况下也能训练出批判性思维和创造性思维，而这显然是不可行的。这一问题在一定程度上也反映了超常教育有待解决的"以领域为中心 vs 以人为中心"的争议，以及之前讨论过的"个人成长模型和才能发展模型"间的争议。但是 Margolin 似乎还有别的考虑，他写书的主要目的（Margolin，1994）是推动一种观点——超常教育实际上是在创造或维持一种社会优势阶层；它的整个实践史只不过是一种"特权教育学"，它的背后是"压迫者教育学"（p. 164；也见 Margolin，1994）。换句话说，Margolin 认为超常教育是维持、延续已有社会阶层的政治机器的一部分，使富人的地位更加巩固，低阶层人们继续无助的生活下去。

Margolin（1994）评价时所采用的方法论融合了历史民族志和文化批评。虽然他的整个叙述具有一致性而且很吸引人，但是回避了"是否以牺牲可靠性为代价来换取一致性"这一问题。他下结论说，从美国 20 世纪 20 年代"超常儿童运动"成立之后"一切都没变"（Margolin，1996，p. 169），这一论断忽视了从 20 世纪 50 年代后期开始（例如，Witty，1958）的几十年里，研究者试图让超常教育更多样化、平民化和平等化的努力。例如，Renzulli（1977）的丰富三元教育模式就是一种早期尝试，尽可能让更多孩子参与到高级思维技能发展培养中来。又比如 Tomlinson 和 Calahhan(1992)研究超常教育方法如何能让所有学生在常规课堂的教与学中受益。此外,我在第一章回顾的整个才能发展运动就是为了使人类才能库更加多样化,并试图发现实现学生潜能的多种途径,而不是维护少数社会特权阶层的利益。

Schutz(2005)在澳大利亚教育现状下提出与 Margolin 类似的超常教育观。Schutz 采用的方法是根据她收集的采访记录进行话语分析。正如 Margolin 的批评,在 Schutz 的论述中很难划分出严肃学术和彻底政治主张间的界限。相比之下,Sapon-Shevin(1994,1996)的批评是基于"对超常学生有益,对所有学生也有益"的观点。"超常项目常常导致校园重新出现种族隔离的现象:白人学生在超常项目中,非白人学生在常规教育中。这些超常项目的好处在于班级规模更小、老师更热情负责、有更丰富的课程和更个性化的辅导,这些改变其实对非超常学生也是有帮助的"(Sapon-Shevin, 1996, p.199)。Berliner 和 Biddle(1995)提出一个类似的观点,为超常生提供有关问题解决和高级思维的课程既真实新颖又有挑战性,这种课程应该面向所有学生。那些提倡不按能力分班的人也提出同样的观点:通过提高对所有人的教育水准来解决教育不公的问题(Oaks & Well, 1998)。有时候,不按能力分班意味着有意识地去创造异质班级,在班级内或班级间消除一切形式的同质群体,合作学习就是其中的一个例子(Slavin, 1990)。不过,超常教育领域中一些著名学者很快指出,以合作学习的名义假定快进生会帮助后进生,这种合作多少有些"利用"的意味(Robinson, 1990),另一方面也要考虑到公平性问题。

客观地来看这一辩论,基于能力、技能、已有知识和动机水平等对学生进行分组教学,是针对目前按年龄分班方式(建立在"同龄人的发展与教育具有相似性"这一不可靠假设上)根本缺陷的一种策略。按年龄分班不是建立在儿童发展的科学知识基础上的,这种方法主要考虑的是学校作为一种社会机构如何便于管理。从教学法角度出发,分组教学是为了让教与学都更加高效——对组内所有学生的理解水平、思维方式和动机水平而言,采用的课程材料难度适中而且教学方法适当,舒尔曼 Shulman(1987)称之为"学科教学法知识①"。即,所有孩子都会学习都会很优秀,这并不意味着他们会以相同方式相同速度,达到同等程度的优秀。不同的课程内容和差异化教学不是"一刀切"式的教育,学生的差异和多样性有时需要教育者采取各种不同的能力分

---

① 学科教学法知识:优秀教师所需的七大类知识结构之一。

组。因此,我们要当心不要把一个教学上的问题过度政治化。为了回应 Oaks & Well (1998),Reis 等人(1998)区分了**按能力分班**(学生在固定的班级中学习)和**分组教学**(根据学生能力、知识和动机水平采取更灵活的安置方式)。他们承认,基于能力或成就的分班是有问题的,但是以差异化教育为目的采取各种分组教学是必要的。在某种程度上,为超前学生提供选修课和大学预修课①(AP)也是一种分组教学形式,有利于学生更专业化或更高级的发展,是根据一个人已经取得的成绩(而不是这个人本身的能力)进行课程调整的一部分,已经取得的成绩表明他有希望进入卓越的新水平。与美国等许多国家仍有争议的按能力分班方式(例如,德国的三层分班系统)不同,对于超前学生的这种分组教育方式很公平(Coleman & Cross,2005)。比如一些数学超常学生会觉得微积分课程具有挑战性,值得探究,但是,如果要求所有的学生都有同样的课程体验以及同样的收获就很荒唐了。

公平地来讲,超常教育的批评家比如 Sapon-Shevin(1996)以及 Oaks 和 Well(1998)承认差异化教育(针对学习程度和速度上个体差异进行教学调整)的价值,公平并不意味着所有人都应接受同样的教育训练。他们主张的并不是"一样的对待",而是"恰当的对待"(Sapon-Shevin,1996,p.199)。"关键的问题在于:超常教育是否能够针对儿童的特点提供差异化的教育(就像我们给 12 岁的孩子提供的食物比给 4 岁孩子的多很多是公平的一样);差异化教育是否不仅建立在'儿童存在先天差异'这一不确定的假设上,也导致了孩子们在未来受到更深远的持久、明显的区别对待"(Sapon-Shevin,1996,p.199)。事实上,超常教育的守护者也承认,通用性的丰富化项目对超常儿童的教育需求界定得很模糊,无法满足超常儿童合理的教育需求,可能没什么教育效果,也不公平(Benbow & Stanley,1996)。这里要提一个核心问题:存在只对"超常儿童"才有效的"超常课程"或"超常教学法"吗?"超常教学法"意味着把超常学生看作有相同教育需求的同质群体,不考虑具体知识、能力和兴趣类型以及个人风格。而目前超常教育领域达成的共识是:尽管我们有更高级的课程、更精巧的教学法来满足超前学生某个发展阶段的需求,但并不存在只为超常者量身打造的课程,也没有只对"超常者"才有效的教学法(参见 Coleman,2003;Kaplan,2003;Shore & Delcourt,1996;Tomlinson,1996)。Tomlinson(1996)认为,超常教育和常规教育的目标和指导原则是

---

① 大学预修课:AP 直译为高级安置,指在高中授课的大学课程。美国高中生可以选修这些课程,在完成课业后参加 AP 考试,得到一定的成绩后可以获得大学学分。一般修一门大学的课程要花费数千美元,而参加 AP 考试只需要 82 美元,因此选修 AP 课程不仅可以展现学生的能力,它还是一种省钱的措施。

基本一致的,他设置了9个维度,在这些维度上对超常学生采取了有别于普通学生的教育和指导方式:(1)从基础到迁移;(2)从具体到抽象;(3)从简单到复杂;(4)从单方面到多方面;(5)从小进步到大跨越;(6)从结构性强到灵活性强;(7)从定义清晰到定义模糊;(8)从依赖到独立;(9)由慢到快。按照这些维度,根据学生的最近发展区以及他们在特定发展阶段能从教育中获益的程度,所有学生(包括早慧和超前学生)都可以得到合理的安置。也就是说,我们应该避免两种极端:一种是以二分法的方式思考超常教育和常规教育,认为二者是分离的;另一种是做出一个总括型假设,认为"对超常学生有益的也对所有学生有益"。两种极端都不能很好地为卓越和公平的目标服务。

在差异化教育的理论基础方面,除了假定不同人的学习速度不同之外,也假设学生在各种课程中的教育收获上遵循经济学的收益递减原则。一些人的收益递减点来得比别人早,过了这个点再接受教育对于他们技能发展的意义不大,也不能继续产生有意义的学习收获(也就是说一个人到达了能力渐近线;见第三章)。而对于另一些人而言,更高级的学习材料和经验依然能产生收益。当然,这一假设的前提是:面对各种教育机会,不同人的学习潜能存在根本的个体差异。也就是说,教育经验和各种社会干预会放大、增加个体差异,这和"教育可以消除成就上的个体差异"这一常见信念刚好相反(Baltes,1998;Bronfenbrenner & Ceci,1994;Ceci & Papierno,2005;Gustafson & Undhein,1996)。

如果我们接受"机会的公平并不是说要以相同方式对待所有人,平等的学习机会不一定产生相同的学习结果"这两个前提,那么课程区分化和差异化教学就应该根据学生的知识、技能和动机水平上体现的学习潜能(即综合潜能;参见 Ackerman,2003;Cronbach,2002)去因材施教。如果由于学习经验和机会的不足而缺乏这类信息,可以使用一些能力倾向测验(言语的或非言语的)来测量学生的学习潜能。需要立刻说明的是,尽管一般性能力倾向测验在教育安置中依然有用,但是任何测验分数(智商或其他分数)都不能等同于学习潜能。因为一个人面对某个学习机会的准备状态依赖于许多个体因素和环境因素,在一定程度上是领域特殊性的。总之,一种更公平更令人信服的办法是根据学生现有能力和技能掌握水平,判断某种教育方式在具体学科上成功的可能性,而不是依赖假定出来的一般性学习潜能(Matthews & Foster,2006)。

在恰当的评估之后,不同教育方式可以形成一个连续体——一些教育方式适合大多数学生,另一些只适合一小部分的学生(Renzulli & Reis,1997;Shore & Delcourt,1996)。在才能发展模型中,学生达到学科知识技能的高级水平,就理应帮助他们扩展常规课程中得不到的学习经验(Matthews & Foster, 2006; Subotnik & Coleman, 1996)。对早慧和超前学生进行特别的教育(比如加速教学或灵活分组教学),尽管需要更灵活的行政管理方式以及更具适应性的教学方式,但并不一定意味着需要额外的教育开销(Benbow & Stnaley, 1996)。很多实行加速教育的项目和学校由于缩短了学制,反而更节约经费(Benbow & Stanley, 1996; Robinson, 2005)。当然,有时需要提供一些自我管理的项目和学校(如人才搜索项目和超常学校)来满足超常学生的教育需求(Benbow & Stanley, 1996; Stanley, 1997),这些项目和学校对教师的要求更高,但与常规项目和常规学校相比也不一定开销更大。

值得注意的是,特长方案或大学水准的荣誉学院①没那么惹人争议。然而在大多数发达国家中,K-12教育(即从幼儿园到高中毕业的12年基础教育)花的是纳税人的钱(私立的精英寄宿式学校除外;见 Gaztambide-Fernández, 2009),所以资源分配是否公平就成了政治敏感问题。例如,"某个州能不能建立对学生有选择性的公立学院"的决议取决于这个州的立法委员(以及支持他们的选民)的价值观和优先考虑的事物。资源分配的问题牵涉"如何平衡各种关注点和优先事物"的政治观,这是教育研究无法解决的。现实中的合理决策受以下条件约束:关于人类潜能和个体差异我们都知道了些什么,对于某类学生而言我们提供的教育方式会有多大效果,我们可以预期怎样的社会回报和经济回报。事实上,根据政策制定者采取的具体教育方案,教育干预可能无法减小反而会扩大不同人的成就差距(Ceci & Papierno, 2005)。总的来说,科学研究有助于解决不同教育方式的"效果"问题,但是某种教育方式(包括超常教育)是否有意义、有价值,却是由那些利益相关者决定的。

社会心理状况作为一个公平问题

除了机遇和课程方面的讨论,超常教育的批评还常常指向对非超常学生造成的社会心理影响。Sapon-Shevin(1996)认为,那些没被鉴定为超常的学生由于无法参加超常项目会产生难过沮丧的心情,缺乏彼此认同和互动会动摇校园的学习共同体。正如我第一章里提到的,"超常儿童"这一社会建构概念很大程度上是从20世纪初推孟发起的大规模智力测查中产生的。即使在当时,推孟就已经要面对反对者的抗议,他们

---

① 荣誉学院:相当于我们所说的实验班,小班授课,授课方式多为讨论式,每个学生都能得到教授的关注与指导,每个学生都能得到更多的锻炼机会。

关注把智商测验作为"儿童能力终极判决"的社会伦理问题(参见 Lippmann,1976,p. 19)。这里,问题不在于推孟把高智商儿童看作未来会取得卓越成就的"超常儿童"是对还是错,而在于使用一种概括的通用"超常"类别,把孩子分为"超常"和"非超常"两类是否合适,以及对没能晋级的孩子身上可能出现的皮革马利翁效应(即自我应验的预言)的担忧。威廉·肖克利(William Shockley)就是一个典型的例子。他的故事能很好地证明社会心理问题为什么会与公平有关。

肖克利是推孟(1925)"高智商儿童(即超常儿童)研究"的申请人之一,他的智商是125(斯坦福-比奈量表得分),没有达到推孟设定的140 的临界值(之后改为135)。肖克利的妈妈怀疑测验不准确,要求重测,但是第二次和第三次他的智商仍然在120—130 的区间。根据 Gagné 基于测量的"天赋水平系统"(Gagné,2005a),肖克利属于"稍有天赋(mildly gifted)"。当然,肖克利最终没能成为推孟的研究对象(即所谓的"天才"),但是他依然发明了晶体管,改变了电子工业,并因此获得了诺贝尔物理学奖,可以说获得了比所有推孟麾下的"天才"都要出色的成就。

在这里我们感兴趣的问题并非智商测验或其他测验的预测效度是否不足,而是使用如此主观的临界值将学生分为两类,其中有社会归因和自我归因过程。尽管肖克利的母亲有些沮丧和心烦意乱,但是肖克利显然没受什么影响。可是,如果肖克利和他的母亲被告知肖克利真的"资质不够超常"后,他的父母承认对自己儿子有过高期望,故事又会如何发展呢?可以肯定的是,一个人如果没有从选拔中脱颖而出并且被认为并不"超常"的话,他的自我概念会蒙上阴影并降低对自我的期望,考虑到大众流行看法把智商看作与生俱来的(出生时智商就已经确定了),认为智商预示了一个人的潜能极限时,这一问题就更加明显了。Dweck(1999,2006)的研究结果有力地表明,对"智力和能力是固定的还是会增长的"这一问题的判断会影响人们给自己设定的目标大小、努力程度以及面对挫折时是否百折不挠。因此,给一些孩子贴上"超常"的标签,而给另一些贴上"不超常"的标签,无意间向学生发出一种错误的信息——只有被称为"超常"的学生才能得到上帝的眷顾,才能做一些别人做不到的事。Steele(1997)也证明了刻板印象对个人学业或其他领域表现会产生负面影响。也就是说,认为自己在某领域资质平平,这一想法会影响你在这一领域的发挥,尤其在任务具有挑战性的时候。考虑到社会环境在促进才能发展上的重要性,过早地对学生进行分类(低常,正常,超常等)的教育和社会实践都可能会打击那些非超常者的自信,值得引起人们对公平性的关注(参见 Ambrose,2000,对此的更正式的论述)。例如,按能力分班或者给少数学生贴上"超常"的标签,仿佛真的存在一种概括的通用"超常"类别时就会产生这样的效果。当然,在这些例子中情境因素和社会心理因素的影响可能很复杂,对超常和非超常学生可能都会产生消极影响。被贴上"超常"标签的学生也许会觉得受到压力和威胁,因为他们如果不能在课堂上表现出超常能力,就会有人质疑他们是否货真价实(Dweck, 1999)。加入超常项目或进入对学生有选择性的学校的学生,也会经历一种现实的冲击和自我形象的缩减,就像原本自己是小池塘里的大鱼,现在一下子变成了大池塘里的小鱼,有好多鱼比自己更大!(这被称作"池鱼效应";见 Marsh, Trautwein, Ludtke, Baumert, & Köller, 2007; Dai & Rinn, 2008)然而,总的来说我们更关注非超常学生的公平问题:这些孩子最终被安排在普通班级里,有的也默认自己真的不聪明。同样,对于有社会影响力并掌握话语权的人所提出的任何理论或理论猜想,我们都要仔细的审视——看看是否在种族、性别或其他社会特征方面对某群体散播了刻板印象,认为他们不如别的群体,低人一等。比如本章开始提到的,华生和萨默尔有关智力上的种族差异以及科学、数学成就上男女差异的言论。并不是说这些理论在科学或统计意义上就一定错误,也不是说就一定只是"政治立场不正确"的问题。重要的是,对那些正在形成自己的自我认同,需要别人的指导和鼓励去发展技能、天赋和志向抱负的学生而言,这些言论容易产生消极心理社会影响,有其伦理上的问题(Worrell, 2007)。具有讽刺意味的是,肖克利晚年成为智商的信奉者(可能是受亚瑟·詹森①的影响),坚定地认为非洲后裔比高加索后裔的智力水平低,甚至倡议智商得分 100 以下的人自愿绝育。当然,对于"除了数学和科学领域,男女之间是否存在重要的生理差异,导致超常女生和女性在其他领域获得成功"这一问题,我们仍然可以自由辩论,并拥有学术研究的自由(参见 Ceci, Williams, & Barnett, 2009; Dai, 2002, 2006; Pinker, 2005; Spelke, 2005; Spelke & Grace, 2006; Summers, 2005)。然而,统计学证据虽然令人信服但是并不能直接用来对单独某个人下结论。与社会学(主要关注群体以及和与群体相关的规律和原则;例如钟型曲线, Herrnstein & Murray, 1994)不同,教育学在根本上关注的是个人。不以决定论的方式看待个体潜能,这里面是有哲学和心理学方面考虑的。

根据 Scheffler(1985)的研究,人类潜能与个体发挥自身主观能动性的自由程度与

---

① 亚瑟·詹森:美国教育心理学家,曾师从 H. J. 艾森克,受艾森克人格研究中定量的和实验的方法的影响很大。他主要研究了个体学习的差异,尤其是文化、发展和遗传对智力和学习的影响。

个人能力有关。教育的目的是授人以渔,使学生拥有学习的能力和自我发展的力量,可以自由地决定自己获得哪些个性特征,成为什么样的人。因此,声称能知晓一个人潜能大小的教育方式不仅傲慢,也阻碍了人类潜能的实现(Renzulli, 1986)。无独有偶,Rawls(1971)的公正理论也把自尊和对自我的自由探索作为公平的核心问题。除了哲学争论,人类的发展如此复杂和不确定,以致任何一种预测指标,甚至即使把多种预测指标综合起来,都无法充分预测发展的结果。同样,在人类各个领域能否取得卓越成就也不是预先决定的,而是受个人、环境和发展多种因素的影响。基于哲学和心理学的考虑,保护、提高学生的个人主观能动性对于任何教育系统而言都是一种道德义务。不过这并不意味着,为了不伤害任何人的情感和不打击任何人的士气,就要取消所有超常项目、跳级政策和特殊学校。而是说,我们的教育不应该使学生产生社会心理方面的障碍,不应该将学生固定在某种缺乏建设性的,很多时候甚至有害的社会刻板印象类别中。

更广阔社会文化环境下的超常教育

Ceci 和 William(2005)的研究显示,社会干预(包括教育)对穷人 the have-nots(处于劣势的人)是有帮助,但是对富人 the haves(处于优势的人)帮助更大;由于马太效应("强者愈强,弱者愈弱"的两极分化效应,个人的相对优势会自我增值)的存在,帮助底层学生缩小成就差距的努力常常失败。当教育改革者意识到"公平并不意味着所有学生都要取得同等水平的成就"时,他们对超常教育的不满就会减少;改革者要面对"教育往往会使个体差异扩大,而不是减少个体差异,更不会消除个体差异"这一现实,因为不同的人学习收益不同。埋怨"对早慧和超常学生的教育扩大了穷人和富人间成就差异的鸿沟"是没有任何意义的。正如 Silverman 所说,"阻碍最聪明的学生不会对后进生的进步有任何帮助"(引自Benbow & Stanley, 1996, p. 256)。

Sergiovanni, Kelleher, McCarthy 和 Wirt(2004)指出了教育政策和决策判断背后的四种公共价值观:卓越性、公平性、选择性和效率。需要平权法案是因为采取一种价值观往往有损其他价值观。例如,布什政府"不让一个孩子落下(NCLB)法案"可以说是牺牲了选择性和卓越性,去追求公平性和效率。在卓越性上作出的让步表现在:数十亿、百亿美元的税收被用在培养后进生的基本技能上,忽视了优秀学生高级技能的培养(参见 the Fordham Foundation Report; Lovelss, Farkas, & Duffett, 2008)。

NCLB的教育方案也威胁着选择性这一公共价值观,表现在这一政策的强硬手段上;地方意见和地方决策力都受到了限制。对于超常教育而言,尽管公平性、选择性和效率都应纳入考虑范畴,但是卓越性一直都是超常教育的主要目标和优先考虑的价值观。

如何协调这些价值观以及排列他们的优先顺序,这一问题没有固定的答案。但是我们呼吁超常领域中所有实践者都采取一种注重价值观、注重反思的方法,我称之为反应敏锐的、有责任感的教育实践(RREP)。一种"反应敏锐"的教育实践是指,面向学校学科上或其他重要的文化技能领域中学生体现的才能、兴趣和卓越性,以积极主动或灵敏反应的方式提供社会支持和教育支持。"有责任感"的教育实践兼顾公平性和效率,充分考虑到学生参与机会的公平以及在促进和产生卓越性方面的效率和效果。根据RREP原则,我们可以对已有的教育方法进行审视,也可以在超常教育中进行创新。

结语:平等的机会,而非相同的结果

大量可信的证据表明,不同人在学业、艺术或实践领域取得成就的速率上以及成就的渐近线上存在个体差异。然而,没有证据表明不同领域的成就潜能是基因预先设定好的。尽管在恰当评估的基础上,可以对一个人短期或长期发展轨迹进行预测(Lubinski & Benbow, 2006),但是没有准确无疑的方法能预测哪个人成年后一定会成为某领域的佼佼者。因此,一劳永逸的鉴别系统在科学上站不住脚,在伦理上也令人质疑。我们应该做的是持续关注学生的发展进步,保证恰当的教育安置并作出及时的教学调整,为了保证特定教育项目的质量,还应该采取公平灵活的学生进出政策。

教育中的公平性指所有学生在发展个人潜能上的权利平等,而不是对所有人采取同样的教育方式。因此,评估系统应该根据学生超前的教育需求以及体现潜在卓越性的可靠证据来帮助决策者做判断,而不是依赖一些有关"超常"通用类别的模糊的不可靠假设。

超常教育应该以追求卓越为本,而不是以"超常能力"为本。一些人证明自己具有和同龄人相比的卓越性或卓越的潜能,重视这一卓越性的社会就会提供给他们教育关注和教育投入。为追求卓越而努力是个人的决定和选择,常常受到家人和重视卓越性的社区环境以及社会机构的支持和鼓励。然后我们可以推论,卓越性是努力获得的;

仅仅"有天赋"不应成为接受超常教育的理所当然的权利;在自己选择的领域中是否有热情,对卓越是否有追求,这是一个关键要素。

  不问青红皂白地说超常教育就是精英主义,结果会导致人才的流失。反过来,教条地坚持那些以智商或其他固定分类法为基础的观点,这种行为也令人质疑,因为这类观点是基于"标准能力倾向测验能一劳永逸地告诉我们谁有高潜能,谁将最有可能成功"这一错误假设。我们需要一种有科学证据支持的新范式,来满足人类社会对卓越性和公平性的道德要求。

第九章 对卓越的整合理解：超常能力发展研究的 CED 框架

认为"超常能力会随着个体的发展而改变"的观点目前在超常领域还不太流行。能否接受更深刻的发展概念正是超常领域目前争议的关键所在，也是将来发展的希望所在。

David Henry Feldman《超常能力发展的演化观》

雪花结晶成型的关键是"增长"……水汽分子首先遇到冰晶的各个角棱和凸出部分，并在这里凝华而使冰晶增长。于是冰晶的各个角棱和凸出部分将首先迅速地增长（哪怕最小的角棱和凸出部分也比周围增长的要快），逐渐成为枝叉状。此后，又因为同样的原因在各个枝叉和角棱处长出新的小枝叉来。就这样，复杂性诞生了。

Kenneth Libbrecht《雪花的学问》

在第三到第五章中，我讨论了三个有关超常能力的重要本体论争议：先天—后天争议，领域一般性—特殊性争议，质的差异—量的差异争议。在这些方面对超常概念的理解直接影响着教育方案的设计。正如我在前面两章中对"超常教育的目的和方法"以及"卓越和公平的争议"进行的说明：所有的争议都反映了教育界乃至整个社会的价值观的异同。然而，这一切都依赖于人们对人类潜能和各种卓越表现的本质的不同信念。在这一章中，我会提出一个统一的框架，不再采用两分法去思考先天—后天，领域一般性—特殊性，质—量的争议，而是采用一种有关卓越生成演化的环境发展模型。

Lohman(2006)认为，有关能力和成就的理论前后会经历四种发展水平。第一层是"朴素的唯名论[①]"，将能力测试（智力测验等）看作对遗传来的基本能力的测量；理论发展到第二层后，能力和成就就被看作有部分重叠，能力是通过与环境的相互作用发展起来的，并非与生俱来；理论的第三层关注"单个方面"并探索超常能力各种独立

[①] 唯名论：认为所谓共相不过是一个主观的名称而已，在逻辑上和时间上都要后于可感知的事物。

的内生和外生影响因素;理论的第四层发展出系统的理论和复杂整合模型,来解释超常能力如何演化。基于各种理论观点和研究证据,超常能力作为一种可证实的能力,只有在理论的第四层才被解释得最清楚——超常能力是"成为"和成长起来的复杂过程,不是抽象的或固定不变的"存在"状态。

和我在前几章中指出的一样,"超常能力(giftedness)"是一个能力概念,可以和"卓越(Excellence)"这一行为表现概念作对比。"卓越"是明白地显现出来的,从卓越表现的证据中可以推断出"超常能力"或杰出能力。这类证据有很多种形式:一个在智力问答中对答如流的孩子,或者想出别出心裁的解题方式的孩子,都体现了与特定年龄所对应的卓越,可以从中推断出他们的"超常能力"。但是我们渐渐会发现,如果几年后或在不同情境下评估同一个孩子的表现,"超常能力"的水平和表现方式可能会不同(Gottfried, Gottfried, & Guerin, 2009; Lohman & Korb, 2006)。理论的第一层中假定的"超常能力具有跨测验、跨领域、跨情境、跨时间的不变性或稳定性"是站不住脚的。例如,16岁智商130和6岁智商130有着不同的发展意义和运作意义,虽然这一分数在年龄常模中的位置是相同的(McCall, 1981)。因此Carroll(1997)提出了智商的智龄发展定义法——"测量儿童通过接受文化熏陶和从文化中学习,从而使'心智年龄'(智龄)增长的速率"(p.38)。"智龄代表已取得进步的绝对量,无论心智技能和知识是通过什么途径得来的(来自遗传还是环境)。"(p.37)当然,我们可以自由讨论智商得分是持久稳定的还是灵活可塑的(即,智商应该被看作一种能力还是行为表现;cf. Ceci & Williams, 1997),以及这样推定的能力能否加以"推演泛化",是否与"一般能力"或"一般智力"的名称相称(见第四章讨论)。不过,有一点是确定的:智力作为一种心智属性,无论怎样定义都要面临质的(非连续性的)和量的发展变化。在这个意义上,智力是后天获得的,不是生物先天造就的不变状态。换句话说,智力是发展中的人与具体环境互动并在适应环境的过程中不断演化、变化的一种生成属性。同样,根据Carroll对智力的评论,超常能力无论来自遗传还是环境,都可以从超前发展的绝对量中推断出来。因此,最重要的理论问题不是哪种"超常能力"是一种特质或者特质群,而是超常能力形成的过程。

超常能力的形成:差异化发展的基本原则

"描绘超常能力的发展过程,而不是去鉴别关键人格特质"是Sternberg和

Davidson 主编的《超常能力的概念》两个版本(1986,2005)的尾章中的建议(Mayer,2005;Siegler & Kotovsky,1986),从发展的角度探讨超常能力的众多研究文献也在这么做(Balchin,Hymer,& Matthews,2009;Feldman,2003;Horowitz,Subotnik,& Matthews,2009)。这和 Mayer(2005)提出的定义也基本一致:"超常能力与具体年龄有关,起始阶段主要指潜能,在中间阶段主要指取得的成绩,在高级阶段指的是卓越成就。"(p.439)

我们如何直观地表示超常能力的形成过程?下面这张图总结了已知的人类发展重要维度(包括人类活动的运作维度、发展维度和时间维度),将影响人类发展的动态开放系统整合在一起(Dai & Renzulli,2008;cf. Ford,1994)(见图 9.1)。

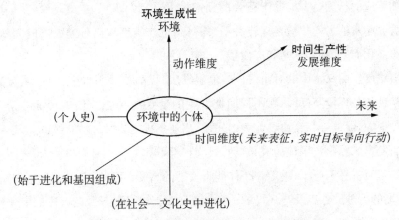

图 9.1 人类运作和发展的三大核心维度的图示

中间的椭圆是三个维度汇聚的分析单元。箭头表示三个维度的动态性和方向性(本图源自 Dai & Renzulli,2008;经 Gifted Child Quarterly 许可重印)。

运作维度、时间维度和发展维度

图 9.1 表明这三个维度共同界定了一个人具体的运作状态和发展状态。

运作维度。图 9.1 中的竖线表示"人—环境"的运作关系,个体作为开放的自组织的自我导向的适应性系统,与环境不停交换着信息和能量,在改变自己的同时也改变着环境。举一个简单的例子:婴儿试图用手抓玩具。婴儿和玩具组成了一种运作关系:玩具可以供孩子抓取(有时称为**可供性**),但是也对婴儿提出了挑战(或者叫**任务约束性**)。我们所说的超常行为或表现往往涉及各种运作关系,尤其是面对社会文化和历史条件中具体任务环境的可供性和约束时,个人运作的有效性。在教育语境下,这种运作关系主要指学习者在某种指导条件下产生学习收获的准备状态和倾向性(Snow & Lohmn, 1984)。

时间维度。图 9.1 中的横线代表动态系统的时间维度:具有能动性的主体和随时间展开的任务环境之间的相互作用和相互影响。这些相互作用在时间上的演化性可以用一条贯穿某种状态空间(state-space)的"轨迹"表示。例如,婴儿一开始可能抓不到玩具,但是随着视觉—运动协调的发展,他最终会成功抓到玩具(Smith & Thelen, 1993)。这里的箭头有两层含义:行为的时间序列或时间进程,以及人类行为的未来导向性或目标导向性。也就是说,一个自我导向的主体(即使是一个婴儿或者幼儿)预期着自己行为的未来状态(这就是发展心理学家所说的"方法—目的准备状态"或者"敏感性")和相应的行为(例如,基于行为的反馈做出自我纠正)。也就是说,我们所说的超常行为或超常能力不仅满足运作关系(即具备运作维度),而且遵循着时间轨迹(从过去状态演化而来,朝着未来状态发展)。

发展维度。图 9.1 中的对角线代表**发展维度**。"发展"在这里被定义为:发育中的个体与某种任务环境互动时,在不同时期发生的量变或质变。比如,婴儿在协调自身运动的过程中,促进着自己协调能力的发展(皮亚杰称之为"抓取图式"的发展)。尽管是生理的发育成熟导致了他的成长,但是经验、学习和文化对于人类智力、艺术或实践能力的发展而言必不可少,决定着个体能力发展的高度。因此,发展是个体长期(时间维度)逐渐的生理成熟以及与环境的适应性互动(运作维度)导致的有序的变化。

环境生成动态模型(The contextual, emergent, dynamic(CED) model)描述了这三个维度的交互作用(参见 Dai & Renzulli, 2008)。(1)能力的差异化发展要考虑运作环境;(2)人与任务的相互作用、相互影响有独特的时间轨迹;(3)因此,能力被理解为人类行为生成的自组织的复杂性。**从这个角度来看,表现出来的超常能力是在人与任务的相互作用以及长期的运作关系中生成的属性,会进一步发生变化(包括非连续的质变)。**正如图 9.1 所显示的,我认为人与任务的关系具有"环境生成性",而新的认知结构(例如模块、图式、心智模型和理论)以及情感特征(即,倾向、兴趣爱好和同一性)的长期发展具有"时间生成性"(Dai, 2005)。这个一般性原则适用于所有与超常能力有关的现象,从神童的出色成绩到成人的杰出成就。

也就是说,超常能力的发展遵循人类生存系统的一般性原则(开放性、动态的自组织和适应性、意向性)。差异化发展的极端形式(超常才能的发展等)依然遵循人类发展的以下几点基本原则:

灵活能动性。除人类之外,其他动物都有先天造就好的相对固定的发展路线,而人类的生物学特性使得每个人在发展中都具备某种程度的神经可塑性和认知灵活性。尽管发育中的人类大脑具有某种程度的异质性,也有各种专用的学习机制和运作机制帮助人类应对具体的挑战(语言,社交,空间定位等),但是通过长期适应性学习和特殊训练获得新异的复杂技能的人类能力,才是技能和超常能力发展的主要机制。总之,人类不是"呆板的、被动反应的"生物,而是"灵活的、有创造性"的生命。

差异化发展。每一个人都与他人有相同之处,也有自己独特的性向、偏好和潜能。一个通用的原则是,人们往往倾向于"发挥长处"——在形成自己的发展定位(developmental niche)时发挥自身的相对优势。然而,具体的发展方向和发展轨迹取决于个体的环境经验和学习经验——早期教养、结构化的社会活动以及偶然因素都发挥着作用。在相同的环境中,遗传性向会导致个体偏好某种发展方向和途径,但是就其本身而言并不决定发展的结果。有相同的基因组成(例如同卵双胞胎)但是机遇和环境经验不同的两个人,会有不同的发展轨迹。总之,差异化发展是遗传因素和环境因素共同导致的(Gottlieb,1998;McCall,1981)。

自组织和时间生成性。心智运作的很多方面都体现出"动态不稳定性",能够自发地产生适应性改变(例如,发现错误和自我纠正),来提高个体在具体环境中的运作效力,形成生成的行为复杂性和心理复杂性。一定要注意,这里的"自组织"是人与环境互动中逐渐"自发"形成的模式或模式的变化:"在这个系统中生成模式产生的原因不是'自我',而是系统在一定条件下进行着的自组织。不存在什么控制系统运转的幽灵,告诉我们每一部分该如何行动。"(Kelso,2000,p.65)

自我导向。自我导向是只在"意向性"生命系统中才有的原则。尽管大脑中没有什么指挥的"小人儿(homunculus)",也没有控制系统运转的幽灵,但是人类能通过自己的意识和意志力去管理指导自己的行为,以维持某种程度的统一性、自我认同和连续性。人类拥有自我意识、反思能力和符号象征能力,这使得人们可以重构过去、表征现在、构想未来(Edelman,1989)。通过对当前目标执行情况的反馈调控,或者对未来状态和可能性的前瞻预期,人们可以进行自我导向和自我调节。正是在这个意义上,一些发展主义理论家认为人类是自身发展的缔造者(例如,Lerner & Busch-Rossnagel,1981)。与其他"只活在当下"的生物不同,人类具备自我导向的能力和在心理上表征未来并为未来奋斗的能力,这是其他生物所没有的,尽管其他动物为了自身长期生存和繁衍具备选择栖息地的能力。

稳定性和不稳定性之间的平衡。 这是所有复杂的开放的生命系统都要面临的挑战。开放性在蕴藏机会的同时也带来了风险。为了生存下来并且有创造性,复杂的生物体既要避免呆板又要避免混乱。为了增强适应性并且进行创新,它们必须能够敏锐察觉到新的机遇和可能性,又要足够稳定地正常地运行,在各种新信息和新异刺激的轰炸下不乱作一团。用 Michael Crichton(1996)的话说,"要足够创新以保持生命系统的活力,又要足够稳定以避免陷入混乱"(p.4)。然而,为了产生非凡的发展复杂性和新颖性(例如,有创造力),"自组织的生命系统甚至会使自己置身于临界点附近"(Kelso,2000,p.68),也就是混沌的边缘。

总之,人类发展的这五个原则——灵活能动性,差异化发展,自组织和时间生成性,自我导向性以及在稳定性和不稳定性之间进行平衡,适用于各种发展轨迹和领域,包括超常能力的发展。人类所有领域中卓越性的发展都遵循这些基本原则。

我们如何在这些原则的指导下探索超常能力的发展呢?答案就是,确定恰当的分析单元和研究方法,使我们能够观察这些原则如何体现在"行动中(in action)"。特别需要观察个体与环境、社会、物质世界或符号世界的运作关系。这一观察过程可以是微观水平的(几天或几周),也可以是宏观水平的(几个月或几天,甚至几十年)。

基于分析水平去确定超常能力的生成属性和演化属性

超常能力的环境生成动态模型(CED 模型)和传统模型到底有什么不同呢?我们先回顾一下历史,超常能力的研究长期以来深受心理测量传统的影响,甚至根植于心理测量传统,其隐含的通则性假设是:人类特质是普遍有效的,可量化的。这样一来的实际后果是产生了一种分类的方法:基于某一测验的得分,以主观确定的临界值去甄选和教育"超常学生"。虽然 CED 模型和传统模型一样都试图理解发展的多样性和心理的独特性,除此之外,CED 模型还试图把握"发展的过程"。CED 模型依赖于我提出的"分析水平"概念,这一概念有助于我们研究超常行为或超常能力的生成性(Dai,2005)。

分析水平是解释复杂生命系统的认识论工具,我们最好把复杂生命系统理解为多水平(或者说多层次)的现象(Newell,1990;Rasmussen,1993)。人是一个复杂的生命系统,由大量复杂的子系统以及子系统的子系统组成。当我们把人类的发展理解为系统的变化,就涉及多种分析水平——从分子水平、细胞水平、组织水平、器官水平到神经环路和功能模块系统;从生物水平到社会文化水平;从个体水平到群体水平;时间上,从简单功能单元的形成到复杂知识技能的逐渐分化和组织,从短暂时间单元内(分钟和小时)的发展变化到长期(几年或几十年)的发展变化。我在这里提出的分析水平来自 Dennett(1987)的三种认识立场,也就是在第六章中讨论的"解释的物质水平、设计水平和意向水平",也借鉴了 Pylyshyn(1984)的认知层次结构模型,Newell(1990)的人类功能层级模型和相应的时间进程(参见 Dai,2005)以及 McAdams 和 Pals(2006)的人格发展模型(这一模型区分了人格差异化发展的四种水平)。

CED 框架的基本假设或前提是"差异化发展"——就能力、兴趣、偏好和价值观而言,每个人的自我发展总是朝向不同方向。这一方法将差异(个体差异)心理学和发展心理学整合起来。在此之前,差异心理学和发展过程从来没有充分地结合,而发展心理学也没有很好地考虑过发展(包括天赋的发展)中的个体差异(Horowitz,2009)。自组织和自我导向原则都支持着差异化发展这一研究趋势。CED 框架不仅可以解释超常能力和卓越表现的发展,还可以解释其他形式的差异化发展。我们可以将差异化发展分为四种分析水平:(1)性向或能力倾向(生物组成或生理水平);(2)独特适应性(设计或计划水平);(3)对自我和未来的建构(意向水平);(4)社会—文化环境的分化作用(活动水平)。(见图 9.2)

认识论角度	方法	人类运作层级
建构主义或生成主义 ↕ 还原主义或元素主义	复杂分析单元; 多层级,嵌套, 高水平组织 ↕ 简单分析单元; 可分解的组合的低水平元素	活动水平 意向水平 设计或计划水平 生物组成或生理水平

图 9.2 人类运作层级的四种水平和相关的认识论与方法论

层级 I:性向或能力倾向(生物组成或生理水平)

有关超常能力的大多数研究符合差异心理学和心理测量学传统,这些研究描述的是"在生物组成或生理水平定义的超常特质"。McAdams 和 Pals(2006)主要关注在社会情境中运作的广义的人格特质。人类能力的心理测量研究关注广义或狭义的认知特质（例如，Carroll，1993）。虽然人格特质和能力特质都是在测量基础上相对而言的（即参照常模）并且具有差异性，但是我们常常对人格特质进行两极化描述（例如，你是外向的人或者内向的人），而对能力特质进行单级描述（例如，你的智商高或者低）。这一层分析水平对应第四章讨论的"第一层能力倾向和性格倾向"，可以通过测验和观察推断出来。

根据术语的使用习惯，**能力倾向**（aptitude）一般作为一种能力概念（例如，工作记忆容量，阅读能力；Just & Carpenter，1992；Kyllonen & Crystal，1990），而**性向**（disposition）更多地作为一种人格概念（例如，感觉寻求［Zuckerman，2004］或高度兴奋性［Ackerman，2009］）。能力或人格类型的大多数心理特质是生成或通过后天因素形成的。也就是说，基因和心理特质并不是一一对应的关系。某种特定表现型（心理特质）的出现是在环境与行为的互动中多种基因组合的结果（参见 Simonton，2005）。判断一种特质对具体领域高级发展的重要性或者用 Bronfenbrenner（1989）的话说，一种特质是否"能够促进发展"（p. 219），有以下几个标准：

- **生物决定性**。对于人这一生物体而言，如果一种人格特质或能力特质稳定又持久，那么这种特质就被认为具有"生物构成性（constitution）"，不会随环境的变化轻易地改变。它可以是某种基因直接产生的，也可以是遗传（多基因遗传）和表观遗传的。通过与其他基因的交互作用或与发展系统的其他水平（细胞、组织、器官等）的相互作用，基因在不同时间以不同方式被激活和表达，导致了不同的表现型（Gottlieb，1998）。一些生物—心理特质不是遗传来的而是在后天发展中形成的，还有一些可以用某种特质的遗传指数（heritability）来证明生物决定性（Gershwind & Galaburda，1987；Simonton，2008）。

- **预测效度**。研究者不仅需要证明某种特质（例如，高智商或内向性）具有"生物构成性"，还要提供证据证明这种特质具有预测效度，比如近期或远期的成就，以满足可证实性和产出性这两个标准（Sternberg，1995）。

- **内部效度**。由于成就的内生或外生影响因素有很多，所以我们需要在相对受控制的环境中证明某种个人特质对学习速率和能力极限的影响（Shiffrin，1996）。缺乏这样的证据，就不能下结论说这一特质（例如高智商）是取得成就的原因。例如，智商和学业成就间的预测关系不能说明二者一定具有因果联系，因为测量智商和学业成就时采用的任务在一定程度上是重叠的（Sternberg，1999b）。

- **心理机制**。尽管一种特质可能是针对某个领域的(领域特殊性),如对音乐的敏感性或破解密码的天赋;也可能在各个领域普遍适用(领域一般性),如工作记忆容量、分析推理能力。但是在任务情境下,特质对任务执行而言必须具有实际意义,也就是说必须有足够的证据证明这一能力或特质明显促进了任务情境中的表现(即对于当前任务的执行而言至关重要;参见 Sternberg, 1986)。
- **范围条件**。一种特质在个体的不同发展阶段和不同任务中的重要性是不同的(Ackerman, 1999; Lohman, 2005a; Simonton, 1999; Subotnik & Jarvin, 2005)。例如,强大的分析推理能力在解决数学问题时可能非常重要,但是在解决社会问题时就不一定了。又比如,基于直觉的学习易度在发展的早期阶段相当重要,但是在之后各个发展阶段中重要性逐渐减弱。因此,我们需要对特质起作用的范围条件进行具体说明。

超常能力差异化发展的特质水平解释具有还原主义性质,实际上就是亚里士多德四因说中的"物质因"和"动力因"(见第六章)。在这里需要区别一下"特质解释"(trait explanation)和"先天解释"(innatist explanation)。先天解释是"形式因",是从事物的结构内因上去解释,如一个天才音乐家不仅在音乐表现上优于他人,而且有与生俱来的某种音乐专用的出色的神经—认知结构或功能单元。混淆物质因和形式因会导致沟通的障碍和南辕北辙(例如,参见 Howe et al., 1998"先天禀赋"的争论)。

超常表现的特质解释是以**个体间差异**为基础的。然而为了预测差异化发展,只从一些通则性维度或普遍性维度去理解个体间的差异是不够的。因为除了个体间差异,能力或性向的**个体内差异**也决定着发展的方向(Ackerman, 2003; Lohman, 1994b; Lubinski & Benbow, 2006)。这就是差异化发展的个别性方面,也是下一层分析水平试图去把握的。

层级 II:独特适应性(设计水平或计划水平)

特质法采用了一种还原主义策略,通过分离基本变量和溯源去简化事物。然而,生物作为运作中的整体,拥有一种无法被任何特质(或者特质的组合)描述的组织复杂性。McAdams 和 Pals(2006)使用"独特适应性(characteristic adaptation)"这一术语来描述生物整体水平上的分化。适应性是"独特的",因为在人和环境的相互作用中存在非随机的结构化规律,就像丹尼特(1987)的设计立场中描述的,似乎呼应了某种"设计"。对独特适应性的关注反映了一种共识,即"人类在不同时间、地点、社会角色中的动机、社会—认知和发展上的适应性是不同的"(McAdams & Pals, 2006, p. 208; 斜体部分)。

独特适应性包括人们适应环境的各种方式,从非常一般意义上的(如对人的偏好,或者相反,对物的偏好)到非常具体的(如只对某个学科有强烈的兴趣,或者只喜欢某种类型的音乐)。在超常潜能和卓越性发展的语境下,就超常表现的能力类型(操作者vs 制造者)、领域(学术,艺术和人类服务)以及风格(创造型 vs 熟练型)而言,独特适应性体现了个体对某一发展方向和轨迹的偏好(参见 Tannenbaum, 1997, 见第四章和第七章的讨论)。层级Ⅱ较好地把握了第四章中讨论的"第二层技能兴趣"或综合潜能。

在特质和独特适应性之间主要有三大差异。首先,特质常常是通则性的,假定某群体中的人在一般运作维度上有量的不同,而独特适应性意味着人们在适应环境的方式上有质的差异。第二,特质是对人的一种静态的去情境化的描述,具有长期的稳定性,在各种情境中都起作用,而独特适应性是动态运作中的,有适用范围,涉及人与情境(以及内容—过程)实时的互动,从属于微观发展(即几天、几周或几月的动态适应性;Granott & Parziale, 2002)。第三,特质是一种相对"纯粹"的单维的认知、情感或意动品质,而独特适应性是多维整体性的,整合了认知、情感和动机功能(也就是"综合潜能 aptitude complex";参见 Ackerman, 2003)。因此在独特适应性中,能力和性向间、认知和非认知(或"智力"和"非智力")之间的界线是模糊的。

如果特质具有生物决定性,那么独特适应性就反映了"灵活能动性"以及面对环境的机遇挑战时的自组织这些高级原则,不能单单用内因(即个人因素)来解释。虽然个人特质的确也在起作用,用"独特适应性"来形容才能和超常能力的早期显现更准确(Feldman, 1986)。之所以说特质解释是"物质因"和"动力因",是因为特质促进着特定的功能(例如,"经验的开放性"促进了考虑使用新方法的可能性)。用独特适应性来解释差异化发展体现了"形式因"和"动力因"。因为存在结构化的规律和组织原则,使一个人成为这样的人而不是其他样子的人。在这个意义上,独特适应性解释就是"形式因",就好比一座建筑物的造型是桥而不是房子,又好比成为了这样一座具有独特结构、功能和审美特征的桥而不是其他类型的桥。独特适应性也是"动力因",因为有内在的情感和动机机制在推动着某种适应性并且使人更容易具有这种适应性。例如,独特适应性可以表现为持久的兴趣或"选择偏好"(参见 Dai & Renzulli, 2008)。

把独特适应性放在更大的心理学思考和理论背景下,会发现在主流发展心理学研究中关注独特适应性还是近几年的事,这在很大程度上是由于研究者逐渐开始将发展看作一个适应性概念（development as adaptive；Siegler，1996），并且开始在环境可供性与挑战以及发展动态性中强调自组织（Fischer & Bidell，2006）。富有创意的研究技术——包括具有明显的个别性风格的微观发生法（Siegler，1996），促进了这种思考方式，从笛卡尔理性主义发展模型（例如，逐渐发展出一种理性思维来应对复杂世界；Piaget，1950）走向更侧重进化论的发展模型（例如，结构、属性或策略在发展中都是根据情境中的用途被选择和修改的；见 Siegler，1996；参见 Fischer & Bidell，2006）。

发展的独特适应性已经得到多方面研究，例如，儿童如何解决数学问题、解释因果联系（Siegler，1996，2002），以及在科学思维的发展中如何协调理论和证据（Kuhn，2002）。将发展看作适应的和自组织的，这一思路也和人格研究有了新的结合点——人格研究长久以来都存在着"特质 vs 状态"的争议，现在通过采用与"独特适应性"类似的概念，例如情境—行为特征（Mischel & Shoda，1995，p. 249）或者将人格气质倾向看作能够形成独特加工动力系统的"独特认知情感加工结构"（p. 257），可以更好地理解人格。

在分析解释差异化发展时，从"以特质为原则"转变为"以独特适应性为原则"反映了图9.2中功能层级转向更高级的组织复杂性。尽管特质可能会促进独特适应性，但是某种特质或特质群与动态观测到的独特适应性之间的相关系数的效应量并不大（参见 Ackerman，1988）。这表明，独特适应性是人与环境交互作用中的一种生成属性，创造了一种人—内容—加工过程—环境的融合网络（Snow，1992），无法被还原到特质水平上。换句话说，消除性（eliminative reductionism）的还原主义不足以解释总体上的差异化发展和具体的超常能力形成过程。

把技能的时间生成性和环境生成性看作由独特适应性造就，把技能的时间生成性和环境生成性看作是由独特适应性造就的，这是发展研究者和超常能力研究者的共同理念（参见 Dweck，2009；Matthews，Horowitz，& Subotnik，2009）。Dai 和 Renzulli（2008）提出"选择偏好"、"最大程度掌握"以及"混沌的边缘"作为独特适应性的三种形式，它们与具体任务的环境相适应，因才能发展的不同阶段和环境反馈而异。Ericsson（1996，2006）提出的"持续的专注练习"（独特适应性的另一种形式）是专长发展的重要机制。在独特适应性的形成过程中，除了要关注人—环境互动中的自我选择效应（内生动力因），社会化的重要作用（外生动力因，如正式或非正式的教学）也应加以考虑（见稍后对社会文化作用的讨论）。在这个意义上，教育不应该只对学生展示出来的独特适应性做出"被动反应",还应该"主动促成"适合个体优化发展的独特适应性。

层级Ⅲ:对自我和未来的建构(意向水平)

为了持续发展进步,一个人应该具备某种内在控制机制来促进自我认同、连续性以及个人意义的达成。我认为 McAdam 和 Pals(2006)的"综合生活叙事"在很大程度上实现了这一点(p.209)。McAdams 和 Pals 认为这一分析水平与同一性("我是谁")的发展关系密切。在才能发展的语境下,自我和未来的建构对于知识的积累和转化而言有更广的含义(Gruber,1986)。这种建构与持久兴趣、目的和责任感的形成有关,创造了 Ziegler(2005)所说的"主观行动空间"(p.417),贯穿着个人主动性。从这一点出发,独特适应性不可能是完全自发盲目的自组织和适应过程。例如,投入专注练习的人一般心中都有具体的目标。这一分析水平对应第四章中第二、三层级"技能习得"的差异化发展解释。

Dweck(1999,2006)提出一种有说服力的观点——"意向自我的作用"。她证明了人们看待自己、看待未来的方式会直接影响他们的关注点、追求的目标、努力程度以及面对挫折时的坚持力。在大量证据的基础上我们可以假定,提高超常能力和创造力时,人们建构自我的方式不同,发展持久的兴趣、目标以及投入的程度都不同。由于才能和卓越性的发展是长期的,所以差异化发展的这一方面变得越来越具有决定性作用。当然,这并不意味着如果生活环境改变后,一个人还是一定会建立长期目标并坚持下去。而是说在现有机遇和挑战下,要定期地思考、展望自己最有希望的发展定位、社会角色以及最有可能作出的领域贡献。

尽管这一描述水平也许与能力、热情和工作意愿等特质有关(Galton,1869),也与最大程度掌握或强大毅力等独特适应性有关(Dai & Renzulli,2008),但是意向水平的解释主张持久兴趣、目标和责任感等各种自我导向的演化性和情境性(Csikszentmihalyi et al.,1993;Gruber,1986),以及包含自我建构的社会文化内容、环境的特殊性(Freeman,2005)。1972 年诺贝尔生理学或医学奖获得者神经科学家 Edelman(1995)认为,人类的独特之处在于拥有模拟过去和未来的能力。他尤其强调"自我史(selfhood)"的生成或"目的组织(organization of purpose)"的重要作用,"目的组织"是 Gruber(1986)提出来的概念,用来解释许多杰出的创造性贡献的起源。"我所说的自我史不仅是从遗传学或免疫学中显露的个人性,还包括从发展和与社会的互动中显露的个人性。"

(Edelman，1995，p. 201)这种带着记忆中的过去和展望中的未来的"自我",是人类与"无意向客体"的区别所在(Edelman，1995，p. 205)。

教育作为最重要的环境因素之一,影响着人们现在和未来看待自己的方式。可以说,教育的主要目标除了长期积累后取得知识、技能和性格之外,就是发展一个人的自我认同和可能自我(有抱负的作家、科学家、商人和社会领导人等),或者"一种对卓越的个人憧憬"(Bruner，1979，p. 119)。很显然,教育语境中的"个人综合叙事"不仅是对个人经验的一致性描述,还涉及通过持续的投入和有目标的努力,将文化实践、意义和符号系统等内化和转化,使之具有个人意义这一过程(例如,自洽的生命主题和职业道路)(Feldman，2003)。自我和未来的建构反映了自我导向这一原则,可以被看做差异化发展的"动力因"和"形式因"。

Silverstein(1988)把"个人运作史"看做充分描述人类个性的唯一方式。这就难怪许多学者在研究生产型创造力的发展时,都会考虑层级Ⅲ的独特复杂性(Amabile，2001；Gardner，1993；Gruber，1981，1998)。Gruber(1981)对达尔文进化论产生的思维历程的描述,阐明并例证了这一分析层级:在面对新信息新知识时出现的这些争议和个人冲突如何导致划时代理论的产生。在这一分析层级上,文化承载的知识和信仰与个人的愿望、思想和感受紧密相连,以至于不探究这一层级的主观性就无法充分解释科学、艺术领域的具体进展是如何实现的(参见 Gruber，1981 以及 Fischer & Yan，2002 对达尔文理论发展的分析)。正如 McAdams 和 Pals(2006)推断,个人综合叙事或自我的建构进一步提炼出独特适应性之外的心理个体特征发展。在为人类文明和文化作出杰出贡献的优秀心智方面也同样如此。

层级Ⅳ:社会—文化环境的分化作用(活动水平)

从社会—文化视角出发,所有的人类活动(包括学术活动)都离不开赋予这些活动意义和目的的宏大社会—文化背景(Gee，2003)。任何能力(基础到婴儿语言技能)都可以被看作是在与养育者的社会交流中建构起来的(养育者促进了婴儿语言能力的生成)(Snow，1999)。也就是说,总有一只"看不见"的手在推动人类能力的发展:持续的不明显的但是强有力的社会—文化建构与调节。这种建构与调节不仅是"促进"才能发展和表达的催化剂,也有助于我们从根本上形成特定的感受、思考和行动方式(Vygotsky，1978)。超常研究领域中占主导的各种观点和理论反映了解释超常能力和才能时严重的个人主义偏见——认为这种能力的根源在于研究对象自身。因此,超常能力一直被看作与生俱来的或头脑中的,很少有人认为超常能力是"被开发的"。直到近些年人们才开始意识到超常能力不仅仅是由技术和文化促进的,也与个体和环境(包括他人)的互动有关(例如,Barab & Plucker, 2002; Moran & John-Steiner, 2003; Sawyer, 2003; Ericsson, 2006)。最近 Nisbett(2009)研究了亚裔美国人、犹太人和西印度群岛黑人三个族裔,提供了有力证据证明不同文化如何在提高智力表现和促进智力发展上的作用不同。体验多种文化会更有利于创造力的发挥(Leung, Maddux, Galinsky, &Chiu, 2008)。也就是说,在社会—环境水平上,卓越的生成来自协同力量,是领域和社会—文化可供性以及个人能力、集体能力的交互作用导致的。

层级IV是涵盖最大的范畴,它把其他三个分析水平纳入整体运作背景中,同时又有新的组织原则。正如 Csikszentmihalyi(1996)对"领域"和"行业"做出的区分所揭示的:"领域"(domain)是文化创造的知识、实践的总体,而一种"行业"(field)是提供领域的社会组织(机构、协会、把关人、比赛场地、公认的专业标准等)。在这种定义下,"领域"反映了一种内部结构(主观的文化)而"行业"反映了一种维持内部结构的外部框架(社会组织)。当然,文化不是千篇一律的,某种程度上,文化像一份可以在意识或无意识层面进行选择或体验的项目菜单(McAdams & Pals, 2006; Triandis, 1989)。外显文化由"一些行使着权力同时权力受到抵制的公共领域或机构中的争议性表达和主张"组成(Gjerde, 2004)。内隐文化包含文化中的无意识方面和难以觉察的方面,只有在与其他文化对比的时候才能被发现(例如,来自不同文化的人在能力归因和努力归因倾向上有何不同;Holloway, 1988)。文化与人互为彼此,不可分割:在社会化力量的促进下,个体在文化中成长,同时在与他人的合作中共同创造着新的文化(Rogoff, 2003)。

在这一分析水平上,才能发展是对文化的适应过程。因此,教育和导师指导很重要。神童(Feldman, 1986)和诺贝尔奖获得者(Zuckerman, 1983)都是如此。通过这种文化适应过程,一系列个人能力、信仰和价值观得到发展,包括技术熟练性(Bloom, 1985; Ericsson, 2006)、行业工作模式(Dunbar, 1997; Zuckerman, 1983)、个人认识论和世界观(例如,C. P. Snow, 1967; Kimble, 1984)、各种思维倾向(Perkins & Rittchart, 2004)以及支持一个人工作和人生目标的核心价值观(Kuhn, 2002)。也就是说,社会文化调节,尤其是教育和特殊训练在差异化发展中(尤其是那些非普遍适用的知识和技能的发展)起着至关重要的作用(Feldman, 2003, 2009)。

四种分析水平的整合

Snow(1995)说过,"我们要解决的问题是,如何将不同分析水平的变量整合到统一的人与环境互动的生物社会模型中"(p.8)。很明显,上面讨论的四种分析水平涉及本质上不同的概念、原则、方法论、理论和解释方式,在一定程度上是不可比的(也就是缺乏比较的共同基础)。而且,每当分析提高一个层次,就会引出一种新的复杂性水平,这势必使研究设计和解释变得更复杂。因此,如果我们想要通过整合来实现某种程度的成功的话,那么小心翼翼地描绘分析水平之间的关系就显得很重要了。图9.3提供的框架有助于我们把所有差异化发展都看作多水平现象,也表明观察到的现象以及如何解释现象取决于个人的方法论和理论视角。

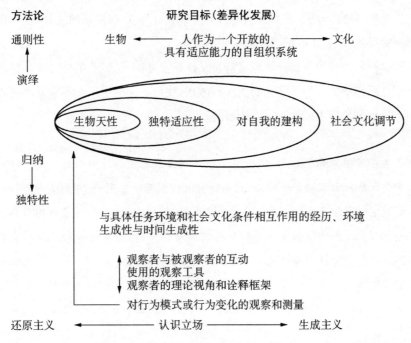

图9.3 差异化发展作为多水平发展系统的图示,在不同理论指导下用不同方法论和诠释方式进行观察

在这个整合的框架中,人被看作一个具有适应性的、自组织、自我导向的开放的生命系统,在与社会—文化环境的长期互动以及自然成熟中出现了差异化发展。方法学

上,可以采取一种相对客观的立场,从人类能力和发展变量以及相关的个体差异的通则性(普遍性)假设开始;也可以采取一种相对主观的个别性立场,关注个体发展以及人生意义、人生目标的独特形成模式。尽管个别性方法(对行为模式和模式的变化进行实时观察)更适合用来研究设计水平、意向水平以及活动水平的差异化发展,但是基于临床案例也可以发展出生物水平的理论,例如用大脑半球不对称性理论来解释大脑异常发展以及所谓"超常病理学"(Gershwind & Galaburda, 1987),或者白痴天才综合征(Miller, 2005)。四个连锁的椭圆反映了四种分析水平的嵌套模式。也就是说,每个更高级的分析水平都包含前一种水平元素的属性和进程,但是无法还原到前一种水平去。从实证角度看,图中有两个重要的连结点:人与环境的连结是研究中使用的分析单元或观察点,观察者与被观察者的连结表明了具体的观察工具、解释方案和理论立场。把这些放在一起,体现了研究者在观察、分析、解释差异化发展时在连续体中所处的位置:从生物水平的还原主义和元素主义,到社会文化水平的生成主义和建构主义。最后,用具体方法观察或测量到的行为模式和行为变化(实证研究发现)会反过来影响理论的形成(向上指回椭圆的箭头)。

211 　　四种分析水平有助于提升研究者对自己认识立场的元意识,但是这四种层级本身依然过于宽泛和抽象。为了使它们更加具体化,我用下面的引语来阐明发展语境下人类行为和目标的环境生成性与时间生成性。

212 　　当小宝宝开始玩积木,很少有一个计划或目标来指导他们的行动。他们或多或少随机地把积木挨着排列,或把一块积木放在另一块上面,直到某种形状的组合表明宝宝试图摆出一种造型——这时我们会说他有一个"目标"或计划在指导他的行动。目标一般会随着每一块新加的积木而变化,因为发展着的结构存在新的可能性。使宝宝坚持下去的奖励是给他反馈,告诉他还要多久就可以把想做的变成现实("还差一点"或者"马上就成功了"诸如此类)……目标和奖励都无法提前确定下来,因为二者都是在交互作用中逐渐浮现的(Csikszentmihalyi, 1978, p. 207)。

　　差异化发展与之类似,在一个孩子的早期发展中并没有清晰的能力发展"计划"或"蓝图"。性向/能力倾向和独特适应性一开始是在环境中生成的,通过经验的积累和应对具体的环境机遇与挑战逐渐成形(就像搭积木),慢慢地被重要他人所赏识,在反馈、奖赏和前馈(如可能自我)的基础上,以意向、愿望和承诺的形式形成稳定的自我。

看完搭积木的故事,我们来回顾研究者在各自研究项目中的视角。他们通常围绕两种或三种分析水平,采取某种特定的理论立场和解释体系,可以是还原论的,也可以是生成论的(或构成论)。表 9.1 列出了这一领域的主要研究者以及他们在本章人类能力层级系统中所采取的视角。

表 9.1　主要研究者和主要理论以及对应的人类运作层级

水平	出版物	主题
活动水平	Csikszentmihalyi et al., 1993	超常青少年的经历
	Barab & Pluckeer, 2002	依赖环境的超常能力
	Sawyer, 2002	通过合作生成创造力
	Bloom, 1985	从童年到成年的才能发展
	Feldman, 1986	多种因素作用下产生的才能
意向水平	Gruber, 1981	目的的组织
	Ziegler, 2005	Actiotope 模型
	Ericsson, 2006	专注练习是主要机制
设计水平或计划水平	Kanevsky, 1995	学习潜能理论
	Simonton, 2005	生成—渐成理论
	Lohman, 2005a	能力倾向理论
	Lubinski & Benbow, 2006	才能发展的生成方式
生物水平	Feldman, 2003	人类能力的进化基础
	Heller, Perleth, & Lim, 2005	从潜能到才能(专长)
	Gagné, 2004	从先天"超常能力"到成熟的才能

接下来我会举几个例子来说明如何在不同分析水平下组织一个研究,以及如何把这些分析水平联系起来。这些例子主要是用来说明问题,无法对这些研究例子本身的丰富内涵作面面俱到的介绍。

将"性向或能力倾向"(层级Ⅰ)和"独特适应性"(层级Ⅱ)整合起来

一项典型的"描述—比较型"研究通常会采用某种测验标准来鉴别"超常生"和"非超常生"在"认知"和"非认知"加工上可能存在的差异(参见 Robinson & Clinkenbeard, 1998)。如果测验标准是从具体任务或教育、职业路线中的实时或长期观察中提炼出来的,那么独特适应性只要一出现,测验标准就能立刻发现它。

Kanevsky(1990,1994；Kanevsky & Geake, 2004)的研究项目就是一个很好的例子。该研究包括对儿童问题解决的微观水平观察,记录实时浮现的不同策略、错误率和寻求帮助的行为样式。这样,我们就可以说这一研究把握住了层级Ⅱ独特适应性的环境生成性和时间生成性。Kanevsky 发现就策略有效性和风格偏好而言,高智商儿童与智商正常的儿童(控制了年龄差异)相比表现出独特的问题解决模式。从多水平分析的角度出发,基于测量的智商差异构成了层级Ⅰ的特质描述,问题解决的动态模式构成了层级Ⅱ对行为模式和行为变化的描述。尽管被鉴别为"超常"的儿童总体上有更好的问题解决表现——面对问题时往往"返观内心"思考答案而不是寻求外界帮助,但是 Kanevsky(1990)提醒,在解释就智商差异而言的不同独特适应性时要格外谨慎,因为这样做实际上是将情境中复杂的行为模式还原到相对简单的基于测量的特质上。事实上,反过来解释其实也说得通:问题解决行为的不同模式是导致智商差异的原因之一。Kanevsky(1990)认为,儿童智商的组间差异提供了一个独特的机会让我们可以深入了解二者内在加工过程的不同。

包含层级Ⅰ和层级Ⅱ分析水平的另一个例子是 Lubinski 和 Benbow(2006)开展的有关数学、言语和空间能力超常儿童的纵向研究项目,该研究证明能力和性向的个体内模式(即一个人自身的相对优劣势)能预测长期兴趣、职业、发展方向以及创造性成就的独特适应性,在特质水平描述与对环境敏感的独特适应性模式之间架起了桥梁。Ackerman 和 Heggestad(1997)进行的横断研究也得到了同样的结果,他们发现不同大学生在大学四年中显现出了能力、知识和兴趣的不同模式或不同组合(参见 also Ackerman, 2003)。与 Kanevsky(1990,1994；Kanevsky & Geake, 2004)的研究相比,这些研究可以说是对长期独特适应性进行的宏观研究,包括对能力倾向、性向和成就的近端、远端测量。从这些研究中可以得到一点重要启示:个体内差异(自身的相对优劣势)与独特适应性之间存在有意义的联系(Lohman, 1994b；Lupar & Toy, 2009)。这也说明了将个别性分析整合到个体间差异的传统通则性框架中(人与人之间,社会—比较优劣势)的重要性。

从教育视角出发,这类研究为使用能力测验作为鉴别工具提供了理论依据(基于能力测验对独特适应性的短期、长期预测效度)。然而,独特适应性往往与环境约束或任务约束紧密相连,以至于预测指标越概括,预测效果越差。实际上,学生显露的那些独特适应性可以在教学互动中直接被老师观察到,也理所应当成为课程区分化和教学区分化的基础,因为它们能够把握到无法用通则性变量描述的独特丰富性和个体复杂性。

将"独特适应性"(层级Ⅱ)和"对自我和未来的建构"(层级Ⅲ)整合起来

我在前面说过,独特适应性某个程度上是在与某种环境长期互动的行为模式中自然生成的,反映了自组织的原则;而自我与未来的建构更像是有意为之的,旨在达到理想的未来状态,反映了自我导向的原则。将二者联系起来的桥梁是**自我意识和自我情感**(Damasio,1999)。将层级Ⅱ和层级Ⅲ的分析水平结合起来的一个突出例子是Walters和Gardner(1986)所说的"明朗化体验(crystallizing experience)"(p.306),这是以大样本的杰出艺术家、音乐家、数学家和科学家的自传报告和采访为基础得出的结论(也见Bloom,1985;Freeman,1999)。当一个人发现自己的终生爱好或者听到了内心的召唤时,就构成了明朗化体验,它们标志着产生重大人生改变的人生节点。将两种分析水平结合起来还有一个不太引人注目的例子,就是Alexander(2004)对知识、加工策略和兴趣发展的研究。他发现一个人学业兴趣的发展和增长是知识累积与深入探索的结果。换句话说,加工特征中体现的早期独特适应性,预示着之后人生兴趣和兴趣投入的发展方向。另一个例子是Marsh和同事(例如,Marsh & Yeung,1997)进行的学业成绩和学业自我概念长期互惠关系的研究。研究发现,根据内部(自身相对优势)、外部(社会—比较优势)参考框架,从实际成就中提取的学业自我概念会进一步影响成就行为(例如,学生选的课和付出的努力)。一个类似的例子是理查德·费曼(1999)回忆自己在童年早期对自然科学日益增长的兴趣,甚至导致他排斥社会科学和人文学科。在某种意义上,专注练习(Ericsson,2006)也同时与这两个分析水平有关。根据Ericsson的观点,专注练习和"普通练习"在强度、重点和反馈控制上有质的不同。投入专注练习往往涉及成败有关的场合(例如,为加入奥运代表队而努力),也涉及一个人的同一性和未来。这就难怪Ericsson专注练习研究的大多数参与者要么已经是运动员、艺术家或者科学家,要么就是有希望成为运动员、艺术家或者科学家的人(参见Ericsson et al.,1993)。

明朗化体验之所以重要,是因为它澄清了人生目标,提升了决心水平,使生活获得新的能量和动力,而这些都不是层级Ⅱ的独特适应性或者层级Ⅰ的认知情感倾向能够单独解释的。为了充分解释有关的差异化发展,必须采取更高级的解释水平。一般的原则是:进入青春期后,展望未来的自主性和认知能力不断增长,自我导向在差异化发展中变得越来越重要。对于教育而言,如何激发孩子去想象可能自我以及追求卓越的个人憧憬,成为了重要的教育契机和挑战。

将"自我和未来的建构"(层级Ⅲ)与"社会—文化环境的分化作用"(层级Ⅳ)整合起来

层级Ⅲ和层级Ⅳ两个分析水平几乎不可分割,因为在没有社会文化建构和调节的情况下,我们很难给"自我"下定义。在很大程度上,独特适应性(层级Ⅱ)也受社会文化的可供性和约束性的影响从而产生不同特点。不过,我们仍然可以区分两类研究,一类研究中社会文化的影响是内隐假定的,另一类研究中社会文化的影响是实证定义的。后一类研究中有一种是对运作中的人进行实地观察和研究。例如 Dunbar(1997)采用民族志(即细致的实地调查法)研究同一实验室中的一组科学家,他发现,不仅团队所提供的认知多样性和群聚效应(critical mass)有助于自我校正和新发现,学术氛围也有助于自我认同的发展(也见 Sawyer,2002)。另一种实证研究关注社会—文化影响的某一个方面,比如导师指导。Zuckerman(1983)详细描述了一些诺贝尔奖获得者在他们早期生涯中如何向他们的前辈——诺奖获得者导师学习,发展出前沿科学家所需的深刻洞察力和自我认同(也见 Bloom,1985)。Walters 和 Gardner(1986)用著名英国数学家 G. H. 哈代做例子,描述"明朗化体验"如何在导师指导下产生:哈代直到遇见他的导师(一名大学教授)才开始热爱数学。他回忆说"我第一次认识到数学的真正意义。从那时起,我就有了纯粹的数学热情和明确的数学生涯目标"(引文取自 Walters & Gardner,1986,p. 317)。

在超常教育领域,研究者已经探索了一系列社会—文化因素,例如孩子发展学业内在动机时,父母对"任务内生兴趣"形成的作用(Gottfried, Gottfried, Bathurst, & Guerin, 1994; Gottfried et al., 2005, 2006)。又如,关注社会—文化对超常女生成就的影响,这一研究与自我认同问题关系更密切。Freeman(2005)就曾研究英国和其他国家的超常女生,发现在大多数学科和所有年龄段上,她们的学业成绩都比超常男生优秀。Freeman 采用了一种更宏观的视角研究社会—文化影响,包括怎样的国家政策不仅鼓励更多的学习机遇、课程提供和社会支持,而且倡导性别上公平。她认为这一变化的主要调节变量是超常女生自信心的增长,相信自己在选择的领域中能够很出色。与 Freeman 的宏观研究方法相比,Hebert(2001; Hébert & Beardsley, 2001)以及 Worrell(2007)采用微观方法,研究非裔美国学生在各种社会—文化背景影响下的自我同一性发展。采用的方法包括采访、观察和结构化自我报告。总体来说,微观的个别性研究方法(例如,民族志和现象学方法)能够帮助研究者深入到人们(处于社会文化漩涡中心的人们)的主观生活经验中去。例如,Hébert(2001)描述了某所市内高中的一组"高能力低成就"黑人学生,以及在学校、社区和家庭环境背景下如何理解他们的高能力低成就。Hébert 和 Beardsley 描述了一名超常的乡村黑人男孩儿,面临贫穷和恶劣的环境,依然努力奋斗并成功适应现实,形成强大的自我同一性。超常研究如果脱离了学生丰富的生活环境,就很难弄清楚这些孩子在应对学业、社会关系并保持自己的激情和梦想的过程中所经历的挣扎、危险以及成功的喜悦。

正如图 9.3 所展现的,每种分析水平都包含前一层分析水平的描述,又具备自身生成的属性、新的组织复杂性水平和更高级的解释原则;也表明了不同分析水平上特征的关联程度。社会—文化力量对意识水平特征以及独特适应性有直接影响,但是不会轻易改变生物特质,尽管会对特质在文化中的形成和表达方式有重要影响。另外,当一个人进入更高的分析水平,一一对应的简单线性因果关系就不再适用,因为生成性是多因素决定的非线性的(Clark,1997;Kelso,2000),所以我们最好把发展过程形容为"生物—文化的交汇组合"而非线性关系(Li,2003)。换句话说,当我们进入更高的分析水平时,差异化发展和个人心理特征就越来越呈现"非普遍性的"(non-universal)特点。因此就要用个别性研究方法和基于案例的方法来把握特定的发展形式。当生物心理社会模型建立起来(包含了亚里士多德提出的四因说,见第六章),整个分析就完成了它的周期,完整地解释某种差异化发展模式,从表演艺术到科学新观念的形成(Tannenbaum,1997)。

根据 CED 框架对重要的本体论争议进行概念重构

大概在 25 年前,Renzulli(1986)提出一系列有关如何进行超常教育的问题:

> 超常能力是一个绝对概念还是相对概念?即,一个人要么超常要么非超常(绝对观),还是不同种类和程度的超常行为在某类人群中、某个时期和某种环境下显示出来(相对观)?超常能力是静态概念(即,有或无)还是动态概念(随着人和学习—表现情境的变化而变化)?(p. 62)

正如 Lohman(2001)所说,"人类智力的早期理论无法超越对先天禀赋的信仰,因为当时缺乏学习和发展的认知理论"(p. 92)。就解释发展变化而言,人类智力的早期理论同样无法胜任。所以,在保留个体差异和差异化发展的前提下,我提出的环境生成动态(CED)框架强调:超常能力和才能发展的复杂性、新异性的生成组织是不可还原的。这一框架解决了状态—特质争议以及超常能力与才能发展的三大心理学争议(第三到第五章中讨论的先天—后天争议、领域一般性—特殊性争议以及质的差异—量的差异间的争议)。

关于超常能力的状态—特质争议

CED框架的一个突出特征是,它不是特质模型而是一个过程模型或状态模型。应当注意的是,特质和状态的差异不一定是所研究现象的原有特征,也许反映的是研究者观察方式的区别。事实上,任何微观研究下的个人特质都揭示了动态的状态特征(Tannenbaum,1997)——我们可以在宏观发展标尺上观察一种特质(例如,观察儿童6岁和16岁时智商之间的相关)。在这个意义上,特质的确是一种稳定的状态。然而,如果采用微观发展标尺,特质依然体现出波动性。更重要的是,在概念层面和技术层面,特质对个体内部发展的质变(或者系统理论中所讲的阶段转变)并不敏感(Molenaar,2004)。

特质观和状态观还有一个重要区别。特质是去情境化的,包含一种潜在假设:特质的影响力是普遍的,与环境无关,而运作状态却对环境敏感。例如,独特适应性就总是敏感于具体的运作环境或发展定位。能力倾向和性向也敏感于特定类型的环境和任务。因此,"认为超常能力具有跨越测验、跨领域、跨情境和跨时间的不变性"这一假设是站不住脚的。反过来说,遵从灵活能动性原则的CED框架表明某些认知能力比其他认知能力的适用范围更广,因此对各种任务有更普遍持久的影响。

动态系统理论认为,所有动态系统是由状态决定的,因为正是系统的当前状态决定了个体未来的行为(van Gelder & Port,1995)。换句话说,实时发生的任何过程(例如独特适应性)或产品(新发展的兴趣和同一性等)都会影响个体未来的发展轨迹。那么,特定超常潜能或超常技能的显现就可以被看作是在特定环境中(对未来发展有直接影响的环境)产生或具体化的运作状态。如果环境改变,潜能可能被埋没或以不同方式表达出来。总之,CED框架更关心对发展过程的解释,而不是对个体特质的描述,二者有不同的理论重点和实际用途。特质的概念是宽泛的,特质理论(Gagne的DMGT理论;Gagne,2004)一般用于描述和预测,在筛选和鉴别中使用。过程理论旨在解释从状态甲如何到达状态乙。我们可以认为,与统计学家、社会学家关注变量间的预测关系不同,教育者对这种微观变化很感兴趣,因为对于他们而言,重要的是如何帮助学生从最近发展区中的现实状态到达理想状态(Vygotsky,1978)。

关于超常能力的先天—后天争议

与"把先天、后天因素看作分离独立的驱力"这一传统观相比,CED框架认为是相对内生和相对外生的驱力联合导致了差异化发展。并强调是能力与环境(包括文化环境)互动时的自组织导致了个体独特适应性的出现、自我的发展以及未来同一性的形成。这一框架也重视对发展而言至关重要的某种经历体验发生的时机。事实上,CED框架考虑了具体领域的"敏感期",在敏感期中,特定的环境经历和资源投入的促进作用最明显。模型中还包括生物决定的能力倾向和性向,这顾及了先天禀赋的作用。但是,这一模式并不承诺说取得卓越成就,就必须具备某种先天禀赋作为先决条件或能力限制,因为通向卓越的途径有很多种,因为生成性是由多种因素决定的(参见Papierno et al, 2005)。一个人的潜能极限(能力渐近线)是理论上可预见的并且更可能是领域特殊性的,但是潜能极限很难测量评估,只有在竞技体育中,一个人特定时期的最好纪录才可以被长期记录下来,展示出上升下降以及平缓的轨迹。CED框架更关注领域活动的可供性和约束性,以及它们如何导致不同的孩子具备不同领域的发展优势。因此,涉及先天—后天关系的理论一定是领域特殊性的。

关于超常能力的领域一般性—特殊性争议

智力和创造力到底是领域一般性的,还是领域特殊性的?这个争论已久的问题左右着我们对超常能力的定义。CED框架反对所有超常能力的预设观或先天论,不过在环境机遇、选择偏好、专注学习以及帮助人们应对某类信息的功能机制上,CED框架考虑到了天性倾向的重要作用。然而根据灵活性原则,这一框架更强调,通过适应性学习、长期特殊训练和发育成熟,人类才获得复杂卓越的技能,任何超常能力都不是"与生俱来的"(cf. Gardner, 1983; Gagné, 2004);所有超常能力的显露都是一种习得性系统——通过自组织将领域相关元素转化为领域特殊性单元。这一过程也反映了一种具有适应性的目标导向的灵活能动性,这种能动性有明显的领域一般性成分。也就是说,这种能动性(可以说只在人类身上存在)专门用于应对一个人从未遇到的新异复杂事物或者文化产物、象征系统和符号领域(不经过长期的学习就无法做出恰当反应的领域)。大量证据表明,学习易度可以从领域一般性和领域特殊性两方面来解释。人类发展的CED模型不支持才能发展的决定论描述(先天造就的发展道路,仿佛只要知道初始条件，就能预测长期的发展结果），而是支持在某种程度具有不确定性的差异化发展描述。一个人将成为学术、艺术或者其他社会实践领域的出色操作者（熟练型）还是制造者（创造型）（Tannenbaum，1997），取决于个人能力、天性、决策和生活环境，以及在发展的各个关键环节能够得到的社会支持和技术支持。用 Renzulli 的话说，这就是为什么超常行为只发生在"某些人身上，某个时候，某种环境下"（参见 Renzulli，1986，p.62）。总的来说，CED 框架能够预测差异化发展的轨迹，即个体越来越明显的优劣势（领域知识，技能和性格）、喜恶（情感和意动）以及通过自组织和自我导向进行的自然整合。

关于超常能力质的差异—量的差异争议

CED 框架显示了不同分析水平上的各种质变；人生中的这些非连续变化或阶段性转变使得人各不同（即，在差异化发展上人与人之间有质的差异）。CED 框架也指出，个体之间最初的差别也许并不大（也可以说是只有量的差异），但是在内外因素作用下，差异化发展往往会快速分叉使差异不断扩大，甚至表现出质的差异或产生成就鸿沟（异常高级的发展水平）。深入分析个人生活的演进（包含独特适应性、独特的自我建构以及特定的社会—文化影响），就会发现个人发展的特殊性。

CED 框架对研究和实践的启示

"超常"、"非超常"的描述性研究范式曾经统治了超常领域几十年（Robinson & Clinkenbeard，1998），这一范式的基本假定是将超常能力看作一种个人特质或特质群，认为"超常"是先天注定的。其意图是建立一种普适化的、"标准"或"常态"的超常儿童形象（智力或其他方面超常）。而 CED 模型提供了一种不同的、更多元化的动态超常能力发展研究范式。超常能力显现的动态环境观正是要求引进这类新的研究方法论：(1) 能够鉴别个体与任务互动关系的丰富含义以及认知情感基础；(2) 能够在宏观或微观水平追踪发展的时间轨迹上来描述发展是何时发生、如何发生的；(3) 能够鉴别生成属性以及这些属性如何进一步发展；(4) 能够体现差异化发展的途径和轨迹。总之，这一范式采取的是一种发展研究法。为了追踪具体任务或领域中的发展过程和变化以及持续投入的时间和重大发展事件的时机，可以采取的方法和分析技术有很多种（例如，Siegler，2002；Singer & Willett，2003）。有两种方法能够有效地揭示超常能力的生成和发展：一种是"成长曲线模型"（growth curve modeling），这是一种通则性方法，从相对大规模的异质样本中总结出个体自身的成长函数，然后比较观察到的不同人的函数曲线（一些很陡峭，一些很平缓）（Willett & Sayer，1994）。另一种是"微观发生法"（microgenetic method），这是一种个别性方法，对一小部分人较短时间内行为和认知上的改变进行密集观察和记录，并鉴别出独特的变化模式（Steiner，2003）。主要目的是把握超常能力的形成过程（即超常能力的动态观），而不是像超常—非超常研究范式那样，对预先认定的一组超常者和非超常者进行比较看两组群体到底有什么不同（即超常能力的静态观）。

当一名教育者去推断孩子日后的科学家—实践者的角色时，他可以从差异化发展的一般假设开始。尽管童年的心智结构不是完全计划好的或者先天造就的，但是在日常观察或正式观察中却可以发现孩子的生物性向和能力倾向。在儿童成长为青少年的过程中，成就模式、兴趣和自我概念上的各种独特适应性会逐渐显现出来，可以对其进行实证观察和评估。个体成长为成年人的过程中形成的独特个人史，会成为他/她生涯决策和生活轨迹的重要驱力，并导致个人最终的成就。也就是说，通向卓越的路就是把已有的文化实践、意义、符号系统和价值观内化转化，使其具有社会用途和个人意义的一种过程。这种发展过程不会发生在每个人身上（universal），而是涉及自我选择、社会化、独特适应性、持续的自我导向发展，以及对稳定性和不稳定性的掌控。在设计超常教育和干预方案时，这些发展方面的约束和机遇都要加以考虑。在这种发展背景下，课程和教学只不过在学习者追求个人卓越道路上起到恰当的引导作用。也就是说，对于教育者尤其是早慧和超常学生的教育者而言，这四种分析水平很容易转化为具体课程目标和教学日程。

结语：超常能力和卓越才能的环境—时间生成性

超常能力（尤其是智力超常）的主流研究试图一劳永逸地确定出超常儿童的关键特征，这样我们就可以依赖这些关键特征去鉴别超常儿童，满足他们独特的教育需求。这一研究传统受到来自科学、社会和政治方面越来越多的挑战。与之相对，发展研究法近些年势头正劲（参见 Feldman，2009；Horowitz，Subotnik，& Matthews，2009）。20 世纪超常能力研究秉持的还原论已经面临严重危机，环境动态生成（CED）框架的个人发展有机论和环境论提供了一种切实可行的替代方法。以一种新的方式来理解卓越,把卓越看作差异化发展的结果。由于 CED 框架应用基本发展原理来解释超常能力的生成,这样就没有必要专门发展一种与一般发展心理学研究和理论隔绝的超常理论。由于把人置于运作环境中,使用"环境中的人"作为分析单元,这一理论框架有希望解决或缓解第三到第五章中讨论的本体论争议,并平衡第六章讨论的各种认识立场和世界观。CED 模型通过展示各种分析水平,可以将关注差异化发展某些特定方面的不同分析水平的研究整合起来。从实践角度出发,CED 模型对个体独特适应性以及对自我与未来的建构这些发展的"社会形成"过程的强调,能够潜在地促进教育项目的实施和课程设计的区分化。在理解差异化发展和超常发展时,CED 框架的个别性(与通则性相对)导向更有利于实际生活中的教育、咨询或临床应用。

第十章 对个体发展反应敏锐和对社会负责的超常教育

我们的总体目标是提供给学生符合其年龄、能力和条件的教育,最终使他们获得自由和幸福。大自然同等慷慨地赐予一些穷人和富人先天禀赋,我们希望发现这些超常儿童并好好培养他们,使他们的超常能力得到最大发挥,否则非凡的能力将被白白浪费。

托马斯·杰斐逊《维吉尼亚州笔记》

美国人总是对优秀的学术或艺术表现及兴趣持矛盾的态度。一方面,我们赞赏创造力和优秀的学业成绩,特别是当它们会导致个人的实际成就时。但另一方面,那些学业成绩好的少数族裔学生却背负着"书呆子"或"怪胎"等恶名,甚至被指责为"装作白人"。

帕特·奥康奈尔·罗斯《国家卓越》

大约20年前,Renzulli and Reis(1991)记录了超常教育领域悄悄上演的一场危机,试图回答"如何在追求卓越的同时保证公平"这个迫切问题,以及为什么一些根深蒂固的理论反而成为了极具潜质的学生的个体发展与社会进步的阻碍。从那时起,很多学者和教育者都认真反思了超常教育的现状,并重新审视那些深入人心的基本假设。超常教育领域的这种集体意识反映在众多出版物和演讲报告中,在 *Journal for the Education of the Gifted* 和 *Roeper Review* 的2003年的几期特刊(Borland, 2003)中得到了最清晰的呈现。

理论、教育和社会环境的变迁

虽然从事超常教育这一领域的学者和教育者在某些问题上仍有分歧,但他们已经逐渐达成共识,认为要改变固有教育模式,从而使21世纪的超常教育更具活力和生命力(例如,Borland,2003;Feldman,2003;Gallagher,2000a,2000b)。Feldman(2003)列出以下几点观察结果来说明"超常教育危机"或者说这一"变革机遇"所处的时代背景:

- 超常教育的学术根基(包括"超常"的理论及相关测量技术)受到冲击;
- 对于超常教育的研究和理论探讨在某种程度上已经处于停滞状态。目前遵循的理论范式已经不足以引导超常教育的发展;
- 在超常教育研究领域之外发展出的新观点和理论使超常教育的核心假设面临严峻的挑战;
- 不同文化和不同语境下对"超常"概念的不同理解使得以 IQ 为基础的"超常"理论越来越不稳固;
- 用于超常研究和超常教育的各方面资源均被削减,在未来仍有可能继续减少,其中的部分原因是天资聪慧者的"特殊需求"与同辈的弱势群体相比,并没有那么急迫;
- 由于种族和民族的多样性不断增加,美国人口在急剧变化,对超常教育公平性的呼声日益高涨;
- 超常教育的狂热拥护者遭到外界人士越来越多的批评,尤其当美国教育改革呼吁取消按能力分班并提倡"全纳式"(将所有学生都包含到常规班级里)的教学模式时,这种批评更加明显,类似的反对声大多以反精英主义的形式存在;
- 社会各行各业的现状和职业生涯的景象正发生着巨大的变化,21 世纪所需要的能力和技术可能与 20 世纪大相径庭。

综上可以看出,前四点是基于理论和概念的考量,而后四点与社会的变化以及教育系统的变化有着密切的关系。如我在第一章中指出的那样,内部(概念上的)争议已然呈现,与外部(社会的)压力共同作用,最终将引起休眠火山的大爆发(超常教育的危机)。我在前面章节中反复强调,超常教育作为制度化了的社会实践,已然成为文化的一部分:重视卓越能力并相信培养这种在科学、艺术或其他领域的超常能力是有价值的。因此,应该如何看待人类潜能及其发展规律,如何看待人们的个体差异,以及如何界定超常教育的目标并采取相应的措施,这三个重要争议都有明显的规范性方面,仍然有待解决。

第一个争议是,使用推孟(1925)提出的以智商(IQ)为基础来定义"超常"是否合适。回顾历史会发现我们其实一直在采用"将所有鸡蛋放进同一个篮子"的策略——

用高智商分数对孩子们进行一次性划分。这一策略隐含的假设是，鉴别出的高智商儿童代表了一种优秀的基因库，他们更有可能在成年后有卓越的成就。但是，这种策略本身及其对人类潜能的基本假设，在实证上和理论上都遭到了质疑（Lohman，2005a；Subotnik et al.，1993）。超常儿童传统鉴别方法认为超常儿童具有特定的心理特质，如高智商。这种传统方法的拥护者面临的挑战是：如何使鉴别系统更开放，容许采用更多元的方法来定义和阐释"超常"，而非固执地依赖智商分数或一般智力"g"因素。超常教育正逐步契合于一种发展观——超常能力是随着环境和时间而出现并发展变化的。但是对于这种才能发展模式的提倡者而言，如何重新解释智商分数，并将各种智商测验整合进一个更全面的评估系统中仍有待商榷和说明。

第二个问题是公平和卓越之间的争议，这二者的矛盾并不仅仅存在于美国，在欧洲、亚洲及其他倡导"公民具有平等受教育权利"的国家也同样如此（见 Persson，Joswig，& Balogh，2000，欧洲超常教育调查）。超常教育的拥护者面临的问题是：如何回应外界对于超常教育享有社会特权的批评和不满。如果他们继续模糊地强调超常儿童的"特殊需求"就不会再有任何效果，存在的伦理问题和教育公平问题也将难以得到解决。指责"超常教育的理念与撤销分班教学的努力相违背"的教育改革者和社会评论家面临的问题是：如何应对教育的"马太效应"，这一效应不可避免的带来了教学结果上的差异，无情地说明平等的教育机会不会带来相同的教育结果（Ceci & Papierno，2005）。为了照顾落后学生就应该忽略超常学生吗？难道这样就是公平的教育吗？这样做会对整个国家造成怎样的影响？

第三个问题是，青年一代要适应的是一个变化的时代（Friedman，2006），全球化致使国家经济和技术竞争力变得尤为重要。在 21 世纪取得成功所需具备的技能可能与 20 世纪截然不同，那些曾经只有超常学生需要掌握的技能，现在已经成为对高中毕业生的普遍要求。向前追溯至 20 世纪初期，基础教育还仅仅意味着掌握有限的词汇和数字计算能力（见 Bransford et al.，1999）。"21 世纪技能联盟"（2009），一个总部设在美国的教育宣传组织，列出的教育培养目标包括问题解决、批判性思维、创新、沟通能力、终身学习等能力，在 21 世纪这些能力被认为与知识储备和技术素养同等重要。教育的发展趋势是给所有学生提出更高的要求和期望。然而现实却是，美国的顶尖学生的学术成就在国际上并没有什么优势（Benbow & Stanley，1996；Ceci & Papierno，2005）。20 世纪 90 年代初美国教育部的报告显示，如果发展超前的和早慧的学生长期处在普通班级里，他们会觉得学习没有任何挑战性（Ross，1993；另见 Benbow &

Stanley, 1996)。目前还没有为超常学生提供特别的个人培训,进行特殊的课程设置及其他服务,这是全国范围内的学校普遍存在的问题。只有极少数教师知道该如何针对普通班里的超常学生调整课程方案。例如,用来弥补教育不足的小组学习和加快进度等策略,要么教师不熟悉策略的运用,要么因学校寻求管理方便而被禁止采用。最近一期的 Fordham 基金会报告发现(Loveless, Farkas, & Duffett, 2008),由于联邦教育提出"不让一个孩子掉队"(NCLB)的倡议,对所有学生(从三年级至八年级)的要求仅仅是达到数学和阅读能力的最低水平就行,这使得成绩优异的学生无法取得应有的成就。事实上,很多超常教育的倡导者认为"不让一个孩子掉队"的倡议阻碍了超常儿童的发展,使超常儿童"掉队"了(例见:Goodkin & Gold, 2007)。

超常教育的十字路口:定义、目标和指导原则

对于"超常教育理念及方法需要根本性转变"这一呼吁,学者和教育者们的回应各不相同。一些人倾向于保守,一些则持开放态度,还有一些保持中立。保守派的主要表现为,他们始终坚持认为学校中存在"超常儿童"这一群体,并且这一群体是可通过某种方法定义和鉴别出来的;超常儿童的存在即是超常教育存在的理由(Gallagher, 2000a)。因此,为了回应理论的发展与环境的变化,超常教育只需进行适当的修正和调整(Gallagher, 2006a, 2000b)。而那些持开放态度的人则主张一种更加多元和动态的超常理论,尽管智商或其他类似的能力倾向测验仍然可以作为鉴别方法的一部分,但是他们主张对超常儿童采取更灵活的鉴别方法和教育项目(例如,Renzulli, 1986, 1999)。也有一些学者主张彻底根除用智商来鉴别超常儿童的方法,尝试采用一种全新的范式——对所有学生进行才能开发(talent development;例如,Treffiger & Feldhusen, 1996),采用以成就为基础的超常概念和鉴别方法,为超前学生提供额外的教学(Matthews & Foster, 2006),或进行没有特定"超常儿童"的"超常教育"(Borland, 2003, 2005)。需要特别说明的是,这里所说的"没有特定超常儿童(或超常项目)的超常教育"是指,超常教育体制可以与常规的教育系统相融合,根据每个学生真实的发展需求随时进行课程区分化和教学调整,而不再根据学生是否曾被一次性地划分为"超常"。这样一来,就不需要采取某种方法专门划分出一群特殊的"超常"儿童,默认其他孩子"不超常"(见 Borland, 2003)。

学者和教育者在观点和立场上的分歧有认识论和规范性上的原因。但值得庆幸

的是，所有人达成了一种共识，即超常教育需要改变。无论是超常儿童的还是普通儿童的教育者，都属于一个利益共同体。毕竟"超常教育"的最终目标与"普通教育"的最终目标并没有人们想象的那么大的区别，并且超常教育作为卓越教育的前沿，能够对普通教育有许多助益(Renzulli, 1998; Tomlinson & Callahan, 1992)。我曾在其他地方提到过(Dai, 2009)，如何界定超常教育，并在更大的教育环境和教育改革中为其找到合适的定位，如何协调超常教育与常规教育的关系，将最终决定超常教育在教育系统中是否具有存在价值和可行性。

根据我在第九章中描划的 CED 框架，我们该如何预测超常教育的未来？接下来我将回顾超常教育的本体论、认识论、规范性争议和第九章的 CED 框架，并从中提取一些有用的原则。这些原则是关于：(1)如何定义"超常能力"；(2)如何鉴别超常儿童，或评估他们是否做好了迎接新挑战的准备；(3)如何制定超常教育的目标和基本理论；(4)如何根据超常教育的特定目标和学生的实际情况进行课程设置和教学调整；(5)如何清楚地了解这些孩子需要怎样的辅导，并提供适宜的心理干预。如果这些原则在实践中得到应用，那么我们将离"对个体发展反应敏锐的、对社会负责的超常教育"更近一步。不过，我的讨论由于显见的原因限于观念和规划的层面，而不是意在解决日常运作的细节问题。

对超常能力和超常学生的界定

长期困扰超常教育的一个问题就是，如何界定超常能力和超常学生。那些坚持要给"超常"一个清晰定义的人(例如 Gagné, 1999)认为，如果没有统一的定义提供概念和实证的依据，研究者采用各自独特的研究方法得到的研究结果之间将无法进行比较(Ziegler & Raul, 2000)。实践上，我们将无法制定基于超常的一般性定义的统一鉴别标准(Gagné, 1999)。对统一的超常定义持怀疑态度的人认为，如果超常能力和才能如 Passow(1981, p. 8)所说，具有不同的表现形式和优异程度，那么千篇一律地给出一个统一定义来描述所谓的"超常"、"出众"或"天赋异禀"，无异于削足适履，甚至弊大于利。换言之，超常能力只是一个抽象概念，并没有绝对的鉴别特征或组成要素，所以并不存在本质主义的定义。

语用学中的"超常能力"和"超常儿童"。发展出一种统一的定义之所以很困难，原因还在于第三至五章探讨过的"潜能"与"成就"、"一般能力"与"特殊能力"、"质"与"量"的争议尚未解决。例如，Borland(1999)质疑 Gagné(1999, 2004)对先天能力(即，超常能力或先天禀赋)和后天系统训练掌握的技能和专长(即才能)进行的区分,他认为这种区分是很难验证的(如何区分哪些能力是与生俱来的,哪些是后天系统训练习得的?另见 Lohman,2006 中类似的质疑)并且是没有实际意义的(在我们的鉴别标准中有必要区分是"超常能力"还是习得的"技能"吗?)。Borland 的主要观点是,人类各种能力的构成是多元的,并且每个人都有各自的特点,所以任何普遍的或通则性分类系统都不能帮助我们理解人类能力和超常能力的起源。Gagné 和 Borland 的不同观点体现了他们在第六章"一般能力"或"特殊能力"的本体论信念,以及在"通则性"与"个别性"的认识论取向上的不同。根据 CED 框架的优势,使用任何一种单一的分析性的概念结构(例如"先天超常能力"或"一般智力")来定义超常能力,都犯了物化(reification)的错误,这也正是 Borland 所担忧的(见 Borland,1997a,2003)——人为创建某个解释性概念而这种概念并没有真实性,即视抽象概念为具有物质实体的存在。这进一步延续了固有的人类潜能概念:首先必须拥有一种珍贵的天然禀赋,然后才能很好地迎接发展上的新挑战,或者潜能取决于是否出现心理测量学所定义的超常能力及其程度。CED 框架反驳了这种静态超常观,尽管我们仍然会比较随意地使用"超常"或"天才"来描述一个人(例如,天才艺术家、超常科学家等)并推断他们具有出众的品质或能力,在语言学中,等同于"特别"、"出众"、"杰出"、"非凡"等形容词。但这个词本身在理论上与"先天后天"、"领域特殊性或一般性"以及"质与量的差异"无关。正因为"超常"(giftedness)并非一个分析性的可以客观定义的概念,很多关于超常能力的理论均为 Sternberg 和 Davidson(1986)所说的"内隐理论"(implicit theories)(p. 3),无论理论中指定了三种、四种还是五种因素或成分,都没有办法验证哪种理论更切实可行。

如果"超常能力"或"超常者"不是科学的、可以客观定义的概念,我们是否应该彻底摒弃"超常"这个词?Ross 在 1993 年的教育部报告中指出,"超常"一词指代一种成熟的力量而非一种发展中的能力。这一看法与近年一些儿童研究结论相对立(p. 26)。由于"超常能力"和"天才"含糊不清的概念引起了一些误解和混乱,并造成了一些消极的社会影响,一些学者建议摒弃"一般性超常能力"(基于一般智力的概念)、"超常儿童"以及"超常教育"等词汇(例如,Feldhusen,2003,p. 34;Feldhusen & Jarwan,2000,p. 279),而使用更方便且更经得起评估和检验的,以"才能"为基础的定义和概念。我个人倾向于使用更中性的无歧义的词语,如"高能力儿童"或"有发展前途的儿童"。这些词不那么含糊不清,也不容易引申出其他含义。然而事实上,像"超常能力"、"超常儿童"和"超常教育"这些词汇在实践交流和学术讨论中已经根深蒂固,很难在短时间内从词典中消失。

一种从发展观出发的解决方式。我们重视人类的一些优秀品质,并且希望以一种对能力发展有意义的方式来进一步培养这些品质,第九章中回顾的文献资料和CED发展框架提供了更精确地界定这些优秀品质的建议。

对"超常能力和才华"的各种定义大致分为两类:"早慧(超前发展)"和"取得优于同龄人的超前成就"。在学前和小学低年级阶段大多使用"早慧儿童";在后面的各个发展阶段中,尤其当学习经验逐渐积累且知识储备逐渐增长后,更多使用"超前成就"。这里的"早慧"指在认知能力、社会情绪发展和生理发育等方面的综合发展程度比一般儿童更高。童年早期的高智商可以被看做是智力的早慧。新近的儿童发展方面的文献证实了,儿童发展存在诸多领域特殊性,例如对数字、物理力、生物、心理理论等的基本感知。因此,在特定类型或领域信息的感受性和直觉形成上,早慧也具有高度的领域特殊性(例如,SPMY项目中的数学早慧儿童;Stanley,1996)。新皮亚杰学派的研究者也发现了一些儿童在童年期表现出数学早慧、叙述早慧和空间艺术早慧(Porath,2006a;另见Feist,2004)。对于"以取得成就为标准"的第二类"超常能力和才华"而言,根据获得个人成绩的年龄和完成水平,则更容易鉴别出超常儿童。对于早慧儿童,我们感兴趣的是他们在非正式的学习环境下所表现出的发展性向和发展潜能;对于成就超前的学生,我们观察的是他们表现出来的优秀,这更多的依赖于正规的教育和培训。当然也有二者兼备的超常儿童个案存在,举例来说,神童和一部分早慧儿童(Feldman,1986;Stanley,1996)的发展既比同龄人高度提前,又在更小的年龄更快地取得某个领域的出色成绩。不过我们还是要澄清一下:"早慧"和"超前成就"是超常儿童的两种不同的定义性特征,虽然都表明有进一步发展的潜力,但在潜能的实现和发展的复杂性(分化和整合)上却有不同。前者指在行为和心理特征上的发展超前于具有相同生活经验的同龄人;而后者指在某一方面取得的成绩超出了这一年龄段要求的标准,这种优秀往往源于将能力恰当地运用到领域活动中,以及不懈的努力。这种区分与Mayer(2005)的观点相一致,即"超常"是一个"具有年龄特异性的词语,在发展早期指潜能,在发展中期是指取得的成绩,而在发展的后期则代表了因成就所获得的声望"(p.439)。

在区分早慧和超前成就上,我和Gagné最大的不同在于,我的CED模型中才能发展不依赖于某种模式的早慧(例如高智商),尽管早慧和超前成就之间可能有关系。但在Gagné(2004)的DMGT模型中,系统发展的技能需要以先天禀赋为基础。换言之,他认为非凡的先天禀赋是实现超前才能发展的先决条件。相比之下，在CED框架下人类潜能的发挥不受先天条件的制约。更重要的是，才能发展更多是状态决定(state-determined)的而非特质决定(trait-determined)的，测量个体的实时表现和技能，比测量个体特质能更好地预测个体未来发展前景。有证据表明，一个人未来在某领域取得成就的最佳预测指标是他在这一领域当前的表现或成绩，而非一些类似于特质的能力或能力倾向(见Lohman, 2005a)。

潜能与成就。 如果表现出来的才能超前发展能够为今后发展提供更坚实的概念基础和保证，这是否意味着可以摒弃"早慧"和"高潜能"这两个概念了呢？回答是否定的。保留"高潜能"概念有发展和社会方面的考虑。杰出人才的培养往往受社会因素和教育因素的影响。因此，如果个体并未达到能力所及的发展高度，很可能是受到了环境的阻碍。不同环境下，儿童接受的教育与文化熏陶的机会以及接触到的资源会有很大差别，因此表现出的才能和技术水平也各不相同。对于那些尚未有机会取得高水平成就的儿童，根据与高潜能相关的测量(例如智力测验等)的预测效力，我们就可以采用"早慧、高潜能或能力倾向"等概念来推测儿童的发展前景。举例来说，Lohman (2005a)区分了两类超常学生：一类是"高成就"的学生，他们目前在某一特定领域取得了突出的成绩；另一类是"高潜能"的学生，他们在接受了特定的教学后，表现出取得高水平成就的能力倾向(p. 334)。其实做这种区分的意义在于，将更多未受到关注的少数族裔学生纳入到超常教育中。与之类似，Robinson(2005)也认为除了关注那些"在群体中明显优于同龄人——也许是群体的前1%或3%——即发展迅速的人才"，我们还必须去发现那些"有发展前途的儿童"，如那些技能水平高(可以是总体的前10%)的儿童，以及那些在资源贫乏的环境下成长，没能得到充分发展的儿童(pp. 290—291)。一般而言，"高能力低成就"这一现象由于各种内因和外因的作用而普遍存在。超常学生的独特适应性通常与传统的学校教育模式不一致(见Subotnik & Olszewski-Kubilius, 1998)，例如比尔盖茨能力很强，但他在校的学习并不用功，远没有取得和他能力相匹配的成绩。因此，超常儿童的发展应该超越传统意义上的成绩，发掘更广义的"优秀"并寻找更多样的通向"卓越"的途径。

初步显露的卓越(emergent excellence)是一种独特适应性。 除了早慧和超前的知识技能水平以外，个体显露的卓越也是人类的一种独特适应性，也是超常教育关注的重点。独特适应性指，在特定的环境和时间内出现的一种特殊的行为模式(包括成为操作者还是制造者，学术、艺术、职业技术或服务取向，精熟型或创造型等)。这种模式较为复杂,一般的能力倾向测验或性向测验难以对其进行预测,并且非常独特,比有常模参照的学术或艺术成绩有更明显的个人风格。对于显现的卓越而言,"可证实性"、"产出性"、"罕见性"和"价值"(Sternberg,1995)这些标准均可用来评价某种行为表现,不过在回答"卓越表现在哪个方面"和"卓越程度如何"的问题时,这些标准提供了更多的灵活性和多样性。因此,比尔盖茨编译计算机代码的爱好,以及西弗吉尼亚州一群高中生("火箭男孩")受到人造卫星的启发,对火箭产生的浓厚兴趣是可以见证和培养的。"显露"有两层含义:首先,强调了这种卓越是在一定的环境和时间条件下产生的;其次,强调了我们观察到的卓越具有发展和演化的性质。也就是说,我们所说的儿童的"超常"并不是以成熟和完美表现的形式存在,而是更强调他们具有良好的发展前景(Feldhusen,2003)。那些不仅掌握了专业知识和专家技能,而且取得了杰出学术成果或艺术成果的"高成就"儿童,应该被视为具有较高发展潜力,而非"超常"(Lohman,2005a)。如果以这样的方式界定"超常",超常教育的目标就更加清晰了:根据已知的与才能和创造性成果有关的知识,我们要如何鼓励并培养这种生成的品质呢?大体上,与Renzulli(1986)对特定个体(非其他人)在特定时间(非其他时间)和特定地点(非其他地点)表现出卓越才能的观点一致,认为超常教育的主要任务不仅是鉴别超常儿童,更应该去培养和促进他们超常品质的发展(Renzulli,1999)。

儿童显露的卓越,在本质上是领域特殊性的,因此与目前倡导的"界定不同领域中的超常儿童"一致,也使相应教育规定的实施更加顺利(Van Tessel-Baska,2005),符合超常教育的全体人才培养方案(Treffinger & Feldhusen,1996;Renzulli & Reis,1997)。需要指出的是,向全体学生开放的人才培养方案是一个开放的系统,将所有人视为培养对象。为人们提供了在学术、艺术、职业技能、社会交往等各个领域的平等发展机会,不过,每个人能取得怎样的成就受自身能力和努力程度的限制,必须进行保障机制以保证具体方案的有效性和预想目标的实现。面向全体学生的人才培养方案并不像有些人描述的那样,"认为所有人都是超常人才"。将超常能力定义为"显露的卓越"与Matthews和Foster(2006)的超常表现精熟模型一致。与一般的能力倾向模型相比,是一种侧重于即时状态的理论(某一特定时间观察到的超前发展)。

超常儿童的识别

在教育背景下,有两种情况需要对超常儿童进行正式或非正式的识别(辨识)。一种是基于课堂的教学,了解每个学生特殊的学习需求,从而在常规班级里做出有区分性的课程设置，或根据具体学科来加快教学进度或者让学生跳级，以实现恰当的安置。另一种是专项教育，选出符合超常条件的学生参加特殊的超常教育项目。无论哪种情况，其实都没有必要假设超常儿童是同质的（即，一种分类模式），也没有必要为每一个儿童贴上"超常"的标签，这种"贴标签"的做法在任何情况下都要尽量避免。鉴别的目的并不是去决定一个人是否"超常"，而是试图去了解"接下来要提供怎样的机会、资源和奖励，使学生在必修的和自选的教学活动中不断进步"（Renzulli & Dai, 2003; p.935）。尽管不同的情况需要不同的鉴别方法和鉴别系统，但CED框架提供了识别时的指导性原则：

真实性和可论证性原则。这一原则要求人的行为或表现证据是一目了然、无需推论的，所以我们能够可靠地推断学生在学术、艺术等领域有潜力或超前发展。这一原则还说明了，在相关的真实情境下的测量要比人为设计的测验的预测效力更高，前者能更好地代表未来成功所需的要素。

逐渐显露原则。儿童越早被识别为早慧或具有天赋才能，我们在判断他的发展是否真的能够达到预期的标准上就越不确定。因此，以课程区分化和优化教学安置为目的的评估和鉴别，应该是诊断性的并且持续进行的，在实施过程中需要考虑每个人的具体情况。我们知道，进行医学诊断时并不需要参考五年甚至更多年前的医学记录及预后报告。同样，一劳永逸地给儿童贴上"超常"的标签很成问题，并不是所有超常儿童都一直保持优势。这就需要反复不断地进行评估，从而保证我们可以及时了解儿童的进步情况、出现的问题以及他们教育需求的变化，并随时调整教育方案（Feldhusen & Jarwan, 2000）。正如各州法律规定的，超常生的专项教育必须使用正规的识别方法。在这一要求下，需要适当的核查与权衡（例如，准入政策和评估政策）来监控并评估学生的进步情况，并引入合适的测评系统保证超常项目的有效性。这条原则并不是要教育者被动地等待学生显露出有价值的才能，而是积极地提供课程经验来促进学生发展个人兴趣、对任务的执着和创造性表达（Passow, 1981; Renzulli, 1986）或利用任何形式的独特适应性，作为识别超常能力和促进超常能力发展的必要组成部分。这种依赖于课程经验的鉴别，类似于对学习障碍学生使用的"对干预的反应"策略（RTI）（Vellutino et al., 2006）。也就是说，在规划、教学和鉴别的相互作用中，才华得以逐渐显现。

逐渐分化原则。当儿童进入发展后期，尤其是进入青春期（大概11、12岁）后，我们应该关注他们独特适应性的发展模式和轨迹，在Tannenbaum（1997）的体系中，这种模式和轨迹包括运作模式、领域和发展风格等。也就是说,一个人可能倾向于作为一个制造者而不是操作者(运作模式),在学术领域而非艺术表演领域(领域)中活动,并最终表现出精熟的技能掌握而非创造性的思维和表达(风格倾向)。我们希望早慧儿童在接受教育、训练和专注练习后,能在具体领域中有卓越表现(Coleman & Cross, 2005; Porath, 2006b)。也就是说,我们需要一些具体的发展成果作为证据。而且,随着时间的推移,独特适应性模式会更加明朗,儿童的兴趣更稳定,生活目标以及自我认同也将更加清晰,所以逐渐分化还将使教育干预更具针对性和可行性。

优化匹配原则。 从发展的视角出发,对于超常儿童不能为了识别而去识别。识别时要思考以下问题才有意义。首先,为什么要做这样的识别?无论是被动的还是主动的,识别都是为了寻找教育方法和个体发展状态(包括个人的认知—情感状态、特长和兴趣模式以及知识技能水平)的优化匹配模式,使得教育规划能够与个人兴趣和特长相契合,从而促进个体发展。人才识别与合理的教育规划是不可分割的系统。就像宽泛的超常定义无法提供充足理由说明"为什么要对超常儿童进行特殊教育",一种只能为学生提供概念模糊的"丰富"经历的超常项目也缺乏实质性内容,令人质疑。

客观测量与专家评定的权衡。 这一原则主要针对客观测量和人们主观评定的缺陷。正如第六章讨论的那样,个体运作的独特复杂性使人们的发展难以遵从统一的规律。Stanley(1997)指出:"过于量化的方法无法实现鉴别目标,而过于质化和主观的方法也同样会损害测评的精确性。因此,急需找到主观性和客观性的平衡点。"所以,在一种两阶段临床诊断评估模型中,测试被视为一种信息收集手段,与其他方法(观察法等)一起被用来作为评估依据(见 Beutler & Rosner, 1995),与心理迟滞诊断采用的以测量为基础的鉴别方案(美国心理迟滞协会,1992)相比,这一模型得到更多教育者的青睐。

超常教育的目标

鉴别超常学生究竟是为了什么?最传统的回答就是,通过超常教育来促进超常儿童的发展。具体来说,超常儿童对教育会有一些"特殊需求",也正是这种"特殊需求"显示出了超常教育的意义。因此,"超常儿童"群体(或狭义上的高智商儿童)的存在使超常教育应运而生。但是,如果我们鉴别出的"超常"儿童并非想象中那样同质,他们有不同的教育需求(例如,有些超常儿童对天文知识抱有极大的兴趣,而有些则更喜欢历史文学,也有些在创作和文艺方面表现出超凡的超常能力),那么我们根据"超常"来笼统的定义学生的"特殊需求"就有问题了。前面曾经说过，笼统的"超常"概念会有"物化"之嫌，仿佛超常概念本身具有实质的内容，成了具有统一性、独特性、连续性的实体。我将其称为超常能力的本质主义建构（另见 Borland, 1997a, 2003）。同样，笼统的超常教育概念也可能是虚幻的。当然，作为教育者，看到智力早慧的或学业成绩优异的儿童学有余力，而常规的教学计划无法提供新的挑战满足他们的学习需求时，我们自然会感到有责任去做些什么，所以"为超常生服务"并没有错。Julian Stanley 曾试图帮助一个极其聪慧的八年级学生 Joseph Bates 寻找适合于他的教育环境（见 Stanley, 1996），后来霍普金斯大学发起的 SMPY 项目实际上就是从 Julian Stanley 这里获得的灵感。但是"为超常生服务"仍然是一个宽泛的说法，并没有清晰地指出为什么需要对类似于 Joseph Bates 这样的学生提供更有挑战性的教育。这就涉及之前提到的优化匹配原则：在具体教育环节中，我们究竟能为学生提供什么样的教育才最符合他的个人需求？

　　由于各种社会的、科学的以及实践方面的原因，不可能存在同质的超常儿童群体和千篇一律的"特殊需求"，因此超常教育也就不能再只为一种固定类别的超常儿童群体服务。而应该像其他教育分支正在做的那样——在不同文化领域中引领并培养学生实现卓越。正如我在第八章中所说的：超常教育的实质不是有关超常能力的，而是关于卓越人才的。在整个教育系统中，超常教育的特殊角色或定位主要依赖于它对早慧儿童和杰出学习者的关注；相应的，超常教育的特别之处也在于为超常儿童量身定制适合他们发展的教学计划，旨在使学生取得卓越成就。尽管实现卓越，尤其是学术卓越，是超常教育的主要目标，但有关选择性、公平性、多样性和效率的问题应该得到足够重视（见第八章）。在学校资源和技术允许的情况下，学生在艺术、职业技术和社会服务领域的才能也应该受到关注。这里我们讨论的"卓越"被界定在学术和职业范围内（区别于以娱乐消遣为目的的兴趣爱好），能够引导学生实现创造性职业生涯的卓越，并以高超的技能形式或创造力形式表现出来。在第七章中，我曾详细阐述了专长和创造力的区别，以及对课程和教学的启示。基于我们对专长和高创造力发展的了解，相应的课程设置和教学需要遵循以下几个原则。

课程区分化和教学调适

　　如果早慧、超前成就和其他各种初步显露的卓越才能，均像 CED 框架描述的那样（见图 9.1），需要一定的时间条件及环境条件，那么针对每个学生的课程，其实就是实现卓越生成和演化的课程,在这个意义上,有效的课程安排是实现卓越发展必不可少的部分。在拉丁语中,"课程"指一种"过程"或"轨迹"。在学校教育中被设定为:根据一定的内容、加工过程以及产品,按年龄划分年级,为不同年级学生安排学习材料的顺序和范围,这就是人为产生的课程标准。Dewey(1902/1990)和 Whitehead(1929)很早就发现,对所有学生一视同仁所设定的划一的标准课程与每个人的独特发展轨迹和发展方式存在矛盾。虽然从早慧学生和杰出学生的角度考虑,学校现有的教育系统太过死板;从学校教育系统的角度出发,这些超常儿童有助于提升学校的声望并成为学校的"卖点",但是涉及课程设置,问题就变得复杂了。正是出于这个原因,我们在进行课程区分化和教学调整时,就需要专家提供专业性的指导意见,使这一过程更科学、更有据可依。然而,由于卓越才能的出现需要一定的环境和时间条件,把课程提前计划好几乎是不可能的。重要的是,教育机会、个人选择和实际经历等一系列条件有机结合共同起作用,帮助早慧儿童和杰出学生以最有效的独特的方式实现知识的内化和转化,设定自身的发展轨迹并最终实现高技能水平和高创造力的职业生涯。

因此,无论是在专业特色学校(例如,专门的艺术院校或技术院校等)还是常规学校,为早慧学生和杰出学生设置的课程内容及教学模式都应该围绕学科性质开展,同时足够灵活和多样,使学生有足够的空间发挥自身潜能。这种解决方法就是我所主张的"对个体发展反应敏锐的教学实践"。它既可以是灵活反应式的,也可以是积极介入式的,灵活反应式的课程区分化指对常规课堂内外各种卓越做出及时回应和调整。积极介入式的课程区分化指为学生提供新知识和挑战、激发学生兴趣、促进学生自我引导和知识整合,从而产生明朗化经验。在卓越的发展中,课程区分化和教学调整作为加强分化整合的方式需遵循以下几条原则。我们将会看到,任何一条原则都不仅仅针对早慧儿童和杰出学生。不过,根据早慧的本质或超前成就的具体形式上的差异,恰当的课程设置和教学调整会很不同。

优化挑战原则。优化挑战有认知和动机两个层面。认知上的优化挑战是指,在最近发展区之内,儿童可以借助他人的帮助(如教师、教练或其他指导者)完成一项略高于其现有认知水平的挑战性任务(Vygostky, 1978)。动机上的优化挑战是指,在这个优化的范围内,具有挑战性的任务可以使儿童积极投入到一种聚精会神的、高参与度的、思维活跃的推理和问题解决过程中,任务难度既有挑战性又不至于太难使学生濒于放弃(Csikszentmihalyi, 1990)。无法提供优化挑战或学生觉得课程内容过于简单而丧失兴趣时,可以将课程内容进行压缩或采取加快教学进度等课程区分化和调整方案。

深度思考原则。这一原则在知识吸收、方法掌握以及最终的学习效果评估中均应有所体现。对于知识的吸收而言,意味着要进行深入的学科探索或跨学科探索,超越事实信息去了解知识背后的概念基础和认识论基础。对于方法或思维技巧的掌握,需要针对包含有推理和问题解决等过程的实际问题,进行探索式教学和基于课题的学习(Aulls & Shore, 2008)。如果早慧儿童和杰出学生表现出对知识的泛化和迁移(即,可以做到举一反三),那么就可以发展他们的元探索能力去研究科学本质,深入探究历史或做跨学科的比较。如果学生倾向于独立解决问题(Kanevsky, 1990),那么提供一些开放性问题则更容易激起他们的求知欲,并能促使他们寻求认知上和逻辑上的连贯性。如果学生擅长做推断,那么教师就应该引导他们思考其他解释方式以及多种用途,来激发他们的想象力和创造力。

课程经验的连续性原则。就像卓越才能的环境——时间生成性需要一定的时间和连续的经验积累,课程内容的安排也不能是分散的、不连贯的。这并意味着一定要设计好一整套教学方案(除了非常强调技术性和专业性的学科),而是说当零散的经验对个体而言具备了一定的意义并且得到认真的思考和整理后,这些经验就会聚成一个整体来促进个体发展。不过,在常规教学和分类选拔教学方案之间,学科知识的积累与课堂外的智力、社会和实践经验之间不能脱节,应该环环相扣保持同步协调,使学生无论开始一项什么工作,她都有机会进一步跟进完成。否则,学生从一项任务转向另一项任务,仅仅是机械地完成"学校功课",无法从活动中收获任何个人意义。

关联性原则。课程经验的关联性有个人经历和社会经验两个层面。当课程经验与个人经历或已有知识关联起来时,这种经验在更大的范围内就有了意义,如果这种关联还能激发个人兴趣,那么这种课程将更有益于个体发展。课程经验也可以与社会形成关联。例如,"21世纪技能同盟"倡导学校教育的核心内容(例如,语言艺术、数学、科学、历史等)应该围绕21世纪的社会热点(例如,全球意识、金融、经济、商业、企业素养和公民意识等)展开(21世纪技术同盟,2009)。为早慧学生和杰出学生设置的课程可以包含一些对社会热点问题、有实际应用价值的知识或技能,如与21世纪国内外经济、社会、文化发展相关的知识技能。

知识深度与广度的平衡原则。在当今这一高科技时代,即使是主要依赖于思考而非工具的科学家也需要掌握专业的仪器或设备操纵技术,来辅助他们进行尖端问题的科研(Ziegler, 2005)。而且,很多具有革命性和创造性的想法都来自跨学科的知识综合,以及某领域先进技术成果在另一个领域的应用。掌握多种技能,具有多方面才华的人也更容易将技能有机结合起来进行创造性地应用。此外,艺术敏锐度和思维模式的发展在科技探索中会起到意想不到的作用,这很可能是因为大脑的直觉和想象力被激活了(Root-Bernstein, 2009)。因此,教育者为学生设计的课程应该具有足够深度的知识和领域实践,又包括涵盖范围广阔的通识教育。学科知识与整合的主题单元都可以起到平衡知识深度和广度的作用(Subotnik & Coleman, 1996)。当然,期望学生在高中毕业时能够精通某一学科的知识,这是不实际的,很多知识和技能仍然需要在大学本科或以后的教育中继续学习。在一个知识总量迅速增长的时代,"学会如何学习"变得比"掌握大量知识"更重要。深入思考,意味着超越技术层面的掌握,深入了解21世纪知识和技能的进展与发展方向,以及这些对于个人的未来具有怎样的意义。

整合认知与情感经验原则。在当前的心理学和教育学理论中,对于知识和技能的获取存在一种认知偏差——知识和技能可以在认知层面被获取并有意义地存储于大脑(也包括后来的知识提取),似乎这个过程并不需要情绪和动机的参与。我与Robert Sternberg合作,试图重新界定智力和智力发展(Dai & Sternberg, 2004),重新看待学习、思考和推理,包括三个基本构成:(1)作为独立个体的人,他们有能力感受、思考和行动(并且这样感受自我);(2)直接的或受认知中介或表征的客体、工具和系统,它们对于每个学生而言,具有独特的意义和心理效价;(3)学习者构成的共同体,其中成员既有共同点,又有独特性向(dispositions)。在这种界定下,完全的技术取向式学习是不可取的(Dai & Renzulli, 2000),课程规划就应该把知识获取与情绪学习以及智力特征和自我认同形成看作同等重要的教学目标(例如:Folsom, 2006; Perkins & Ritchhart, 2004),这样的课程安排与个体经验的关联性更强,也使课程的意义得到深化从而促进学生深入思考并实现他们的个人成长。

卓越人才的心理辅导与干预

如果优化课程设置是超常教育为实现卓越人才培养目标而采取的重要手段,那么,心理辅导和学术与职业生涯指导也同等重要。目前已经发展出不少针对超常儿童、青少年及青年进行心理辅导的理论和模型(Mendaglio & Peterson, 2007)。其中一些心理治疗模型就是针对心智早慧(发展不同步)和与人格有关的问题(例如低成就问题),一些教育和职业生涯指导模型针对教育计划和职业生涯规划,还有一些心理教育模型是针对自我发展以及与成就或自我认同相关的问题(见 Moon, 2007)。总体上,很多已有模型与CED框架是一致的,即,辅导和心理干预并非只关注"问题",而是为了促进个人的成长、自我提升以及才能发展(Colangelo & Assouline, 2000; Silverman, 1993)。

正如超常教育并不仅仅着眼于超常能力,而是更多地关注卓越表现,心理辅导和干预也不应该只关注如何使超常儿童正常化,或者只关注如何使这些儿童保持并扩大超常的优势。那么,心理辅导和干预的目的究竟应该是什么呢？进行心理辅导和干预正是因为:追求卓越的过程中产生的社会性成本和情绪成本。当然超常生也许存在与人格特质相关的独特心理问题,不过他们在人格方面并非同质群体,所以对心理辅导的需求也无法一概而论。而个体在追求卓越的过程中普遍会经历挫败、困惑、沮丧、疏远或不确定感,会质疑自己在追求激情梦想和兴趣的道路上是否选择了正确的方向。具有远大志向和自我期望的人往往也承载着社会期望,承受着更多的压力。而且,从目前状态到未来理想状态的过程中充满着变数。因此,帮助个体正确看待自我和未来的不确定性,才是咨询师或辅导者的主要任务。下面是具体的心理辅导目标:教育计划、自我发展、发展应对技巧以及应对发展中的不稳定性。

鉴别学生的特长爱好而非超常能力。咨询师或辅导者经常被要求去鉴别一个儿童是否超常。根据CED模型的观点,超常并不是一个静态的绝对的概念,而是动态的概念,在本质上依赖于环境的,所以辅导过程中的诊断并不是为了证实或否定这个儿童超常,而是和教师、家长一起做到:(1)**识别**儿童在特定时期内的特长爱好以及可能存在的弱点;(2)**形成**可能的发展方向和发展轨迹的**概念**;(3)为教育形式和亲子活动提供建议。

构想未来的可能自我并增强主观能动性。根据CED模型,在追求卓越的过程中,自我认同是重要的一环,自我认同使学生不懈努力并靠毅力坚持下去。因此,引导早慧儿童和杰出学生设想自己未来可能成为的样子,是非常有好处的(Markus & Nurius, 1986)。例如,想要成为什么样的人,会对什么产生兴趣和热情,或怎样的生活才是自己满意的生活等。榜样的树立有助于目标的实现。这类咨询辅导可以设计成针对某些特殊小型群体的形式。例如对于学习成绩优异的女生,她们在追寻自己的兴趣时,可能会面对性别刻板印象的压力;对于处于弱势的少数族裔学生,他们在追寻自己的兴趣和渴望时,可能会因为刻板印象而有所顾虑、畏首畏尾(Ambrose, 2003; Steele, 1997)。对于这类青少年,有必要帮助他们探索重视于自己的自我认同,来促进他们追求卓越(Hébert & Beardsley, 2001; Worrell, 2007)。仅仅引导学生展望未来的可能自我还远远不够,咨询师还应激发来访者的主观能动性,引导他们通过积极地行动不断认识自我、探索自我。只有这样,才有可能出现明朗化经验。

掌握应对困难的技巧,提高适应能力。咨询辅导的宗旨是促进个人成长而非解决具体的问题,正所谓助人自助,最终能够改变现状、解决问题的人只有自己。在追求目标的过程中,学会应对各种压力和挫折,是适应环境保持心理健康所必须的。需要进行应对技巧辅导的情形包括:学生经历挫折并自我怀疑(Dweck, 1999),面对严酷的社会比较和竞争(在优秀的群体中容易显得自己平庸,见 Dai & Rinn, 2008),完美主义带来的犹豫不决和不满(Schuler, 2002),以及同伴疏远(Kerr, 1997)等。不过负面的经历并不一定带来负面的影响,所有的困难挫折都为学生提供了成长的机会。例如,超常女生体会到的孤独感有助于她们更多的关注内在精神,思考自我与世界的关系,这使她们的内在体验和精神生活变得更为丰富(Kerr, 1997)。同样,战胜困难和挫折的经历能够提醒人们,在追求梦想的过程中不可能一帆风顺,只要有恒心和毅力就一定会有收获。

应对困难的技巧和适应能力对于高成就学生来说尤为重要,因为与普通学生相比,他们要面对更大的学业压力和社会生活方面的压力。Kitano(2003)对有关积极应对策略的研究进行了总结,证实了主动忽视、积极重构、全面思考等方式能够有效帮助高成就的少数种族女生应对困难和压力。

应对不稳定性。一些超常心理辅导模型表明发展系统存在不稳定性(见 Mendaglio & Peterson, 2007)。从动态系统的角度来看,这种不稳定是有好处的,预示着发展的活力和潜力。才能发展意味着要持续的尝试新事物,探索未知领域,迷失方向的失落感与达到目标(即能力极限)的兴奋感都是常事。也会产生是否"超出自己能力范围"的自我怀疑。咨询师应该告诉他们这些感觉都是"正常"的,并引导学生学会平衡发展中的稳定性和不稳定性。Michael Crichton(1996)借用"失落的世界"来描述对不稳定性的应对:"复杂生命系统往往将自己置身于'混沌的边缘',我们把混沌的边缘想象成一个地方,这个地方具有足够的灵活性能够保证生命系统运行的活力,也有足够的稳定性来防止系统失控陷入混乱。"(p. 4)儿童普遍喜欢探寻新鲜事物,而早慧儿童和青少年,用Dabrowski的话来说,具有"高度兴奋性"(overexcitability),这种高度兴奋性成为他们探索世界的催化剂。我们可以将经验分化和经验整合看作人格特征维度的两极(Dai & Renzulli, 2008)。例如,对知识的兴奋和好奇是经验的形成与分化,而独立的判断则是经验整合;"想象"是经验形成与分化,而"思考"则是经验整合。成功的发展转变将保证才能发展和个人成长的连续性(Horowitz et al., 2009)。咨询师或辅导者的职责就是发现这些相互联系又相互制约的问题并提供行为指导。

超常教育的发展前景：从研究到实践

前面阐述的超常教育的目标和原则是规范性的，指出了理想情况下超常教育应该如何进行，但是现实中还要考虑一些经验主义(实证研究)和现实主义(制度和方法)的问题。

绩效时代基于证据的教育实践

美国的教育一直习惯于根据实证经验寻求问题的解决办法。依据科学研究或证据的教育决策和教育实践被认为是教育管理方式的常态(Shavelson & Towne, 2002)。在过去的十几年中，绩效运动加剧了这种"注重结果"的倾向。在这种环境下，超常教育常被批评是："基于模糊的假设"，没有坚实的实验依据证明超常教育的确有效(例如 Berliner & Biddle, 1995)。评估超常教育的有效性远比评估常规教学的有效性要困难得多，原因在于，超常教育课程内容和教学方式多样，且明显受样本特异性的影响(见 Borland, 1997b)。为了使超常教育能够对个体发展反应敏锐并对社会负责，泛泛地问"一种超常教育项目是否有效"是没有什么意义的，而更应该具体地问：什么(what)在起作用？对哪些学生(who)有效以及为什么(why)有效(理论方面)？超常教育研究的作用和目的至少包含以下几点：

理解特定教育实践的性质、目标和有效性。 有些研究不仅是为了明确一种教育项目是否有效地达到了预定的目标，还想深入了解这样的教学项目对超常学生产生了怎样的影响。这样的研究有时被称为"效用驱动的研究"(use-inspired research; Stokes, 1997)，Van Tassel-Baska 和他的同事进行的"超常学生课程优化研究项目"就是这类研究的代表(例如，Van Tassel-Baska, Johnson, Hughes, & Boyce, 1996; Van Tassel-Baska, Zuo, Avery, & Little, 2002)。在 CED 框架的背景下探讨：某种教育规定和实践如何引发学生特定形式的独特适应性，卓越才能出现的征兆是什么，以及教育实践如何与卓越才能更紧密的联系起来，这些研究尤为重要。

支持教育干预的有效性的主张。 绩效潮流往往关注适合于所有人的最低教育标准，而忽略了为超常学生提供更大的空间以实现他们最大程度的发展。一般情况下，教育的介入能够使表现不佳的学生达到一个令人满意的成绩水平,然而如果存在天花板效应,那么让已经取得优异成绩的学生达到一个新的高度则困难得多(Loveless et al., 2008)。而且,高级技能的掌握也比基本技能更难以评估和测量。但是,如果超常教育想在外界压力和质疑中站稳脚跟,就必须克服学术研究的困难,找到合适的控制条件和对照组,从而提供可靠的证据说明超常教育这种教育形式的确促进了学生卓越才能的发展。2006 年几位著名学者采用"成绩报告单"(这些学者的评分)来对超常教育的实践和研究现状作出评判,结果是成绩不尽人意(见 Van Tassel-Baska, Robinson, Coleman, Shore, & Subotnik, 2006)。正如 Van Tassel-Baksa(2006)所说,除了加速教学和分组教学这两个问题,"超常教育鲜见围绕核心问题进行持续不断的研究,用以促进有效的政策制定与教学实践"(p. 339)。一种教育方式的有效性应该建立在明确的目标和衡量标准上,不能只围绕一些模糊的理念,需要依据学生的真实表现或成绩,而不是类似于"客户满意度"的学生自我报告。

支持具体教育方法的普适性和可行性。科学研究的共同目的是得到可泛化推广的结论。教育研究的目的之一是了解对一些学生的发展有促进作用的教育方法,对与其类似的学生是否同样有用。事实上,很多革新性的教育实践起初都是在超常教育中进行的研究探索,然后进一步扩展应用到普通的课堂教学中(见 Renzulli & Dai, 2003; Tomlinson & Callahan, 1992)。"研发(R&D)"的努力是为了寻找可推广的课程区分化和教学调整模型,以促进学业发展和职业生涯发展或跨学科知识的整合。这里 CED 框架的一个显著优点是:它是一个具有较强普适性的灵活的模型,适用于不同的发展水平,涵盖多种发展模式。

支持对社会负责的教育实践。对社会负责的教育实践是广义上的,并不仅限于对公平性的要求上。实际上,所有的公共价值观、公平性、卓越性、可选择性、多样性和效率都是教育需要承担的社会责任。学术研究的作用,就是用证据阐明在教育规划中如何重视并平衡这些价值观,这一过程通过客观的实验证据和利益相关者的主观评定结果显示出来。例如,Reis(见 Reis & Renzulli, 1982)开展了一项有关"旋转门鉴别模型"的研究,表明在丰富课程项目中使用一种更宽松的临界值,不仅使更多学生有机会从项目中获得丰富学习经验,而且对所有参与的学生都会产生积极影响。我们需要更多的研究来揭示教育规划如何使超常教育中比例过小的少数族裔学生群体获益,更重要的是,多样化的鉴别标准如何导致不同形式的卓越,以及采用何种标准来保证儿童平等的权利,这些都值得我们思考和不断探索。

超常教育需要的体制领导与教学领导

无论学术研究为超常教育提供了多么坚实的理论基础,如果没有学校领导和一线教师的承诺,那么超常教育就不可能成功甚至无法维持下去。随着超常教育的不断演变,不同学科领域和多种形式的卓越才能逐渐显现出来,学校是否重视这一变化并应作出怎样的回应呢?为了迎接这一挑战,我需要重申超常教育实践的几点原则:(1)超常教育不应只面向排名在前3%或5%的所谓的"超常"学生,而应该向所有对某领域有强烈兴趣的学生,或展现出被社会文化认可的卓越才能的学生;(2)超常教育不应该采取单一排外的形式,应该为感兴趣的学生提供更大范围内的高水平教育服务,使学生相信无论对于群体还是个人来说,超常教育提供的学习经验都将成为未来发展的基石;(3)超常教育的关键问题不应是超常儿童的"特殊需求"是否得到了满足,而是那些最优秀的学生在学校能否得到足够的挑战,学校是否为他们提供了合适的课程区分化设置与教学调整,以及能否得到更高水准的学习机会(更具体的建议见 Renzulli & Dai, 2003; Renzulli, 2005; Shore & Delcourt, 1996; Tomlinson, 1996; Rogers, 2007)。需要怎样的体制领导和教学领导来保证这种新的教育范式真正落实到教学实践中?我认为至少需要满足以下三点:

第一点是体制上要保证学校可以进行超常培养。尽管由于各学校所能提供的资源和技术不同,关注的特殊才能可能会有所不同(例如,有些学校仅关注学业超常,有些学校还会关注艺术、职业技能方面的超常,甚至还有些学校使用综合课程指标),在学术、艺术、职业、社会或公民服务等领域(当然还可以加上杰出的运动教育项目)的卓越才能都应该引起学校的重视,纳入学校认同中。

第二点是行政管理和后勤保障。学校的分班、教育安置和课程编排制度要足够灵活,使学生展现出的不同潜能和资质都能得到恰当的培养。此外,还应保证有足够的配套基础设施,为高级学习活动提供平台、资源、技术支持和专业训练。信息技术在这一方面将发挥不可小视的作用。

第三点是要拥有一支优秀的有责任心的教师队伍。毕竟最终对学生的成长负主要责任的还是一线教师。不管已有的课程设置和教学法多么完美,教师始终扮演着诠释课程内容和教学方法的重要角色,只有他们才能够根据具体的教学情境和教育对象做出及时灵活的调整。面对演变中的超常教育,怎样才能成为一个善于反思的实践者?我建议所有从事超常教育的教师认真思考两个问题:我们现有的教学实践能否充分回应学生的发展变化和机遇(如显露的卓越才能)?我们现有的教学实践能否对社会负责,尤其在考虑卓越性和公平性的时候?对这两个问题的深入思考将帮助我们把超常教育引向一片新的天地——不仅对社会负责,而且能够最大程度上服务所有学生的利益。

结语:没有超常项目的超常教育能行得通吗?

Renzulli(1998)曾呼吁发掘所有学生的超常能力和才能,不要只关注超常儿童。几年之后,Borland(2003)宣布"取消超常能力"并提出了一种大胆设想——进行"没有超常儿童的超常教育"(p.105)。这一观点的实质是"超常能力"只是一个空洞的抽象概念,我们可以做所有超常教育计划做的事,不以"超常能力"的名义而是为了特定个体在特定时间内展示的实际教育需求。

> 教师、学校管理者、学生和家长会期待课程与教学的区分化是自然而然的事……我们的教育系统必须摒弃"普通学生"、"优等生"和"差生"的概念和使用这些概念对学生进行分类和分组,而是简单地把学生之间存在差距看成是天经地义的。(Borland,2003,p.121)

假设这样一种情境:如果课程区分化和教学调整可以完美地契合每个学生的潜能发展,使他们得到最合适的培养。在这种情景下,单独的"超常项目"是否还有存在的必要?答案也许是没有存在的必要。因为超常教育的宗旨——帮助早慧儿童和杰出学生达到更高发展水平,实现卓越,应该适用于所有学生、所有课堂。当然我们只是假设了一种理想化的情境,它要求学校的管理非常灵活,教学过程中能充分考虑到每个学生的具体情况,有丰富的资源,有一支素质极高的教师队伍(还可以继续增加一些条件,如课程设置灵活,没有任何死板的约束等等,见Schank & Cleary,1995)。正如在第八章中指出的,我们遇到很多的问题都源于按年龄分级的学校教育系统。这样办学的确便捷高效,但是由于个体差异以及不同学生群体间的差异,这种系统给教育和学生发展带来了阻碍。学校系统的现状表明超常教育项目仍有存在的理由。Archambault等人(1993)进行了一项全国性的调查,研究常规教学的教师如何对待高能力的学生。调查中只有5%的教师清楚如何在教学上对超常学生进行区分化教学。十几年后,这种情况仍没有多大改善(Westberg & Archambault,2004)。因此,在目前的状况下,单独设置超常项目的做法不会很快被淘汰。即使是为超常者和杰出才能者开办的特殊学校,例如,美国众多的州长学院、布朗克士科学高中(Bronx High School of Science)、以色列艺术与科学学院(Israel's Arts and Science Academy)等也都仍然发挥着作用。在现代学校教育放弃千篇一律的课程设置和教学方式,回应个体在学习上和成绩上的差异之前,超常项目都将是常规课堂教学的重要补充。由于常规学校架构上的缺陷,针对超常生的特殊教育项目可能是提供高级教学活动的一种更有效的选择。

展望未来,"没有超常项目的超常教育"并非不能实现。例如 Baker(2007)就提出,现在的教育评价系统过于单一,以至于无法孕育多种形式的卓越才能。她建议建立一套新的评价系统,将学生高中阶段表现出的各种卓越才能和成就作为高中毕业证明的一部分。这一系统的充分灵活性和提供的多样选择(如各种高级课程)为才能的表达和发展提供了新的可能,为优秀学生多样的教育需求提供了新的教育形式。这种分布式超常教育(没有超常项目的超常教育)的优势在于它的灵活性、选择性、多样性、公平性和高参与度。而特殊教育项目(尤其是已发展完备的教育项目)和特殊学校的优势在于便于管理、质量监控以及资源和专业技术的充分利用。

只要优秀学生的学习需求无法在常规学校或班级中得到满足,超常项目(或超常学校)就会一直存在,不过我们应该注意到,精英教育已经存在了上千年,相比之下美国超常教育只有短短不足一百年的历史(从 20 世纪 20 年代开始)。因此,一个更重要的问题是:在强调平等主义和平民主义的时代,卓越人才的价值能否真正得到重视?如果能,那么更多的杰出学生将得到他们需要的教育,无论这种教育采取超常项目还是课程区分化或进度加快的形式。另一个同等重要的问题是,我们是否真的准备好接受那些超越智商观念的卓越观?如果准备好了,那么超常教育将进入新的时期。我们应当注意到,很多国家还没有明确的超常项目或政府认可的超常教育,甚至也不使用智力测验,但这并不代表在这些国家卓越才能不被识别、培养和鼓励。反之,如果一个国家没有足够重视学术领域或其他领域的卓越本身的价值,那么当财政预算紧张或其他优先事项显得更紧迫时,超常教育很可能被忽视。最终,社会实用主义取向的超常教育会因缺乏远见而难以维持下去。当然,通过教育来实现国家强大的人才储备无疑是社会的宝贵财富,可以从社会生活方面和经济方面为国家利益服务。不过,珍视卓越本身的价值,将"卓越"纳入文化认同中,才是更重要的。

术语表

可供性和约束性(Affordances and Constraints)是生态心理学的基本概念。可供性是客体的环境功能或社会功能,允许或邀请生物体达成某个目标或满足生物体的某种需求;约束性是生物体为达成目标所要满足的前提条件和要求。例如,一个苹果放在那里,是可以让婴儿去抓的(可供性),但是这个目标的达成受婴儿执行抓握动作这一能力的约束与限制(约束性);从发展上讲,抓握能力本身是由环境塑造出来的,正是婴儿与苹果互动过程中的可供性和约束性发展了抓握能力。

能力倾向(Aptitude)指"擅长"做某事。能力倾向在教育研究和心理研究中与能力倾向测验联系密切,比如 IQ 测验,学术能力测验 SAT,美国大学入学考试 ACT,或者美国研究生入学考试 GRE,通常以学生选拔、安置为目的。从技术上讲,判断能力倾向测验好坏的标准是该测验在特定结果标准下的预测效度。也就是说,该测验对具体情境下个体学习和成就的预测准确度(例如,一个 GRE 高分者在研究生院能否表现出色)。换句话说,能力倾向测验评估的是个体的"潜能"。Aptitude 一词也可以在下面这种情况下使用(见第五章):个体是否易于从某种教育指导情境中受益。学习者和教育供给能否匹配,被称为个体性向——施教方式的交互作用(ATI;参见 Cronbach & Snow, 1977; Snow 1992)。不匹配时,使用"不适倾向"(inaptitude)这一术语(见第四章)。

行为遗传学(Behavioral Genetics)是行为科学的一个分支,关注遗传在群体行为变量上的贡献。由于同卵双生子遗传基因百分之百相同,就有了对比共同抚养与分开抚养的双生子,对比同卵和异卵双生子的各种准实验研究。行为遗传研究成果常常被用作证据支持人类特质(如智力差异)的遗传观。

脑与心智(Brain and Mind)。大脑有物质形态,心智无物质形态。然而,没有脑就不会有心智事件(知觉,情绪,思维和推理等)。也就是说,脑是支持各种心智功能的物质基础。冒着过度简化问题的风险,我们可以把大脑比作硬件,心智就像软件。软件设计是受硬件性能约束的;然而,心智如何"编程"非常依赖社会文化经验和教育。脑与心智的问题是古老的身心(mind-body)问题的变式,也是"先天—后天"论战的核心。

神童(Child Prodigy)。神童在年龄非常小时就展现出过人的天资和能力,是早慧中极罕见的例子。神童一般出现在音乐、数学、视觉艺术领域和某种智力游戏中,比如国际象棋(Feldman, 1986)。神童的存在,表明了先天资质或者"天赋才能"的作用,隐含的假设是:与神童有相同机会和经历的同龄人中,绝大多数无法达到神童所达到的高度。也见 *Precocity* 早慧。

能力和表现(Competence versus Performance)。在讨论儿童超常表现时,对能力和表现进行区分很重要。当我们关注表现时,会聚焦于任务的约束,以及为了完成任务而满足这些约束的认知或动机过程;关注能力时,我们会推断那些使个体与众不同的持久品质。超常儿童研究者通常认为,是能力上的个体差异导致了非凡表现;而专长研究者更关注:表现者是如何通过发展认知技能和技能熟练度,来打破任务约束的。

创造力(Creativity)。创造力概念受多种定义和观点制约。有关创造力的研究通常关注三个方面:人,过程和产品。一个人可能比别人更容易产生创造性构思或表达。各种认知和情感特征被看作创造力的促进剂;创造力涉及知觉和思维过程,从想法的萌芽到取得成果,从酝酿期到"突然顿悟"的那一刻再到费力去证明或执行,通常要花费相当长的时间;产品是否有创造性,是看其对于智慧、艺术、实践和社会目的而言的新颖程度与价值大小。一些学者区分了大"C"和小"C",大"C"指划时代的或开创性的创造力,小"C"指日常创造力。这种区分强调用成果的价值和影响力来评判创造力的重要性。在超常教育中,关注的是对象(例如,如何鉴别有创造力的超常学生)与过程(例如,如何促进创造性思维和创造性倾向)。最近,创造力是否具有领域特殊性这一问题得到广泛关注(见 Sternberg et al., 2004)。也见 *Domain-Specificity* 领域特殊性。

课程区分化(Curriculum Differentiation) 是一个宽泛的术语,囊括一切尝试因材施教的教育实践活动。课程区分化背后的基本假设是:在特定时间对一个孩子合适的教育,可能不适用于别的孩子。通常一个孩子的学习经历、已有知识、动机以及应对具体学习任务的能力,都是在课程区分化中要考虑的事。对于超常儿童和有才华的儿童,课程区分化常常以课程压缩、课程丰富化和课程加速(加快教学进度)的形式出现。在小学中,课程区分化一般在常规班级中完成。在高中,为满足不同学生的需求,就要采取特殊的教育项目和 AP 课程(Advanced Placement 美国大学预修课程)。

发展复杂性(Developmental Complexity)。这个短语表明,发育中的生物为满足环境挑战,通过认知反应与执行成分的分化整合,发展出日益复杂的技能的趋势。具体来说,"发展复杂性"假定生物早期的所有反应都是相对简单的,由众多习得或天生的自发反应组成。随着时间推移,简单反应无法应对的挑战会催生更复杂、更协调的反应。在熟练度或专长的高级水平,个体反应和任务情境之间足够协调,能够快速探测到一切规律或异常情况。总体上,儿童期展现的非凡能力没有发育后期展现的非凡能力那么复杂。这一原则对"先天—后天"争论的影响是:某种天赋或专长所具有的发展复杂性使我们很难将先天因素与后天因素的贡献分离开来。

分布智力与创造力(Distributed Intelligence and Creativity)。心理测量意义上的智力,强调基本认知功能上的个体差异。然而,智力的语境观则认为智力是分布式的。即,智力表现取决于环境刺激、资源和技术支持,智力不再是头脑中的,而是"分布式"地存在于个体及个体所处的环境背景之间。当学习或解决某个问题时需要他人的智慧,智力就是社会分布式的,称之为"集体智力"更合适。类似的,人们原来所认为的个体所"拥有的"创造力,其实也是集体的创造力。分布智力或分布创造力强调了智力活动的背景和生成性,弱化了超常表现中个体心智的作用。

领域特殊性(Domain Specificity)。这个短语一般有两层含义:第一层意思是,人类大脑在进化中配备了应对各种挑战的不同能力,一些是物质世界的(视敏度和空间推理),一些是社会方面的(面孔识别或情绪领悟);第二层意思是,所有人类能力都是有适用范围的,受某种使用环境的约束,并非是通用的全能的。"进化论观"可以说是领域特殊论的激进版,因为该理论认为,心智运作的方式原本就是领域特殊性的。"功能约束观"可以说是领域特殊性的温和版——并不排除这样一种可能:某种领域特殊性的能力是从领域一般性的但又相关的能力和机制中发展出来的。在具有文化意义的领域中,超常能力的领域特殊性意味着,每个领域都有自身一系列独特的要求。社会和实践领域要求人们进行实时决策,知识领域要求人们掌握特定的符号系统和有效的言语中介。所以,某个领域中人类能力(空间能力、数学能力或言语能力)的重要性是由领域任务的具体要求决定的。

动态评估与静态评估(Dynamic versus Static Assessment)。如果一种评价工具能把握研究对象从状态甲到状态乙的变化,那么这一工具就做到了动态评估。相反,静态评估每次只能提供一种有关表现或行为状态的信息。静态评估好比"快照",而动态评估提供的是"运动的画面"。动态评估方法的优势在于,能够追踪目标导向性学习和问题解决活动的进程,关心人们在处理某类任务时"如何达成"。静态评估一般只总结一个人的表现比别人"达成了什么",不能描述他是如何做到的。

动态系统(Dynamic Systems)。"系统"这个词指整体中的各个部分以一种有组织的方式汇聚在一起,牵一发而动全身。如果一个系统随时间推移,从一种状态到另一种状态不断变化,这个系统就是动态的。即,一个发育中的儿童是一个动态系统,正在试图解决问题的人也是动态系统,在与环境的互动中表现出变化的状态。把人类看作动态系统意味着在理论上可以认为,人类一切超常表现和能力都是从简单状态到复杂状态不断发展着的。

渐成论(Epigenesis)。生理、行为、心理特质都不是由基因单独决定的,而是从遗传、行为和环境三者的交互作用中出现的,这种交互作用受发展变化的中介调节并且容易受发展时机的影响。这就是生理、行为、心理特质的渐成论。人类发展的某些方面是由基因决定的,如眼睛颜色和身高,但是大多数心理特质是逐渐发展出来的并具有不确定性(概率渐成论 probabilistic epigenesis;参见 Gottlieb,1998)。

认识立场(Epistemic Stance)。丹尼尔·丹尼特(Daniel Dennett)用这一短语描述人们面对某种现象或事物时所采用的认知方式和角度。可以采取物理立场(*physical stance*),认为事物是能用物理法则去预测的物质材料(牛顿物理学)。也可以采取设计立场(*design stance*),假定在结构与功能间存在某种特定联系(生物学家和工程师一般采取设计立场)。或者采取意向性立场(*intentional stance*),认为生命体(猫)或物体(机器人)有其自身的目标、目的和意图,在某种程度上能够自我引导,有自发的意图行为。

殊途同归性(Equifinality)。这一原则是指,两个系统的组成不完全相同,或起点不同,然而终止状态相同。这意味着导致相同形式或相同性质出现的因素并不一定是相同的。人类潜能的殊途同归性是指,我们追踪人类成就的起源时,不应假定成就的起点相同。例如,诺贝尔奖获得者成就了同等功名,但是导致他们卓越成就的个人生活环境和个性也许很不相同。

本质主义或唯实论(Essentialism or Realism)。本质主义是一种信仰,认为所有可认识的现象或事物,都具有能够保持自身统一性、独特性和连续性的内在本质或深层结构。揭示这一本质有助于充分阐明认识中的现象或事物。在超常概念历史中,本质主义思考方式起着主导作用(尤其在把一般智力作为超常的精髓部分时)。也见本体论信念(*Ontological Commitments*),世界观(*Worldviews*),认识论立场(*Epistemic*

Stances),物化(Reification)。

专长或专家技能(Expertise)。专家技能(专长)是指,在领域专业标准评判下,个体技能具备高度熟练性。常被描述为对当前问题有敏锐洞察力,通常凭借的是模式识别,发现有效处理问题的方式的能力,以及对事物内部运作机制的深刻理解。通常一个人要认真钻研和实践10年以上,才能达到专家技能水平。有观点认为,专家技能只是创造力的必要条件,并非充分条件。比如,在涉及创造性问题解决的领域(国际象棋、围棋、建筑业或作曲界)只有专长是不够的。

遗传指数(Heritability)。这一术语特指遗传对某种生理、行为和心理特征的贡献大小。在数量遗传学研究中,遗传指数(h^2)是采用数学方法评估群体的表现型变异(眼睛颜色、身高、内外向、智商和其他所有表现出来的特质)中遗传变异(即基因差异)所占的比例。

天赋论(Innatism)(也叫先天论 nativism)在心理学中指某种心理能力或心理结构是先天确定了的或由基因预先设定好的,与处于何种环境无关。最著名的天赋论观点是乔姆斯基Chomsky的"普遍语法(*universal grammar*)",用来解释在没有明显直接指导的情况下,儿童语言能力如何发展。坚定的天赋论者会寻找证据证明大脑中存在处理某类信息或刺激的模块化装置。"天赋观"和"遗传禀赋观"是不同的。遗传禀赋观认为,认知功能的一般性遗传优势是整个运作系统的高效,并不意味着一定会有更优秀的先天结构。

微观发展和宏观发展(Microdevelopment and Macrodevelopment)。微观发展意味着发展变化在短期内(几周或几个月)就可以被观察测量到。宏观发展是指长期(比如几年间)的发展变化。传统上,发展研究者主要关心宏观发展,假定长期的有序变化都可以被观察到。近来,发展过程和发展可变性、多样性受到越来越多的关注,这是由于知晓了"面对发展挑战时,发展与行为的实时组织调整有关"。通过微观遗传法(micro-genetic methods)可以实现对微观发展的密集观察与追踪(Granott, & Parziale, 2002)。

模块化(Modularity)指专门用来加工特定信息的大脑独立功能单元。一些已确定的特征包括:领域特殊性,强制性(即自动化的,不受意识控制的),有限的中央控制输入(limited central access)(例如,运作过程不被认知渗透),快速,信息压缩,固定的神经结构或机制,特定的分解模式与特定的个体发育(即发展的独特路线)。不过"模块化单元"的定义性特征目前还没有被确定下来(参见 Seok, 2006; Barrett & Kurzban,

2006)。

神经效率假说(Neural Efficiency Hypothesis)认为,能力测验上的非凡认知表现很大程度上取决于认知效率(比如加工速度,反应时间,信息快速理解,能同时加工更多信息的工作记忆容量,对无关信息的有效认知抑制),这些都可追踪到神经基础。根据这一观点,超常儿童的学习容易性和卓越表现很大程度上取决于神经优势。神经效率假说代表了超常能力的还原观。

通则性研究方法和个别性研究方法(Nomothetic versus Idiographic Approach)。通则性意味着"普遍",个别性意味着"特殊"。最开始在人格研究中用这两个词描述两种不同研究方法:通则性研究试图确定维度和类型,使不同个体在同一量尺或测量中的结果具有可比性。相反,个别性研究关注独特的个人特征,它的丰富性、复杂性和动态性。Allport(1937)把这两种方法称为人格研究的维度法和形态法。方法学差异体现了理性主义认识论和自然主义认识论间的差异。超常研究教育领域中,基于智商的定义和理论实际上就是采用了通则性研究方法(维度法),神童和杰出人物的案例研究可以看作个别性研究方法(形态法)的例子。

本体论信念,世界观和认识立场(Ontological Commitments, Worldviews, Epistemic Stances)。本体论信念是有关事物本原的深层信仰,是帮助研究者或科学家开展研究的基石。与理论或理论预测不同,本体论信念是"哲学上的",通常无法证伪(即,不能证明它是错的;Lakatos, 1978)。与"本体论信念"类似,"世界观"是一般性的见解,是对特定问题的总体视角和深刻见解,包括解释事实和数据的方式(Pepper, 1942)。Overtone(1984)提出有关人类心理的三种基本的世界观:机械观、有机观和环境观。相比之下,"认识立场"比本体论信念和世界观更为策略化,至少在Dennett(1987)的使用中如此:一种认识立场如何帮助人们对客体行为做出准确预测。认识立场包括物质立场、设计立场和意向立场。

早慧(Precocity)指个人发展中,某种能力出现的非常早。神童是早慧的突出例子。在超常研究与教育领域,一些学者相信,早慧抓住了先天超常的本质;另一些却认为,超常儿童不仅是早慧,因为早慧的发展优势(早期爆发者)也许会随时间消失。而超常者与非超常者反映了一种个体差异,这种差异无法只用"心理特质出现的更早"来解释。Halbert Robinson 在 20 世纪 70 年代提出的这个问题依然有待解决(参见Shore, 2000)。

制造者与执行者(Producers versus Performers)。这一区分表明,擅长制造新产品

(理论,小机械,乐章等)的人和擅长执行熟练工序(空中交通控制操作员,独奏者,运动员,心血管医生等)的人之间有重要的区别。制造者与执行者之间的差异不能等同于熟练技能与创造力间的差异,因为制造者和执行者都可以是熟练型的或创造型的(参见 Tannenbaum,1997)。

近端与远端变量及测量(Proximal versus Distal Variables and Measurements)。近端变量及其有关的测量是把测量和当前的任务紧密相连,是知识或能力当前状态的体现。远端变量对时间和情境不太敏感,测量的是一种更持久的特性。当我们以筛选和教育安置为目的来决定哪种信息更重要时,测量评估的这一技术层面就变得很重要了。

学习速率与表现渐近线(或学习极限)(Rate of Learning versus Asymptote of Performance)是衡量"一个人是超常、早慧还是发展超前"的两个主要标准。"学习速率"关注一个人在某项或某类任务中学得有多快。"表现渐近线"关注一个人何时进入瓶颈期,之后无论再怎么努力都不会有明显进步。一定要注意的是,尽管学习速率和表现渐近线的明显变化能在课堂中发现,但是只有在严格控制的实验室环境中,我们才能得出相对"纯粹"的测量,避免无关变量(资源、支持、执行条件和动机)的"污染"或"混淆"。

还原论与生成论(Reductionism versus Emergentism)。还原论倾向于把复杂问题简化,认为大量现象遵循一系列相同规律和原则。从一种系统观出发,还原论是一种信念:相信所有复杂的高水平问题都可以分解为低水平成分或规律。即,细胞水平的现象可以用分子形式解释。还原论最成功的例子是物理学,形成少量但是普遍适用的数学公式和定律,经得起反复验证。生成论,即使不是反还原论的,也是非还原论的,与整体论(整体大于部分)类似,但比整体论含义更丰富。生成论关注的是不能被任何单一元素解释与其构成元素都不同的那些生成的特性。生成论还认为,存在与当前问题复杂性相当的、更高级别的组织原则和规律。因而,社会互动揭示了无法被个体有关特征所解释的突现特性和规律。在常规的社会互动中,高级智慧行为和创造力得以生成(参见 Dai,2005;Sawyer,2002)。

物化(Reification)。认为抽象事物有其物质实体。在心理学中,心理构念(constructs,如智力、动机、自我概念)作为工具帮助我们组织、形成一系列有意义的观察。心理属性如"智力"和物理属性如"高度"是不同的。说某人智力高是推断一种抽象的品质,这和看到一个人比别人个子高不同,个子高是事实并不需要做出推断。在讨论超常儿童或有才华的儿童时,物化是有风险的,因为"超常或有天赋"这种难以捉摸的品质被物化为一种实体,而人们对各种超常或天赋表现的特殊性质却并没有清晰的认识。也见本质主义或唯实论。

白痴天才(Savants),有时被称作"智障学者",指在某一领域(心算、绘画等)展现出非凡才能,但是其他方面发育迟滞甚至有残疾的人。通常,白痴天才综合症都伴随着发育异常。白痴天才提供了一个独特窗口,帮我们了解先天性后天性问题,领域特殊性一般性问题(参见 Miller,2005)。

情境认知(Situated Cognition),是指认知不仅通过符号在头脑中表征这个世界,也与情境的可供性和约束性相协调,甚至于环境如果改变,认知表现也会受影响。一个有启发性的例子是,那些在街头成功兜售商品的巴西孩子高度适应了街头数学,但是当街头的数学问题以学校数学应用题的形式呈现时他们就不会做了。情境观启发我们去思考超常能力或潜力的环境制约性。

才能(Talent) 在日常用语中有两种含义:第一,当一个人具备某种优秀品质时,人们会归结到才能,意指"先天禀赋";第二,指特定活动中的领域特殊性才能或特殊才华。相比而言,"超常(有天赋)gifted"既可以形容一个人的领域特殊性才能(他是极具天赋的音乐家 He is a gifted musician),也可以形容一个人的总体智力品质(她聪颖又超常 She is brilliant and gifted)。在心理测量传统中,"超常"往往意味着很高的一般智力。

参考文献

Ackerman, C. M. (2009). The essential elements of Dabrowski's theory of positive disintegration and how they are connected. *Roeper Review, 31,* 81–95.

Ackerman, P. L. (1988). Determinants of individual differences during skill acquisition: Cognitive abilities and information processing. *Journal of Experimental Psychology: General, 117,* 288–318.

Ackerman, P. L. (1999). Traits and knowledge as determinants of learning and individual differences: Putting it all together. In P. L. Ackerman, P. C. Kyllonen, & R. D. Roberts (Eds.), *Learning and individual differences: Process, traits, and content determinants* (pp. 437–460). Washington, DC: American Psychological Association.

Ackerman, P. L. (2003). Aptitude complexes and trait complexes. *Educational Psychologist, 38,* 85–93.

Ackerman, P. L., & Heggestad, E. D. (1997). Intelligence, personality, and interest: Evidence for overlapping traits. *Psychological Bulletin, 121,* 219–245.

Ackerman, P. L., & Kanfer, R. (2004). Cognitive, affective, and conative aspects of adult intellect within a typical and maximal performance framework. In D. Y. Dai & R. J. Sternberg (Eds.), *Motivation, emotion, and cognition: Integrative perspectives on intellectual functioning and development* (pp. 119–141). Mahwah, NJ: Lawrence Erlbaum.

Alexander, J. M., Carr, M., & Schwanenflugel, P. J. (1995). Development of metacognition in gifted children: Directions for future research. *Developmental Review, 15,* 1–37.

Alexander, P. A. (2004). A model of domain learning: Reinterpreting expertise as a multidimensional, multistage process. In D. Y. Dai & R. J. Sternberg (Eds.), *Motivation, emotion, and cognition: Integrative perspectives on intellectual functioning and development* (pp. 273–298). Mahwah, NJ: Lawrence Erlbaum.

Allman, J. M., Hakeem, A., Erwin, J. M., Nimchinsky, E., & Hof, P. (2001). The anterior cingulate cortex: The evolution of an interface between emotion and cognition. In A. R. Damasio, A. Harrington, J. Kagan, B. S. McEwen, H. Moss, & R. Shaikh (Eds.), *Unity of knowledge: The convergence of natural and human science* (pp. 107–117). New York: New York Academy of Sciences.

Allport, G. W. (1937). *Patterns and growth in personality.* New York: Holt, Rinehart & Winston.

Amabile, T. M. (2001). Beyond talent: John Irving and the passionate craft of creativity. *American Psychologist, 56,* 333–336.

Ambrose, D. (2000). World-view entrapment: Moral-ethical implications for gifted education. *Journal for the Education of the Gifted, 23,* 159–186.

Ambrose, D. (2003a). Barriers to aspiration development and self-fulfillment: Interdisciplinary insights for talent discovery. *Gifted Child Quarterly, 47,* 282–294.

Ambrose, D. (2003b). Theoretical scope, dynamic tensions, and dialectical processes: A model for discovery of creative intelligence. In D. Ambrose, L. M. Cohen, & A. J. Tannenbaum (Eds.), *Creative intelligence: Toward theoretical integration.* Cresskill, NJ: Hampton Press.

Ambrose, D. (2005). Interdisciplinary expansion of conceptual foundations: Insights from beyond our field. *Roeper Review, 27,* 137–143.

American Association on Mental Retardation (1992). *Mental retardation: Definition, classification, and systems of support* (9th ed.). Washington, DC: Author.

American Educational Research Association, American Psychological Association, & National Council on Measurement in Education. (1999). *Standards for educational and psychological testing.* Washington, DC: National Council on Measurement in Education.

Anderson, J. R. (1987). Skill acquisition: Compilation of weak-method problem situations. *Psychological Review, 94,* 192–210.

Angoff, W. H. (1988). The nature-nurture debate, aptitudes, and group differences. *American Psychologist, 43,* 713 – 720.

Archambault, F. X. J., Westberg, K. L., Brown, S. W., Hallmark, B. W., Emmons, C. L., & Zhang, W. (1993). *Regular classroom practices with gifted students: Results of a national survey of classroom teachers* (Research Report No. 93101). Storrs: University of Connecticut, National Research Center on the Gifted and Talented.

Ashby, F. G., Isen, A. M., & Turken, A. U. (1999). A neuropsychological theory of positive affect and its influence on cognition. *Psychological Review, 106,* 529 – 550.

Aulls, M. W., & Shore, B. M. (2008). *Inquiry in education: The conceptual foundations for research as a curricular imperative.* New York: Erlbaum.

Baker, E. L. (2007). The end(s) of testing. *Educational Researcher, 36,* 309 – 317.

Balchin, T., Hymer, B. J., & Matthews, D. J. (Eds.) (2009). *The Routledge international companion to gifted education.* Abingdon, UK: Routledge.

Baltes, P. B. (1998). Testing the limits of the ontogenetic sources of talent and excellence. *Behavioral and Brain Sciences, 21,* 407 – 408.

Baltes, P. B., Lindenberger, U., & Staudinger, U. M. (1998). Life-span theory in developmental psychology. In W. Damon & R. M. Lerner (Eds.), *Handbook of child development: Vol. 1: Theoretical models of human development* (pp. 1029 – 1041). New York: Wiley.

Bamberger, J. (1986). Cognitive issues in the development of musically gifted children. In R. J. Sternberg & J. E. Davidson (Eds.), *Conceptions of giftedness* (pp. 388 – 413). Cambridge, UK: Cambridge University Press.

Bandura, A. (1986). *Social foundations of thought and action: A social cognitive theory.* Englewood Cliffs, NJ: Prentice Hall.

Bandura, A. (1997). *Self-efficacy: The exercise of control.* New York: W. H. Freeman.

Bangert, M., & Schlaug, G. (2006). Specialization of the specialized in features of external human brain morphology. *European Journal of Neuroscience, 24,* 1832 – 1834.

Barab, S. A., & Plucker, J. A. (2002). Smart people or smart context? Cognition, ability, and talent development in an age of situated approaches to knowing and learning. *Educational Psychologist, 37,* 165 – 182.

Barrett, H. C., & Kurzban, R. (2006). Modularity in cognition: Framing the debate. *Psychological Review, 113,* 628 –647.

Bates, E., & Carnevale, G. F. (1993). New directions in research on language development. *Developmental Review, 13,* 436 – 470.

Benbow, C. P., & Stanley, J. C. (1996). Inequity in equity: How "equity" can lead to inequity for high-potential students. *Psychology, Public Policy, and Law, 2,* 249 – 292.

Bereiter, C. (2002). *Education and mind in the knowledge age.* Mahwah, NJ: Lawrence Erlbaum Associates.

Berg, C. A. (2000). Intellectual development in adulthood. In R. J. Sternberg (Ed.), *Handbook of intelligence* (pp. 117 – 137). Cambridge, UK: Cambridge University Press.

Berliner, D. C., & Biddle, R. J. (1995). *The manufactured crisis: Myths, fraud, and the attack on America's public schools.* Reading, MA: Addison-Wesley.

Bernal, E. M. (2003). To no longer educate the gifted: Programming for gifted students beyond the era of inclusionism. *Gifted Child Quarterly, 47,* 183 – 191.

Beutler, L. E., & Rosner, R. (1995). Introduction to psychological assessment. In L. E. Beutler & R. Rosner (Eds.), *Integrative assessment of adult personality* (pp. 1 – 24). New York: Guilford Press.

Bidell, T. R., & Fischer, K. W. (1997). Between nature and nurture: The role of human agency in the epigenesis of intelligence. In R. J. Sternberg & E. Grigorenko (Eds.), *Intelligence, heredity, and environment* (pp. 193 – 242). New York: Cambridge University Press.

Binet, A., & Simon, T. (1916). *The development of intelligence in children* (E. S. Kite, Trans.). Baltimore: Williams & Wilkins.

Block, N. J., & Dworkin, G. (1976). *The IQ controversy.* New York: Pantheon.

Bloom, B. S. (1985). *Developing talent in young people.* New York: Ballantine Books.

Bonsangue, M. V., & Drew, D. E. (1995). Increasing minority students' success in calculus. *New Directions for Teaching and Learning, 11,* 501 – 518.

Borkowski, J. G., & Peck, V. A. (1986). Causes and consequences of metamemory in gifted children. In R. J. Sternberg & J. E. Davidson (Eds.), *Conceptions of giftedness* (pp. 182 – 200). Cambridge, UK: Cambridge University Press.

Borland, J. H. (1996). Gifted education and threat of irrelevance. *Journal for the Education of the Gifted, 19,* 129 – 147.

Borland, J. H. (1997a). The construct of giftedness. *Peabody Journal of Education, 72*(3 & 4), 6 – 20.

Borland, J. H. (1997b). Evaluating gifted programs. In N. Colangelo & G. A. Davis (Eds.), *Handbook of gifted education* (2nd ed., pp. 253 - 266). Boston: Allyn & Bacon.

Borland, J. H. (1999). The limits of consilience: A reaction to Françoys Gagné's "My convictions about the nature of abilities, gifts, and talents." *Journal for the Education of the Gifted, 22*, 137 - 147.

Borland, J. H. (2003). The death of giftedness. In J. H. Borland (Ed.), *Rethinking gifted education* (pp. 105 - 124), New York: Teachers College Press.

Borland, J. H. (2005). Gifted education without gifted children: The case for no conception of giftedness. In R. J. Sternberg & J. E. Davidson (Eds.), *Conceptions of giftedness* (2nd ed., pp. 1 - 19). Cambridge, UK: Cambridge University Press.

Borland, J. H. (2008). Identification. In J. A. Plucker & C. M. Callahan (Eds.), *Critical issues and practices in gifted education: What the research says* (pp. 261 - 280). Austin, TX: Prufrock Press.

Bouffard-Bouchard, T., Parent, S., & Larivée, S. (1993). Self-regulation on a conceptformation task among average and gifted students. *Journal of Experimental Child Psychology, 56*, 115 - 134.

Bransford, J. D., Brown, A. L., & Cocking, R. R. (1999). *How people learn: Brain, mind, experience, and school*. Washington, DC: National Academy Press.

Bredo, E. (2009). Getting over the methodology wars. *Educational Researcher, 38*, 441 - 448.

Brody, N. (2000). History of theories and measurements of intelligence. In R. J. Sternberg (Ed.), *Handbook of intelligence* (pp. 16 - 33). Cambridge, UK: Cambridge University Press.

Bronfenbrenner, U. (1989). Ecological systems theory. In R. Vasta (Ed.), *Annals of child development, Vol. 6: Six theories of child development*. Greenwich, CT: JAI Press.

Bronfenbrenner, U., & Ceci, S. J. (1994). Nature-nurture reconceptualized in developmental perspective: A bio-ecological model. *Psychological Review, 101*, 568 - 586.

Bruner, J. (1979). *On knowing: Essays for the left hand*. Cambridge, MA: Belknap Press of Harvard University Press.

Callahan, C. M., & Miller, E. M. (2005). A child-responsive model of giftedness. In R. J. Sternberg & J. E. Davidson (Eds.), *Conceptions of giftedness* (2nd ed., pp. 38 - 51). Cambridge, UK: Cambridge University Press.

Campione, J. C., & Brown, A. L. (1978). Toward a theory of intelligence: Contributions from research with retarded children. *Intelligence, 2*, 279 - 304.

Cantor, N. (1990). From thought to behavior: "Having" and "doing" in the study of personality and cognition. *American Psychologist, 45*, 735 - 750.

Carpenter, P. A., Just, M. A., & Shell, P. (1990). What one intelligence test measures: A theoretical account of the processing in the Raven Progressive Matrices Test. *Psychological Review, 97*, 404 - 431.

Carraher, T. N., Carraher, D. W., & Schliemann, A. D. (1985). Mathematics in the streets and in schools. *British Journal of Developmental Psychology, 3*, 21 - 29.

Carroll, J. B. (1993). *Human cognitive abilities: A survey of factor-analytic studies*. Cambridge: Cambridge University Press.

Carroll, J. B. (1997). Psychometrics, intelligence, and public perception. *Intelligence, 24*, 25 - 52.

Case, R. (1992). *The mind's staircase: Exploring the conceptual underpinnings of children's thought and knowledge*. Hillsdale, NJ: Lawrence Erlbaum.

Casey, M. B., Winner, E., Benbow, C., Hayes, R., et al. (1993). Skill at image generation: Handedness interacts with strategy preference for individuals majoring in spatial fields. *Cognitive Neuropsychology, 10*, 57 - 77.

Cattell, R. B. (1971). *Abilities: Their structure, growth, and action*. Boston: Houghton Mifflin.

Ceci, S. J. (1996). *On intelligence: A bio-ecological treatise on intellectual development* (2nd ed.). Cambridge, MA: Harvard University Press.

Ceci, S. J. (2003). Cast in six ponds and you'll reel in something: Looking back on 25 years of research. *American Psychologist, 58*, 855 - 864.

Ceci, S. J., & Liker, J. (1986). A day at the races: A study of IQ, expertise, and cognitive complexity. *Journal of Experimental Psychology: General, 115*, 255 - 266.

Ceci, S. J., & Papierno, P. B. (2005). The rhetoric and reality of gap closing: When the "have-nots" gain but the "haves" gain even more. *American Psychologist, 60*, 149 - 160.

Ceci, S. J., & Ruiz, A. (1993). Transfer, abstractness, and intelligence. In D. K. Detterman & R. J. Sternberg (Eds.), *Transfer on trial: Intelligence, cognition, and instruction* (pp. 168 - 191). Norwood, NJ: Ablex.

Ceci, S. J., & Williams, W. M. (1997). Schooling, intelligence, and income. *American Psychologist, 52*, 1051 - 1058.

Ceci, S. J., Williams, W. M., & Barnett, S. M. (2009). Women's underrepresentation in science: Sociocultural and biological considerations. *Psychological Bulletin, 135*, 218 - 261.

Chess, S., & Thomas, A. (1996). *Temperament: Theory and practice*. New York: Brunner/Mazel.

Chi, M. T. H. (1978). Knowledge structures and memory development. In R. S. Siegler (Ed.), *Children's thinking: What develops?* (pp. 73 – 96). Hillsdale, NJ: Lawrence Erlbaum.

Chi, M. T. H., Feltovich, P. J., & Glaser, R, (1981). Categorization and representation of physics problems by experts and novices. *Cognitive Science, 5*, 121 – 152.

Clark, A. (1997). *Being there: Putting brain, body, and world together again.* Cambridge, MA: MIT Press.

Cleary, T. A., Humphreys, L. G., Kendrick, S. A., & Wesman, A. (1975). Educational uses of tests with disadvantaged students. *American Psychologist, 30*, 15 – 41.

Cohen, S. M. (2006). Lecture on the four causes. Retrieved on June 10, 2009, from http://faculty.washington.edu/smcohen/320/4causes.htm.

Colangelo, N., & Assouline, S. G. (2000). Counseling gifted students. In K. A. Heller, F. J. Monk, R. J. Sternberg, & R. F. Subotnik (Eds.), *International handbook of giftedness and talent* (2nd ed., pp. 595 – 607). Amsterdam: Elsevier Science.

Colangelo, N., Assouline, S. G., & Gross, M. U. M. (2004). *A nation received: How schools hold back America's brightest students* (Vol. 1). Iowa City, IA: Belin-Blank International Center for Gifted Education and Talent Development.

Coleman, L. J. (2003). Gifted-child pedagogy: Meaningful chimera? *Roeper Review, 25*, 163 – 164.

Coleman, L. J., & Cross, T. L. (2005). *Being gifted in school: An introduction to development, guidance, and teaching,* Waco, TX: Prufrock Press.

Coleman, L. J., Sanders, M. D., & Cross, T. L. (1997). Perennial debates and tacit assumptions in the education of gifted children. *Gifted Child Quarterly, 41*, 105 – 111.

Cosmides, L., & Tooby, J. (2003). *Universal minds: Explaining the new science of evolutionary psychology.* London: Weidenfeld & Nicolson.

Cramond, B., Matthews-Morgan, J., Bandalos, D., & Zuo, L. (2005). A report on the 40-year follow-up of the Torrance Tests of Creative Thinking: Alive and well in the new millennium. *Gifted Child Quarterly, 49*, 283 – 291.

Crichton, M. (1996). *The lost world.* New York: Ballantine Books.

Cronbach, L. J. (1957). The two disciplines of scientific psychology. *American Psychologist, 12*, 671 – 684.

Cronbach, L. J. (1975). Beyond the two disciplines of scientific psychology. *American Psychologist, 30*, 116 – 127.

Cronbach, L. J. E. (Ed.)(2002). *Remaking the concept of aptitude: Extending the legacy of Richard E. Snow.* Mahwah, NJ: Lawrence Erlbaum.

Cronbach, L. J., & Snow, R. E. (1977). *Aptitudes and instructional methods: A handbook for research on interactions.* New York: Irvington.

Cross, T. L. (2003). Rethinking gifted education: A phenomenological critique of the politics and assumptions of the empirical-analytic mode of inquiry. In J. H. Borland (Ed.), *Rethinking gifted education* (pp. 72 – 79). New York: Teachers College, Columbia University.

Csikszentmihalyi, M. (1978). Intrinsic reward and emergent motivation. In M. R. Lepper & D. Greene (Eds.), *The hidden costs of reward: New perspectives on the psychology of human motivation.* Hillsdale, NJ: Erlbaum.

Csikszentmihalyi, M. (1990). *Flow: The psychology of optimal experience.* New York: Harper & Row.

Csikszentmihalyi, M. (1996). *Creativity: Flow and the psychology of discovery and invention.* New York: HarperCollins.

Csikszentmihalyi, M., Rathunde, K., & Whalen, S. (1993). *Talented teenager.* New York: Cambridge University Press.

Csikszentmihalyi, M., & Robinson, R. E. (1986). Culture, time, and the development of talent. In R. J. Sternberg & J. E. Davidson (Eds.), *Conceptions of giftedness* (pp. 264 – 284). Cambridge, UK: Cambridge University Press.

Dai, D. Y. (2002). Are gifted girls motivationally disadvantaged? Review, reflection, and redirection. *Journal for the Education of the Gifted, 25*, 315 – 358.

Dai, D. Y. (2004a). Putting it all together: Some concluding thoughts. In D. Y. Dai & R. J. Sternberg (Eds.), *Motivation, emotion, and cognition: Integrative perspectives on intellectual functioning and development* (pp. 419 – 431). Mahwah, NJ: Lawrence Erlbaum.

Dai, D. Y. (2004b). Why the transformation metaphor doesn't work well: A comment on Gagne's DMGT model. *High Ability Studies, 15*, 157 – 159.

Dai, D. Y. (2005). Reductionism versus emergentism: A framework for understanding conceptions of giftedness. *Roeper Review, 27*, 144 – 151.

Dai, D. Y. (2006). There is more to aptitude than cognitive capacities. *American Psychologist, 61*, 723 – 724.

Dai, D. Y. (2009), Essential tensions surrounding the concept of giftedness. In L. Shavinina (Ed.), *International handbook on giftedness* (pp. 39 – 80). New York: Springer.

Dai, D. Y., & Coleman, L. J. (2005). Introduction to the special issue on nature, nurture, and development of exceptional competence. *Journal for the Education of the Gifted, 28*, 254-269.

Dai, D. Y., Moon, S. M,. & Feldhusen, J. F. (1998). Achievement motivation and gifted students: A social cognitive perspective. *Educational Psychologist, 33*, 45-63.

Dai, D. Y., & Renzulli, J. S. (2000). Dissociation and integration of talent development and personal growth: Comments and suggestions. *Gifted Child Quarterly, 44*, 247-251.

Dai, D. Y., & Renzulli, J. S. (2008). Snowflakes, living systems, and the mystery of giftedness. *Gifted Child Quarterly, 52*, 114-130.

Dai, D. Y., & Rinn, A. N. (2008). The big-fish-little-pond effect: What do we know and where do we go from here? *Educational Psychology Review, 20*, 283-317.

Dai, D. Y., & Sternberg, R. J. (2004). Beyond cognitivism: Toward an integrated understanding of intellectual functioning and development. In D. Y. Dai & R. J. Sternberg (Eds.), *Motivation, emotion, and cognition: Integrative perspectives on intellectual functioning and development* (pp. 3-38). Mahwah, NJ: Lawrence Erlbaum.

Damasio, A. R. (1999). *The feeling of what happens: Body and emotion in the making of consciousness.* New York: Harcourt Brace.

Davidson, R. J. (2001). Toward a biology of personality and emotion, In A. R. Damasio, A. Harrington, J. Kagan, B. S. McEwen, H. Moss & R. Shaikh (Eds.), *Unity of knowledge: The convergence of natural and human science* (pp. 191-207). New York: New York Academy of Sciences.

Deary, I. J. (2002). G and cognitive elements of information processing: An agnostic view. In R. J. Sternberg & E. L. Grigorenko (Eds.), *The general factor of intelligence* (pp. 151-182). Mahwah, NJ: Erlbaum.

DeHaan, R. G., & Havighurst, R. J. (1957). *Educating the gifted.* Chicago: University of Chicago Press.

Delisle, J. (2003). To be or to do: Is a gifted child born or developed? *Roeper Review, 26*, 12-13.

Dennett, D. (1987). *The intentional stance.* Cambridge, MA: Bradford Books/MIT Press.

Detterman, D. K., & Daniel, M. H. (1989). Correlations of mental tests with each other and with cognitive variables are highest in low IQ groups. *Intelligence, 13*, 349-360.

Dewey, J. (1990). *The school and society, and the child and the curriculum.* Chicago: University of Chicago Press. (Original work published 1902)

Diamond, M. C., Scheibel, A. B., Murphy, G. M., & Harvey, T. (1985). On the brain of a scientist: Albert Einstein. *Experimental Psychology, 88*, 1998-2004.

Dickens, W. T., & Flynn, J. R. (2001). Heritability estimates versus large environmental effects: The IQ paradox resolved. *Psychological Review, 108*, 346-369.

Dmitrieva, E. S., Gel'man, V. Y., Zaitseva, K. A., & Orlov, A. M. (2006). Ontogenetic features of the psychophysiological mechanisms of perception of the emotional component of speech in musically gifted children. *Neuroscience and Behavioral Physiology, 36*, 53-62.

Donovan, M. S., & Cross, C. T. (Eds.) (2002). *Minority students in special and gifted education (Committee on Minority Representation in Special Education, Division of Behavioral and Social Sciences and Education, National Research Council).* Washington, DC: National Academy Press.

Dronkers, N. F. (1999). Neural basis of language. In R. A. Wilson & F. C. Keil (Eds.), *The MIT encyclopedia of the cognitive sciences* (pp. 448-451). Cambridge, MA: MIT Press.

Dunbar, K. (1997). How scientists think: On-line creativity and conceptual change in science. In T. B. Ward, S. M. Smith & J. Vaid (Eds.), *Creative thought: An investigation of conceptual structures and processe* (pp. 461-493). Washington, DC: American Psychological Association.

Duschl, R. A., & Duncan, R. G. (2009). Beyond the fringe: Building and evaluating scientific knowledge systems. In S. Tobias & T. M. Duffy (Eds.), *Constructivist instruction: Success or failure?* (pp. 311-332). New York: Routledge.

Dweck, C. S. (1999). *Self-theories: Their role in motivation, personality, and development.* Philadelphia: Psychology Press.

Dweck, C. S. (2006). *Mindset: The new psychology of success.* New York: Random House.

Dweck, C. S. (2009). Foreword. In F. D. Horowitz, R. F. Subotnik, & D. J. Matthews (Eds.), *The development of giftedness and talent across the lifespan* (pp. xi-xiv). Washington, DC: American Psychological Association.

Dweck, C. S., Mangels, J. A., & Good, C. (2004). Motivational effects on attention, cognition, and performance. In D. Y. Dai & R. J. Sternberg (Eds.), *Motivation, emotion, and cognition: Integrative perspectives on intellectual functioning and development* (pp. 41-55). Mahwah, NJ: Lawrence Erlbaum.

Edelman, G. M. (1989). *The remembered present: A biological theory of consciousness.* New York: Basic Books.

Edelman, G. M. (1995). Memory and the individual soul: Against silly reductionism. In J. Cornwell (Ed.), *Nature's inagination: The frontiers of scientific vision* (pp. 200-206). Oxford, UK: Oxford University Press.

Emmons, R. A. (1986). Personal strivings: An approach to personality and subjective wellbeing. *Journal of Personality and Social Psychology, 51,* 1058 - 1068.

Ercikan, K., & Roth, W.-M. (2006). What good is polarizing research into qualitative and quantitative? *Educational Researcher, 35,* 14 - 23.

Ericsson, K. A. (1996). The acquisition of expert performance: An introduction to some of the issues. In K. A. Ericsson (Ed.), *The road to excellence: The acquisition of expert performance in the arts and sciences, sports, and games* (pp. 1 - 50). Mahwah, NJ: Lawrence Erlbaum Associates.

Ericsson, K. A. (1998). Basic capacities can be modified or circumvented by deliberate practice: A rejection of talent accounts of expert peformance. *Behavioral and Brain Sciences, 21,* 413 - 414.

Ericsson, K. A. (2006). The influence of experience and deliberate practice on the development of superior expert performance. In K. A. Ericsson, N. Charness, P. J. Feltovich, & R. R. Hoffman (Eds.), *The Cambridge handbook of expertise and expert performance* (pp. 683 - 703). New York: Cambridge University Press.

Ericsson, K. A., & Charness, N. (1993). Expert performance: Its structure and acquisition. *American Psychologist, 49,* 725 - 747.

Ericsson, K. A., Charness, N., Feltovich, P. J., & Hoffman, R. R. (Eds.) (2006). *The Cambridge handbook of expertise and expert performance.* New York: Cambridge University Press.

Ericsson, K. A., Krampe, R. T., & Tesch-Römer, C. (1993). The role of deliberate practice in the acquisition of expert performance. *Psychological Review, 100,* 363 - 406.

Ericsson, K. A., & Lehmann, A. C. (1996). Expert and exceptional performance: Evidence of maximal adaptation to task constraints. *Annual Review of Psychology, 47,* 273 - 305.

Ericsson, K. A., Nandagopal, K., & Roring, R. W. (2005). Giftedness viewed from the expert-performance perspective. *Journal for the Education of the Gifted, 28,* 287 - 311.

Ericsson, K. A., Nandagopal, K., & Roring, R. W. (2007a). Giftedness and evidence for reproducibly superior performance: An account based on the expert-performance framework. *High Ability Studies, 18,* 3 - 55.

Ericsson, K. A., Nandagopal, K., & Roring, R. W. (2007b). Misunderstandings, agreements, and disagreements: Toward a cumulative science of reproducibly superior aspects of giftedness. *High Ability Studies, 18,* 97 - 115.

Ericsson, K. A., & Williams, A. M. (2007). Capturing naturally occurring superior performance in the laboratory: Translational research on expert performance. *Journal of Experimental Psychology: Applied, 13,* 115 - 123.

Eysenck, H. J. (1995). *Genius: The natural history of creativity.* Cambridge, UK: Cambridge University Press.

Feist, G. (1998). A meta-analysis of personality in scientific and artistic creativity. *Personality and Social Psychology Review, 2,* 209 - 309.

Feist, G. J. (2004). The evolved fluid specificity of human creative talent, In R. J. Sternberg, E. L. Grigorenko, & J. L. Singer (Eds.), *Creativity: From potential to realization* (pp. 57 - 82). Washington, DC: American Psychological Association.

Feist, G. J. (2006). How development and personality influence scientific thought, interest, and achievement. *Review of General Psychology, 10,* 163 - 182.

Feldhusen, J. F. (1986). A conception of giftedness. In R. J. Sternberg & J. E. Davidson (Eds.), *Conceptions of giftedness* (pp. 112 - 127). Cambridge, UK: Cambridge University Press.

Feldhusen, J. F. (1992). *TIDE: Talent identification and development in education.* Sarasota, FL: Center for Creative Learning.

Feldhusen, J. F. (2003). Lewis M. Terman: A pioneer in the development of ability tests. In B. J. Zimmerman & D. H. Schunk (Eds.), *Educational psychology: A century of contributions* (pp. 155 - 169). Mahwah, NJ: Lawrence Erlbaum Associates.

Feldhusen, J. F., & Jarwan, F. A. (2000). Identification of gifted and talented youth for educational programs. In K. A. Heller, F. J. Monk, R. J. Sternberg, & R. F. Subotnik (Eds.), *International handbook of giftedness and talent* (2nd ed., pp. 271 - 282). Amsterdam: Elsevier Science.

Feldman, D. H. (1986). *Nature's gambit: Child prodigies and the development of human potential.* New York: Basic Books.

Feldman, D. H. (1992). Has there been a paradigm shift in gifted education? Some thoughts on a changing national scene. In N. Colangelo, S. G. Assouline, & D. L. Ambrose (Eds.), *Talent development: proceedings from 1991 Henry and Jocelyn Wallace National Research Symposium on Talent Development* (pp. 89 - 94). Unionville, NY: Trillium.

Feldman, D. H. (1994). *Beyond universals in cognitive development* (2nd ed). Norwood, NJ: Ablex.

Feldman, D. H. (2003). A developmental, evolutionary perspective on giftedness. In J. H. Borland (Ed.), *Rethinking gifted education* (pp. 9 - 33). New York: Teachers College, Columbia University.

Feldman, D. H. (2009, August). *Giftedness and development: What kind of theory*? Paper presented at the annual meeting of American Psychological Association, Toronto, Canada.

Feynman, R. P. (1999). *The pleasure of finding things out*. Cambridge, MA: Perseus.

Fischer, K. W., & Bidell, T. R. (2006). Dynamic development of action and thought. In W. Damon & R. M. Lerner (Eds.), *Handbook of child psychology* (6th ed.): Vol. 1, *Theoretical model of human development* (pp. 313 – 399). Hoboken, NJ: John Wiley & Sons.

Fischer, K. W., & Pipp, S. L. (1984). Process of cognitive development: Optimal level and skill acquisition. In R. J. Sternberg (Ed.), *Mechanisms of cognitive development* (pp. 45 – 75). New York: Freeman.

Fischer, K. W., & Yan, Z. (2002). Darwin's consrtuction of the theory of evolution: Microdevelopment of explanations of variation and change in species. In N. Granott & J. Parziale (Eds.), *Microdevelopment: Transition processes in development and learning* (pp. 294 – 318). Cambridge, UK: Cambridge University Press.

Fodor, J. A. (1983). *The modularity of mind*. Cambridge, MA: The MIT Press.

Folsom, C. (2006). Making conceptual connections between gifted and general education: Teaching for intellectual and emotional learning (TIEL). *Roeper Review, 28*, 79 – 87.

Ford, D. Y. (2003). Desegregating gifted education: Seeking equity for culturally diverse students. In J. H. Borland (Ed.), *Rethinking gifted education* (2nd ed., pp. 143 – 158). New York: Teachers College Press.

Ford, M. E. (1994). A living systems approach to the integration of personality and intelligence. In R. J. Sternberg & P. Ruzgis (Eds.), *Personality and intelligence* (pp. 188 – 217). Cambridge, UK: Cambridge University Press.

Frasier, M. M. (1997). Gifted minority students: Reframing approaches to their identification and education. In N. Colangelo & G. A. Davis (Eds.), *Handbook on gifted education* (pp. 498 – 515). Needham Heights, MA: Allyn & Bacon.

Fredrickson, B. L. (1998). What good are positive emotions? *Review of General Psychology, 2*, 300 – 319.

Freeman, C. (1999). The crystallizing experience: A study of musical precocity. *Gifted Child Quarterly, 43*, 75 – 84.

Freeman, J. (2004). Cultural influences on gifted gender achievement. *High Ability Studies, 15*, 7 – 23.

Freeman, J. (2005). Permission to be gifted: How conceptions of giftedness can change lives. In R. J. Sternberg & J. E. Davidson (Eds.), *Conceptions of giftedness* (2nd ed., pp. 80 – 97). Cambridge, UK: Cambridge University Press.

Frensch, P. A., & Sternberg, R. J. (1989). Expertise and intelligent thinking: When it is worse to know better? In R. J. Sternberg (Ed.), *Advances in the psychology of human intelligence* (Vol. 5, pp. 157 – 188). Hillsdale, NJ: Lawrence Erlbaum.

Friedman, T. L. (2006). *The world is flat: A brief history of the 21st century*. New York: Farrar, Straus & Giroux.

Fruchter, N. & Siegle, D. (2004, November 28). Are gifted programs good? No. *New York Daily News*.

Gagné, F. (1985). Gifted and talent: Reexamining a reexamination of the definitions. *Gifted Child Quarterly, 29*, 103 – 112.

Gagné, F. (1999a). Is there any light at the end of the tunnel? *Journal for the Education of the Gifted, 22*, 191 – 234.

Gagné, F. (1999b). My convictions about the nature of abilities, gifts and talents. *Journal for the Education of the Gifted, 22*, 109 – 136.

Gagné, F. (2004). Transforming gifts into talents: The DMGT as a developmental model. *High Ability Studies, 15*, 119 – 147.

Gagné, F. (2005a). From gifts to talents: The DMGT as a developmental model. In R. J. Sternberg & J. E. Davidson (Eds.), *Conceptions of giftedness* (2nd ed., pp. 98 – 119). Cambridge, UK: Cambridge University Press.

Gagné, F. (2005b). From noncompetence to exceptional talent: Exploring the range of academic achievement within and between grade levels. *Gifted Child Quarterly, 49*, 139 – 153.

Gagné, F. (2007). Ten commandments for academic talent development. *Gifted Child Quarterly, 51*, 93 – 118.

Gagné, F. (2009a). Building gifts into talents: Detailed overview of the DMGT 2.0. In B. MacFarlane & T. Stambaugh (Eds.), *Leding change in gifted education: The Festschrift of Dr. Joyce VanTassel-Baska* (pp. 61 – 80). Waco, TX: Prufrock Press.

Gagné, F. (2009b). Debating giftedness: Pronat vs. antinat. In L. Shavinina (Ed.), *International handbook on giftedness* (pp. 155 – 198). New York: Springer.

Gallagher, J. J. (1991). Editorial: The gifted: A term with surplus meaning. *Journal for the Education of the Gifted, 14*, 353 – 365.

Gallagher, J. J. (1996). A critique of critiques of gifted education. *Journal for the Education of the Gifted, 19*, 234 – 249.

Gallagher, J. J. (2000a). Changing paradigms for gifted education in the United States. In K. A. Heller, F. J. Monk, R. J. Sternberg & R. F. Subotnik (Eds.), *International handbook of giftedness and talent* (2nd ed., pp. 681 – 693). Amsterdam: Elsevier Science.

Gallagher, J. J. (2000b). Unthinkable thoughts: Education of gifted students. *Gifted Child Quarterly*, 44, 5 – 12.
Gallagher, J. J., & Courtright, R. D. (1986). The educational definition of giftedness and its policy implications. In R. J. Sternberg & J. E. Davidson (Eds.), *Conceptions of giftedness* (pp. 93 – 111). Cambridge, UK: Cambridge University Press.
Galton, F. (1869). *Hereditary genius: An inquiry into its laws and consequences*. London: Macmillan.
Galton, F. (1874). *English men of science: Their nature and nurture*. London: Macmillan.
Galton, F. (1883). *Inquiries into human faculty and its development*. London: Macmillan.
Gardner, H. (1983). *Frames of mind*. New York: Basic Books.
Gardner, H. (1993). *Creating minds*. New York: Basic Books.
Gardner, H. (1997). *Extraordinary minds: Portraits of 4 exceptional individuals and an examination of our extraordinariness*. New York: Basic Books.
Gardner, H. (1998). Are there additional intelligences? The case for naturalist, spiritual, and existential intelligences. In J. Kane (Ed.), *Education, information, and transformation*. Englewood Cliffs, NJ: Prentice-Hall.
Gardner, H. (2003). Three distinct meanings of intelligence. In R. J. Sternberg, J. Lautrey, & T. I. Lubert (Eds.), *Models of intelligence: International perspectives* (pp. 43 – 54). Washington, DC: American Psychological Association.
Gardner, H., Csikszentmihalyi, M., & Damon, W. (2001). *Good work: When excellence and ethics meet*. New York: Basic Books.
Gaser, C., & Schlaug, G. (2003). Brain structures differ between musicians and non-musicians. *The Journal of Neuroscience*, 23, 9240 – 9245.
Gaztambide-Fernández, R. (2009). What is an elite boarding school? *Review of Educational Research*, 79, 1090 – 1128.
Gazzaniga, M. S. (2000). Cerebral specialization and interhemispheric communication: Does the corpus callosum enable the human condition? *Brain*, 123, 1293 – 1326.
Geake, J. G. (2008). High abilities at fluid analogizing: A cognitive neuroscience construct of giftedness. *Roeper Review*, 30, 187 – 195.
Geake, J. (2009). Neuropsychological characteristics of academic and creative giftedness. In L. Shavinina (Ed.), *International handbook on giftedness*. New York: Springer Science.
Geary, D. C. (1995). Reflections of evolution and culture in children's cognition. *American Psychologist*, 50, 24 – 37.
Geary, D. C. (2005). *The origin of mind: Evolution of brain, cognition, and general intelligence*. Washington, DC: American Psychological Associaton.
Gee, J. P. (2003). Opportunity to learn: A language-based perspective on assessment. *Assessment in Education*, 10, 27 – 46.
Gershwind, N., & Galaburda, A. M. (1987). *Cerebral lateralization: Biological mechanism, associations, and pathology*. Cambridge, MA: MIT Press.
Getzels, J. W., & Jackson, P. W. (1962). *Creativity and intelligence: Explorations with gifted students*. New York: Wiley.
Gjerde, P. F. (2004). Culture, power, and experience: Toward a person-centered cultural psycholohy. *Human Development*, 47, 138 – 157.
Gladwell, M. (2008). *Outliers: The story of success*. New York: Little Brown.
Glaser, R., & Chi, M. T. H. (1988). Overview. In R. Glaser, M. T. H. Chi, & M. J. Farr (Eds.), *The nature of expertise* (pp. xv-xxviii). Hillsdale, NJ: Lawrence Erlbaum.
Goertzel, V., & Goertzel, T. G. (2004). Cradle of eminence (2nd ed.). Scottsdale, AZ: Great Potential Press.
Goldberg, E. (2001). *The executive brain: Frontal lobes and the civilized mind*. Oxford: Oxford University Press.
Goodkin, S,. & Gold, D. G. (2007, August 27). The gifted children-left behind. *The Washington Post*.
Gottfredson, L. S. (1997). Editorial: Mainstream science on intelligence: An editorial with 52 signatories, history, and bibliography. *Intelligence*, 24, 13 – 23.
Gottfried, A. E., & Gottfried, A. W. (2004). Toward the development of a conceptualization of gifted motivation. *Gifted Child Quarterly*, 48, 121 – 132.
Gottfried, A. W., Gottfried, A. E., Bathurst, K., & Guerin, D. W. (1994). *Gifted IQ: Early developmental aspects: The Fullerton longitudinal study*. New York: Plenum.
Gottfried, A. W., Gottfried, A. E., Cook, C. R., & Morris, P. E. (2005). Educational characteristics of adolescents with gifted academic intrinsic motivation: A longitudinal investigation from school entry through early adulthood. *Gifted Child Quarterly*, 49, 172 – 186.
Gottfried, A. W., Gottfried, A. E., & Guerin, D. W. (2006). The Fullerton Longitudinal Study: A long-term investigation of intellectual and motivational giftedness. *Journal for the Education of the Gifted*, 29, 430 – 450.

Gottfried, A. W., Gottfried, A. E., & Guerin, D. W. (2009). Issues in early prediction and identification of intellectual giftedness. In F. D. Horowitz, R. F. Subotnik, & D. J. Matthews (Eds.), *The development of giftedness and talent across the life span* (pp. 43–56). Washington, DC: American Psychological Association.

Gottlieb, G. (1998). Normally occurring environmental and behavioral influences on gene activity: From central dogma to probabilistic epigenesis. *Psychological Review*, *105*, 792–802.

Gould, S. J. (1981). *The mismeasure of man*. New York: W. W. Norton.

Graham, S. (2009). Giftedness in adolescence: African American gifted youth and their challenges from a motivational perspective. In F. Horowitz, R. F. Subotnik, & D. Matthews (Eds.), *The development of giftedness and talent across the lifespan* (pp. 109–129). Washington, DC: American Psychological Association.

Granott, N., & Parziale J. (2002). Microdevelopment: A process-oriented perspective for studying development and learning. In N. Granott & J. Parziale (Eds.), *Microdevelopment: Transition processes in development and learning* (pp. 1–28). Cambridge, UK: Cambridge University Press.

Grant, B. A. (2002). Justifying gifted education: A critique of needs claims and a proposal. *Journal for the Education of the Gifted*, *25*, 359–374.

Grant, B. A., & Piechowski, M. M. (1999). Theories and the good: Toward child-centered gifted education. *Gifted Child Quarterly*, *43*, 4–12.

Gratz v. Bollinger, 539 U. S. 244(2003).

Greenough, W. T. (1976). Enduring brain effects of differential experience and training. In M. R. Rosenzweig & E. L. Bennett (Eds.), *Neural mechanisms of learning and memory* (pp. 255–278). Cambridge, MA: MIT Press.

Grinder, R. E. (1985). The gifted in our midst: By their divine deeds, neuroses, and mental test scores we have known them. In F. D. Horowitz & M. O'Brien (Eds.), *The gifted and talented: Developmental perspectives* (pp. 5–35). Washington, DC: American Psychological Association.

Gross, M. U. M. (1993). *Exceptionally gifted children*. London: Routledge.

Gruber, H. E. (1981). *Darwin on man: A psychological study of scientific creativity* (Rev. ed.). Chicago: University of Chicago Press.

Gruber, H. E. (1986). The self-construction of the extraordinary. In R. J. Sternberg & J. E. Davidson (Eds.), *Conceptions of giftedness* (pp. 247–263). Cambridge: Cambridge University Press.

Gruber, H. E. (1995). Insight and affect in the history of science. In R. J. Sternberg & J. E. Davidson (Eds.), *The nature of insight* (pp. 397–431). Cambridge, MA: MIT Press.

Gruber, H. E. (1998). The social construction of extraordinary selves: Collaboration among unique creative people. In R. C. Friedman & K. B. Rogers (Eds.), *Talent in context: Historical and social perspectives on giftedness* (pp. 127–147). Washington, DC: American Psychological Association.

Grutter v. Bollinger, 539 U. S. 306(2003).

Guilford, J. P. (1967). *The nature of human intelligence*. New York: McGraw-Hill.

Gustafsson, J.-E., & Undheim, J. O. (1996). Individual differences in cognitive functions. In D. C. Berliner & R. C. Calfee (Eds.), *Handbook of educational psychology* (pp. 186–242). New York: Simon & Schuster Macmillan.

Haensly, P., Reynolds, C. R., & Nash, W. R. (1986). Giftedness: coalescence, context, conflict, and commitment. In R. J. Sternberg & J. E. Davidson (Eds.), *Conceptions of giftedness* (pp. 128–148). New York: Cambridge University Press.

Haier, R. J. (2001). PET studies of learning and individual differences. In J. L. McClelland & R. S. Siegler (Eds.), *Mechanisms of cognitive development: Behavioral and neural perspectives* (pp. 123–145). Mahwah, NJ: Lawrence Erlbaum Associates.

Haier, R. J., & Jung, R. E. (2008). Brain imaging studies of intelligence and creativity: What is the picture for education? *Roeper Review*, *30*, 171–180.

Hall, V. C. (2003). Educational psychology from 1890 to 1920. In B. J. Zimmerman & D. H. Schunk (Eds.), *Educational psychology: A century of contributions* (pp. 3–39). Mahwah, NJ: Lawrence Erlbaum Associates.

Hannah, C. L., & Shore, B. (1995). Metacognition and high intellectual ability: Insights from the study of learning-disabled gifted students. *Gifted Child Quarterly*, *39*, 95–109.

Hannah, C. L., & Shore, B. (2007). Twice-exceptional students' use of metacognitive skills on a comprehension monitoring task. *Gifted Child Quarterly*, *52*, 3–18.

Hartas, D., Lindsay, G., & Muijs, D. (2008). Identifying and selecting able students for the NAGTY summer school: Emerging issues and future considerations. *High Ability Studies*, *19*, 5–18.

Harter, S. (1999). *The construction of the self: A developmental perspective*. New York: Guilford Press.

Hatano, G., & Inagaki, K. (1986). Two courses of expertise. In H. Stevenson, H. Azuma, & A. Hakuta (Eds.), *Child *development and education in Japan*. Washington, DC: Center for Applied Linguistics.

Hébert, T. P. (2001). "If I had a new notebook, I know things would change": Bright underachieving young men in urban classrooms. *Gifted Child Quarterly*, 45.174-194.

Hébert, T. P., & Beardsley, T. M. (2001), Jermaine: A critical case study of a gifted Black child living in rural poverty. *Gifted Child Quarterly*, 45,85-103.

Heller, K. A., Perleth, C., & Lim, T. K. (2005). The Munich Model of Giftedness designed to identify and promote gifted students. In R. J. Sternberg & J. E. Davidson (Eds.), *Conceptions of giftedness* (2nd ed., pp. 147-170). Cambridge, UK: Cambridge University Press.

Herrnstein, R. J., & Murray, C. (1994). *The bell curve: Intelligence and class structure in American life*. New York: The Free Press.

Hertzog, N. (2009). The arbitrary nature of giftedness. In L. Shavinina (Ed.), *International handbook on giftedness* (pp. 205-214). New York: Springer.

Hickam, H. (1998). *October sky: A memoir (originally published as Rocket Boys)*. New York: Dell.

Hidi, S. (1990). Interest and its contribution as a mental resource for learning. *Review of Educational Research*, 60,549-571.

Hidi, S., Renninger, K. A., & Krapp, A. (2004). Interest, a motivational construct that combines affective and cognitive functioning. In D. Y. Dai & R. J. Sternberg (Eds.), *Motivation, emotion, and cognition: Integrative perspectives on intellectual functioning and development* (pp. 89-115). Mahwah, NJ: Lawrence Erlbaum.

Hill, L., Craig, I., Asherson, P., Ball, D., Eley, T., Ninomiya, T., et al. (1999). DNA pooling and dense marker maps: A systematic search for genes for cognitive ability. *Neuroreport: For Rapid Communicaton of Neuroscience Research*, 10,843-848.

Hirschfeld, L. A., & Gelman, S. A. (1994). Toward a topography of mind: An introduction to domain specificity. In L. A. Hirschfeld & S. A. Gelman (Eds.), *Mapping the mind: Domain specificity in cognition and culture* (pp. 3-35). New York: Cambridge University Press.

Hoh, P.-S. (2008). Cognitive characteristics of the gifted. In J. A. Plucker & C. M. Callahan (Eds.), *Critical issues and practices in gifted education: What the research says* (pp. 57-83). Austin, TX: Prufrock Press.

Hollingworth, L. S. (1924). Provisions for intellectually superior children. In M. V. O'Shea (Ed.), *The child, his nature, and his needs* (pp. 277-299). New York: A Contribution of the Children's Foundation.

Hollingworth, L. S. (1942). *Children above 180 IQ*. New York: World Book.

Holloway, S. D. (1988). Concepts of ability and effort in Japan and the United States. *Review of Educational Research*, 58, 327-345.

Holton, G. (1981). Thematic presuppositions and the direction of scientific advance. In A. F. Heath (Ed.), *Scientific explanation* (pp. 1-27). Oxford: Clarendon Press.

Holyoak, K. J., & Thagard, P. (1995). *Mental leaps: Analogy in creative thought*. Cambridge: MA: MIT Press.

Horn, J. (1986). Some thoughts about intelligence. In R. J. Sternberg & D. K. Detterman (Eds.), *What is intelligence? Contemporary viewpoints on its nature and definition* (pp. 91-96). Norwood, NJ: Ablex.

Horowitz, F. D. (2000). Child development and the PITS: Simple questions, complex answers, and developmental theory. *Child Development*, 71,1-10.

Horowitz, F. D. (2009). Introduction: A developmental understanding of giftedness and talent. In In F. D. Horowitz, R. E. Subotnik, & D. J. Matthews (Eds.), *The development of giftedness and talent across the lifespan* (pp. 3-19). Washington, DC: American Psychological Association.

Horowitz, F., & O'Brien, M. (Eds.). (1985). *The gifted and the talented: Developmental perspectives*. Washington. DC: American Psychological Association.

Horowitz, F. D., Subotnik, R. F., & Matthews, D. J. (Eds.)(2009). *The development of giftedness and talent across the life span*. Washington, DC: American Psychological Association.

Howe, K. R. (2009). Positivist dogmas, rhetoric, and the education science question. *Educational Researcher*, 38, 428-440.

Howe, M. J. A. (1997). *IQ in question: The truth about intelligence*. London: Sage.

Howe, M. J. A., Davidson, J. W., & Sloboda, J. A. (1998). Innate talents: Reality or myth? *Behavioral and Brain Sciences*, 21,399-442.

Hunt, E. (1986). The heffalump of intelligence. In R. J. Sternberg & D. K. Detterman (Eds.), *What is intelligence? Contemporary viewpoints on its nature and definition* (pp. 101-107). Norwood, NJ: Ablex.

Hunt, E. (1999). Intelligence and human resources: Past, present, and future. In P. L. Ackerman, P. C. Kyllonen & R. D. Roberts (Eds.), *Learning and individual differences: Process, traits, and content determinants* (pp. 3-28).

Washington, DC: American Psychological Association.

Hunt, E. (2006). Expertise, talent, and social encouragement. In K. A. Ericsson, N. Charness, P. J. Feltovich, & R. R. Hoffman (Eds.), *The Cambridge handbook of expertise and expert performance* (pp. 31-38). New York: Cambridge University Press.

Hutchins, E. (1995). *Cognition in the wild*. Cambridge, MA: MIT Press.

Israel Center for Excellence Through Education. (2009) Leading the journey of excellence. Retrieved on September 11, 2009, from: http://www.excellence.orq.il/eng/.

Jackson, N. E., & Butterfield, E. C. (1986). The self-construction of the extraordinary. In R. J. Sternberg & J. E. Davidson (Eds.), *Conceptions of giftedness* (pp. 151-181). Cambridge, UK: Cambridge University Press.

Jaušovec, N. (1997). Differences in EEG alpha activity between gifted and non-identified individuals: Insights into problem solving. *Gifted Child Quarterly*, 41, 26-32.

Jefferson, T. (1955). *Notes on the State of Virginia*. Chapel Hill: University of North Carolina Press.

Jensen, A. R. (1993). Spearman's g: Links between psychometrics and biology. *Annals of the New York Academy of Sciences*, 702, 103-131.

Jensen, A. R. (2001). Spearman's hypothesis. In J. M. Collis & S. Messick (Eds.), *Intelligence and personality: Bridging the gap between theory and measurement* (pp. 3-24). Mahwah, NJ: Lawrence Erlbaum.

Jensen, A. R., Cohn, S. J., & Cohn, C. M. G. (1989). Speed of information processing in academically gifted youths and their siblings. *Personality and Individual Differences*, 10, 29-34.

Jin, S.-H., Kim, S. Y, Park, K. H., & Lee, K.-J. (2007). Differences in EEG between gifted and average students: Neural complexity and functional cluster analysis. *International Journal of Neuroscience*, 117, 1167-1184.

Jin, S.-H., Kwon, Y.-J., Jeong, J.-S., Kwon, S.-W., & Shin, D.-H. (2006). Differences in brain information transmission between gifted and normal children during scientific hypothesis generation. *Brain and Cognition*, 62, 191-197.

Just, M. A., & Carpenter, P. A. (1992). A capacity theory of comprehension: Individual differences in working memory. *Psychological Review*, 99, 122-149.

Kagan, J. (2002). *Surprise, uncertainty, and mental structures*. Cambridge, MA: Harvard University Press.

Kahneman, D. (2003). A perspective on judgment and choice: Mapping bounded rationality. *American Psychologist*, 58, 697-720.

Kalbfleisch, M. L. (2008). Getting to the heart of the brain: Using cognitive neuroscience to explore the nature of human ability and performance. *Roeper Review*, 30, 162-170.

Kalbfleisch, M. L. (2009). The neural plasticity of giftedness. In L. Shavinina (Ed.), *International handbook on giftedness* (pp. 275-293). New York: Springer.

Kandel, E. R., & Squire, L. R. (2001). Breaking down scientific barriers to the study of brain and mind. In A. R. Damasio, A. Harrington, J. Kagan, B. S. McEwen, H. Moss, & R. Shaikh (Eds.), *Unity of knowledge: The convergence of natural and human science* (pp. 118-135). New York: New York Academy of Sciences.

Kanevsky, L. (1990). Pursuing qualitative differences in the flexible use of problem-solving strategy by young children. *Journal for the Education of the Gifted*, 13, 115-140.

Kanevsky, L. S. (1994). A comparative study of children's learning in the zone of proximal development. *European Journal for High Ability*, 5, 163-175.

Kanevsky, L. (1995). Learning potentials of gifted students. *Roeper Review*, 17, 157-163.

Kanevsky, L. (2000). Dynamic assessment of gifted students. In K. A. Heller, F. J. Monk, J. Sternberg, & R. F. Subotnik (Eds.), *International handbook of giftedness and talent* (2nd ed., pp. 283-295). Amsterdam: Elsevier Science.

Kanevsky, L., & Geake, J. (2004). Inside the zone of proximal development: Validating a multifactor model of learning potential with gifted students and their peers. *Journal for the Education of the Gifted*, 28, 182-217.

Kaplan, S. N. (2003). Is there a gifted-child pedagogy? *Roeper Review*, 25, 165-166.

Karmiloff-Smith, A. (1992). *Beyond modularity: A developmental perspective on cognitive science*. Cambridge, MA: MIT Press.

Karmiloff-Smith, A. (2004). Bates' emergentist theory and its relevance to understanding genotype/phenotype relations. In M. Tomasello & D. I. Slobin (Eds.), *Beyond naturenurture: Essays in honor of Elizabeth Bates* (pp. 219-236). Mahwah, NJ: Lawrence Erlbaum Associates.

Karnes, F. A., & Bean, S. M. (1995). *Leadership for students: A practical guide*. Waco, TX: Prufrock Press.

Keating, D. P. (2009). Developmental science and giftedness: An integrated lifespan framework. In F. D. Horowitz, R. F. Subotnik, & D. J. Matthews (Eds.), *The development of giftedness and talent across the lifespan* (pp. 189-208).

Washington, DC: American Psychological Association.

Kelley, T. L. (1927). *Interpretation of educational measurement*. New York: World Book.

Kelso, J. A. S. (2000). Principles of dynamic pattern formation and change for a science of human behavior. In L. R. Bergman, R. B. Cairns, L.-G. Nilsson, & L. Nystedt (Eds.), *Developmental science and the holistic approach* (pp. 63–83). Mahwah, NJ: Lawrence Erlbaum.

Kemp, A. E. (1996). *The musical temperament*. Oxford: Oxford University Press.

Kerr, B. A. (1985). *Smart girls, gifted women*. Columbus, OH: Ohio Psychology Press.

Kerr, B. A. (1997). Developing talents in girls and young women. In N. Colangelo & G. A. Davis (Eds.), *Handbook of gifted education* (pp. 483–497). Boston, MA: Allyn & Bacon.

Kimble, G. A. (1984). Psychology's two cultures. *American Psychologist*, *39*, 833–839.

Kirschenbaum, R. J. (1998). Dynamic assessment and its use with underserved gifted and talented populations. *Gifted Child Quarterly*, *42*, 140–147.

Kitano, M. K. (2003). What's missing in gifted education reform. In J. H. Borland (Ed.), *Rethinking gifted education* (pp. 159–170). New York: Teachers College, Columbia University.

Kitano, M. K., & Perkins, C. O. (2000). Gifted European American women. *Journal for the Education of the Gifted*, *23*, 287–313.

Koch, S., & Leary, D. E. (Eds.)(1992). *A century of psychology as science*. Washington, DC: American Psychological Association.

Kolb, D. A. (1971). *Individual learning styles and the learning process*. Cambridge, MA: MIT Press.

Kuhl, J. (1985). Volitional mediators of cognition-behavior consistency: Self-regulatory processes and action versus state orientation. In J. Kuhl & J. Beckmann (Eds.), *Action control: From cognition to behavior* (pp. 101–128). Berlin: Springer.

Kuhn, D. (1999). A developmental model of critical thinking. *Educational Researcher*, *28*(2), 16–26.

Kuhn, D. (2002). A multi-component system that constructs knowledge: Insights from microgenetic study. In N. Granott & J. Parziale (Eds.), *Microdevelopment: Transition processes in development and learning* (pp. 109–130). Cambridge, UK: Cambridge University Press.

Kuhn, T. S. (1962). *The structure of scientific revolution*. Chicago: University of Chicago Press.

Kuhn, T. S. (1977). *The essential tension: Selected studies in scientific tradition and change*. Chicago: University of Chicago Press.

Kunda, Z. (1990). The case for motivated reasoning. *Psychological Bulletin*, *108*, 480–498.

Kyllonen, P. C., & Christal, R. (1990). Reasoning ability is (little more than) working-memory capacity? *Intelligence*, *14*, 389–433.

Lajoie, S. P., & Shore, B. (1986). Intelligence: Speed and accuracy tradeoff in high aptitude individuals. *Journal for the Education of the Gifted*, *9*, 85–104.

Lakatos, I. (1978). *The methodology of scientific research programs*. Cambridge, UK: Cambridge University Press.

Langley, P., Simon, H. A., Bradshaw, G. L., & Zytkow, J. M. (1987). *Scientific discovery: Computational explorations of the creative process*. Cambridge, MA: MIT Press.

Laycraft, K. (2009). Positive maladjustment as a transition from chaos to order. *Roeper Review*, *31*, 113–122.

Lehman, H. C. (1953). *Age and achievement*. Princeton, NJ: Princeton University Press.

Lehmann, A. C., & Ericsson, K. A. (1998). The historical development of domains of expertise: Performance standards and innovations in music. In A. Steptoe (Ed.), *Genius and mind* (pp. 67–94). Oxford: Oxford University Press.

Lerner, R. M. (2004). Genes and the promotion of positive human development: Hereditarian versus developmental systems perspectives. In C. G. Coll, E. L. Bearer, & R. M. Lerner (Eds.), *Nature and nurture: The complex interplay of genetic and environmental influences on human behavior and development* (pp. 1–33). Mahwah, NJ: Lawrence Erlbaum Associates.

Lerner, R. M., & Busch-Rossnagel, N. A. E. (1981). *Individuals as producers of their development: A life-span perspective*. New York: Academic Press.

Leung, A. K., Maddux, W. W., Galinsky, A. D., & Chiu, C. (2008). Multicultural experience enhances creativity: The when and how. *American Psychologist*, *63*, 169–181.

Li, S.-C. (2003). Biocultural orchestration of developmental plasticity across levels: The interplay of biology and culture in shaping the mind and behavior across the life span. *Psychological Bulletin*, *129*, 171–194.

Li, S.-C., Lindenberger, U., Hommel, B., Aschersleben, G., Prinz, W., & Baltes, P. B. (2004). Transformations in the couplings among intellectual abilities and constituent cognitive processes across the life span. *Psychological Science*, *15*, 155–163.

Lippmann, W. (1976). The abuse of the tests. In N. J. Block & G. Dworkin (Eds.), *The IQ controversy* (pp. 18 – 20). New York: Pantheon.

Liu, T., Shi, J., Zhao, D., & Yang, J. (2008). The event-related low-frequency activity of highly and average intelligent children. *High Ability Studies*, 19, 131 – 139.

Loewen, S. (2006). Exceptional intellectual performance: A neo-Piagetian perspective. *High Ability Studies*, 17, 159 – 181.

Lohman, D. F. (1993). Teaching and testing to develop fluid abilities. *Educational Researcher*, 22(7), 12 – 23.

Lohman, D. F. (1994a). Component scores as residual variation (or why the intercept correlates better). *Intelligence*, 19, 1 – 11.

Lohman, D. F. (1994b). Spatially gifted, verbally inconvenienced. In N. Colangelo, S. G. Assouline, & D. L. Ambroson (Eds.), *Talent development* (Vol. 2, pp. 251 – 263). Dayton, OH: Ohio Psychology Press.

Lohman, D. F. (2001). Issues in the definition and measurement of abilities. In J. M. Collis & S. Messick (Eds.), *Intelligence and personality: Bridging the gap between theory and measurement* (pp. 79 – 98). Mahwah, NJ: Lawrence Erlbaum.

Lohman, D. F. (2005a). An aptitude perspective on talent identification: Implications for identification of academically gifted minority students. *Journal for the Education of the Gifted*, 28, 333 – 360.

Lohman, D. F. (2005b). Review of Naglieri and Ford (2003): Does the Naglieri Nonverbal Ability Test identify equal proportions of high-scoring White, Black, and Hispanic students? *Gifted Child Quarterly*, 49, 19 – 28.

Lohman, D. F. (2006). Beliefs about differences between ability and accomplishment: From folk theories to cognitive science. *Roeper Review*, 29, 32 – 40.

Lohman, D. F., & Korb, K. A. (2006). Gifted today but not tomorrow? Longitudinal changes in ability and achievement during elementary school. *Journal for the Education of the Gifted* 29, 451 – 484.

Lohman, D. F., & Rocklin, T. (1995). Current and recurrent issues in the assessment of intelligence and personality. In D. H. Saklofske & M. Zeidner (Eds.), *International handbook of personality and intelligence* (pp. 447 – 474). New York: Plenum.

Loveless, T., Farkas, S., & Duffett, A. (2008). *High-achieving students in the era of NCLB: A Fordham Foundation report*. Issued on June 18, 2008, by the Fordham Foundation. Retrieved on July 24, 2009, from http://www.edexcellence.net/doc/20080618_high_achievers.pdf.

Lubinski, D. (2004). Introduction to the special section on cognitive abilities: 100 years after Spearman's (1904) "'General intelligence,' objectively determined and measured." *Journal of Personality and Social Psychology*, 86, 96 – 111.

Lubinski, D., & Benbow, C. P. (1992). Gender differences in abilities and preferences among the gifted. *Current Directions in Psychological Science*, 1, 61 – 66.

Lubinski, D., & Benbow, C. P. (2000). States of excellence. *American Psychologist*, 55, 137 – 150.

Lubinski, D., & Benbow, C. P. (2006). Study of mathematically precious youth after 35 years. *Perspectives on Psychological Science*, 1, 316 – 345.

Lubinski, D., & Dawis, R. V. (1992). Aptitudes, skills, and proficiencies. In M. D. Dunnette & L. M. Hough (Eds.), *Handbook of industrial/organizational psychology* (2nd ed., Vol. 3, pp. 1 – 59). Palo Alto, CA: Consulting Psychologists Press.

Lubinski, D., Webb, R. M., Morelock, M. J., & Benbow, C. P. (2001). Top 1 in 10,000: A 10-year follow-up of the profoundly gifted. *Journal of Applied Psychology*, 86, 718 – 729.

Luchins, A. S., & Luchins, E. H. (1970). *Wertheimer's seminar revisited: Problem solving and thinking* (Vol. 1). Albany: State University of New York Press.

Lupart, J., & Toy, R. (2009). Twice-exceptional: Multiple pathways to success. In L. Shavinina (Ed.), *International handbook on giftedness* (pp. 507 – 525). New York: Springer.

Maker, C. J. (1996). Identification of gifted minority students: A national problem, needed changes, and a promising solution. *Gifted Child Quarterly*, 40, 41 – 50.

Margolin, L. (1994). *Goodness personified: The emergence of gifted children*. Hawthorne, NY: Aldine De Gruyer.

Margolin, L. (1996). A pedagogy of privilege. *Journal for the Education of the Gifted*, 19, 164 – 180.

Markus, H., & Nurius, P. (1986). Possible selves. *American Psychologist*, 41, 954 – 969.

Marland, S. P. (1972). *Education of the gifted and talented: Report to the Congress of the United States by the U. S. Commissioner of Education*. Washington, DC: Government Printing Office.

Marsh, H. W., Trautwein, U., Ludtke, O., Baumert, J., & Köller, O. (2007). The big fish little pond effect: Persistent negative effects of selective high schools on self-concept after graduation. *American Educational Research Journal*, 44, 631 – 669.

Marsh, H. W., & Yeung, A. S. (1997). Causal effects of academic self-concept on academic achievement: Structural equation models of longitudinal data. *Journal of Educational Psychology*, 89, 41 – 54.

Maslow, A. H. (1970). *Motivation and personality*. New York: Harper & Row.

Masunaga, H., & Horn, J. (2001). Expertise and age-related changes in components of intelligence. *Psychology and Aging*, 16, 293–311.

Matthews, D. J., & Foster, J. F. (2006). Mystery to mastery: Shifting paradigms in gifted education. *Roeper Review*, 28, 64–69.

Mayer, R. E. (2003). E. L. Thorndike's enduring contributions to educational psychology. In B. J. Zimmerman & D. H. Schunk (Eds.), *Educational psychology: A century of contributions* (pp. 113–154). Mahwah, NJ: Lawrence Erlbaum Associates.

Mayer, R. E. (2005). The scientific study of giftedness. In R. J. Sternberg & J. E. Davidson (Eds.), *Conceptions of giftedness* (2nd ed., pp. 437–447). Cambridge, UK: Cambridge University Press.

McAdams, D. P., & Pals, J. L. (2006). A new big five: Fundamental principles for an integrative science of personality. *American Psychologist*, 61, 204–217.

McCall, R. B. (1981). Nature-nurture and the two realms of development: A proposed integration with respect to mental development. *Child Development*, 52, 1–12.

McCrae, R. R., Costa, P. T. (1987). Validation of the five-factor model of personality across instruments and observers. *Journal of Personality and Social Psychology*, 52, 81–90.

McKeough, A., Genereux, R., & Jeary, J. (2006). Structure, content, and language usage: How do exceptional and average storywriters differ? *High Ability Studies*, 17, 203–223.

Mendaglio, S. (Ed.) (2008). *Dabrowski's theory of positive disintegration*. Scottsdale, AZ: Great Potential Press.

Mendaglio, S., & Peterson, J. S. (Eds.) (2007). *Models of counseling gifted children, adolescents, and young adults*. Waco, TX: Prufrock Press.

Merton, R. K. (1973). *The sociology of science*. Chicago: University of Chicago Press.

Messick, S. (1992). Multiple intelligences or multilevel intelligence? Selective emphasis on distinctive properties of hierarchy: On Gardner's *Frames of Mind* and Sternberg's *Beyond IQ* in the context of theory and research on the structure of human abilities. *Psychological Inquiry*, 3, 365–384.

Messick, S. (1995). Validity of psychological assessment: Validation of inferences from persons' responses as scientific inquiry into score meaning. *American Psychologist*, 50, 741–749.

Miller, A. I. (1996). *Insights of genius: Imagery and creativity in science and art*. New York: Springer-Verlag.

Miller, L. K. (2005). What the savant syndrome can tell us about the nature and nurture of talent. *Journal for the Education of the Gifted*, 28, 361–373.

Mischel, W., & Shoda, Y. (1995). A cognitive-affective system theory of personality: Reconceptualizing situations, dispositions, dynamics, and invariance in personality structure. *Psychological Review*, 102, 246–268.

Molenaar, P. C. M. (2004). A manifesto on psychology as idiographic science: Bringing the person back into scientific psychology, this time forever. *Measurement*, 2, 201–218.

Mönks, F. J., & Mason, E. J. (1993). Developmental theories and giftedness. In K. A. Heller, F. J. Mönk, & A. H. Passow (Eds.), *International handbook of research and development of giftedness and talent* (pp. 89–101). Oxford, UK: Pergamon.

Mönks, F. J., & Mason, E. J. (2000). Developmental psychology and giftedness: Theories and research. In K. A. Heller, F. J. Monk, R. J. Sternberg, & R. F. Subotnik (Eds.), *International handbook of giftedness and talent* (2nd ed., pp. 141–155). Amsterdam: Elsevier Science.

Moon, S. M. (2007). Counseling issues and research. In S. Mendaglio & J. S. Peterson (Eds.), *Models of counseling gifted children, adolescents, and young adults* (pp. 7–32). Waco, TX: Prufrock Press.

Moran, S., & John-Steiner, V. (2003). Creativity in the making: Vygotsky's contemporary contribution to the dialectic of development and creativity. In R. K. Sawyer, V. JohnSteiner, S. Moran, R. J. Sternberg, D. H. Feldman, J. Nakamura, & M. Csikszentmihayi (Eds.), *Creativity and development* (pp. 61–90). Oxford: Oxford University Press.

Morelock, M. J. (1996). On the nature of giftedness and talent: Imposing order on chaos. *Roeper Review*, 19, 4–12.

Muthén, B., & Muthén, L. K. (2000). Integrating person-centered and variable-centered analyses: Growth mixture modeling with latent trajectory classes. *Alcoholism: Clinical & Experimental Research*, 24, 882–891.

NAGC. (2009). *Javits program description: Jacob Javits Gifted and Talented Students Education Act*. Retrieved on July 24, 2009, from http://www.nagc.org/index.aspx?id=572.

Naglieri, J. A. (2008). Traditional IQ: 100 years of misconception and its relationship to minority representation in gifted programs. In J. L. VanTassel-Baska (Ed.), *Alternative assessments with gifted and talented students* (pp. 67–88). Waco, TX: Prufrock.

Naglieri, J. A. , & Ford, D. Y. (2003). Addressing under-representation of gifted minority children using the Naglieri Nonverbal Ability Test (NNAT). *Gifted Child Quarterly*, 47, 155–160.

Naglieri, J. A. , & Ford, D. Y. (2005). Increasing minority children's participation in gifted classes using the NNAT: A response to Lohman. *Gifted Child Quarterly*, 49, 29–36.

National Commission on Excellence in Education. (1983). *A nation at risk: The imperative for educational reform*. Retrieved on September 11, 2009, from http://www.ed.gov/pubs/NatAtRisk/index.html.

Neisser, U. (1979). The concept of intelligence. *Intelligence*, 3, 217–227.

Neisser, U., Boodoo, G., Bouchard, T. J., Boykin, A. W, Brody, N., Ceci, S. J., et al. (1996). Intelligence: Knowns and unknowns. *American Psychologist*, 51, 77–101.

Newell, A. (1990). *Unified theories of cognition*. Cambridge, MA: Harvard University Press.

Newman, S. D., Carpenter, P. A., Varma, S., & Just, M. A. (2003). Frontal and parietal participation in problem solving in the Tower of London: fMRI and computational modeling of planning, and high-level perception. *Neuropsychologia*, 41, 1668–1682.

Nisbett, R. E. (2009). *Intelligence and how to get it: Why schools and culture count*. New York: W. W. Norton.

Norton, A., Winner, E., Cronin, K., Overy, K., Lee, D. J., & Schlaug, G. (2005). Are there pre-existing neural, cognitive, or motoric markers for musical ability? *Brain and Cognition*, 59, 124–134.

Novick, M. R. (1982). Educational testing: Inferences in relevant subpopulations. *Educational Researcher*, 11, 4–10.

Oaks, J., & Well, A. S. (1998). Detracking for high student achievement. *Educational Leadership*, 55(6), 38–41.

O'Boyle, M. W. (2008). Mathematically gifted children: Developmental brain characteristics and their prognosis for well-being. *Roeper Review*, 30, 180–186.

Obler, L. K., & Fein, D. (1988). *The exceptional brain: Neuropsychology of talent and special abilities*. New York: Guilford Press.

Okamoto, Y., Curtis, R., Jabagchourian, J. J., & Weckbacher, L. M. (2006). Mathematical precocity in young children: A neo-Piagetian perspective. *High Ability Studies*, 17, 183–202.

Overtone, W. F. (1984). World views and their influence on psychological theory and research: Kuhn-Lakatos-Laudan. In H. W. Reese (Ed.), *Advances in child development and behavior* (Vol. 18, pp. 191–226). Orlando, FL: Academic Press.

Page, S. E. (2008). *The difference: How the power of diversity creates better groups, firms, schools, and societies*. Princeton, NJ: Princeton University Press.

Pajares, F. (1996). Self-efficacy beliefs and mathematical problem-solving of gifted students. *Contemporary Educational Psychology*, 21, 325–344.

Panksepp, J. (1998). *Affective neuroscience: The foundations of human and animal emotions*. New York: Oxford University Press.

Papierno, P. B, Ceci, S. J., Makel, M. C., & Williams, W. W. (2005). The nature and nurture of talent: A bioecological perspective on the ontogeny of exceptional abilities. *Journal for the Education of the Gifted*, 28, 312–331.

Park, G., Lubinski, D., & Benbow, C. (2007). Constrasting intellectual patterns predict creativity in the arts and sciences. *Psychological Science*, 18, 948–952.

Park, G., Lubinski, D., & Benbow, C. (2008). Ability differences among people who have commensurate degrees matters for scientific creativity. *Psychological Science*, 19, 957–961.

Partnership for 21st Century Skills (2009). Framework for 21st century learning. Retrieved on July 28, 2009, from http://www.21stcenturyskills.org/index.php?option=com_content&task=view&id=254&Itemid=120.

Passingham, R. (2006). Brain development and IQ. *Nature*, 440/30, 619–620.

Passow, A. H. (1981). The nature of giftedness and talent. *Gifted Child Quarterly*, 25, 5–10.

Pepper, S. C. (1942). *World hypotheses*. Berkeley: University of California Press.

Perkins, D. N. (1995). *Outsmarting IQ: The emerging science of learnable intelligence*. New York: The Free Press.

Perkins, D. N., & Grotzer, T. A. (1997). Teaching intelligence. *American Psychologist*, 52, 1125–1133.

Perkins, D., & Ritchhart, R. (2004). When is good thinking? In D. Y. Dai & R. J. Sternberg (Eds.), *Motivation, emotion, and cognition: Integrative perspectives on intellectual functioning and development* (pp. 351–384). Mahwah, NJ: Lawrence Erlbaum.

Persson, R. S., Joswig, H., & Balogh, L. (2000). Gifted education in Europe: Programs, practices, and current research. In K. A. Heller, F. J. Monk, R. J. Sternberg, & R. F. Subotnik (Eds.), *International handbook of giftedness and talent* (2nd ed., pp. 703–734). Amsterdam: Elsevier Science.

Petrill, S. A., Ball, D., Eley, T., Hill, L., Plomin, R., McClearn, G. E., et al. (1997). Failure to replicate a QTL association between a DNA marker identified by EST00083 and IQ. *Intelligence*, 25, 179–184.

Phenix, P. H. (1964). *Realms of meaning*. New York: McGraw-Hill.
Phillips, D., & Burbules, N. (2000). *Postpositivism and educational research*. Lanham, MD: Rowman & Littlefield.
Piaget, J. (1950/2001). *The psychology of intelligence*. London: Routledge.
Piaget, J. (1972). *Psychology and epistemology: Toward a theory of knowledge*. Harmondsworth, UK: Penguin.
Piechowski, M. M. (2009). Peace pilgrim, exemplar of Level V. *Roeper Review, 31*, 103 - 112.
Piechowski, M. M., & Grant, B. A. (2001, November). *Talent development versus personal growth*. Paper presented at the annual convention of the National Association for Gifted Children, Cincinnati, OH.
Piirto, J. (1994). *Talented children and adults: Their development and education*. New York: Macmillan.
Pinker, S., & Spelke, E. S. (2005, April 22). A Pinker vs. Spelke debate on gender and science, organized by the Mind/Brain/Behavior Initiative (MBB). Cambridge, MA. Retrieved on July 27, 2008, from: http://www.edge.org/3rd_culture/debate05/debate05_index.html
Pintrich, P. R., & Schunk, D. H. (1996). *Motivation in education: Theory, research, and applications*. Englewood Cliff, NJ: Prentice Hall.
Piro, J. M. (1998). Handedness and intelligence: Patterns of hand preference in gifted and nongifted children. *Developmental Neuropsychology, 14*, 619 - 630.
Plomin, R. (1997). Identifying genes for cognitive abilities and disabilities. In R. J. Sternberg & E. L. Grigorenko (Eds.), *Intelligence, heredity, and environment* (pp. 89 - 104). New York: Cambridge University Press.
Plomin, R. (2001). The genetics of g in human and mouse. *Nature Reviews and Neuroscience, 2*, 136 - 141.
Plomin, R., DeFries, J. C., Craig, I. W., & McGuffin, P. (2003). *Behavioral genetics in the postgenomic era*. Washington, DC: American Psychological Association.
Plomin, R., Hill, L., Craig, I. W., McGuffin, P., Purcell, S., Sham, P., et al. (2001). A genome-wide scan of 1842 DNA markers for allelic associations with general cognitive ability: A five-stage design using DNA pooling and extreme selected groups. *Intelligence, 31*, 489 - 495.
Plomin, R., & Spinath, F. M. (2004). Intelligence, genetics, genes, and genomics. *Journal of Personality and Social Psychology, 86*, 112 - 129.
Plucker, J. A. (2000). Flip sides of the same coin or marching to the beat of different drummers? A response to Pyryt. *Gifted Child Quarterly, 44*, 193 - 195.
Plucker, J. A., & Barab, S. A (2005). The importance of contexts in theories of giftedness: Learning to embrace the messy joys of subjectivity. In R. J. Sternberg & J. E. Davidson (Eds.), *Conceptions of giftedness* (2nd ed., pp. 201 - 216). Cambridge, UK: Cambridge University Press.
Plucker, J. A., Callahan, C. M., & Tomchin, E. M. (1996). wherefore art thou, multiple intelligences? Alternative assessment for identifying talent in ethnically diverse and low income students. *Gifted Child Quarterly, 40*, 81 - 92.
Porath, M. (2006a). Introduction: A developmental view of giftedness. *High Ability Studies, 17*, 139 - 145.
Porath, M. (2006b). The conceptual underpinnings of giftedness: Developmental and educational implications. *High Ability Studies, 17*, 145 - 158.
Putnam, R. D., Leonard, R., & Nanetti, R. Y. (1994). *Making democracy work*. Princeton, NJ: Princeton University Press.
Pylyshyn, Z. W. (1984). *Computation and cognition: Toward a foundation for cognitive science*. Cambridge, MA: MIT Press.
Pyryt, M. C. (2000). Finding "g": Easy viewing through higher order factor analysis. *Gifted Child Quarterly, 44*, 190 - 192.
Rasmussen, J. (1993). Deciding and doing: Decision making in natural contexts. In G. A. Klein, K. J. Orasanu, R. Calderwood, & C. E. Zsambok (Eds.), *Decision making in action: Models and methods* (pp. 158 - 171). Norwood, NJ: Ablex.
Rawls, J. (1971). *A theory of justice*. Cambridge, MA: Harvard University Press.
Rea, D. W. (2000). Optimal motivation for talent development. *Journal for the Education of the Gifted, 23*, 187 - 216.
Reis, S. M., Kaplan, S. N., Tomlinson, C. A., Westberg, K. L., Callahan, C. M., & Coper, C. R. (1998). A response: Equal does not mean identical. *Educational Leadership, 56*(3), 74 - 77.
Reis, S. M., & Renzulli, R. S. (1982). A research report on the revolving door identification model: A case for the broadened conception of giftedness. *Phi Delta Kappan, 63*, 619 - 620.
Renzulli, J. S (1977). *The enrichment triad model: A guide for developing defensive programs for the gifted and talented*. Mansfield Center, CT: Creative Learning Press.
Renzulli, J. S. (1978). What makes giftedness? Re-examining a definition. *Phi Delta Kappan, 60*, 180 -184, 261.
Renzulli, J. S. (1986). The three-ring conception of giftedness: A developmental model for creative productivity. In R. J. Sternberg & J. E. Davidson (Eds.), *Conceptions of giftedness* (pp. 53 - 92). Cambridge, UK: Cambridge University

Press.

Renzulli, J. S. (1994). *Schools for talent development: A practical plan for total school improvement*. Mansfield Center, CT: Creative Learning Press.

Renzulli, R. S. (1998, October). A rising tide lifts all ships. *Phi Delta Kappan, 80*, 105 – 111.

Renzulli, J. S (1999). What is this thing called giftedness, and how do we develop it? A 25 year perspective. *Journal for the Education of the Gifted, 23*, 3 – 54.

Renzulli, J. S. (2002, September). Expanding the conception of giftedness to include co-cognitive traits and to promote social capital. *Phi Delta Kappan, 84*, 33 – 40, 57 – 58.

Renzulli, R. S. (2005). The three-ring conception of giftedness: A developmental model for promoting creative productivity. In R. J. Sternberg & J. E. Davidson (Eds.), *Conceptions of giftedness* (2nd ed., pp. 98 – 119). Cambridge, UK: Cambridge University Press.

Renzulli, J. S., & Dai, D. Y (2003). Education of the gifted and talented. In J. W. Guthrie (Ed.), *Encyclopedia of education* (2nd ed., pp. 930 – 936). New York: Macmillan Reference.

Renzulli, J. S., & Reis, S. M. (1991). The reform movement and the quiet crisis in gifted education. *Gifted Child Quarterly, 35*, 26 – 35.

Renzulli, J. S., & Reis, S. M. (1997). *Schoolwide enrichment model: A how-to guide for educational excellence*. Mansfield Center, CT: Creative Learning Press.

Reuters (2007, October 20). DNA pioneer Dr James Watson dumped after Africa insult. *Herald Sun*.

Ritchhart, R. (2001). From IQ to IC: A dispositional view of intelligence. *Roeper Review, 23*, 143 – 150.

Roberts, B. W., & Pomerantz, E. M. (2004). On traits, situations, and their integration: A developmental perspective. *Personality and Social Psychology Review, 8*, 402 – 416.

Robinson, A. (1990). Cooperation or exploitation? The argument against cooperative learning. *Journal for the Education of the Gifted, 14*, 9 – 27.

Robinson, A. (2003). Cooperative learning and high ability students. In N. Colangelo & G. A. Davis (Eds.), *Handbook of gifted education* (3rd ed., pp. 282 – 292). Boston: Allyn and Bacon.

Robinson, A., & Clinkenbeard, P. R (1998). Giftedness: An exceptionality examined. *Annual Review of Psychology, 49*, 117 – 139.

Robinson, A., Shore, B. M., & Enersen, D. L. (2007). *Best practices in gifted education*. Waco, TX: Prufrock Press.

Robinson, N. M. (2005). In defense of a psychometric approach to the definition of academic giftedness: A conservative view from a die-hard liberal. In R. J. Sternberg & J. E. Davidson (Eds.), *Conceptions of giftedness* (2nd ed., pp. 280 – 294). Cambridge, UK: Cambridge University Press.

Robinson, N. M. (2006). Report cards on the state of research in the field of gifted education. *Gifted Child Quarterly, 50*, 342 – 345.

Robinson, N. M., Zigler, E., & Gallagher, J. J. (2000). Two tails of the normal curve: Similarities and differences in the study of mental retardation and giftedness. *American Psychologist, 55*, 1413 – 1424.

Roeper, A. (2006). *The "I" of the beholder: A guide to an essence of a child*. Scottsdale, AZ: Great Potential Press.

Rogers, K. B. (1986). Do the gifted think and learn differently? A review of recent research and its implications for instruction. *Journal for the Education of the Gifted, 10*, 17 – 39.

Rogers, K. B. (2007). Lessons learned about educating the gifted and talented. *Gifted Child Quarterly, 51*, 382 – 396.

Rogoff, B. (2003). *The cultural nature of human development*. Oxford, UK: Oxford University Press.

Rogoff, R., & Lave, J. (1984). *Everyday cognition*. Cambridge, MA: Harvard University Press.

Rolfhus, E. L., & Ackerman, P. L (1996). Self-report knowledge: At the crossroads of ability, interest, and personality. *Journal of Educational Psychology, 88*, 174 – 188.

Rolfhus, E. L., & Ackerman, P. L. (1999). Assessing individual differences in knowledge: Knowledge structures and traits. *Journal of Educational Psychology, 91*, 511 – 526.

Root-Bernstein, R. (2009). Multiple giftedness: The case of polymaths. In L. Shavinina (Ed.), *International handbook on giftedness* (pp. 853 – 870). New York: Springer.

Roring, R. W., & Charness, N. (2007). A multilevel model analysis of expertise in chess across the life span. *Psychology and Aging, 22*, 291 – 299.

Ross, P. O. (1993). *National excellence: A case for developing America's talent*. Washington, DC: U. S. Government Printing Office.

Rothenberg, A., & Wyshak, G. (2004). Family background and genius. *Canadian Journal of Psychiatry, 49*, 185 – 191.

Rothenberg, A., & Wyshak, G. (2005). Family background and genius II: Nobel laureates in science. *Canadian Journal of Psychiatry, 50*, 918 – 925.

Rousseau, J-J. (2003). *Emile, or on education*. (William H. Payne, Trans.). Amherst, New York: Prometheus Books. (Original work published 1762)

Runco, M. A. (1994). Creativity and its discontents. In M. P. Shaw & M. A. Runco (Eds.), *Creativity and offect* (pp. 102 – 123). Norwood, NJ: Ablex.

Sackett, P. R., Borneman, M. J., & Connelly, B. S. (2008). High-stakes testing in higher education and employment: Appraising the evidence for validity and fairness. *American Psychologist, 63*, 215 – 227.

Sapon-Shevin, M. (1994). *Playing favorites: Gifted education and the disruption of community*. Albany: State University of New York Press.

Sapon-Shevin, M. (1996). Beyond gifted education: Building a shared agenda for school reform. *Journal for the Education of the Gifted, 19*, 194 – 214.

Sapon-shevin, M. (2003). Equity, excellence, and school reform: Why is finding common ground so hard? In J. H. Borland (Ed.), *Rethinking gifted education* (pp. 127 – 142). New York: Teachers College Press.

Sawyer, R. K. (1999). The emergence of creativity. *Philosophical Psychology, 12*, 447 – 469.

Sawyer, R. K. (2002). Emergence in psychology: Lessons from the history of nonreductionist science. *Human Development, 45*, 2 – 28.

Sawyer, R. K. (2003). Emergence in creativity and development. In R. K. Sawyer, V. JohnSteiner, S. Moran, R. J. Sternberg, D. H. Feldman, J. Nakamura, & M. Csikszentmihalyi (Eds.), *Creativity and development* (pp. 12 – 60). Oxford: Oxford University Press.

Scarr, S. (1992). Developmental theories for the 1990s: Development and individual differences. *Child Development, 63*, 1 – 19.

Scarr, S. (1997). Behavior-genetic and socialization theories of intelligence: Truce and reconciliation. In R. J. Sternberg & E. L. Grigorenko (Eds.), *Intelligence, heredity, and environment* (pp. 3 – 41). New York: Cambridge University Press.

Schank, R. C., & Cleary, C. (1995). *Engines for education* Hillsdale, NJ: Lawrence Erlbaum.

Scheffler, I. (1985). *Of human potential: An essay in the philosophy of education*. New York: Routledge & Kegan Paul.

Schlaug, G. (2001). The brain of musicians: A model for functional and structural adaptation. In R. J. Zatorre & I. Peretz (Eds.), *The biological foundations of music (annals of the New York Academy Sciences)* (Vol. 930, pp. 281 – 299). New York: New York Academy of Sciences.

Schlaug, G., Janke, L., Huang, Y., & Seinmetz, H. (1995). In vivo evidence of structural brain asymmetry in musicians. *Science, 267*(5198), 699 – 701.

Schlaug, G., Norton, A., Overy, K., & Winner, E. (2005). Effects of music training on the child's brain and cognitive development. *Annals of the New York Academy of Sciences, 1060*, 219 – 230.

Schmidt, F. L., & Hunter, J. E. (1998). The validity and utility of selection methods in personnel psychology: Practical and theoretical implications of 85 years of research findings. *Psychological Bulletin, 124*, 262 – 274.

Schneider, W. (2000). Giftedness, expertise, and (exceptional) performance: A developmental perspective. In K. A. Heller, F. J. Monk, R. J. Sternberg & R. F. Subotnik (Eds.), *International handbook of giftedness and talent* (2nd ed., pp. 165 – 177). Amsterdam: Elsevier Science.

Schoenfeld, A. H. (1992). Learning to think mathematically: Problem solving, metacognition, and sense-making in mathematics. In D. A. Grouws (Ed.), *Handbook of research on mathematics teaching and learning* (pp. 334 – 370). New York: Macmilam.

Schön, D. A. (1983). *Reflective practitioner*. New York: Basic Books.

Schuler, P. (2002). Perfectionism in gifted children and adolescents. In M. Neihart, S. M. Reis, N. M. Robinson, & S. M. Moon (Eds.), *The social and emotional development of gifted children* (pp. 71 – 79). Waco, TX: Prufrock Press.

Schulz, S. (2005). The gifted: Identity construction through the practice of gifted education. *International Education Journal, 5*, 117 – 128.

Searle, J., R. (2004). *Mind: A brief introduction*. New York: Oxford University Press.

Seok, B. (2006). Diversity and unity of modularity. *Cognitive Science, 30*, 347 – 380.

Sergiovanni, T. J., Kelleher, P., McCarthy, M. M., & Wirt F. M. (2004). *Educational governance and administration* (5th ed.). Boston, MA: Allyn and Bacon.

Shavelson, R. J., & Towne, L. (2002). *Scientific research in education*. Washington, DC: National Academy Press.

Shavinina, L. (1999). The psychological essence of the child prodigy phenomenon: Sensitive periods and cognitive experience. *Gifted Child Quarterly, 43*, 25 – 38.

Shavinina, L. (2004). Explaining high abilities of Nobel laureates. *High Ability Studies, 15*, 243 – 254.

Shavinina, L. V., & Ferrari, M. (Eds.). (2004). *Beyond knowledge: Extracognitive aspects of developing high ability*.

Mahwah, NJ: Lawrence Erlbaum.

Shavinina, L. V., & Kholodnaja, M. A. (1996). The cognitive experience as a psychological basis of intellectual giftedness. *Journal for the Education of the Gifted*, 20, 3–25.

Shavinina, L. V., & Seeratan, K. L. (2004). Extracognitive phenomena in the intellectual functioning of gifted, creative, and talented individuals. In L. V. Shavinina & M. Ferrari (Eds.), *Beyond knowledge: Extracognitive aspects of developing high ability* (pp. 73–102). Mahwah, NJ: Lawrence Erlbaum.

Shaw, P., Greenstein, D., Lerch, J., Clasen, L., Lenroot, R., Gogtay, N., et al. (2006, March 30). Intellectual ability and cortical development in children and adolescents [Letter to the editor]. *Nature*, 440, 676–679.

Shepard, L. A. (2000). The role of assessment in a learning culture. *Educational Researcher*, 29(7), 4–14.

Shiffrin, R. M. (1996). Laboratory experimentation on the genesis of expertise. In K. A. Ericsson (Ed.), *The road to excellence* (pp. 337–345). Mahwah, NJ: Lawrence Erlbaum Associates.

Shore, B. M (2000). Metacognition and flexibility: Qualitative differences in how gifted children think. In R. C. Friedman & B. M. Shore (Eds.), *Talents unfolding: Cognition and development* (pp. 167–187). Washington, DC: American Psychological Association.

Shore, B. M., & Delcourt, M. A. B. (1996). Effective curricular and program practices in gifted education and the interface with general education. *Journal for the Education of the Gifted*, 20, 138–154.

Shore, B. M., & Kanevsky, L. S. (1993). Thinking processes: Being and becoming gifted. In K. A. Heller, F. J. Mönk, & A. H. Passow (Eds.), *International handbook of research and development of giftedness and talent* (pp. 133–147). Oxford: Pergamon.

Shore, B., & Lazar, L. (1996). IQ-related differences in time allocation during problem solving. *Psychological Reports*, 50, 391–395.

Shulman, L. S. (1987). Knowledge and teaching: Foundations of the new reform. *Harvard Educational Review*, 57(1), 1–22.

Siegle, D., & McCoach, D. B. (2009, April). *Gifted underachievement*. Paper presented at the annual meeting of American Educational Research Association, San Diego, CA. Siegler, R. S. (1996). *Emerging minds: The process of change in children's thinking*. New York: Oxford University Press.

Siegler, R. S. (2002). Microgenetic studies of self-explanation. In N. Granott & J. Parziale (Eds.), *Microdevelopment: Transtion processes in development and learning* (pp. 31–58). Cambridge, UK: Cambridge University Press.

Siegler, R. S., & Kotovsky, K. (1986). Two levels of giftedness: Shall even the twain meet. In R. J. Sternberg & J. E. Davidson (Eds.), *Conceptions of giftedness* (pp. 417–435). Cambridge, UK: Cambridge University Press.

Silverman, L. K. (1993). *Counseling the gifted and talented*. Denver, CO: Love.

Silverstein, A. (1988). An Aristotelian resolution of the idiographic versus nomothetic tension. *American Psychologist*, 43, 425–430.

Simon, H. A. (1996). *The sciences of the artificial*. Cambridge, MA: MIT Press. (Original work published 1969)

Simonton, D. K. (1996). Creative expertise: A life-span developmental perspective. In K. A. Ericsson (Ed.), *The road to excellence* (pp. 227–253). Mahwah, NJ: Lawrence Erlbaum Associates.

Simonton, D. K. (1997). Creative productivity: A predictive and explanatory model of career trajectories and landmarks. *Psychological Review*, 104, 66–89.

Simonton, D. K. (1999). Talent and its development: An emergenic and epigenetic model. *Psychological Review*, 3, 435–457.

Simonton, D. S. (2002). *Great psychologists and their times: Scientific insights into psychology's history*. Washington, DC: American Psychological Association.

Simonton, D. K. (2003). Scientific creativity as constrained stochastic behavior: The integration of product, person, and process perspectives. *Psychological Bulletin*, 129, 475–494.

Simonton, D. K. (2005). Giftedness and genetics: The emergenic-epigenetic model and its implications. *Journal for the Education of the Gifted*, 28, 270–286.

Simonton, D. K. (2007). Talent and expertise: The empirical evidence for genetic endowment. *High Ability Studies*, 18, 83–84.

Simonton, D. K. (2008). Scientific talent, training, and performance: Intellect, personality, and genetic endowment. *Review of General Psychology*, 12, 28–46.

Singer, J. D., & Willett, J. B. (2003). *Applied longitudinal data analysis: Modeling change and event occurrence*. Oxford: Oxford University Press.

Slavin, R. E. (1990). Ability grouping, cooperative learning, and the gifted. *Journal for the Education of the Gifted*, 14, 3–8.

Smith, L. D. , & Thelen, E. (1993). *A dynamic systems approach to development: Applications*. Cambrideg, MA: MIT Press.

Snow, C. E. (1999). Social perspectives on the emergence of language. In B. MacWhinney (Ed.), *The emergence of language* (pp. 257 - 276). Mahwah, NJ: Erlbaum.

Snow, C. P. (1967). *The two cultures and a second look*. London: Cambridge University Press.

Snow, R. E. (1992). Aptitude theory: Yesterday, today, and tomorrow. *Educational Psychologist, 27*, 5 - 32.

Snow, R. E. (1994). Aptitude development and talent achievement. In N. Colangelo, S. C. Assouline, & D. L. Ambroson (Eds.), *Talent development* (Vol. 2, pp. 101 - 120). Dayton, OH: Ohio Psychology Press.

Snow, R. E. (1995). Foreword. In D. H. Saklofske & M. Zeidner (Eds.), *International handbook of personality and intelligence* (pp. xi - xv). New York: Plenum.

Snow, R. E., Corno, L., & Jackson, D. (1996). Individual differences in affective and conative functions. In D. C. Berliner & R. C. Calfee (Eds.), *Handbook of educational psychology* (pp. 243 - 310). New York: Simon & Schuster Macmillan.

Snow, R. E., Kyllonen, P. C., & Marshalek, B. (1983). The topography of ability and learning correlations. In R. J. Sternberg (Ed.), *Advances in the psychology of human intelligence* (Vol. 2, pp. 47 - 103). Hillsdale, NJ: Lawrence Erlbaum.

Snow, R. E., & Lohman, D. F. (1984). Toward a theory of cognitive aptitude for learning from instruction. *Journal of Educational Psychology, 76*, 347 - 376.

Sosniak, L. A. (2006). Retrospective interviews in the study of expertise and expert performance. In K. A. Ericsson, N. Charness, P. J. Feltovich, & R. R. Hoffman (Eds.), *The Cambridge handbook of expertise and expert performance* (pp. 287 - 301). New York: Cambridge University Press.

Spearman, C. (1904). "General intelligence," objectively determined and measured. *American Journal of Psychology, 15*, 201 - 292.

Spearman, C. (1927). *The abilities of man*. London: Macmillan.

Spelke, E. S. (2005). Sex differences in intrinsic aptitude for mathematics and science? A critical review. *American Psychologist, 60*, 950 - 958.

Spelke, E. S., & Grace, A. D. (2006). Abilities, motives, and personal styles. *American Psychologist, 61*, 725 - 726.

Stankov, L. (2003). Complexity in human intelligence. In R. J. Sternberg, J. Lautrey, & T. I. Lubert (Eds.), *Models of intelligence: International perspectives* (pp. 27 - 42). Washington, DC: American Psychological Association.

Stanley, J. C. (1996). In the beginning: The study of mathematically precocious youth. In C. P. Benbow & D. Lubinski (Eds.), *Intellectual talent* (pp. 225 - 235). Baltimore: Johns Hopkins University Press.

Stanley, J. (1997). Varieties of intellectual talent. *Jornal of Creative Behavior, 31*, 93 - 119.

Stanovich, K. E. (1999). *Who is rational? Studies of individual differences in reasoning*. Mahwah, NJ: Lawrence Erlbaum.

Stanovich, K. E., & West, R. F. (1997). Reasoning independently of prior belief and individual differences in actively open-minded thinking. *Journal of Educational Psychology, 89*, 342 - 357.

Steele, C. M. (1997). A threat in the air: How stereotypes shape intellectual identity and performance. *American Psychologist, 52*, 613 - 629.

Steiner, H. H. (2006). A microgenetic analysis of strategic variability in gifted and averageability children. *Gifted Child Quarterly, 50*, 62 - 74.

Steiner, H. H., & Carr, M. (2003). Cognitive development in gifted children: Toward a more precise understanding of emergent differences in intelligence. *Educational Psychology Review, 15*, 215 - 246.

Stelmack, R. K., & Houlihan, M. (1995). Event-related potential, personality, and intelligence. In D. H. Saklofske & M. Zeidner (Eds.), *International handbook of personality and intelligence* (pp. 349 - 365). New York: Plenum.

Sternberg, R. J. (1985). *Beyond IQ: A triarchic theory of human intelligence*. Cambridge, UK: Cambridge University Press.

Sternberg, R. J. (1986). GENECES: A framework for intellectual abilities and theories of them. *Intelligence, 10*, 239 - 250.

Sternberg, R. J. (1995). *A thriarchic approach to giftedness* (Research Monograph 95126). Storrs, CT: The National Research Center on the Gifted and Talented.

Sternberg, R. J. (1996a). Costs of expertise. In K. A. Ericsson (Ed.), *The road to excellence: The acquisition of expert performance in the arts and sciences, sports and games* (pp. 347 - 354). Mahwah, NJ: Lawrence Erlbaum.

Sternberg, R. J. (1996b). *Successful intelligence*. New York: Simon & Schuster.

Sternberg, R. J. (1997). *Thinking styles*. New York: Cambridge University Press.

Sternberg, R. J. (1999a). A propulsion model of types of creative contributions. *Review of General Psychology, 3*, 83 - 100.

Sternberg, R. J. (1999b). Intelligence as developing expertise. *Contemporary Educational Psychology*, 24, 359-375.

Sternberg, R. J. (2000). The concept of intelligence. In R. J. Sternberg (Ed.), *Handbook of intelligence* (pp. 3-15). Cambridge, UK: Cambridge University Press.

Sternberg, R. J. (2007a). Cultural concepts of giftedness. *Roeper Review*, 29, 160-165.

Sternberg, R. J. (2007b). Who are the bright children? The cultural context of being and acting intelligent. *Educational Researcher*, 36, 148-155.

Sternberg, R. J., & Davidson, J. E. (1986). Conceptions of giftedness: A map of the terrain. In R. J. Sternberg & J. E. Davidson (Eds.), *Conceptions of giftedness* (pp. 3-18). Cambridge, UK: Cambridge University Press.

Sternberg, R. J., & Grigorenko, E. L. (2002). *The general factor of intelligence.* Mahwah, NJ: Erlbaum.

Sternberg, R. J., Grigorenko, E. L., & Singer, J. L. (2004). *Creativity: From potential to realization.* Washington, DC: American Psychological Association.

Sternberg, R. J., & Kaufman, J. C. (1998). Human abilities. *Annual Review of Psychology*, 49, 479-502.

Stokes, D. E. (1997). *Pasteur's quadrant: Basic science and technological innovation.* Washington, DC: Brookings Institute Press.

Subotnik, R. F. (2003). A developmental view of giftedness: From being to doing. *Roeper Review*, 26, 14-15.

Subotnik, R. F. (2006). Longitudinal studies: Answering our most important questions of prediction and effectiveness. *Journal for the Education of the Gifted*, 29, 379-383.

Subotnik, R. F., & Coleman, L. J. (1996). Establishing the foundations for a talent development school: Applying principles to creating an ideal. *Journal for the Education of the Gifted*, 20, 175-189.

Subotnik, R. F., & Jarvin, L. (2005). Beyond expertise: Conceptions of giftedness as great performance. In R. J. Sternberg & J. E. Davidson (Eds.), *Conceptions of giftedness* (2nd ed., pp. 343-357). Cambridge, UK: Cambridge University Press.

Subotnik, R., Kassan, L., Summers, E., & Wasser, A. (1993). *Genius revisited: High IQ children grown up.* Norwood, NJ: Ablex.

Subotnik, R. F., & Olszewski-Kubilius, P. (1997). Restructuring special programs to reflect distinctions between children's and adults' experiences with giftedness. *Peabody Journal of Education*, 72, 101-116.

Subotnik, R., Orland, M., Rayhack, K., Schuck, J., Edmiston, A., Earle, J., et al. (2009). Identifying and developing talent in science, technology, engineering, and mathematics (STEM): An agenda for research, policy, and practice. In L. Shavinina (Ed.), *International handbook on giftedness* (pp. 1313-1326). New York: Springer.

Summers, L. H. (2005, January 14). *Remarks at NBER conference on diversifying the science and engineering workforce.* Retrieved on January 15, 2006, from http://www.president.harvard.edu/speeches/2005/nber.html.

Sweetland, J. D., Reina, J. M., & Tatti, A. F. (2006). WISC-III verbal/performance discrepancies among a sample of gifted children. *Gifted Child Quarterly*, 50, 7-10.

Swiatek, M. A. (2007). The Talent Search model: Past, present, and future. *Gifted Child Quarterly*, 51, 320-329.

Tannenbaum, A. J. (1983). *Gifted children: Psychological and educational perspectives.* New York: Macmillan.

Tannenbaum, A. J. (1997). The meaning and making of giftedness. In N. Colangelo & G. A. Davis (Eds.), *Handbook of gifted education* (2nd ed., pp. 27-42). Boston: Allyn and Bacon.

Tannenbaum, A. J. (1998). Programs for the gifted: To be or not to be. *Journal for the Education of the Gifted*, 22, 3-36.

Terman, L. M. (1925). *Genetic studies of genius, Vol. 1: Mental and physical traits of a thousand gifted children.* Stanford, CA: Stanford University Press.

Terman, L. M., & Oden, M. H. (1959). *Genetic studies of genius: The gifted group at midlife.* Stanford, CA: Stanford University Press.

Tesch-Römer, C. (1998). Attributed talent is a powerful myth. *Behavioral and Brain Sciences*, 21, 427.

Thomson, G. H. (1916). A hierarchy without a general factor. *British Journal of Psychology*, 8, 271-281.

Threlfall, J., & Hargreaves, M. (2008). The problem-solving methods of mathematically gifted and older average-attaining students. *High Ability Studies*, 19, 83-98.

Tieso, C. L. (2007). Overexcitability: A new way to think about talent? *Roeper Review*, 29, 232-239.

Tomlinson, C. A. (1996). Good teaching for one and all: Does gifted education have an instructional identity? *Journal for the Education of the Gifted*, 20, 155-174.

Tomlinson, C. A., & Callahan, C. M. (1992). Contributions of gifted education to general education in a time of change. *Gifted Child Quarterly*, 36, 183-189.

Torrance, E. P. (1996). *Torrance tests of creative thinking: Norms-technical manual (Research ed.).* Princeton, NJ: Personnel Press.

Torrance, E. P. (1972a). Career patterns and peak creative achievements of creative high school students 12 years later. *Gifted Child Quarterly, 16,* 75–88.

Torrance, E. P. (1972b). Predictive validity of the Torrance Tests of Creative Thinking. *Journal of Creative Behavior, 6,* 236–252.

Toulmin, S. (1972). *Human understanding* (Vol. 1). Princeton, NJ: Princeton University Press.

Treffinger, D. S., & Feldhusen, J. F. (1996). Talent recognition and development: Successor to gifted education. *Journal for the education of the gifted, 19,* 181–193.

Triandis, H. C. (1989). The self and social behavior in differing cultural contexts. *Psychological Review, 96,* 506–520.

Turkheimer, E., Haley, A., Waldron, M., D'Onofrio, & Gottesman, I. I. (2003). Socioeconomic status modifies heritability of IQ in young children. *Psychological Science, 14,* 623–628.

van der Maas, H. L. J., Dolan, C. V., Grasman, R. P. P. P., Wicherts, J. M., Huizenga, H. M., & Rajimakers, M. E. (2006). A dynamic model of general intelligence: The positive manifold of intelligence by mutualism. *Psychological Review, 113,* 842–861.

van Geert, P. (2002). Developmental dynamics, intentional actions, and fuzzy sets. In N. Granott & J. Parziale (Eds.), *Microdevelopment: Transition processes in development and learning* (pp. 319–343). Cambridge, UK: Cambridge University Press.

van Gelder, T., & Port, R. F. (1995). It's about time: An overview of the dynamic approach to cognition. In R. F. Port & T. van Gelder (Eds.), *Mind as motion: Explorations in the dynamics of cognition* (pp. 1–43). Cambridge, MA: MIT Press.

Vandervert, L. R. (2003). How working memory and cognitive modeling functions of the cerebellum contribute to discoveries in mathematics. *New Ideas in Psychology, 21,* 159–175.

Vandervert, L. R. (2009). Working memory, the cognitive function of the cerebellum and the child prodigy. In L. Shavinina (Ed.), *International handbook on giftedness* (pp. 295–316). New York: Springer.

VanTassel-Baska, J. (2005). Domain-specific giftedness. In R. J. Sternberg & J. E. Davidson (Eds.), *Conceptions of giftedness* (2nd ed.). Cambridge, UK: Cambridge University.

VanTassel-Baska, J. (2006). NAGC symposium: A report card on the state of research in the field of gifted education. *Gifted Child Quarterly, 50,* 339–341.

VanTassel-Baska, J., Feng, A. X., & Evans, B. L. (2007). Patterns of identification and performance among gifted students identified through performance tasks: A three-year analysis. *Gifted Child Quarterly, 51,* 218–231.

VanTassel-Baska, J., Johnson, D. T., Hughes, C. E., & Boyce, L. N. (1996). A study of the language arts curriculum effectiveness with gifted learners. *Journal for the Education of the Gifted, 19,* 461–480.

VanTassel-Baska, J., Robinson, N. M., Coleman, L. J., Shore, B., & Subotnik, R. (2006). Report cards on the state of research in the field of gifted education. *Gifted Child Quarterly, 50,* 339–355.

VanTassel-Baska, J., Zuo, L., Avery, L. D., & Little, C. A. (2002). A curriculum study of gifted students learning in the language arts. *Gifted Child Quarterly, 46,* 30–44.

Vellutino, F. R., Fletcher, J. M., Snowling, M. J., & Scanlon, D. M. (2004). Specific reading disability (dyslexia): What have we learned in the past 4 decades? *Journal of Child Psychology and Psychiatry, 45,* 2–40.

Vellutino, F. R., Scanlon, D. M., Small, S., & Fanuele, D. P. (2006). Response to intervention as a vehicle for distinguishing between children with and without reading disabilities: Evidence for the role of kindergarten and first-grade interventions. *Journal of Learning Disabilities, 39,* 157–169.

von Károlyi, C., & Winner, E. (2005). Extreme giftedness. In R. J. Sternberg & J. E. Davidson (Eds.), *Conceptions of giftedness* (2nd ed., pp. 377–394). Cambridge, UK: Cambridge University Press.

Vygotsky, L. S. (1978). *Mind in society: The development of higher psychological processes.* Cambridge, MA: Harvard University Press.

Wachs, T. D. (1992). *The nature of nurture.* Newbury Park, CA: Sage.

Wachs, T. D. (2000). *Necessary but not sufficient: The respective roles of single and multiple influences on individual development.* Washington, DC: American Psychological Association.

Walters, J., & Gardner, H. (1986). The crystallizing experience: Discovering an intellectual gift. In R. J. Sternberg & J. E. Davidson (Eds.), *Conceptions of giftedness* (pp. 306–331). Cambridge, UK: Cambridge University Press.

Watson, J. B. (1930). *Behaviorism* (Rev. ed.). Chicago: University of Chicago Press.

Webb, R. M., Lubinski, D., & Benbow, C. (2002). Mathematically facile adolescents with math-science aspirations: New perspectives on their educational and vocational development. *Journal of Educational Psychology, 94,* 785–794.

Webb, R. M., Lubinski, D., & Benbow, C. (2007). Spatial ability: A neglected dimension in talent searches for intellectually precocious youth. *Journal of Educational Psychology, 99,* 397–420.

Weisberg, R. W. (1999). Creativity and knowledge: A challenge to theories. In R. J. Sternberg (Ed.), *Handbook of creativity* (pp. 226 – 250). Cambridge, UK: Cambridge University Press.

Weisberg, R. W. (2006). Modes of expertise in creative thinking: Evidence from case studies. In K. A. Ericsson, N. Charness, P. J. Feltovich, & R. R. Hoffman (Eds.), *The Cambridge handbook of expertise and expert performance* (pp. 761 – 787). New York: Cambridge University Press.

West, T. G. (1991). *In the mind's eye: Visual thinkers, gifted people with learning difficulties, computer images, and the ironies of creativity.* Buffalo, NY: Prometheus Books.

Westberg, K. L., & Archambault, F. X. (2004). A multi-site case study of successful classroom practices for high ability students. In C. A. Tomlinson & S. M. Reis (Eds.), *Differentiation for gifted and talented students* (pp. 59 – 76). Thousand Oaks, CA: Corwin Press.

Whitehead, A. N. (1929). *The aims of education.* New York: The Free Press.

Wilkinson, S. C. (1993). WISC-R Profiles of children with superior intellectual ability. *Gifted Child Quarterly, 37,* 84 – 91.

Willett, J. B., & Sayer, A. G. (1994). Using covariance structure analysis to detect correlates and predictors of individual change over time. *Psychological Bulletin, 116,* 363 – 381.

Wineburg, S. S. (1991). Historical problem solving: A study of the cognitive process used in the evaluation of documentary and pictorial evidence. *Journal of Educational Psychology, 83,* 73 – 87.

Wineburg, S. S. (1998). Reading Abraham Lincoln: An expert-expert study in the interpretation of historical texts. *Cognitive Science, 22,* 319 – 346.

Winner, E. (1996). *Gifted children: Myths and realities.* New York: Basic Books.

Winner, E. (1997). Exceptionally high intelligence and schooling. *American Psychologist, 52,* 1070 – 1081.

Winner, E. (2000). The origins and ends of giftedness. *American Psychologist, 55,* 159 – 169.

Witty, P. A. (1958). Who are the gifted? In N. B. Henry (Ed.), *Education of the gifted. 57th yearbook of the National Society for the Study of Education, Part 2.* Chicago: University of Chicago.

Worrell, F. C. (2007). Ethnic identity, academic achievement, and global self-concept in four groups of academically talented adolescents. *Gifted Child Quarterly, 51,* 23 – 38.

Zhang, Q., Shi, J., Luo, Y., Zhao, D., & Yang, J. (2006). Intelligence and information processing during a visual search task in children: An event-related potential study. *NeuroReport: For Rapid Communication of Neuroscience Research, 17,* 747 – 752.

Ziegler, A. (2005). The actiotope model of giftedness. In R. J. Sternberg & J. E. Davidson (Eds.), *Conceptions of giftedness* (2nd ed., pp. 411 – 436). Cambridge, UK: Cambridge University Press.

Ziegler, A., & Heller, K. A. (2000). Conceptions of giftedness from a meta-theoretical perspective. In K. A. Heller, F. J. Monk, R. J. Sternberg, & R. F. Subotnik (Eds.), *International handbook of giftedness and talent* (2nd ed., pp. 3 – 21). Amsterdam: Elsevier Science.

Ziegler, A., & Raul, T. (2000). Myth and reality: A review of empirical studies on giftedness. *High Ability Studies, 11,* 113 – 136.

Zuckerman, H. (1983). The scientific elite: Nobel laureates' mutual influences. In R. S. Albert (Ed.), *Genius and eminence: The social psychology of creativity and exceptional achievement* (pp. 241 – 252). Oxford: Pergamon Press.

Zuckerman, M. (2004). The shaping of personality: Genes, environments, and chance encounters. *Journal of Personality Assessment, 82,* 11 – 22.

图书在版编目(CIP)数据

超常能力的本质和培养:超常教育理论的前沿探索/(美)戴耘著;刘倩译. —上海:华东师范大学出版社,2013.1
(创造力、教育和社会发展)
ISBN 978-7-5675-0294-9

Ⅰ.①超… Ⅱ.①戴…②刘… Ⅲ.①超常儿童-儿童教育-研究 Ⅳ.①G763

中国版本图书馆 CIP 数据核字(2013)第 023406 号

本书由上海文化发展基金会图书出版专项基金资助出版。

创造力、教育和社会发展译丛
超常能力的本质和培养
超常教育理论的前沿探索

著　　者	戴　耘
译　　者	刘　倩
策划编辑	彭呈军
审读编辑	朱文慧
责任校对	胡　静
装帧设计	卢晓红

出版发行　华东师范大学出版社
社　　址　上海市中山北路 3663 号　邮编 200062
网　　址　www.ecnupress.com.cn
电　　话　021-60821666　行政传真 021-62572105
客服电话　021-62865537　门市(邮购)电话 021-62869887
地　　址　上海市中山北路 3663 号华东师范大学校内先锋路口
网　　店　http://hdsdcbs.tmall.com

印　刷　者　上海商务联西印刷有限公司
开　　本　787×1092　16 开
印　　张　17.75
字　　数　326 千字
版　　次　2013 年 6 月第 1 版
印　　次　2013 年 6 月第 1 次
书　　号　ISBN 978-7-5675-0294-9/G·6170
定　　价　36.00 元

出 版 人　朱杰人

(如发现本版图书有印订质量问题,请寄回本社客服中心调换或电话 021-62865537 联系)